2015 年度马克思主义理论研究和建设工程重大委托课题

批准号 2015MZDW001

智库丛书
Think Tank Series

中国社会科学院创新工程学术出版资助项目

"一带一路"：

理论构建与实现路径

王灵桂　主编

中国社会科学出版社

图书在版编目（CIP）数据

"一带一路"：理论构建与实现路径/王灵桂主编．—北京：中国社会科学
出版社，2017.3（2017.8 重印）

（智库丛书）

ISBN 978 - 7 - 5161 - 9984 - 8

Ⅰ.①一… Ⅱ.①王… Ⅲ.①区域经济合作—国际合作—研究—中国
Ⅳ.①F125.5

中国版本图书馆 CIP 数据核字（2017）第 047603 号

出 版 人	赵剑英	
责任编辑	张　潜	
责任校对	闫　萃	
责任印制	王　超	

出　　版	中国社会科学出版社	
社　　址	北京鼓楼西大街甲 158 号	
邮　　编	100720	
网　　址	http://www.csspw.cn	
发 行 部	010 - 84083685	
门 市 部	010 - 84029450	
经　　销	新华书店及其他书店	

印刷装订	北京君升印刷有限公司
版　　次	2017 年 3 月第 1 版
印　　次	2017 年 8 月第 2 次印刷

开　　本	710×1000　1/16
印　　张	25.25
字　　数	414 千字
定　　价	99.00 元

凡购买中国社会科学出版社图书，如有质量问题请与本社营销中心联系调换
电话：010 - 84083683

前　言

　　"'一带一路'：理论构建与实现路径"由王灵桂研究员主持，是中宣部2015年度马克思主义理论研究和建设工程重大委托课题（批准号为2015MZDW001）——"'一带一路'战略中需要深入研究的理论问题"的阶段性研究成果之一。在当今"一带一路"建设的大背景之下，本项目以中国与世界共同发展为视角，是对"一带一路"面临的理论和现实问题进行的一次积极探索。

　　"一带一路"（"丝绸之路经济带"和21世纪"海上丝绸之路"）的出台是中国顺应当今世界经济发展的客观要求的结果，也是稳定周边、繁荣沿线、放眼世界的战略性安排。作为新一代大国，中国以共同发展、公平发展、和平发展、开放发展和可持续发展为理念，以共商、共建、共享为原则引领新一轮世界经济社会发展的浪潮。自2013年下半年习近平总书记提出"一带一路"倡议至今已历3年，其间无论是作为理论探索还是付诸实践，"一带一路"倡议都面临一些空白需要理论工作者和实践工作者去填补。目前，中国还有许多经济问题、社会矛盾尚未解决，为什么要提出"一带一路"这样一个大倡议去惠及他国；"一带一路"与传统西方社会看待世界、解决世界面临的重大挑战有什么不同；"一带一路"究竟要突破哪些现实困境，才能与他国共同完成中国设计的长远目标；"一带一路"将给中国带来哪些好处；中国是否因此能成为世界第一大经济体、能在国际话语体系中占有重要的位置；这些疑问正是本项研究的出发点和落脚点。

　　立项之后，项目组经过讨论一致认为，尽管国内外，特别是国内有关"一带一路"的文章、报告、书籍甚多，但是"一带一路"建设涉及的诸多重要理论和现实问题在现今的研究中仍没有确切的答案，因此，在充分理解和把握国家对"一带一路"建设的思路和做法前提下，本项研究应以探求"一带一路"建设的理论研究和重大的现实利益关切为切入点,对上述问题予以回答。

需要指出的是,"一带一路"将是中国未来两个百年的奋斗目标之一,至少从近期来看,"一带一路",无论是实践还是理论探讨都将处于"在路上"的状态,需要随时依据客观实际需要和出现的新问题展开研究。因此,目前的研究也将代表过去一个阶段项目组成员所做出的智力努力,该项成果真正体现的是一种"阶段性"成果,形式上是马克思主义理论研究和建设工程项目的阶段性成果,内容上则是国家"一带一路"建设过程中的"阶段性"成果。2016 年 8 月 17 日习近平总书记在推进"一带一路"建设工作座谈会上发表重要讲话《总结经验坚定信心扎实推进 让"一带一路"建设造福沿线各国人民》,再次强调了"一带一路"所承载的历史使命、国际价值与推进路径。

当前,"一带一路"的顺利推进及其成效使得"一带一路"倡议在短短三年时间里迅速成为全球智库关注的"显学",各国有识之士纷纷加入了"一带一路"研究的行列。中国政府真诚地向世界宣布:"中国欢迎沿线国家积极参与,也张开臂膀欢迎五大洲朋友共襄盛举。'一带一路'是共赢的,将给沿线各国人民带来实实在在的利益,将为中国和沿线国家共同发展带来巨大机遇。'一带一路'追求的是百花齐放的大利,不是一枝独秀的小利。这条路不是某一方的私家小路,而是大家携手前进的阳光大道。中国推动共建'一带一路'、设立丝路基金、倡议成立亚洲基础设施投资银行、推进金砖国家新开发银行建设等,目的是支持各国共同发展,而不是要谋求政治势力范围。"项目组成员将会继续沿着目前的研究路径对"一带一路"展开持续性的研究。目前中宣部马克思主义理论研究和建设工程办公室已经将该项目升格为"马克思主义理论研究和建设工程重大现实课题",其意在于"一带一路"建设没有"休止符",同样,"一带一路"研究也没有"休止符",我们所做的只是在未来如何将我们的研究更好地匹配于实践,使"一带一路"实践更好地服务中国的全方位发展、世界的全方位发展。

该项目研究的主要参与人员为中国社会科学院亚太与全球战略研究院的科研人员以及院外知名高校和研究机构的专家学者。

在这里要特别感谢中宣部马工程办对该项目研究的支持与信任,也要感谢中国社会科学院院领导对该项目研究的支持与协调，使得该项研究对今天的"一带一路"建设能够做出应有的智力贡献。

中国社会科学院国家全球战略智库
常务副理事长兼秘书长、研究员
王灵桂
2016 年 10 月 3 日晨于香山麓听雨轩

目　　录

理论篇

路径篇

合作篇

引　言[*]

　　"一带一路"是发展中国家首次对世界经济社会发展提出的务实性倡议，核心是以新思维、新方式引领、主导世界经济社会发展的新进程、新路径，也正因为如此，才构成本项目研究的主要依托背景和研究主题。

一　"一带一路"倡议三周年的回顾与展望

　　本项目完成于"一带一路"倡议提出三周年之际。2013年9月7日，中共中央总书记、国家主席习近平在哈萨克斯坦发表题为"弘扬人民友谊　共创美好未来"重要演讲时，提出"共同建设'丝绸之路经济带'"的倡议；同年10月3日，习近平主席在印度尼西亚国会发表题为"携手建设中国—东盟命运共同体"的重要演讲，提出了"共同建设'21世纪海上丝绸之路'"的重大倡议。古今中外，大业难于起步。"一带一路"倡议的推进也是如此。因此，可以把本项目研究成果看作对"一带一路"倡议提出三年来取得巨大成绩的贺礼和对"一带一路"未来美好前景的祝愿。

（一）"一带一路"：全球化2.0版的行动

　　三年来，"一带一路"倡议从概念变成行动、变成成效，由点及面地形成各国共商共建共享的合作局面，从无到有地建成了一批具有标志性的重要项目。

　　目前，中国政府已经同30多个沿线沿途国家签署了共建"一带一路"合作协议，已经有100多个国家和国际组织参与其中。以"互联、连接"为基本特征并作为优先领域推进的"一带一路"倡议，顺应了国际经济发

---

* 王灵桂，中国社会科学院国家全球战略智库常务副理事长兼秘书长、研究员。

展的内在规律，代表了全球经济合作的新趋势，获得了广泛的国际共识，并为沿线沿途国家和地区注入了新的增长动力，开辟出了共同发展的巨大空间。"通过建设基础设施项目和工业园，中国已成为欧亚大陆丝绸之路经济带以及印度洋区域海上丝绸之路沿线的现代化推动者。"①

"'一带一路'和互联互通相融相近、相辅相成。如果将'一带一路'比喻为两只翅膀，那么互联互通就是两只翅膀的血脉经络"，"一带一路""顺应了时代要求和各国加快发展的愿望，提供了一个包容性巨大的发展平台，具有深厚历史渊源和人文基础，能够把快速发展的中国经济同沿线国家的利益结合起来"，"加快'一带一路'建设，有助于加强不同文明交流互鉴，促进世界和平发展"②。"地缘政治的较量正从领土之争转向互联互通之争，主要表现为全球供应链、能源市场、工业生产以及金融、技术、知识和人才流动的拔河博弈"，"这种竞争互联的另一实现途径是基础设施联盟：跨越国境线和海洋去构筑更加紧密的供应链伙伴关系"③。难怪有硅谷投资教父之称的马克·安德森在对《超级版图：全球供应链、超级城市与新商业文明的崛起》一书的评论中就此写道："连接已经成为一项基本人权，它给予地球上的每个人自立自足、贡献未来的平等机会。"④ 中国社科院世界经济与政治研究所所长张宇燕教授指出，"一带一路""可以通过双边与多边合作，继承、改造、整合、创新现有国际规则体系，既让交易成本大为降低，更让国际制度趋于中性，甚至更有针对性地维护发展中国家的利益，实现全人类的共同繁荣与发展"⑤。这些观点，将"一带一路"倡议上升到了事关人类文明进步和经济社会发展，以及事关人权和打造全球化新版本的高度来阐释，令人耳目一新。

21世纪，人们对互联互通有了新的认识和看法。关于连接，帕拉格·康纳认为，传统的国界线表示国与国的隔离，强调本国的国土主权，限制

---

① ［美］帕拉格·康纳：《超级版图：全球供应链、超级城市与新商业文明的崛起》，崔传刚、周大昕译，中信出版集团2016年版，中文版序。

② 中共中央宣传部：《习近平总书记系列重要讲话读本（2016年版）》，学习出版社、人民出版社2016年版，第267页。

③ ［美］帕拉格·康纳：《超级版图：全球供应链、超级城市与新商业文明的崛起》，崔传刚、周大昕译，中信出版集团2016年版，第6页。

④ 同上书，封底推荐语。

⑤ 薛力：《"一带一路"与"欧亚世纪"的到来》，中国社会科学出版社2016年版，系列序一。

人员、资本、资源、技术的流动；而在互联时代，国家必须选择与其他国家、其他区域连接，"连接的力量远远大于政治和军事的力量"①。世界各国如何实现连接呢？帕拉格·康纳指出，可以通过修建基础设施，打造供应链，实现资源、生产、服务、消费的连接。21世纪，本质上是一场争夺供应链的角力，新军备竞赛的内容是连接全球各大市场。"在这场角逐中，中国领先：中国围绕'一带一路'，已经启动一大波连接欧亚大陆的基础设施投资"②，"互联互通是推动世界朝着更加复杂的全球体系演变的重要力量，各国经济会更加融洽，全球人口流动性将更大，网络世界与现实结合更加紧密，全球气候变化也将使得人们的生活方式发生翻天覆地的变化。这些现象交互产生的各种重大和突发影响现在还难以预测。但尽管互联互通让世界变得更加复杂和难以预测，它也是增强世界韧性的必然选择"③。

在《超级版图：全球供应链、超级城市与新商业文明的崛起》一书中，作者这样评价"一带一路"的时代价值："在冷战时期和冷战结束之初，全球安全被普遍认为是最重要的'公共品'，其主要提供者是美国。但在21世纪，最为重要的公共品却是基础设施。而中国是基础设施的主要贡献者。中国的国内基础设施建设规模引领全球，现在中国又创设了亚洲基础设施投资银行，由此中国将成为全世界基础设施项目的最大投资者。"④

"一带一路"倡议自提出以来的三年建设过程中，在陆上依托国际大通道，以沿线中心城市为支撑，以重点经贸产业园区为合作平台，共同打造新亚欧大陆桥、中蒙俄、中国—中亚—西亚、中巴、孟中印缅、中国—中南半岛等国际经济合作走廊；海上以重点港口为节点，共同建设通畅安全高效的运输大通道，努力推进陆上路径和海上路径的紧密关联和合作，"围绕'一带一路'倡议，中国积极强化多边合作机制，取得重要进展。上海合作组织（SCO）、中国—中东欧'16 + 1合作'机制、中国—东盟'10 + 1'、亚太经合组织（APEC）、博鳌亚洲论坛（BFA）、亚欧会议（ASEM）、亚洲合作

① ［美］帕拉格·康纳：《超级版图：全球供应链、超级城市与新商业文明的崛起》，崔传刚、周大昕译，中信出版集团2016年版，第1页。
② 同上。
③ 同上书，第7页。
④ 同上书，中文版序。

对话（ACD）、亚信会议（CICA）、中非合作论坛（FOCAC）、中阿合作论坛（CASCF）、大湄公河次区域经济合作（GMS）、中亚区域经济合作（CAREC）、澜沧江—湄公河合作机制（LMCM）、中国—海合会战略对话等多边合作机制不断取得进展，带动了更多国家和地区参与'一带一路'建设"①。

中国与沿线国家和地区在基础设施技术标准体系对接、基础设施网络联通、能源基础设施联通和畅通信息丝绸之路等领域合作不断加强，共同建设连接亚洲各次区域以及亚欧非之间的基础设施网络。在标准对接方面，"一带一路"各大标准对接协商会议和论坛在各地陆续举办，初步形成了与沿线国家标准对接路径。2015 年 10 月 22 日，《标准联通"一带一路"行动计划（2015—2017）》正式发布，明确了 10 个发展方向，旨在探索形成"一带一路"沿线国家认可的标准互认程序与工作机制，加快推进标准互认工作；顶层规划协议和标准体系对接方案，涉及基础设施建设投资、贸易、能源、金融、产业、物流运输、标准及认证、环境保护、农业、人文、信息、智库合作和地方合作等 13 个重点领域。在交通联通方面，截至 2016 年 6 月 30 日，中国已开通中欧班列共计 39 条，已逐步形成连接亚洲各次区域以及亚非欧之间的交通基础设施网络；由中国中铁股份有限公司、中国交通建设集团等国有大型企业承建的具有示范性作用的大型交通基础设施项目就达 38 项，涉及"一带一路"沿线 26 个国家，重点建设关键通道和节点、推动港口合作建设，帮助发展中国家完善交通基础设施建设。在能源联通方面，自 2013 年 10 月至 2016 年 6 月 30 日，由中国国有企业在海外签署和建设的电站、输电和输油输气等重大能源项目多达 40 项，共涉及 19 个"一带一路"沿线国家。在信息畅通方面，中国已通过国际海缆可达北美、东北亚、东南亚、南亚、澳洲、中东、北非和欧洲地区；通过多条国际陆缆可直接连接俄罗斯、蒙古国、哈萨克斯坦、吉尔吉斯斯坦、塔吉克斯坦、越南、老挝、缅甸、尼泊尔、印度等国家，进而延伸覆盖至中亚、北欧、东南亚各地区；由中国主导的 TD-LTE 技术国际化已取得初步成效，在中国发起并主导的 TD-LTE 全球倡议组织（GTI）中，GTI 已拥有 116 家运营商及 97 家设备商，包括中国、美国、日本、印

①　中国人民大学"一带一路"建设进展课题组：《坚持规划引领，有序务实推进："一带一路"建设三周年进展报告》，2016 年 9 月 26 日发布，第 4 页。

度、沙特阿拉伯、俄罗斯、澳大利亚等在内的 30 个国家已开通共计 52 个
TD-LTE 商用网络，另有 55 个国家的 83 个 TD-LTE 商用网计划正在部署
中。① 对此，帕拉格·康纳在他的新著中意味深长地写道："从互联互通的
角度看，也可将今日中国的崛起与昔日荷兰相比。我们发现 17 世纪的荷
兰帝国与 21 世纪的中国颇为相似。荷兰当年也是强调供应链而不是殖民
地，也强调资源而不是领土。当年荷兰的商船规模要远远超出其海军舰
队，今天中国也拥有世界上最庞大的商船队伍。"②

（二）"一带一路"取得的多方面成就

与此同时，除了在互联互通方面取得的优势和成绩之外，"一带一路"
倡议提出三年来，从顶层设计、政策沟通、设施联通、贸易畅通、资金融
通、民心相通、全国布局等方面入手，在打造绿色丝绸之路、健康丝绸之
路、智力丝绸之路、和平丝绸之路等领域均取得了丰硕成果。

"一带一路"倡议之所以愈行愈健，与中国政府注重顶层设计的战略
布局密不可分。习近平主席在印度尼西亚发表重要讲话后不到 40 天，于
2013 年 11 月 12 日召开的中共十八届三中全会，就把"一带一路"倡议写
入了《中共中央关于全面深化改革若干重大问题的决定》之中。同年 12
月 9—11 日，中央经济工作会议将"一带一路"倡议列为 2015 年重点推
进的区域经济发展战略，国务院总理李克强在 2014 年和 2015 年的《政府
工作报告》中都提出要建设"一带一路"。2015 年 3 月 28 日，在亚洲博
鳌论坛年度会议上，由国家发改委、外交部、商务部联合发布了《推动共
建丝绸之路经济带和 21 世纪海上丝绸之路的愿景与行动》文件，从主要
原则、建设主线和建设方向等方面提出了共建"一带一路"的顶层设计框
架，明确了"一带一路"倡议推进中秉持的和平合作、开放包容、互学互
鉴、互利共赢理念，以及恪守联合国宪章的宗旨和原则、坚持开放合作、
坚持和谐包容等原则。

把一种理念和倡议付诸行动和实践，离不开艰苦的沟通与协调。2015
年 3 月，习近平主席在博鳌论坛年会开幕式上发表主旨演讲时指出："'一

---

① 中国人民大学"一带一路"建设进展课题组：《坚持规划引领，有序务实推进："一带一
路"建设三周年进展报告》，2016 年 9 月 26 日发布，第 7—9 页。

② ［美］帕拉格·康纳：《超级版图：全球供应链、超级城市与新商业文明的崛起》，崔传
刚、周大昕译，中信出版集团 2016 年版，中文版序。

带一路'建设秉持的是共商、共建、共享原则，不是封闭的，而是开放包容的；不是中国一家的独奏，而是沿线国家的合唱。"① 这个大战略秉持的开放合作、和谐包容、市场运作、互利共赢原则，突出的政策沟通、设施联通、贸易畅通、资金融通、民心互通五大合作重点，以及为愿景和行动确定的多边双边合作机制等制度保证，注定"是各国共同参与的'交响乐'，其基本定位和目标既要反映中国和平崛起的利益诉求，又要符合沿途国家乃至全球发展的需要"②。有专家指出，"'一带一路'战略实际上是在一个连接国内国际两个大局的思路框架下形成的大战略"③。

三年来，中国积极利用现有双多边合作机制，与沿途沿线国家不断推进合作，落实各项规划与项目。2013年9月至2016年8月，习近平主席访问了37个国家（亚洲18国、欧洲9国、非洲3国、拉美4国、大洋洲3国），在多个场合都提出了共建"一带一路"的倡议，也得到了相关国家的热情回应。中国已经与大多数中亚和外高加索国家签署了"一带一路"相关政策的协议，并与欧盟、中东欧16国、大湄公河次区域组织、非洲联盟等区域或次区域组织发布联合声明，对接各方支持"一带一路"建设的相关政策规划。④ 截至2016年6月30日，中国已经同56个国家和区域合作组织发表了对接"一带一路"倡议的联合声明，并且签订了相关谅解备忘录或协议；同时，中方积极探索建立双边联合工作机制，同时进一步完善现有的联委会、混委会、协委会、指导委员会、管理委员会等双边机制协调推动合作项目实施；截至2016年6月30日，中国已经与14个国家签署了自贸区协定，涉及22个国家和地区，自贸伙伴遍及亚洲、拉美、大洋洲和欧洲等地区；在"一带一路"沿线，中国也已经与11个国家签署了自贸区协定，还与56个沿线国家签署了双边投资协定。⑤

"一带一路"倡议在过去三年的推进和实施过程中，已经产出了丰硕成绩：2013年6月至2016年6月，中国与"一带一路"沿线国家货物贸

---

① 新华网：《中国聚焦：博鳌亚洲论坛热议中国"一带一路"愿景与行动》，2015年3月28日。

② 李向阳：《建设"一带一路"需要优先处理的关系》，《全球战略观察》2015年第1期。

③ 蔡昉：《"一带一路"战略助推"飞龙模式"》，《全球战略观察》2015年第1期。

④ 中国人民大学"一带一路"建设进展课题组：《坚持规划引领，有序务实推进："一带一路"建设三周年进展报告》，2016年9月26日发布，第6页。

⑤ 同上书，第4页。

易额高达 3.1 万亿美元，占中国对外贸易总额的 26%；截至 2016 年 6 月 30 日，中国与"一带一路"沿线国家新签服务外包合同金额 94.1 亿美元，同比增长 33.5%；截至 2016 年 6 月 30 日，中国对"一带一路"相关国家的投资累计已达 511 亿美元，占同期对外直接投资总额的 12%，其中 2016 年上半年中国对"一带一路"沿线国家直接投资达 68.6 亿美元，"一带一路"相关国家对中国实际投入外资金额 33.6 亿美元，占同期总额的 4.8%；截至 2016 年 6 月 30 日，中国已与 53 个沿线国家签署了税收协定，初步形成了覆盖主要投资来源地和对外投资目的地的税收协定网络，强化了消除投资壁垒功能；截至 2016 年 6 月 30 日，中国在"一带一路"沿线 18 个国家建设有 52 个经贸合作区，已通过考核的经贸合作区达 13 个，累计完成投资 156 亿美元；亚投行于 2016 年 6 月 25 日批准了首批 4 个项目总计 5.09 亿美元的贷款，涉及孟加拉国、印度尼西亚、巴基斯坦和塔吉克斯坦等"一带一路"沿线国家的能源、交通和城市发展等领域；截至 2016 年 6 月 30 日，丝路基金已宣布支持中国三峡集团在巴基斯坦等南亚国家投资建设水电站等清洁能源项目、支持中国化工集团并购意大利倍耐力轮胎公司项目、参与俄罗斯亚马尔液化天然气一体化项目 3 个项目的投融资，并已经分别与欧洲能源利用有限公司、北京控股有限公司签署三方框架性合作建议；截至 2016 年 6 月 30 日，国家开发银行已建立涉及超过 60 个国家、总量超过 900 个项目的"一带一路"的项目储备库，涉及交通、能源、资源等领域；截至 2016 年 6 月 30 日，中国进出口银行内有贷款余额的"一带一路"项目 1000 多个，项目分布于 49 个沿线国家，涵盖公路、铁路、港口、电力资源、管道、通信、工业园区等多个领域，新签约"一带一路"国家项目 500 多个；截至 2016 年 6 月 30 日，中国出口信用保险公司累计支持的国内外贸易和投资的规模达 2.3 万亿美元，为数万家出口企业提供了出口信用保险服务，为数百个中长期项目提供了保险支持，包括高科技出口项目、大型机电产品和成套设备出口项目、大型对外工程承包项目等；截至 2016 年 3 月 31 日，共有 9 家中资银行在"一带一路"沿线 24 个国家设立了 56 家一级分支机构，共有来自 20 个"一带一路"国家的 56 家商业银行在华设立了 7 家子行、18 家分行以及 42 家代表处；截至 2016 年 6 月 30 日，中国与"一带一路"沿线国家和地区经常项下跨境人民币结算金额超过 2.63 万亿元；截至 2016 年 8 月 15 日，中国人民银行已经和境外 35 个国家和地区的中央银行或者其他货币当局签署了双边本币互换协议，其中 21 个国家和地区是"一带一路"沿线国家和地区，总额度已经超过了 3.12 万亿元（不含已失效或未续签）；截至2016 年 6 月 30 日，中国银行间外汇市场也已经陆续实现了 11 种货币的直接交易，人民币业务清算行已拓展到 20 个，其中 7 个在"一带一路"沿线国家和地区。此外，中国政府每年向"一带一路"沿线沿途国家提供 1万个政府奖学金名额，并向发展中国家提供 12 万个来华培训和 15 万个奖学金名额，为发展中国家培养 50 万名职业技术人员；截至 2016 年 6 月 30日，中国与沿线国家先后举办 19 次"国家年"活动，设立 25 个海外中国文化中心，500 所孔子学院遍布 125 个国家和地区，累计签署 41 个文化合作谅解备忘录；截至 2016 年 6 月 30 日，中国已有包括海南、新疆、宁夏在内的 24 个省份与"一带一路"沿线国家建立了明确的旅游合作项目；截至 2016 年 6 月 30 日，面向中国普通旅行开放免签的国际和地区有 21个，施行落地签的有 37 个，据国家旅游局预计，"十三五"时期中国将为"一带一路"沿线国家输送 1.5 亿人次中国游客、2000 亿美元游客旅游消费，同时中国还将吸引沿线国家 8500 万人次游客来华旅游，拉动旅游消费约 1100 亿美元；截至 2016 年 6 月 30 日，中国已与中东欧、东盟、阿盟等地区或国家的卫生部、医学院等展开了医疗人才培养、公共卫生服务和传统医药等方面的合作，已签订国家级协议达 23 个，中非减贫惠民合作计划、中非公共卫生合作计划等合作项目达 29 个；截至 2016 年 6 月 30日，中国与"一带一路"沿线国家签署的关于科技方面的合作谅解备忘录多达 56 项，涵盖航天、能源、生态等多个领域，覆盖亚欧拉非等地区。[①]

二 本项目的研究价值、结构设计与主要结论

（一）研究价值

1. 理论贡献

本研究的理论贡献在于对"一带一路"面临的现实问题给予一定程度的理论探讨。"一带一路"是新近提出的大倡议，实际上反映的是国际关系正在向一种新型关系方向的演进，在已有的国际关系历史上从未出现过

---

① 以上数据均转引自中国人民大学"一带一路"建设进展课题组《坚持规划引领，有序务实推进："一带一路"建设三周年进展报告》，2016 年 9 月 26 日发布。

由发展中国家主导世界经济社会发展进程的局面，因而，对于"一带一路"理论的探讨不可能运用传统的国际关系理论，而必须随着实践的发展建立起一套全新的理论框架体系。就这一点而言，本项研究还远远达不到上述的理论要求，而只能在既有的理论框架下尝试着对"一带一路"进行理论上的解释，而不是创建。但是即便如此，我们也在尽可能运用已有的国际关系理论，通过改变"斜率"或者运用"拐点"方式，突破当前"一带一路"研究中存在的理论困局。例如，我们提出了经济外交转型的方向和重点，我们认为经济走廊建设要坚持亚洲方式，面对 TPP 的挑战，我们应构筑包容性的国际体系。如果我们的研究能够对"一带一路"的理论建设有所推进，那已经是我们最大的荣幸。

2. 学术价值

本研究也试图在"一带一路"建设上开创新的学术研究活动，体现一种学术价值。目前国内对"一带一路"建设的研究已全面铺开，仅近三年发表的论文数量已多达万篇以上，其中不乏上乘之作，但是多数研究仍停留在探索阶段，尚未从学理上形成"一带一路"的理论框架或体系。上述研究存在的问题或不足为本项目开展相关研究留下了空间。面对国内已经进行的务实研究，本项研究侧重于从理论视角，特别是利用现有的理论对"一带一路"建设进行学术探讨。例如，有的作者从规模经济角度对互联互通的学理价值进行了研究，并认为互联互通具有规模经济和贸易创造效应，也因此认为互联互通有助于成为亚洲一体化的新平台。也有的作者从区域经济学的角度，就"一带一路"经济走廊的内涵与特征、目标与途径、内生动力和发展基础、空间聚集和空间溢出效应予以探讨和研究。

3. 现实意义

本项研究的现实意义不仅注重理论探索，更注重对"一带一路"建设的实现路径探讨。我们知道，"一带一路"倡议本身尽管前无古人，在诸多的做法上却可以借鉴、模仿前人经验，再经过改造为我所用。例如，经济走廊、产业园区、互联互通等，美、日等发达国家企业走出去的时候，通常也会采取类似的方式方法，只不过今天的中国对这些传统手段进行了更新和提升；又如，中国"发明"的产能合作其实在一定程度上也是一种类似过去美、日产业转移的做法。但是本研究比过去有所超越，这是本研究的现实意义所在。通过前述简要介绍得知，中国的全球自由贸易区网、互联互通、产能合作、产业园区等已经较过去有较大的革新或改造，例如,历史上中国从未提出过要构筑周边或者"一带一路"沿线国家的互联互通,也未勇于提出建设中国的全球自由贸易区网络,而目前,中国正在翻写新的国际关系史,因此,本项研究也得到一些社会肯定。在前期的研究过程中,本项研究已有部分成果或通过论文形式发表,或通过内部报告形式向有关部门建言并得到肯定,以上这些已证明本项研究的现实价值。

(二) 研究结构设计、方法与主要结论

1. 研究思路

自 2013 年下半年习近平总书记提出"一带一路"倡议至今已历 3 年,其间无论是作为理论探索还是付诸实践,"一带一路"倡议都面临一些空白需要理论工作者和实践工作者去填补。目前,中国还有许多经济问题、社会矛盾尚未解决,为什么要提出"一带一路"这样一个大倡议去惠及他国;"一带一路"与传统西方社会看待世界、解决世界面临的重大挑战有什么不同;"一带一路"究竟要突破哪些现实困境,才能与他国共同完成中国设计的长远目标;"一带一路"将给中国带来哪些好处;中国是否因此能成为世界第一大经济体、能在国际话语体系中占有重要的位置;这些疑问正是本项研究的出发点和落脚点。

因此,本项目以当今"一带一路"面临的主要问题为切入点,围绕几个重要领域,着重探讨"一带一路"建设进程中面临的主要挑战,并提供解决重大关切问题的思路,以此为"一带一路"建设提供智力支持。

2. 研究方法

本研究主要是以马克思主义的方法为指导,采取历史与比较的方法、定性与定量的方法来完成研究任务的。

(三) 结构设计与主要结论

全书划分为三个部分,即理论篇、路径篇和合作篇。

理论篇有 4 篇文章,主要尝试阐释习近平总书记提出的"一带一路"所蕴含的新时期中国外交思想新思路、新观念、新论断。理论上说,作为新一代大国首推的大倡议,"一带一路"不仅仅是一个实践性倡议,更需要通过这一重大实践给出中国对现有世界格局的新观念、给出中国对现有世界面临的重大挑战的新思路以及新做法。

有的作者提出,"一带一路"所包含国际角色观、周边外交观、义利

观、总体安全观、文明互鉴观、共同发展观等是指导今天"一带一路"建设的思想基础。

通过对现行世界秩序的观察与研究，有的作者提出以冷战思维为背景的现行世界秩序是以服务美国政治、经济和安全需要为中心的，今天的"一带一路"是现行世界秩序内部矛盾发展的必然结果，是新时期发展中大国对世界面临的各种重大现实问题提出的新的行动方案，是为国际社会提供的新的和平发展思路，以创造不同以往的世界秩序。

与此同时，有的作者认为，作为实现自身崛起和民族复兴的大战略，"一带一路"也是中国经济外交模式调整的产物，其着眼点在于运用市场和经济资源开拓中国与周边及世界的外交新局面，让周边地区关注点重新回到"共同发展"议题上，以双边关系为节点有序缔结网状多边合作，通过打造周边战略支点国家，推进差异性经济外交策略，以缓解周边战略压力，构造地区新秩序。

"一带一路"建设同样离不开新型大国关系的构建，该领域的作者指出新型大国关系的构建是服务于"一带一路"建设的，在当今"一带一路"沿线没有任何一个国家可以完全承接中国产业转移，只有通过若干个国家的合作，即某种新型的地区合作才能实现中国产业的转移，为此，中国必须创造和维护地区合作所需要的基本基础设施能力，提升教育交流水平和政治氛围，这种共同发展的新含义在一定程度上可以防止近代国际关系史上产业跨国转移引发的政治动荡，更好地维护世界和平发展的新秩序。

路径篇有5篇文章，核心是探讨中国推进"一带一路"建设的实施路径，包括全球自贸区网络、互联互通、经济走廊建设、产能合作、产业园区建设等中国近一时期为推进周边和"一带一路"沿线国家发展而颇为强调的重点做法。

国家"十三五"规划明确指出，面对国内外新形势，今后中国对外开放领域要"健全对外开放新体制""推进'一带一路'建设"。以此为出发点，该领域的作者提出，未来中国在"一带一路"背景下推进对外开放的政策思路应该是重视投资带动贸易，重视进口贸易，推动与"一带一路"国家的贸易便利化，同时创新发展服务贸易；寻找 FTA 网络建设的突破口，并有效对接沿线国家发展战略。

加强互联互通是激发中国与沿线国家内在经济增长潜力的重点方向之

一。有的作者提出互联互通不应是单向进行的活动，而应与其他手段联手共同推进，如以建设经济走廊来推进设施联通、以重构全球价值链来加强贸易畅通、以构建"一带一路"金融支撑体系来打造资金融通、以增强双边互信来加强政策沟通、以增强人文交流机制来加强民心相通，以此寻求互利共赢的发展道路，也体现中国特色、中国风格。

有的则提出"一带一路"经济走廊建设应坚持亚洲方式观点。"一带一路"经济走廊具有贸易创造效应、投资促进效应、产业聚集效应和空间溢出效应，将会对沿线国家间区域生产网络的完善与重构、价值链的延伸、贸易和生产要素的优化配置起到积极的促进作用，也为沿线国家提升经济发展质量带来了新的机遇。作为"一带一路"倡议的有机组成部分，"一带一路"经济走廊的构建将是一个从产业集群到贸易投资便利化，从贸易投资便利化到区域基础设施一体化、区域经济一体化的动态演进过程。

全球价值链重构成为当前世界经济的显著特征，以此为视角，该领域作者提出，未来中国与"一带一路"国家国际产能合作的主要目标是提升在全球价值链中的地位，整合全球资源，培育以设计、研发、营销、服务为核心竞争力的新优势。

产业园区是老概念，但是在今天的"一带一路"建设中却有可能被赋予新的价值。自20世纪70年代开始，产业园区在世界各地迅速发展，现在已经成为经济发展的重要空间形式。随着"一带一路"倡议从顶层设计和规划走向落地实施，该领域作者提出中国企业在进一步推进境外产业园区发展时，应主动结合国家发展战略，促进产业园区发展与"一带一路"倡议相融合；境外产业园区规划设计和开发建设标准要从实际出发，找准主导产业建设集群式产业园区；创新企业融资方式，保证项目融资顺利实施；此外要重视软实力的作用，促进产业园区建设和经营的本土化。

合作篇共有4篇，主要为"一带一路"建设如何与当今主要大国和周边国家更好地推进利益共同体、责任共同体和命运共同体进程提供了相关的合作思路。"一带一路"建设不是中国一家唱戏，而是多国共同努力的结果，其发展成就也应为多国共同分享。在"一带一路"建设过程中，中国需要处理好与周边国家之间的关系，更需要处理好与世界有影响力的大国或组织之间的关系。王毅外长盘点2014年外交，认为最大的特点就是突出了"以我为主"的大外交格局，总结顺序是先周边关系后大国关系，而不像以往把重要位置和篇幅放在处理与大国的关系上；从过去以中美关系为重中之重，演进到平行强调中俄之间的大国战略协作关系以及与欧洲和其他国家之间的新型关系是中国目前外交工作思路的调整，也是"一带一路"建设的内在要求反映。因此，在合作篇中，重点探讨了未来中国应如何与周边国家、美国或欧盟建立新型的经济关系，通过一体化建设，使中国与周边国家、美国和欧盟之间形成相互促进而不是相互掣肘关系。

在构筑与周边国家一体化进程中，该领域作者提出，推动亚洲一体化需要在"一带一路"建设中塑造符合亚洲实际的一体化模式。迄今为止，遵循西方一体化模式的亚洲区域合作却表现出明显的"飞地"特征，显然不利于亚洲各国以及国家内部的经济共同发展，因此有必要与亚洲国家打造全新的一体化局面，实现共同繁荣，迈向命运共同体。通过搭建互联互通这一具有亚洲特色的一体化平台，既是"一带一路"建设应该追求的目标，也将是中国对亚洲政治经济格局最重要的重塑。

当前，亚太区域经济合作已呈现出 TPP 与 RCEP 双轨竞争局面，亚太地区面临着被割裂的风险。新时期，亚太区域经济合作在区域架构、地缘政治、区域生产网络等方面发生的重大变化既是挑战也是机遇，因此，该领域作者提出，作为亚太地区最大的发展中国家和区域合作的深度参与者，中国需要积极面对和战略预判，从而能动地参与地区环境的塑造，推动完善和进一步构建包容性的国际经济治理体系。

欧亚一体化是新时期国际关系发展的新走向。目前，中国倡导的发展主义导向型战略与美国主导的安全驱动型战略并存，该领域作者在此基础上提出，"一带一路"倡议下中国的欧亚一体化战略为长期处于大西洋主义主导下的欧洲提供了一种替代性选择。"一带一路"倡议从发展主义的角度进行制度设计，促进了多极化的发展、相互信任的增强和地区经济的繁荣，有助于消减安全疑虑，形成以发展为导向的跨区域合作新模式，并最终削弱大西洋联盟。由于大西洋联盟在物质资源和观念认同方面仍有坚实的基础，"一带一路"倡议下的中国欧亚一体化战略实施将会遇到诸多困难和挑战。

"一带一路"与全球化 2.0 版:来自思想领域的进程报告[*]

内容提要:"一带一路"已经成为一门"世界性"的显学。基于不同的理念和理解,国外战略智库对"一带一路"的认知差别巨大,对华友好与敌意相互映衬,但却恰好为"一带一路"外宣提供重要借力。通过分析现有的 600 多家关注"一带一路"合作倡议的国外战略智库研究报告可以得知:45% 左右的智库对华持友好态度;受制于客观环境(正确的研究资料严重缺乏、对中国不够了解等),45% 左右的智库对"一带一路"有些难以接受;10% 左右的智库属于反华阵营,对华持严重的反对和排斥立场。在"一带一路"外宣工作中,分清谁是我们的朋友、谁是我们的敌人,能使我们在工作中明确方向,知道如何借力;分清楚谁可以团结、争取,谁是应予防范和打击的,可以增加我们外宣工作的主动性和针对性,知道把力量投向何方。

　　"一带一路"已经成为一门"世界性"的显学。面对中国政府的真诚呼吁和不懈努力,世界各国,特别是作为"庙算"的外国战略智库,纷纷把"一带一路"作为自己的研究和关注重点,陆续发布大批报告。在"一带一路"研究工作中,项目组借助另一个重要项目,即"全球战略智库观察项目"对国外战略智库有关"一带一路"的观点介绍,通过梳理,将全球知名战略智库对"一带一路"研究的最新成果和观点在此予以重新展现,以此把握国外智库对中国这一"走出去"大倡议的思想动向和基本态度,至少为"一带一路"赢得外部的舆论支持提供几点借鉴。

　　从目前项目组检索和搜集到的各国战略智库关于"一带一路"合作倡议的最新研究报告(截至 2016 年 9 月 28 日)中可以看出他们的关注点、

---

　　* 王灵桂,中国社会科学院国家全球战略智库常务副理事长兼秘书长、研究员。

兴趣点和看法取向，有助于我们有针对性地做好相关工作。"一带一路"合作倡议提出以来，迅速成为海外战略智库关注的热点话题。据不完全统计，在海外千余家重要战略智库中，目前有 600 多家正在积极研究"一带一路"合作倡议，其中美国有 198 家、欧盟国家有 175 家、日本有 75 家、韩国有 14 家、俄罗斯有 26 家、中亚国家有 11 家、东盟国家有 54 家、印度有 21 家、巴基斯坦有 7 家、西亚国家有 34 家、拉美国家有 7 家。这些智库推出的数千篇研究报告和政策建议，已经并正在对海外媒体和舆论产生重要影响。全面整理、综合分析海外各国不同战略智库对"一带一路"的观点和看法，既可有助于我们借助海外战略智库的研究成果，使我们"一带一路"合作倡议的外宣工作站在别人的肩膀上，增强外宣工作的渗透力和影响力；又可以使我们搞清楚在数目繁多的海外智库中，哪些是我们的朋友、哪些是我们的对手、哪些是我们可以争取的对象，以增强外宣工作的针对性和实效性。

当然，由于各智库受限于所在国家利益的束缚，他们在"一带一路"研究过程中，其观点自然不可避免地带着某些不全面，乃至误解、曲解等方面的问题。但是，作为一个有着高度自信和定力的国家，一定能从其中的不和谐声音中，寻找到更好地推进"一带一路"倡议的"他山之石"。这也是我们理论研究工作的本意和初衷。正如陆忠伟先生所说，面对全球战略智库们的评点，"不论其目的、动机如何，各大智库的政治敏锐、战略视野、国际思维值得肯定。正所谓一心精进，总得悟明究竟；万里深思，方知定有因缘"[①]。

一　世界主要国家智库对"一带一路"的认知和看法

（一）美国战略智库

一个时期以来，美国战略智库对"一带一路"的反应，负面思考多于正面思考、非理性思维多于理性思维、挑拨离间的成分多于建设性因素。由此可以感受到美国内心深处对"一带一路"合作倡议的疑虑与惧怕。其中，疑虑部分更多的是美国智库对"一带一路"的认识和了解还处于浅层

---

① 陆忠伟：《中国在国际战略地平线喷薄欲出》，载王灵桂主编《国外智库看"亚投行"》之总序，全球智库论中国书系（之二），社会科学文献出版社 2015 年版，第 3 页。

次，或者换言之，是我们的政策解释工作还存在差距，这需要我们有关部门继续加油努力；而惧怕部分，则涉及了美国更深层次的不健康心理阴影，是其与生俱来的对新崛起国家敌对情绪的反应。

从目前的统计看，无论是关注的领域、议题，还是角度、力度，美国战略智库都对"一带一路"合作倡议最为关心。如它们透过美国亚洲再平衡政策的多棱镜，从不同的视点来探讨和看待"一带一路"合作倡议，对中国和马来西亚的关系、中国和俄罗斯的有限责任伙伴关系、中国和印度能否超越边境争议、印度洋能否装下中印两个大国、中国与希腊的债务危机、萦绕中国心头的阿富汗、中国能否成为中东地区的新和平制造者、如何与中亚共享繁荣、在"一带一路"实施过程中蒙古国的未来在哪里、中国应如何看待和对待伊斯兰国，等等，提出了不同的看法。在美国战略智库发布的关于"一带一路"合作倡议的研究报告中，基本上看不到美国自身在"一带一路"合作倡议实施过程中应该干些什么、应该发挥什么作用的意见和建议。相反，美国的智库们更热衷于研究"一带一路"沿线国家和中国历史上的边境纠纷、历史矛盾、现实争端，等等。例如，美国外交政策研究所的报告，在承认"马来西亚与中国在南中国海的待遇争端，从来没有给两国制造过外交压力"的同时，又故意轻描淡写地提到"在马来西亚国内，马来西亚官方鼓励反对当地的中国人"。

在中国和俄罗斯问题上，外交政策研究所在其报告中，一方面将中俄正在不断深化的两国关系描述成"独裁的政治联盟"，并认为"它能够挑战自由主义思想以及金融世界的秩序"，另一方面他们又认为中俄"在双方团结的表象之下，其实中俄之间缺乏相互信任"，建议"欧洲和美国的外交政策应该利用这些缝隙，并且避免采取使这些不兼容的盟友更紧密联系在一起的行动"。

外交政策研究所承认，在中国国家主席习近平对印度成功访问后，许多人希望重启曾经广受赞誉的"亚洲世纪"。但是，在他们的报告中，更多的是谈论中印之间的领土争端、印越如何联手对抗中国，并将巴基斯坦的瓜达尔港项目、斯里兰卡的汉班托特项目、缅甸皎漂项目、马尔代夫项目等，列为中国通过"一带一路"合作倡议挑战印度地位的举措。

卡耐基国际和平基金会则津津乐道于所谓"中国在印度洋越来越频繁的军事行为"，并别有用心地暗示"中国计划通过与印度洋地区发展军事及经济关系来包围印度"，并建议印度莫迪政府，"莫迪可以更加自信地告诉中国领导人，中国在与巴基斯坦联盟中将不再受益"，"新德里应该有能力通过自身的政策削弱中巴联盟"。

美国国际与战略研究中心认为，中国政府颁布的《推动共建丝绸之路经济带与 21 世纪海上丝绸之路的愿景与行动》，"它的核心是中国利用其经济资源和外交技巧，来促进基础设施投资和经济发展，将中国和亚洲其他地区，以及欧洲更加紧密地联系起来"，"如果这导致了更多可持续和包容性增长，这将有助于加强该地区的政治机构建设，并减少恐怖分子进行的恐怖活动"。但是，他们随后话锋一转，说"实施'一带一路'将会给中国及其周边国家带来巨大的风险和挑战"，认为"一带一路"合作倡议"大幅度增加了破坏政治的风险"，带来"地缘政治影响"，并"将可能增加中国的海军力量"。最后，两位作者提出的结论说："中国的'建设就会成功'的发展战略在国内很难实施。如果同样的事情发生在国外，它可能不仅会产生反中国的政治思潮，而且借款人也无法偿还贷款，或企业无法收回他们的投资，最终对中国经济造成压力，而不是帮助其稍微缓解经济下滑。"

史汀生中心承认"一带一路"合作倡议"把三个大洲联系起来"，"将对亚非各国产生深远的影响"，但认为"对环境有潜在的负面影响"，并指出"尽管这一计划声势浩大，但'一带一路'并不容易让人买账"，"'一带一路'战略面临的最大挑战是中国公共关系策略。太多人已经误解了中国的意图，并且曲解该战略将会产生的收益"。

（二） 俄罗斯智库

俄智库对"一带一路"及其沿线国家的观察和态度，则要平和务实得多，没有美国智库那种焦灼的感觉。俄罗斯战略和科技分析中心接连就"一带一路"合作倡议公布了一组报告，认为西方国家快速的人口老化，将导致需求模式和需求规模的改变，"这意味着向旧的工业化国家出口，将不再是亚洲经济发展的主要驱动因素"，而中巴经济走廊顺理成章地成为中国"向西看"政策的中心和试验田。报告认为中巴经济走廊不但对巴基斯坦是机会，还"能够为该地区其他国家带来机会。海湾国家以及非洲的部分地区都会受益，而亚洲也会从中获得巨大的经济效益"。报告建议"如果印度同意成为这些交通线中的一部分，我们看到的将是亚洲经济的重大转型。印度可以与伊朗巴基斯坦天然气管道（IPP）和中巴经济走廊联系起来"，为其"提供比目前正在使用的更为便捷的交通方式"。

俄罗斯战略和科技分析中心认为，作为"一带一路"合作倡议重要试验区的中巴经济走廊建设，中国的投资"既不是援助，也不是优惠资金，而是商业协定和项目融资，包括商业投资回报率"。要实现投资的落地，巴基斯坦应改善俾路支省的安全环境，还要在项目的分配上充分考虑巴基斯坦欠发达地区的实际利益。作者在结论中指出，与美国的做法相比，"北京方面在南亚和中亚的更广泛投资，不仅仅是为了重振中国经济，也是为了促进（世界上）整合性最低的地区之一，使之具有更好的连通性和商业性"。

同时，在俄罗斯智库公布的研究成果中，也提出了一些疑问和不理解。主要有如下几点。一是如果北京至莫斯科的欧亚高速运输走廊建成，在便利俄罗斯人民的同时，也会使越来越多的中国公民前往俄罗斯。在俄罗斯人口老化严重和出生率不断降低的背景下，俄民众普遍担心居俄华人将成为最大的少数民族。二是现在中国已经成为中亚国家最大的经济伙伴，俄罗斯忧虑中俄在中亚地区可能在某些利益问题上形成正面冲突。三是俄罗斯民族的特点是想成为创造者，而非参与者。中国的"一带一路"合作倡议与俄罗斯的欧亚联盟构想有一些重叠之处。在遭受欧美国家制裁、经济陷入困境的背景下，俄担心如果深度参与"一带一路"实施，可能会拖延其重新构建"欧亚帝国"的计划。但是，如果减少对"一带一路"的参与，则有可能错失发展机遇，累及俄罗斯疲软的经济。这令俄罗斯普通民众乃至决策层感到左右为难。

对存在的以上问题，俄罗斯战略智库也给出了一些较有操作性的意见和建议。一是中国企业和民众到俄罗斯时，要以实际行动证明，中国公民前来投资经商和居住，都是在商言商、合法经营、依法办事，并没有政治目的。二是中国在中亚地区寻求自身利益的同时，要兼顾俄罗斯的利益，把握好处理两国利益的原则底线。三是要搁置分歧、求同存异，尽量避免刺激俄罗斯的神经，中国政府可考虑主动提出欧亚经济联盟建设和"一带一路"建设相对接的方案，以实现两国和两个战略的共赢。四是建议中国妥善处理、协调好两国的利益，使俄罗斯与中国共同推进"一带一路"建设形成助力，努力将中俄合作打造成"一带一路"沿线国家合作的范例。

俄罗斯国际事务理事会围绕"一带一路"合作倡议的研究，发表了数十份高质量的研究报告。报告认为，"'丝绸之路经济带'……主要是一个经济项目，目的是促进中国西部省份的经济发展。同时，我也认为它是一个有助于区域国家之间发展密切的全面关系（经济、政治和人道主义关系）的项目，而不仅仅获得一些具体的经济或政治利益"，"现在，'丝绸之路经济带'更像一个概念，而非有着具体目标和路线图的行动计划。总体而言，中国的做法并没有发生根本性的变化，但是融入了更多的能源、创新和灵活操作的意识，以及一个更广阔的视野和更开放的态度。如果说有什么变化，那就是新项目已不再局限于中亚，并意图扩大到南亚、东亚和欧亚大陆"，"'丝绸之路'项目可能会促进中国和俄罗斯的合作，也可能会加剧它们之间的竞争。结果取决于中国和俄罗斯将如何相处。作为一个战略伙伴，中国正努力与俄罗斯保持合作关系……中国项目背后的主要驱动力是经济合作的自然欲望，而不是把俄罗斯挤出中亚。对于中国来说，与俄罗斯在该地区的理想关系是与俄罗斯共同努力，或在合作的氛围中各自开展工作"，"中亚各国将积极响应'丝绸之路经济带'倡议，因为它们没有理由拒绝合作"。

（三） 欧盟国家智库

面对"一带一路"合作倡议，欧盟国家战略智库对促进参与"一带一路"动力较足，传播的正能量也较为集中。从人文上，欧洲的智库们认为"一带一路"正在弥补中欧在认知上的差异：在中国人眼中欧洲不再是古老僵化的城堡，在欧洲人的眼中中国已不再是刻板古老的长城。从发展趋势上看，许多智库认为世界中心也许会逐渐从以"美国—大西洋—欧洲"为核心的基督教文明圈，开始转向以"中国—欧亚腹地—西欧"为核心的多元文明圈，并在全球形成"美国—大西洋—欧洲""中国—欧亚腹地—西欧"两个中心。而欧洲恰恰处在两个中心连接之处，因此就"一带一路"合作倡议的落地而言，欧洲感到很期待。

同时，欧洲的许多智库也不讳言欧洲人在"一带一路"建设中暂时的茫然和不知所措。他们认为，亚投行的成立使欧洲国家成为"一带一路"最重要的朋友圈之一。欧洲国家参与亚投行，说明了他们高度重视中国市场以及"一带一路"合作倡议带来的战略机遇。但是，问题在于欧洲国家目前并不知道如何对接"一带一路"，中国的企业也不知道如何深度开拓欧洲市场。这既是认知差异，也是需求的差异。具体来说，欧洲各国政府和企业家首先要弄明白：欧洲应向中国买卖什么，同时，中国政府和企业家也应考虑同样的问题。欧洲智库也指出，欧洲并不是一个整体，各国有各国的竞争优势和利益需求。"一带一路"要在欧洲落地，中国应遵循知己知彼的古训，才能做到游刃有余、持久良性、合作共赢。

一些欧洲智库也在对"一带一路"合作倡议进行冷观察和冷思考。主要结论如下。一是避免过度解释中欧关系的亲密。直到目前，欧盟尚没有承认中国的市场地位，也依然禁止向中国出口武器。欧洲国家在经济上走向中国，并不意味着其在战略和安全问题上背弃美国；中欧在经济上深度合作，并不意味着欧洲在人权、民主和价值观上改变对中国的苛求与刁难。在人权和民族宗教问题、达赖和西藏问题等方面，欧洲的对华干预可能随时会干扰目前的良好关系。二是避免将"一带一路"合作倡议过度政治化或宿命论。"一带一路"是否会成为国际关系史上的"烂尾楼"，或是否会成为新版的"中华帝国朝贡制度"，关键是要设定好其战略和战术目标，核心是"一带一路"合作倡议能否在清晰的战略指导下逐步落地，并通过一个个战术目标的完成，最终实现惠及沿线国家的民生。三是避免盲目发展、遍地开花。中国政府应尽早系统整理"一带一路"沿线国家和地区的各类信息，动态性地提供给中国"一带一路"的参与机构和企业、人员；同时要把中国国内致力于"一带一路"的城市和企业、机构的竞争优势、现实需求等，提供给国外相关国家和企业、机构。要通过这些细致的工作，让彼此知道双方合作的接触点和发力点之所在。四是注重高层次人员交流与沟通。欧洲一些智库坦言，当前欧洲最缺乏的是社会活力与创新，中国最缺乏的是国际化的人才和经验。这种高异质性，决定了高互补性。因此，应加强政府、企业、智库、学者等之间的人文交流。五是要尽早建立"一带一路"合作倡议实施的样板，以发挥可复制、可推广的带动作用和示范效应。

法国的智库认为，法国领土面积占欧盟的1/5，是西欧面积最大的国家。特别突出的是，他们在民用核能利用、高铁、航空航天等领域的产业优势，是法国经济的依赖和支柱。目前，中国的核电和高铁已经成为中国企业"走出去"的优势产能，这可能造成中法之间的同质化竞争关系。另外一些法国智库则认为，法国高铁在欧洲运用最早，其多项标准曾是欧洲高铁技术的基础。但是，在竞争日益激烈的全球高铁市场中，法国高铁的话语权已经一去不返了，传统的竞争对手德国、日本和后起的竞争对手韩国、西班牙、意大利已经将法国高铁逼入了困境。同时，在法国国内，

2008 年全球金融危机之后，价格已经取代速度，成为吸引消费者的关键因素，法国高铁的乘客数量日渐减少就是明证。因此，一些法国智库把中国高铁看成激发其活力的"鲶鱼效应"，认为中国的许多高铁技术来自法国，法国更加了解欧洲市场且具有成熟的人才、经验，中法高铁市场如果能相互开放，两者可以联手开拓欧洲的高铁、码头、港口、机场乃至核电等基础设施。

在文化创意与时尚产品方面，法国的智库信心满满。他们认为，文化产业是法国的另外一大优势，既是法国经济最强大、可持续发展的动力之源，也是中国的硬需求。他们认为，中国非常重视文化产业发展，但目前的发展起点依然很低，许多文化项目依然停留在"门票经济"阶段。他们建议，在"一带一路"建设中，中法应在文化创意产业、旅游服务业等方面开展深层次合作。同时，在"一带一路"重要节点城市建立"中法文化产业园区"，以孵化与文化产业相关的各类企业，以提升中国及城市的文化品位和艺术气质，同时增加沿线国家民众对"一带一路"的认知兴趣和参与热情。

英国的智库老谋深算，体现了老牌殖民地宗主国的行事风格和做派。在其亨利杰克逊协会、英国查塔姆研究所、英国国际战略研究所等知名智库近期的研究领域和研究报告中，可以发现一个很有意思的现象：王顾左右而言他。他们在思考欧洲的危机和未来，关注印度和巴基斯坦加入上合组织带来的风险，对亚太地区的冲突进行评估，热衷于研究"一带一路"合作倡议给海湾国家带来的机遇；唯独缺少的是，对欧洲和其本身怎样对接和回应"一带一路"合作倡议的研究报告。而实际情况是，英国上下均对"一带一路"合作倡议和与中国的经贸合作充满了热情，并且已经采取了许多措施来具体落实之。英国智库研究的冷与热，反映了英国在对华合作上的矛盾心理，也就是所谓的英国"重商主义"与"人文主义"并重的双重性格的具体反映。英国的智库认为，英国兼具重商主义、人文主义之气质，它略显被动的地缘条件和匮乏的资源，迫使他们必须务实灵活地寻找经济上的合作伙伴，故重商主义盛行；重视传统、推崇渐进的民族性格，又使其不轻易改变什么，因此人文主义在其灵魂深处的烙印很深。也就是重商主义、人文主义两种思想成为英国智库解释英国对"一带一路"合作倡议的理论依据。

首先，英国是西方国家中呼应"一带一路"合作倡议最早的国家之一，是加入亚投行最早的意愿国和创始成员国。对此，英国智库的研究结论是，英国的行为并不是对美国的背弃，而是重商主义使然。因为英国需要中国的投资来更新老旧的工厂和基础设施，以升级英国制造业水平，从而将更好的产品出口到中国；英国加入亚投行，也有巩固其国际金融优势的战略考量。在"一带一路"合作倡议的五通之中，以货币流通为核心的金融支持是重中之重；作为老牌的金融大国，英国智库自认为全球四大金融中心中，有三个与英国有关（伦敦、新加坡、中国香港），中国境外人民币支付有62%在伦敦进行。

其次，中国政府和英国政府于2014年签署了一系列新协议，其中包括在未来三年中加强中英教育合作的框架协议。英国智库对这些问题的解释是，英国教育的宗旨是培育社会精英意识，包括批判性思维、独立性思考、跨学科知识、国际化视野、高度的社会责任等，是人文主义使然。他们认为，这些人文素质让英国在文学领域有莎士比亚、在科学领域有牛顿、在经济学领域有亚当·斯密、在自然科学领域有达尔文……当然，目前在英国大学的本科教育中，来自欧盟的学生显著减少，中国学生的出国需求正填补这些空缺。

最后，在"一带一路"合作倡议实施过程中，英国的智库们把重商主义和人文主义糅合在一起，建议中国和英国可以加强"一带一路"的媒体合作。他们认为，英国的传媒业高度发达，是有传媒话语权的国家。而中国，有正在崛起的传媒市场，有"一带一路"合作倡议实施过程中的舆论引导和动员需求。一些智库建议，中英可联合开展问卷调查，了解"一带一路"沿线国家的关注倾向和参与程度；联合拍摄纪录片和专题片，向世界展现"一带一路"的全景和未来愿景；加强现代传媒理念培训，联合培养现代传媒人才；加强两国传媒产业沟通，全面加强纸质媒体、广播电视、音像制品等传媒领域的双边合作。他们认为，传媒影响力属于文化软实力范畴，理应成为中英在"一带一路"合作倡议实施中合作的重点领域和项目。

德国和意大利智库津津乐道的是，在"一带一路"合作倡议实施过程中，德国制造、意大利制造是中国离不开的两块制造业金字招牌。德国智库指出，作为当今欧洲第一、世界第四的经济体，德国在全球金融风波和欧债危机的双重压力下，表现抢眼，其原因在于德国制造代表着品质与卓越。德国的机械设备制造业是典型的出口导向型产业，其75%的机械设备产品出口国外，在机械设备业 36 个产品领域中，德国产品在 16 个领域为世界出口第一。汽车、机械制造、化工医药、电子电气是德国四大传统产业。正是因为这些自信，德国智库认为中国企业虽然重视产品研发，渐进性创新不少，但突破性创新不足。他们认为，德国制造对中国的启示是："一带一路"要有产品可卖，就要在突破性创新上有起色，拿出真正有品质、有品牌的产品。

意大利的智库认为，意大利是"中小企业王国"，致力于发展中小企业的中国丝路城市应该主动对接意大利，尤其是在食品、服装、家具（也就是意大利人引以为豪的"3F 产业"）领域。他们认为，中小企业是检验一个国家经济是否健康的最重要指标，也理应成为"一带一路"经济是否活跃的晴雨表。

此外，"一带一路"合作倡议是否能与"容克计划"对接，这是当前欧洲的扎略智库和各国政府、媒体普遍关注的核心问题。

（四）印度智库

从时间顺序看，印度智库在对待"一带一路"合作倡议方面，大体经历了抵触、犹疑、初步张开怀抱欢迎等几个阶段。从这些报告中，大体可以梳理出以下一些基本的脉络：莫迪总理执政初期，绕开中国访问美日，对外公开宣称将开辟"印度世纪"。之后不久，莫迪总理积极开通微博热线、调整行程访华、拒绝见达赖，并在 2015 年 5 月 15 日与习近平主席会谈时，畅谈对"一带一路"合作倡议的呼应。印度智库研究成果的转变，大体与莫迪总理态度的转变同步。

印度全球关系委员会认为"中国政府需要制定和完善对外战略、绿色技术细节以及投资和发展思路，为丝绸之路经济带新的贸易伙伴提供'绿色丝绸之路'升级版的工具箱"，"丝绸之路复活计划不应该以推出类似于疯狂的发展项目的方式进行，而是作为一种绿色和自反性现代化的努力"，并具体希望"中国和印度一起保护和保存喜马拉雅山脊的聚宝盆（动物、植物和文化多样性）"。

关于中国在尼泊尔影响力上升问题，印度全球关系委员会认为，"中国将尼泊尔视作通往南亚的门户，这是扩大其势力范围的更广泛战略中的一部分"，印度对此表现出了强烈的犹疑和担忧情绪。阿德雷德大学亚洲研究中心也表示，"中国在尼泊尔的这些发展进程令印度不安"，但他随之又表示,"尼泊尔政府意识到中国和印度互相竞争,因此不想丢开任何一方,这是一个极其智慧的平衡法则"。

全球关系委员会发布的报告尖锐地提出了两个问题,一是"如何使丝绸之路更符合21世纪的现状,并且促进中国和印度的发明创新和商业发展",二是"丝绸之路倡议是选择在经济增长、生态环境和社会公平中都取得发展,还是以生态换取国家发展"。但其建议和结论则为,印度为确保两大目标的实现,"莫迪可以挖掘丝绸之路经济带项目的这些潜力,并联合本国专家和学者共同设计出相关方案"。在该智库的另外一份报告中,作者也提出了两个尖锐的问题,他认为"南亚国家的政治轨迹一方面取决了他们如何平衡印度的民主模式对南亚国家人民的吸引力,另外一方面取决于中国向南亚国家政府为加强其基础设施而做出的慷慨的经济赠予",但作者又认为,"尽管印度是南亚地区最大的经济体,但是印度却不能指望超过中国在该地区的经济吸引力。印度必须在扩大教育与文化交流方面变得更有创意",并在报告的结尾写道:"在中国对南亚国家的经济参与继续扩大之时,印度日渐成熟的民主制度仍将是南亚国家人民所关注的焦点"。

印度观察研究基金会比较客观地谈到了印度自身的差距。报告称,"2012年中国用于研发的费用高达2968亿美元,而我们2011年的研发费用只有361亿美元;中国有50万所职业技术学校,而我们只有1.1万所","改善基础设施的决心是我们在21世纪向前发展的依托和基础,我们建立了只使既得利益者受益的印象,而不是给我们数量众多的人口创造机会,或者利用我们的人口红利优势。一方面,我们又担心中国计划通过巴基斯坦和其他国家在附近包围我们。我们不妨在巴基斯坦或者是瓜达尔港参与建设与中国类似的管道。当斯里兰卡寻求我们的援助时,我们没有表现出兴趣,但当斯里兰卡选择了中国的援助时,我们又感到震惊。五十年来,我们带着对中国人超越我们的担忧一直故步自封","当机会来到我们身边,目光短浅和缺乏自信使我们后退,我们剩下的时间不多了。我们需要建立我们的秩序,增强我们的领导力,调整我们机构的状态,并改进我们的治理能力"。

公共政策研究中心对中国战略崛起是区域霸权还是和平崛起进行了性质分析,认为"中国发起的'海上丝绸之路'倡议使中国成为地区及全球的贸易主角。……'海上丝绸之路'计划也可以服务于国家之间的文化交流，同时也可以作为促进民间交流的通道，这也标志着中国正在努力发展其软实力战略"，"中国对美国在该地区的跨太平洋合作伙伴关系协定（TPP）战略的怀疑也不无道理。美国将中国排除在 TPP 之外的确令人怀疑"，报告建议"如果美国想要促使亚太地区的和平与稳定，那么就有必要采取建设性战略与中国交往，而不是遏制中国"。

观察研究基金会则在观察印度面对"丝绸之路"的两难处境，"印度认为，'海上丝绸之路'计划的战略目的远远超过经济意义……虽然新德里最初的反应是积极的，但其官员提出最终无论是接受或拒绝北京的邀请，在此之前印度都要了解该倡议的具体细节"，"印度必须权衡支持与不支持该倡议的战略后果，而且印度必须打破这种困境，拿出一个具体方案来应对北京的'21 世纪海上丝绸之路'计划"，认为"中国也诚挚地邀请印度参与到'新海上丝绸之路'计划中来，但是到目前为止，印度对此的态度仍旧很冷淡。印度的这种冷淡反应主要是出于不确定该计划的具体内容是什么、如何实施、怎样实施，以及是否符合地缘经济的基本原理，是否充分考虑到了安全因素"。报告指出，综合分析后，"印度不能错过这样一个机会，应该积极地参与到'海上丝绸之路'项目中来……积极参与其中可以获得很多好处。最重要的是，如果印度不参与进来就可能被南亚国家孤立"，"印度最好的选择就是接受中国的邀请，同时也可以加入美国主导的跨太平洋伙伴关系协定"。

和平与冲突研究所认为印度洋历来是大国争夺的对象，印度从来没有获得过真正意义上的霸权，印度洋的"海上安全形势清楚地表明，需要通过基于共同的文化、问题和挑战建立起来的多边机构进行共同协作"，当前可行的是"旨在消除'中国威胁论'的措施，主要是由北京提出的'海上丝绸之路'理念推动的，通过联合开发海上项目为经济增长提供动力，进而强调中国与其他印度洋国家的'共同命运'"，认为"未来印度洋将会继续吸引外来大国势力和多边机构的关注，这些多边机构有可能在'管理竞争'和解决'不安全感'方面扮演重要角色"。

南亚分析集团认为，印度应该为中国的发展提供战略空间。其报告指出，"印度也似乎决定加入中国提出的孟加拉国—中国—印度—缅甸（BCIM）走廊项目，该项目旨在在南亚和中国西南部地区之间开通陆上通道"，"将中国西南部内陆地区与印度的东北部连接起来……孟中印缅项目有望促进该地区的经济发展，加快提高该地区人民的生活质量，它也可能有助于维持该地区的和平,反过来,整个地区的繁荣也有助于孟中印缅项目的实施。也许这就是莫迪总理决定与中国共同完成孟中印缅项目的原因,从而搁置悬而未决的领土争端这一历史问题","印度必须承认某些事实,即印度将为中国通过孟中印缅项目进入其东部地区分享战略空间,这与习主席的'一带一路'战略是一致的。这为中国的经济、战略和政治影响力在相关地区的扩展铺平了道路,而且这可能会以牺牲印度的利益为代价。印度数百年来一直是该地区的霸主,由于其地区偏见以及昔日由中国激起的民族冲突,使得印度失去了其优势,这导致了冲突、管理不善和缺乏发展的恶性循环","印度参与孟中印缅会巩固其'东进政策',也扩大了其与邻国互联互通的总体战略,通过实现整个地区人民共同利益这一战略目标从而增强本国的软实力",但是"印度必须密切监视孟中印缅项目的进展和运作,以免其与中国之间的主权问题影响其东北部地区的长远发展"。

维韦卡南达国际基金会对中巴关系和中巴经济走廊十分感兴趣,但态度表现得介于友好与不友好之间。其报告认为,"互联互通是一种原则,它对一些项目有地缘政治的影响,比如引起印度战略和安全机构关注的中巴经济走廊项目……促进互联互通会导致巴基斯坦的恐怖分子通过通信线路和信息情报渗透到印度,这当然会对印度—巴基斯坦以及印度—中国的双边关系产生不利影响,也不利于该地区的和平与稳定";报告还认为"在战略层面上,这条走廊被认为是中国长期战略目标的实现,即通过建设从新疆到瓜达尔港的战略陆地桥或大陆桥进入印度洋","从长远来看,包括瓜达尔港在内的中巴经济走廊有可能使中国的军事影响力不断增强"。报告认为,"尽管中巴经济走廊的部分目标可能会实现,但是这一项目将不可能以原来构想的形式实现……印度也需要加强其在印度洋地区的海上存在,并采取适当的反击措施来抵制中国在瓜达尔港的地缘政治影响力"。在《中国在巴基斯坦的布局:夸大、危害与经济影响》中,该智库说:"460亿美元(中国宣布对巴基斯坦基础设施建设项目的投资金额)这个数字不仅成为新闻头条,而且其背后的细节也被无限地夸大了","巴基斯坦、印度和包括美国在内的世界其他国家的关注点就是这个数字,以及中国将如何成为一个'游戏规则改变者',如何改变巴基斯坦的命运,并将如何改变该地区的战略平衡等。但是,夸大中国在巴基斯坦的宏伟计划似乎有点过头,而印度必须对中国和巴基斯坦的关系保持密切关注,当然印度也不应该对每一次中巴合作反应过度"。报告建议说,"就印度而言,它最反感的就是中巴经济走廊将穿过巴控克什米尔地区。中国在这一地区的参与力度逐步增强，这将对印度在这一地区的地位产生重大影响。除此之外，印度没有理由过分担心，中巴经济走廊不是要包围印度，至少这似乎并不是这一项目的重点"。

（五）东欧智库

作为东欧国家，波兰在"一带一路"合作倡议发布后，对其表现出了异乎寻常的兴趣和热情。波兰智库普遍认为，"一带一路"合作倡议将是进一步改善和加强中欧关系，尤其是中国和中东欧关系的重要工具，彰显了中国政府新的外交战略和新思维，并对"16＋1合作"给予了很高期许。波兰国际事务研究所发表的报告认为，"'丝绸之路'计划可能会使那些注重与中国加强关系的中东欧国家获益颇丰，这些国家多年来一直致力于平衡巨额贸易逆差以及吸引中国投资……波兰将'丝绸之路'看作是一个真正与中国实现'战略伙伴关系'的机会或者工具"，"'丝绸之路'可能是一个使波兰基础设施升级的工具，新的物流线路可能会为波兰提供向中国出口产品以及建立中国分销中心的机会。波兰十分热衷于建立运输或通信枢纽，不仅能够使其货物转运更方便，而且可以更快捷地将产品运往其他'内陆'国家"，"更重要的是，波兰作为'丝绸之路'的重要组成部分，甚至是欧洲的前线以及中国的桥头堡，'丝绸之路'可能会提升其在欧盟的地位"，报告认为，"如果各国可以共同而且明智地利用'丝绸之路'，那么它可能会为欧洲—中国关系做出贡献"。该智库在另外一篇报告中也指出，"'丝绸之路'计划也包括欧洲中部和东部地区，这可能会使整个地区以及波兰受益……此外，波兰作为亚投行的一个潜在创始成员国，它对参与亚洲的基础设施项目十分感兴趣"。波兰的东方研究所则从另外一个角度解读"一带一路"合作倡议，其中认为，"'一带一路'将会提供一个连接中国与欧盟的交通网络"，"'新丝绸之路'正在成为中国发展公共外交及软实力的关键因素。该倡议包括文化活动、专家会议以及旅游路线等有助于塑造中国在国际上的良好形象"，"与欧洲一体化以及俄罗斯在独联体中提出的倡议不同的是，'新丝绸之路'是一个没有明确国界的开放型政治工程，因此，这将有利于扩大中国的政治影响力，促进多边合作"。报告建议"我们应当从中国与中东欧国家的关系角度来审视'新丝绸之路'对于该地区的意义"，"波兰将会是'新丝绸之路'西端的主要枢纽，主要是中国货物的运输通道"。同时，报告也指出，在"一带一路"合作倡议实施过程中，应关注风险，如"欧洲缺乏出口到中国的货物也是另一个大挑战，这导致列车返回中国时没有装载任何货物，将会增加货物运输成本。而且，由于冬季的低温，需要暂停货物运输"。该智库认为，中国深化与中东欧国家的"16+1合作"机制与"一带一路"合作倡议是密不可分的，或者是合作倡议的重要组成部分，认为"北京意识到了中东欧地区在欧盟中日益凸显的重要性"，"北京也承认该地区的国家对欧盟决策的影响力"，"中东欧国家是中国对欧洲投资的'后门'和'试验场'……希望推动中国企业进行海外扩张"，"'16+1合作'框架也旨在帮助中国建立一个正面的形象……中国可以成为一个负责任和友好的国家。该合作框架也可以帮助北京与中东欧各国进一步发展双边关系"，"将'16+1合作'框架的概念纳入'新丝绸之路'项目中是非常明智的做法。中东欧地区注定是'新丝绸之路'上的'枢纽'，而该地区的各国城市已经意识到与'丝绸之路'连接是帮助其发展经济的好机会"。报告认为，"经过进一步发展，'16+1合作'框架也可以推动'新丝绸之路'的建设和发展"，"这将是北京对中东欧国家在合作参与程度方面的一次测试"。

（六）巴基斯坦智库

作为中国的"铁哥们儿"，巴基斯坦对"一带一路"合作倡议给中巴关系的深化和对巴经济的振兴充满了希望和期待，同时也对合作过程中可能出现的问题和挑战进行了认真的研究。伊斯兰堡政策研究中心作为巴基斯坦最重要的智库之一，其报告认为，中巴"两国社会经济的发展是发展中国—巴基斯坦命运共同体的共同目标"，"巴基斯坦和中国之间的友谊，已经转变为强大的战略合作伙伴关系、强劲的经济合作和日益增多的民间交流。这种关系是建立在信任、理解、和平与进步的共同愿望之上的。巴中友谊会一直延续下去"，"打造'中巴命运共同体'是当前中国和巴基斯坦领导人的共同愿景。这一愿景的主要目的是实现巴基斯坦和中国的繁荣和发展。中巴经济走廊将成为经济增长和发展的主要动力"，习近平主席的访问将中巴关系从好兄弟升级为铁兄弟，两国的友好关系达到了新的高度，"双方启动了价值460亿美元的中巴经济走廊建设项目。中巴经济走廊项目将建设包括高速公路和铁路在内的复杂的交通网络，连接瓜达尔港与中国西部的新疆省。巴基斯坦专门成立了一个特别的安全部门以确保在巴基斯坦工作的中国工程师的安全。这个特别的安全部门将包括军队人员、警察和民间武装力量。安全部队的规模达到了 1 万人，将由陆军少将率领"。

在《中巴经济走廊和俾路支省因素》报告中，该智库承认中巴经济走廊的必经之地俾路支省"是一个动荡且争议频发的省份，反联邦政府的言论盛行"，同时也强烈建议，"现在巴基斯坦政府是时候通过审慎明智的政策解决俾路支省存在的问题……联邦政府解决这个问题的最好方法是将所有中巴经济走廊的相关信息都通过印刷媒体、电子媒体和网站向公众公布，让公众掌握第一手的相关信息。同时，俾路支省的领导应该明白由于多种路线的可行性，他们对整个中巴经济走廊项目并没有否决权。制造争议只会推迟中巴经济走廊西部路线的建设"。

（七）土耳其智库

作为中东地区的重要大国，土耳其近年来采取的"东向政策"恰恰与"一带一路"合作倡议不谋而合。因此，土耳其政府对"一带一路"合作倡议抱有强烈兴趣，同时中国对土耳其可能在"一带一路"合作倡议中发挥的作用也给予了很高期望。土耳其智库国际战略研究机构报告认为，"中国政府已经采取了一系列举措来恢复北方丝绸之路，这些举措已经取得了令人鼓舞的成果"，同时，为促进海上丝绸之路的拓展，该智库建议"可以考虑通过南亚四大经济走廊来提高区域连通性。这四大走廊分别是：①加尔各答—加德满都—拉萨—昆明—东盟；②加尔各答—加德满都—拉萨—巴基斯坦—阿富汗—中亚；③德里—加德满都—拉萨—昆明—东盟；④德里—加德满都—拉萨—巴基斯坦—阿富汗—中亚"，并认为"这些走廊将带来双赢的局面"。

安卡拉国际战略研究组织发表报告认为："土耳其的'现代丝绸之路'计划与中国叫作'一带一路'或者'丝绸之路经济带'的计划，能为土耳其和中国带来巨大的机遇"，"从土耳其、中国以及该区域其他国家的角度来看，'丝绸之路经济带'不仅仅是一个有所回报的项目，也是一个必不可少的项目。'丝绸之路经济带'为丝路沿线国家提供了大量的机遇，因为该计划能够使这些国家团结起来，并利用各自的优势以规避严重的风险。就这一层面而言，在该计划的框架之下，中亚地区的所有国家聚焦于合作领域，并以一种建设性的方式刻不容缓地把它们的共同愿景付诸实践是十分重要的。"

（八） 新加坡智库

作为全球四大金融中心之一，位于亚洲的新加坡对"一带一路"合作倡议的关注较其他国家更多了一个视角。新加坡国际事务研究院在报告中认为，"习近平在参加亚太经合组织峰会的时候提出了一个更加宏伟的计划，那就是建立更大更具有包容性的'亚太自由贸易区'（FTAAP），并将在中国的'亚太梦'这一大背景下来完成该计划"，"亚太自由贸易协定为深化区域经济一体化提供了一个具有长远发展前景的设想，也与其他经济和贸易协定之间形成互补关系……习近平主席将其提出就表明一个事实：中国正在逐渐成为亚太地区的经济中心"，"所有这些倡议的推进不仅需要花费时间成本，而且更需要政治智慧和勇气……建立'海上丝绸之路'和'陆上丝绸之路'来将亚太地区连接起来，并且建立亚洲基础设施投资银行来加快基础设施的建设……20 国集团针对的是全球经济的增长，而亚洲正在寻求新的引擎来保持自身的经济增长势头。有些国家愿意让中国成为亚太地区的老大，而许多国家虽不愿意，但也不得不承认中国正在日渐成为经济中心"。

拉惹勒南国家研究学校认为，"一带一路"合作倡议是中国新一轮的改革开放，它是"当代中国对外关系史上前所未有的提议"，"这一举措不仅仅是对美国战略调整或战略改变的回应。可以说，这一举措是中国外交政策界的共识，北京现在需要从'低姿态'国际战略转为积极争取更多成就的战略。中国外交政策精英们已经开始寻找一种更宏大的战略，以进一步提高中国的地位"，报告认为"北京在认真地推进'一带一路'项目建设。但可能是因为中国没有提供足够的信息，邻国对'一带一路'的反应很矛盾……区域国家都很关注'一带一路'倡议，应该敦促中国公开'一带一路'项目实施的相关细节"。该智库承认"对于许多沿线国家而言，中国的雄心可以给他们带来可喜的经济增长"，但是"这个价值 1400 多亿美元的计划，在沿线国家面临着诸多挑战，包括战争、领土争端和国内动乱"[1]。

---

[1] 关于国外智库对"一带一路"的评价和看法，可详见王灵桂主编《全球战略观察报告》之《国外战略智库看"一带一路"》系列。该系列分别由中国社会科学出版社、社会科学文献出版社于 2015 年、2016 年出版。

二 对国外智库对"一带一路"看法的评价

综观国外对"一带一路"的评价和看法,除了那些刻意与中国唱反调、污蔑和曲解中国倡议的之外,相当一部分是由于对中国政策不够了解造成的。从这个意义上说,在"一带一路"共商、共建、共享过程中,共商是最基础的工作;而在共商过程中,国外战略智库是基础中的关键。客观上讲,一个时期以来,我们在"一带一路"合作倡议的外宣工作中,比较注重平面媒体、网络媒体、电视广播等载体,并取得了丰硕成果,为"一带一路"合作倡议的实施营造了积极向上的舆论环境;但是,随着"一带一路"合作倡议的逐步推进和稳步实施,在继续抓好上述领域外宣工作的同时,我们还应该重视和加强对海外战略智库的外宣工作。

海外战略智库与政府决策部门的"旋转门"状态,决定了其观点对政府决策的巨大影响力。以美国为例,其知名战略智库,如经济政策研究所、大西洋委员会、美国发展中心、全球发展中心、半球事务研究所、外交政策研究所、史汀生中心、彼德森国际经济研究所、皮尤研究中心、伍德罗威尔逊国际学者中心、詹姆斯敦基金会、胡佛研究所、布鲁金斯学会、卡耐基国际和平基金会、美国外交学会等,其领导人和主要研究人员大多来自政府、议会、军队和安全部门,与之有千丝万缕的联系,并对其有着难以低估的决策影响力。尤其值得引起重视的是,在美国的政治体制下,这些战略智库的领导人和研究人员很容易进入决策体制,并成为决策者或决策智囊。这种情况在印度、英国、加拿大、新加坡、澳大利亚、法国、德国、日本、巴基斯坦等与"一带一路"密切相关的国家中同样存在。海外战略智库的思想观点制造者往往会成为某项决策的制定者和执行者,其影响力是战略性的。

海外战略智库与政府决策部门的"角色互换"状态,决定了其观点对政策制定和舆论的巨大影响力。在西方发达国家,智库已经成为政策制定不可或缺的链条之一。这里既有某智库的观点被决策者吸纳,转化为政策的机会;又有决策者授意研究,作为某项政策的可行性研究的成分;还有在某项政策基本定型后,通过智库之口"放气球",试探民意基础和社会反应的情况。同时,海外的战略智库一般还负有诠释政策、解释政策、引导主流舆论、二轨外交和公共关系等职能。从一定意义上讲,影响某国的战略智库，可以对某国某些政策的制定和执行、对社会和民众舆论方向的走势，起到深层次的引导作用。如以上列举的战略智库关于"一带一路"合作倡议的研究报告，事实上已经并将继续发挥上述作用。

海外战略智库研究成果转化的"二元途径"，决定了其特殊作用。对战略智库课题研究的情况进行分析，可以发现其中相当数量的课题属于自行决定的。但其某些研究成果往往成为决策者的战略决策选项、媒体炒作的即时焦点。如2015年10月5日，TPP谈判成员国在美国亚特兰大达成了一致，使TPP的实施成为现实。实际上TPP的前身是跨太平洋战略经济伙伴关系协定（Trans-Pacific Strategic Economic Partnership Agreement）。该协定起源于2002年由新西兰、新加坡、智利、文莱四国发起酝酿的一组多边关系的自由贸易协定，旨在促进亚太地区的贸易自由化。该协议于2005年5月28日正式签订，四个成员国彼此承认在货物贸易、服务贸易、知识产权和投资等领域相互给予优惠并加强合作。这本来是一个影响很小的区域合作协议，但是美国的彼德森国际经济研究所、皮尤研究中心等战略智库研究后，认为该协议很重要，并上书美国政府要求加以利用。2008年2月，美国宣布加入该协议，并于当年3月、6月、9月就金融服务和投资议题进行了3轮谈判。2009年11月，美国正式提出扩大跨太平洋伙伴关系计划，并借助已有协议开始推行自己的贸易议题、主导谈判，目前的谈判成员国已经包括美国、新加坡、智利、文莱、澳大利亚、秘鲁、越南、马来西亚、加拿大、墨西哥、日本等12个国家。又如，白邦瑞现为美国战略智库"哈迪森研究所"中国战略中心的主任，并曾先后任职于兰德公司、哈佛大学、国防部门、美国参议院、外交关系学会、国际战略研究所等单位。此公撰写的《百年马拉松：中国取代美国成为全球超级大国的秘密战略》一经发表，立即成为媒体炒作的热点，为所谓的"中国威胁论"制造了新的炒点，对中国的形象造成了严重伤害。而此书从酝酿、撰写到发布，前后共用了十多年的时间，其间在其任职的智库发布平台上已经就此书的观点和进度发表了不少材料。因此，关注海外战略智库，可以使中国把握两个主动：一是从中可以预先评估政策的选项，二是就可能被媒体炒作的重大热点和敏感问题主动地提前介入。"一带一路"涉及亚非欧三大洲、数十个国家，情况千差万别，风险点极多，因此，在外宣工作中，海外战略智库的动向应该纳入我们的关注视野。

海外战略智库中有的对华友好、有的研究态度客观公正，能成为中国

"一带一路"外宣中的重要借力。通过分析现有的 600 多家关注"一带一路"合作倡议的海外战略智库研究的报告，可以作如下分类：45% 左右的智库对华持友好态度；45% 左右智库的观点虽然有些难以被中国接受，但造成这种情况的原因，主要是受制于客观环境（正确的研究资料严重缺乏、对中国不够了解等）；10% 左右的智库属于反华阵营，对华持严重的反对和排斥立场。在"一带一路"外宣工作中，分清谁是我们的朋友、谁是我们的敌人，能使我们在工作中明确方向，知道如何借力；分清楚谁可以团结、争取，谁是应予防范和打击的，可以增加我们外宣工作的主动性和针对性，知道把力量投向何方。

党的十八大以来，中央高度重视智库建设，并于 2015 年 1 月 20 日颁布了《关于加强中国特色新型智库建设的意见》，为中国特色新型智库建设指明了方向。贯彻落实中央要求，办好中国特色新型智库，关键是要明确其具体职责和工作抓手、工作着力点。目前，中国特色新型智库建设已取得丰硕成果，国内学术界对"一带一路"合作倡议的研究不断深入，与海外战略智库的互动也日益频繁、深入。因此，在"一带一路"外宣工作中，通过中国智库与有关海外战略智库开展多层次、多领域、多形式的合作，已经具有较为坚实的学术基础和必要管道，并能一举两得，起到"两提高、两促进"之效。

基于以上理由，国家全球战略智库作为中国首批 25 家高端智库试点单位之一，有责任有义务贯通中外，做好"知己知彼"的学术和对策研究工作。在现有工作布局和工作基础上，要以久久为功的态度，继续加强对全球涉"一带一路"合作倡议战略智库成果的交流和研究工作，汇集其已有研究成果和在研课题、了解其研究人员的基本情况和基本观点、搞清其与决策部门的互动关系及相关情况。在此基础上，尽快建立起权威的海外战略智库涉"一带一路"数据库；建立对海外智库成果的综合研究和评估研判，做好借鉴他山之石工作。同时，建议中国有关部门在"一带一路"外宣工作中贯彻落实好《关于加强中国特色新型智库建设的意见》。在"一带一路"合作倡议实施中，中国智库应该发挥重要作用，尤其是在外宣工作中，其具有独特的优势。为此，建议按照中央要求，在中国智库深化国际交流合作机制、中国智库的对外传播能力和话语体系建设、建立与国际知名智库交流合作、坚持"引进来"与"走出去"、简化智库外事活动管理、学习借鉴国外智库经验等方面，尽快出台实施细则，以利于操作和实施。要重视智库外语人才建设，物色和培养外宣工作的业务骨干和学术带头人，促其尽快成长并发挥作用。

　　"一带一路"建设是中国政府在新时期顺应内外形势发展需要做出的重大而长期的战略决策，是实施新一轮扩大改革开放的重要举措，"习总书记形象地指出，这'一带一路'，就是要再为我们这只大鹏插上两只翅膀，建设好了，大鹏就可以飞得更高更远"①。作为国家高端智库，在回应全球关注关切、打通鹏翅血脉经络方面，理应发挥时代赋予的责任和义务。

―――――――――――――

　　① 转引自中共中央宣传部《习近平总书记系列重要讲话读本（2016年版）》，学习出版社、人民出版社2016年版，第266页。

理 论 篇

"一带一路"与习近平外交战略思想[*]

内容提要："一带一路"是开放的、多元的、共赢的，同时其建设面临着复杂的国际环境考验，这需要习近平外交战略思想的宏观指导。习近平外交战略思想具有很强的前瞻性和针对性，包含国际角色、周边外交、义利观、总体安全观、文明互鉴观、共同发展观等新思路、新观念、新论断。这些战略思想与"一带一路"建设紧密相连，需要我们系统分析和整体把握。

2013 年，习近平主席先后在中亚和东南亚提出了"一带一路"合作倡议，这是中国国家元首向国际社会明确发出的中国声音、中国倡议和中国方案。为何提出"一带一路"、如何建设"一带一路"，国际社会存在不同声音。对此，习近平主席明确指出："一带一路是开放的、多元的、共赢的。这条路不是某一方的私家小路，而是大家携手前进的阳光大道。"① "一带一路"合作倡议包含了习近平重要的外交战略思想，同时习近平外交战略思想对于全面推进"一带一路"建设又具有十分重要的理论指导意义。如何全面准确把握和分析习近平外交战略思想已成为建设好"一带一路"的关键之一。

习近平外交战略思想十分丰富，包含国际角色、周边外交、义利观、总体安全观、文明互鉴观、共同发展观等新思路、新观念、新论断。这些战略思想与"一带一路"建设紧密相连，需要我们系统分析和整体把握。

---

* 许利平，中国社会科学院亚太与全球战略研究院研究员、亚太社会与文化研究室主任，博士生导师，中国社会科学院国家全球战略智库特约研究员。王晓玲，中国社会科学院亚太与全球战略研究院副研究员、中国社会科学院国家全球战略智库特约研究员。

① http://news.xinhuanet.com/politics/2015 - 10/22/c_128343816.htm.

一 "一带一路"与"国际角色"的新定位

"一带一路"究竟把中国引向何方？中国如何处理与"一带一路"沿线国家关系？中国在"一带一路"建设中的位置如何？这些问题都需要对中国的"国际角色"进行重新定位。

（一）中国的"国际角色"的含义

所谓角色，是指与社会行为体身份、地位相一致的权利、责任、义务与行为方式，是其他社会行为体对其身份的预期。而"国际角色"一般是指一个国家的国家行为和对外政策的展现，包含角色扮演和角色认知两个方面。

其实，"角色具有客观和主观的两重性规范。中国国际角色的客观性是依据自身实力的角色定位，但这种客观角色定位常常被国际社会错误领会和认知，导致国际社会对中国国际角色的主观建构与中国国际角色的客观定位有很大的偏离，从而造成中国与其他行为体之间的角色紧张和冲突"[1]。这表现为中国的"国际角色"产生于中国与外部世界的互动之中，并有可能不断调整，而"一带一路"则是这场互动的重要平台。

因此，如何定义中国的"国际角色"将取决于两个因素，一个是中国对自身实力的定位，即身份认同；另一个是国际社会对中国的"国际角色"的认知。

（二）中国"发展中国家"身份再确认

2008年北京成功举办奥运会。2010年上海又成功举办世博会，这一年，中国的国民生产总值首次超过日本，一跃成为世界第二大经济体。国际社会对中国的身份和地位有了新的认识。一部分人认为，中国已经不是发展中国家了，中国已经步入发达国家的行列，中国应该履行更多的国际义务，承担更多的国际责任，因为中国是现存国际体系的受益者。甚至还有一部分人认为，中国在全球经济的影响力已经超过美国了，中国已经是全球经济的领导者，理应担起全球领导者角色。

---

① 胡键：《中国国际角色的转换与国际社会的认知》，《现代国际关系》2006年第8期。

根据美国皮尤公司 2015 年对全球 40 个国家的调查，"27 个国家的人民认同中国已经或将要替代美国成为全球超级大国。其中，加拿大 52%、法国 66%、澳大利亚 66%、西班牙 60%、英国 59%、德国 59%、意大利 57%、波兰 46% 等国民都认同中国全球超级大国地位"①。这些国家几乎都是欧美发达国家，这体现了 2008 年全球金融危机对这些国家沉重打击所带来的心理挫败感，同时表明了这些国家的民众肯定和认同中国日益崛起的势头和全球超级大国的潜质。

其实，对于中国来说，虽然国民生产总值居于世界第二，但人均国民生产总值仍然排在世界末端。根据国家统计局的统计，"2015 年中国全年国内生产总值（GDP）67.67 万亿元，在世界排名第二，仅次于美国。然而人均 GDP 为 5.2 万元，约合 8016 美元，与美国、日本、德国、英国等发达国家 3.7 万美元以上的水平仍有很大差距"②。

2015 年 9 月 22 日，习近平在美国西雅图市欢迎宴会上演讲时强调："中国仍然是世界上最大的发展中国家。中国的人均国内生产总值仅相当于全球平均水平的 2/3、美国的 1/7，排在世界 80 位左右。按照我们自己的标准，中国还有 7000 多万贫困人口。如果按照世界银行的标准，则中国还有两亿多人生活在贫困线以下。中国城乡有 7000 多万低保人口，还有 8500 多万残疾人。"③

在此之前，习近平对中国的国家身份地位早就有清醒的认识。2013 年 4 月 7 日，习近平在博鳌亚洲论坛开幕式做主旨演讲时明确指出："中国依然是世界上最大的发展中国家，中国发展仍面临着不少困难和挑战，要使全体中国人民都过上美好生活，还需要付出长期不懈的努力。"④

为了寻找发展中国家更多朋友圈，获得更多发展中国家朋友对中国发展中国家身份的支持与认同，2015 年 3 月 26 日，习近平主席会见印度尼西亚总统佐科时表示："中国和印尼分别是世界第一和第四人口大国，第一和第三大发展中国家，战略依存度高，发展互补性强，互利合作潜力巨大。"⑤ 印度尼西亚总统佐科当场表示高度认同。

---

① http：//www.pewglobal.org/2015/06/23/2-views-of-china-and-the-global-balance-of-power/.

② http：//mt.sohu.com/20160120/n435165526.shtml.

③ http：//www.china.com.cn/cppcc/2015-09/23/content_36662360.htm.

④ http：//news.xinhuanet.com/politics/2013-04/07/c_115296408.htm.

⑤ http：//news.xinhuanet.com/2015-03/26/c_1114778101.htm.

(三) 中国积极建设性的"国际角色"

虽然中国发展中国家的身份没有变,但中国是一个"特殊"的发展中大国,必须发挥与中国地位相称的"国际角色"作用。2015 年 9 月 26 日,习近平在联合国发展峰会上发表演讲时指出:"60 多年来,中国积极参与国际发展合作,共向 166 个国家和国际组织提供了近 4000 亿元人民币援助,派遣 60 多万名援助人员,其中 700 多名中国好儿女为他国发展献出了宝贵生命。"① 这表明,中国承担国际角色付出了生命代价,履行了一个发展中大国的责任和义务。

中国履行发展中大国的责任,是时代的必然,也是国际社会的期望。2015 年 9 月 22 日,习近平主席接受美国《华尔街日报》书面采访时指出:"当今世界,中国不可能独善其身,只有世界好,中国才能好。在推动世界经济复苏、政治解决国际和地区热点、应对各种全球性问题和挑战等方面,中国都没有缺席。这是国际社会的希望,也是中国的责任。"②

作为一个负责任大国,中国将提出更多中国方案,致力于为国际社会提供更多的公共产品。2014 年 7 月 15 日,习近平主席出访拉美前夕接受当地记者采访时指出:"随着中国发展,中国将更好发挥负责任大国作用,我们将更加积极有为地参与国际事务,积极推动扩大发展中国家在国际事务中的代表性和发言权。我们将更多提出中国方案、贡献中国智慧,为国际社会提供更多公共产品。"③

发挥负责任大国作用,中国主张不干涉内政,建立公正、平等、和平的社会,在国际事务中发挥建设性作用。2014 年 6 月 28 日,习近平主席在纪念和平共处五项基本原则大会上表示:"国家不分大小、强弱、贫富,都是国际社会平等成员,都有平等参与国际事务的权利。各国的事务应该由各国人民自己来管。我们要尊重各国自主选择的社会制度和发展道路,反对出于一己之利或一己之见,采用非法手段颠覆别国合法政权。"④

当前,无论从经济总量,还是从人口、面积等指标来看,中国都毫无疑问已经成为全球性关键大国。中国社会科学院院长王伟光一针见血地指

---

① http://news.xinhuanet.com/politics/2015-09/27/c_1116687809.htm.

② http://news.xinhuanet.com/world/2015-09/22/c_1116642032.htm.

③ http://www.chinanews.com/gn/2014/07-15/6388860.shtml.

④ http://news.xinhuanet.com/world/2014-06/28/c_1111364206_2.htm.

出："今天的中国已成长为世界瞩目的一个关键大国，外部世界也更加关注中国的一言一行，特别是中国将如何思考和处理与外部世界的关系。"①"一带一路"合作倡议为中国如何处理与外部世界的关系提供了一个新的平台，必将成为塑造中国作为一个全球性关键大国形象的重要路径。

发挥中国的"国际角色"，必须在现行的国际体系中，丰富和完善现有的全球治理体系。习近平主席指出："随着世界不断发展变化，随着人类面临的重大跨国性和全球性挑战日益增多，有必要对全球治理体制机制进行相应的调整改革。这种改革并不是推倒重来，也不是另起炉灶，而是创新完善。"② 同时他强调："全球治理体系是由全球共建共享的，不可能由哪一个国家独自掌握。中国没有这种想法，也不会这样做。中国是现行国际体系的参与者、建设者、贡献者，一直维护以联合国为核心、以联合国宪章宗旨和原则为基础的国际秩序和国际体系。"③

当今世界，多极化潮流锐不可当，新兴经济体和发展中国家崛起已成为历史潮流，但"国强必霸"，崛起国与守成国之间"修昔底德陷阱"的零和游戏思维仍有市场。2015 年 9 月 28 日，习近平主席在纽约第 70 届联合国大会一般性辩论时的讲话中指出："当今世界，各国相互依存、休戚与共。我们要继承和弘扬联合国宪章的宗旨和原则，构建以合作共赢为核心的新型国际关系，打造人类命运共同体。"④

中国倡导的新型国际关系客观上反映了当今世界多极化、经济全球化、社会信息化、文化多样化的时代潮流，旨在充分发挥中国作为全球性关键大国的作用，推动世界和平、合作与发展，建立国际新秩序，朝着人类命运共同体目标前进。

新型国际关系以合作共赢为核心，表现为中国与发展中国家发展关系时坚持结伴而不结盟原则，积极稳定大国之间关系，以斗争求合作。合作共赢与"一带一路"的建设原则一脉相承。"一带一路"秉承的"共商、共建、共享"的原则，体现了中国与"一带一路"沿线国家的积极互动关系，表现为新型合作观；"一带一路"秉承的"互利共赢"的原则，体现了中国与"一带一路"沿线国家是利益共同体，表现为新型义利观；"一

---

① 王伟光：《中国已成长为全球关键性大国》，《人民论坛》2015 年 12 月。
② http：//news. xinhuanet. com/world/2015 – 09/22/c_ 1116642032. htm.
③ http：//news. xinhuanet. com/world/2015 – 09/22/c_ 1116642032. htm.
④ http：//house. chinanews. com/gn/2015/09 – 29/7549692. shtml.

带一路"秉承的"开放包容"的原则，体现了中国与"一带一路"沿线国家是文明互鉴，表现为新型文明观；"一带一路"秉承"市场运作"的原则，体现了中国与"一带一路"沿线国家在项目运作上，尊重市场规律，同时兼顾政府的宏观调控作用，表现为新型经济观。

但我们应该看到，"中华民族的复兴以及伴随而来的与国际体系关系的深刻调整，是一个长期而复杂的过程，中国国际角色的确立需要在这个过程中得以实现。在当前及未来相当长的时期里，国际体系的力量结构、中国与其他大国的战略互动、国际政治特征的演变等几方面因素对中国国际角色的选择具有根本性影响"①。

中国应该坚持推动合作共赢的新型国际关系，稳定中美新型大国关系，经略好中国与周边国家关系，以便在国际体系中占据有利地位，积极主动地扮演"国际角色"，保持"国际角色"的适应能力，为"一带一路"建设扫清障碍，为中华民族复兴的中国梦而奋斗。

二 "一带一路"与"周边外交"的新提升

周边是中国和平崛起的战略依托，也是中国推进"一带一路"建设的先行区和示范区。稳步推进"一带一路"，将有助于提升中国的"周边外交"，并为确保中国战略机遇期提供重要平台。

（一）"周边外交"新特点

自党的十八大以来，中国的周边外交出现了一些新特点。

第一，周边外交在中国外交大局中的地位得到了提升。传统上，中国外交战略奉行"大国是关键，周边是首要，发展中国家是基础，多边是重要舞台"的指导思想。在具体外交实践中，大国外交，特别是对美外交，是中国外交的重中之重。十八大以来，周边外交与大国外交为中国外交的两个重心，地位同等重要。这正如时殷弘教授在反思中国外交时所指出的那样："我们过去若干年，外交上有一个重要失误，就是我们只讲中美关系重中之重，我们忘记了中国作为一个大国，不是只有这一个重中之重，在战略领域，在外交领域还有另外一个重中之重，就是我们复杂的，但是

---

① 唐永胜：《中国国际角色分析》，《现代国际关系》2006 年第 10 期。

非常重要的中国周边关系。"①

第二，注重周边外交的顶层设计。周边外交千头万绪，如何对周边外交进行顶层设计是经略周边的重要保障。而确定中国的周边战略目标是进行顶层设计的关键。2013年10月24日，习近平主席在周边外交工作座谈会上指出："我国周边外交的战略目标，就是服从和服务于实现'两个一百年'奋斗目标、实现中华民族伟大复兴，全面发展同周边国家的关系，巩固睦邻友好，深化互利合作，维护和用好我国发展的重要战略机遇期，维护国家主权、安全、发展利益，努力使周边同我国政治关系更加友好、经济纽带更加牢固、安全合作更加深化、人文联系更加紧密。"②

习近平主席从全局的角度阐述了中国的周边战略目标，这为周边外交的顶层设计提供了宏观指导，有利于更好地推进周边外交。

第三，奋发有为推进周边外交。习近平主席在周边外交工作座谈会上强调："做好周边外交工作，是实现'两个一百年'奋斗目标、实现中华民族伟大复兴的中国梦的需要，要更加奋发有为地推进周边外交，为我国发展争取良好的周边环境，使我国发展更多惠及周边国家，实现共同发展。"③

习主席担任国家领导人以来，首访中国周边最大的国家俄罗斯。2015年习主席外交首访第一站，就选择巴基斯坦。在访问期间，中国和巴基斯坦签署了51项合作协议和备忘录，其中超过30项涉及中巴经济走廊。习近平和巴基斯坦总理谢里夫还通过视频为5个发电厂项目揭幕，标志着中巴经济走廊建设全面启动。这体现了周边外交在"一带一路"中的地位和作用。

此外，2014年7月和8月，习近平主席分别单独对韩国和蒙古国进行访问，被媒体解读为"点穴式"外交访问，其特点是时间短、务实成果丰富。韩国和蒙古国都是中国重要的邻国，对中国具有一定的战略疑虑。通过这种"点穴式"访问，双方领导人可以深入地进行交流和沟通，达到增信释疑的作用。双方达成的务实成果可以起到示范作用，影响更多周边国家与中国开展合作。

---

① 时殷弘：《中国过往只强调中美关系是外交失误》，《凤凰网》2013年4月1日。参见 http：//news. ifeng. com/mainland/detail_ 2013_ 04/01/23753569_ 0. shtml。

② http：//politics. people. com. cn/n/2013/1025/c1024 – 23332318. html.

③ 同上。

(二)"周边外交"面临挑战

不可否认,当前"周边外交"面临周边环境复杂化趋势,中国和周边存在一些挑战,这些挑战主要表现为中国和周边面临三大困境,这些困境有的是历史形成的,在今天有新的表现形式,有的则是伴随着全球化和地区一体化浪潮冲击而新产生的,彰显了中国与周边的结构性矛盾。

第一,安全困境。当前中国与一些周边国家存在领土和岛礁争端,这些争端并不是当前新话题,而是由历史形成和产生的。由于各方主张领土和岛礁主权时,存在历史话语体系、殖民话语体系和现代民族国家话语体系三方冲突,使得领土和岛礁争端久拖不决,侵蚀了彼此的信任,造成了安全困境。

第二,心理困境。随着中国的和平崛起,一些周边国家患上了"邻国崛起心理恐慌症"。伴随着周边极端民族主义的煽动,西方和周边当地媒体的推波助澜,对中国朝贡体系和"中华民族复兴"的妖魔化,中国与周边现存的心理困境被无限放大。

第三,发展困境。中国与周边已经建立起众多的双边或多边的投资贸易安排,互利合作、共享双赢正在逐步成为各方共识。但不可否认,中国与周边还存在程度不一的产业竞争、市场争夺和资源配置的矛盾,形成了中国与周边的发展困境。

(三)经略周边落实"一带一路"倡议

面对上述三大困境,这就要求我们在经略周边时,利用"一带一路"倡议,全方位地推进中国与周边的合作。中国各级部门协调配合,三管齐下,全方位推动"一带一路"在周边落地,从而进一步提升中国"周边外交"的影响力和感染力。

政治上,增进互信。我们可以通过领导人出访周边国家的契机,权威阐述"一带一路"合作倡议,夯实中国与周边国家的政治互信,为"一带一路"合作倡议在周边落地生根打下重要基础。

2014年9月18日,习近平在印度世界事务委员会上发表题为"携手追寻民族复兴之梦"的重要演讲时强调:"一个和平稳定、发展繁荣的南亚,符合本地区国家和人民利益,也符合中国利益。中国愿同南亚各国和睦相处,愿为南亚发展添砖加瓦。中国提出'一带一路'倡议,就是要以加强传统陆海丝绸之路沿线国家互联互通，实现经济共荣、贸易互补、民心相通。中国希望以'一带一路'为双翼，同南亚国家一道实现腾飞。"①

2015 年 11 月 7 日，习近平在新加坡国立大学发表题为"深化合作伙伴关系共建亚洲美好家园"的重要演讲中强调："'一带一路'倡议的首要合作伙伴是周边国家，首要受益对象也是周边国家。我们欢迎周边国家参与到合作中来，共同推进'一带一路'建设，携手实现和平、发展、合作的愿景。"②

经济上，合作共赢，通过"一带一路"具体项目合作，使中国的发展真正惠及周边国家，让周边国家从中国的发展上获得更多的实惠，打造中国与周边利益共同体。除了中国三部委发布的六大经济走廊项目外，一些真正惠及民生的双赢项目正在稳步推进。比如中国和印度尼西亚合资新建的雅加达—万隆高铁，践行了"一带一路""共商、共建、共享"的原则，是中国高铁走出去的第一单，体现了中国和印度尼西亚合作的广阔空间。尽管该项目面临各种阻力，但有两国政府的政治担保，相信这条铁路必将成为沟通中国和印度尼西亚友谊的桥梁。另外中国与老挝铁路，作为泛亚铁路重要组成部分，也必将对中国和东南亚互联互通起着十分重要的作用。

人文上，强化交流，运用"亲、诚、惠、容"周边外交理念，扎实推进中国与周边国家的人文交流，密切彼此之间的人民感情，做好"民心相通"工作，为"一带一路"建设奠定厚实的社会人文基础。比如，在中国和南亚人文交流中，中国提供了大量的人文公共产品。从 2015 年起，中国"未来 5 年向南亚提供 1 万个奖学金名额、5000 个培训名额、5000 个青年交流和培训名额，培训 5000 名汉语教师。中国将同南亚国家一道实施中国—南亚科技合作伙伴计划，充分发挥中国—南亚博览会作用，打造互利合作的新平台"③。

总之，"一带一路"为"周边外交"提升提供了新的平台。这一平台的建立将有助于中国与周边建立更多机制化的政治安全合作关系、更高质量的经贸合作关系、更大规模的社会人文交流关系。与此同时，中国"周

① http：//news. xinhuanet. com/world/2014 - 09/19/c_ 1112539621. htm.
② http：//politics. people. com. cn/n/2015/1107/c1024 - 27788816. html.
③ http：//politics. people. com. cn/n/2014/0919/c70731 - 25690202. html.

边外交"提升将进一步推动"一带一路"项目在周边国家的顺利开展,为"一带一路"建设提供更为强大的动力。

三 "一带一路"与"义利观"的新界定

在"一带一路"建设中,中国弘扬什么、摒弃什么,这些问题不仅涉及中国在"一带一路"沿线国家的形象问题,而且还涉及中国与"一带一路"国家开展项目合作是否可持续的问题。解决上述问题,必须坚持正确的"义利观"。

(一)"义利观"的时代内涵

"义利观"是"一带一路"舞台上的行为准则和价值导向。2014 年 7 月 4 日,习近平在韩国首尔大学演讲时指出,"国不以利为利,以义为利也"①,针对"一带一路"建设,习近平明确指出,"要坚持正确义利观,以义为先、义利并举,不急功近利,不搞短期行为"②。

习近平将"义利观"表述为"道义为先、互利共赢、着眼长远",是对"义利观"的新界定。与之相对的是旧的"义利观",即损人利己的零和游戏,是霸权秩序下强国对弱国的掠夺。新界定的"义利观"所追求的是国际共生,是一个将世界各国、各地区有机联系在一起的"命运共同体",而不是霸权制衡下的"霍布斯森林"。这种"义利观"把功利和道义有机地结合起来,既注重国际正义,反对强国霸权,又主张维护民族国家的核心利益并致力于推动各国和全球共同利益的实现,反对狭隘的民族利己主义以及罔顾国家核心利益的世界主义。

对比国际关系三大主流理论(现实主义、自由主义、建构主义),更容易看清"义利观"的含义。"义利观"所体现的是一种整体论的思维方式,是一种全球视野和未来视角。现代国际关系三大主流理论对于国际社会上行为主体的行为动机的解释虽然有所不同,但都适用西方社会科学中的"理性人"概念,其中现实主义和自由主义对于行为动机的解释最为简单,就是追求个体的物质利益,并为此而展开博弈。但是"义利观"认为

---

① http://news.xinhuanet.com/world/2014-07/04/c_1111468087.htm.

② http://news.qq.com/a/20160430/028801.htm.

道德的力量能够帮助国际社会走向互助共赢，认为国际社会的行为体不仅仅受物质利益的驱动，还有追求道德的自觉。"义利观"认为国际舞台上的行为主体能够自觉遵循合作共赢、协商共建的行为准则，甚至在必要时采取利他行为。

"义利观"是对中国传统道德的继承。以儒家为中心的中国传统道德承认个人利益的合法性，但同时提倡"由己及人"，主张"老吾老以及人之老，幼吾幼以及人之幼""己所不欲勿施于人"，这是一种既关照个人需求又有助于社会资本积累，实现个人与社会和谐相处的社会行为准则。不仅如此，中国传统道德为精英人群设定了更高的道德标准，提出"达则兼济天下"，要求强者做出更多的利他行为、提供更多的社会公共产品，从而得到与自身社会地位相称的道德威望，进而获得社会地位的合法性。这种"义利观"指导下的社会秩序不同于西方现代社会从个人主义、社会契约出发建立起的社会秩序，更加强调人的道德自觉。习近平在"一带一路"建设中所提倡的"义利观"与儒家社会里的"义利观"一脉相承，是对中国思维方式的阐述，为国际社会建设提供了中国智慧。

（二）"义利观"在"一带一路"建设中的重要性

"一带一路"是中国为世界各国设计的一个公共产品，而正确的"义利观"有助于维护所有参与者的整体利益，有利于降低"一带一路"建设中的"道德风险"。① 在国际社会上，国家作为独立的行为主体，同市场上的"经济人"一样，会努力实现自身利益最大化。"一带一路"沿线各国经济发展差异巨大，很多国家的基础设施不完善、政局动荡，国家间冲突、社会内部冲突不断。在这样的情况下，一些国家很可能为谋求自身利益而利用"一带一路"，做出言行不一、损人利己的行为。"一带一路"的参与者来自国家、企业、社会等多个层面，所有参与者能否信守承诺，恪守"互利共赢"，不损害"一带一路"这一公共产品，关乎"一带一路"能否持续发展。事实是，目前中国在推动"一带一路"基础设施建设的过程中已经遭遇诸多道德风险，例如斯里兰卡单方终结"海港城"项目建设、缅甸搁置密松

---

① 王义桅和郑栋在《"一带一路"战略的道德风险与应对措施》一文（《东北亚论坛》2015 年第 4 期）中对于"一带一路"面临的各种"道德风险"进行了阐述，本文此处参考了这篇文章的观点。

水电站建设、中吉乌铁路项目受挫等。这些困难之所以出现,相关国家为追求自身利益而违反经济合作协议是重要原因之一。[①]

(三) 推动"义利观"所面临的障碍

我们希望正确的"义利观"成为约束"一带一路"上各国行为的道德规范,这表达的是今天中国所追求的国际秩序理想。然而要实现这种理想,目前还面临重重困难。

中国作为这种新的行为准则的倡导者,应该身体力行、率先垂范。但是,无论在政府、社会、企业还是个人层面,这种实践都面临很大的障碍。

首先,中国与周边国家之间仍存在很多领土领海争端。在领土领海问题上,要兼顾"义"与"利",非常考验当事国的智慧。在美国重返亚太的背景下,这些争端将存在很长的一段时间。中国是一个"未富先大"的国家,虽然推出了新的国际秩序理念,但难以向国际社会提供丰富的公共产品,国际社会对于中国应负责任的要求超出了中国的实际能力。

其次,中国社会的道德文化建设还有待大发展。改革开放以来,中国人生活日益富裕,但伴随激烈的社会变动,社会问题也层出不穷,传统道德规范在社会变动中被打破,新的道德规范却远远没有成为社会共识。贫富分化日益严重、公正公平拷问着社会良知、唯利是图的拜金主义和个人利己主义得不到遏制。在全球信息化时代,中国社会的发展水平很容易被全世界所了解,中国社会内部首先需要树立良好的"义利观",中国在国际舞台上倡导"义利观"才会更加具有说服力。

再次,中国企业将随着"一带一路"的建设步伐更快地走出国门,但中国产品目前还未能摆脱"劣质"形象,中国企业还未能建立起良好的市场口碑,中国企业在回馈社会、与当地社会互动方面的经验还不足。由于长期受粗放型经济发展模式的影响,部分中国企业走出国门后做出了很多破坏当地环境、追求短期利益的短视行为。

最后,中国民众也正在大量走出国门,观光足迹正渐渐踏遍全球。中国游客所到之处,留下了缺少公共道德、缺乏文化修养、追求物质享受、喜爱炫耀消费的印象。中国游客的这些行为映射出了中国社会文化建设落后的现状。在这样的现状下,中国提出"义利观"这种较高的道德行为准

---

① 王义桅、郑栋:《"一带一路"战略的道德风险与应对措施》,《东北亚论坛》2015 年第 4 期。

则，其说服力会被打折扣。

目前的国际秩序仍然是"霸权秩序"，所有国际社会成员都把民族国家的利益作为行为出发点。新的道德规范的确立，需要共同体中掌握更多资源的行为者率先垂范，并建立起相应的奖惩机制。最强国美国仍然推行"霸权秩序"，具有较强影响力的中国如果不能担负起示范和监督的角色，那么很难期待通过口头上的道德倡议就能够使其他国家接受中国所提出的"义利观"。"一带一路"沿途国家中有很多欠发达国家，是国际社会里的弱势群体，面对大国有天然的受害者意识，希望这些国家在当今"霸权秩序"下自觉遵从"取义舍利"这种较高的道德准则更加不现实。

四 "一带一路"与"总体安全观"的新思路

"一带一路"的建设离不开安全的保障。任何离开安全保障的"一带一路"项目都有可能面临着巨大的风险。这些风险有看得见、能预测到的风险，我们称之为"显性风险"；还有一些是偶发的、不可预知的风险，我们称之为"隐性风险"。如何防范"显性风险"，避免"隐性风险"，需要从"总体安全观"的角度，综合统筹，对症下药，构筑包括中国在内的"一带一路"沿线国家的安全保障体系。

（一）"总体安全观"的提出及含义

总体安全观是习近平主席根据大安全时代的特点，审时度势，统筹国内和国际两个大局、发展与安全两件大事，提出的解决国家安全所面临新挑战的具有全局性和系统性的新思路，对我们解决国内、国际安全问题具有十分重要的指导意义。

2014年4月15日，习近平主席主持召开中央国家安全委员会第一次会议并发表重要讲话时强调："当前我国国家安全内涵和外延比历史上任何时候都要丰富，时空领域比历史上任何时候都要宽广，内外因素比历史上任何时候都要复杂，必须坚持总体国家安全观，以人民安全为宗旨，以政治安全为根本，以经济安全为基础，以军事、文化、社会安全为保障，以促进国际安全为依托，走出一条中国特色国家安全道路。"① 习近平主席

---

① http://news.xinhuanet.com/politics/2014-04/15/c_1110253910.htm.

的讲话生动地表明了中国推行总体国家安全观以及践行总体国家安全观新思路的五位一体框架的必要性和紧迫性。

同时他指出:"贯彻落实总体国家安全观,必须既重视外部安全,又重视内部安全;既重视传统安全,又重视非传统安全;既重视自身安全,又重视共同安全。"① 这表明,在总体国家安全观的架构下,各个安全领域不是孤立的,而是相互协调和统一的,这对"一带一路"的建设具有十分重要的指导意义。

(二) 统筹协调外部安全与国内安全

"一带一路"建设不仅涉及欧亚大陆 60 多个国家或地区,而且涉及中国各个省、市、自治区,其覆盖面相当广,其中存在外部安全与国内安全问题。习近平明确指出,"一带一路"建设要处理好"对外开放和维护国家安全的关系",因此如何统筹外部安全与国内安全是践行"总体国家安全观"的具体体现。

根据中国政府的总体部署,新疆为丝绸之路经济带的核心建设区域,而福建为 21 世纪海上丝绸之路的核心建设区域。这个总体部署充分考虑了"一带一路"建设中外部安全与国内安全的协调关系。

丝绸之路经济带是连接亚太经济圈和欧亚经济圈的中间地带,被认为是"世界上最长、最具有发展潜力的经济大走廊",而新疆则是这个中间地带的核心,具有重要的战略地位。毗邻新疆的中亚地区,能源、资源丰富,是丝绸之路经济带的重要通道。以美国为首的西方大国出于地缘政治利益的考量,不断染指中亚地区,并加强对中亚油气资源的控制,美国等大国对中亚的新动向必然会波及新疆地区。

在中东地区,2011 年开始出现了"大动荡、大变革和大调整"的苗头,北非、中东地区的大变革,对这一地区的"地缘政治"和"安全战略格局"产生了重大而深远的影响。欧洲地区存在北约东扩、欧盟东扩、欧债危机等事关欧洲经济社会发展的不利因素,这些因素将渐渐对丝绸之路经济带建设和新疆的对外开放产生负面影响。

应对上述安全风险,必须在总体国家安全观框架下,有效地整合各个部门的力量,树立国家安全一体化意识,提高外交与安全决策机制的协调

---

① http://news. xinhuanet. com/politics/2014 - 04/15/c_ 1110253910. htm.

力和执行力，更好地建设丝绸之路经济带，为加快新疆发展提供最坚实的安全保障。

福建作为 21 世纪海上丝绸之路的核心区，具有区位、人文和经济优势。"福建地处中国东南沿海，是海上丝绸之路的重要起点，是连接台湾海峡东西岸的重要通道，是太平洋西岸航线南北通衢的必经之地，也是海外侨胞和台港澳同胞的主要祖籍地，历史辉煌，区位独特，且具有民营经济发达、海洋经济基础良好等明显优势，在建设 21 世纪海上丝绸之路中具有十分重要的地位和作用。"①

同时我们应该看到，台独势力对福建作为 21 世纪海上丝绸之路核心区建设具有负面影响。2016 年 5 月 20 日，台湾新领导人蔡英文发表"就职演说"，避谈"九二共识"和两岸同属一个中国的政治公约数，是向渐进式台独方向迈进。此外，蔡英文还提出"新南向"政策，试图在政治、经济、文化上绑定东南亚，实施其"去中国化"策略，这对 21 世纪海上丝绸之路建设形成安全威胁。

在"总体国家安全观"框架下，我们发挥福建区位、人文和经济优势，通过海外侨胞和港澳台侨胞的桥梁作用，瓦解台独在台湾本土的社会基础，同时，通过 21 世纪海上丝绸之路建设，夯实中国在东南亚的社会根基，抵御台湾"新当局"的"新南向"政策。

（三）统筹协调传统安全与非传统安全

"一带一路"建设中，我们不可避免地要面临各种安全挑战，其中包括传统安全挑战和非传统安全挑战。传统安全挑战与政治互信紧密联系在一起，而非传统安全挑战则与社会治理联系在一起，二者需要综合统筹与协调，从而更好地服务于"一带一路"建设的大局。

一般来说，传统安全的挑战涉及中国的主权、安全与发展利益，对此我们要有"底线思维"意识，即在涉及中国的核心利益时，没有任何妥协余地，需要采取各种手段坚持我们的立场。

自 2009 年以来，中国与周边国家的领土和岛礁争端成为中国和平崛起的重要障碍，同时也成为中国推进"一带一路"建设的传统安全威胁。随着这些争端被人为放大以及西方一些大国的介入，这些传统安全威胁迟

---

① http：//fjnews. fjsen. com/2015 - 11/17/content_ 16903259. htm.

缓了"一带一路"项目的有效推进。

比如南海问题。在个别南海国家的搅浑水和美国亚太再平衡战略的推动下，南海问题越来越呈现"军事化"和"司法化"的趋势，这在一定程度上挑战了中国在南海问题的"底线思维"，影响了中国与南海沿岸国家的政治互信。

实际上，中国与东盟国家在 2002 年签订了《南海各方行为宣言》，明确了各方在南海问题上的原则性立场，同时规划了多项合作领域，比如海上搜寻与救助，打击毒品走私、海盗、海上武装抢劫和军火走私等，这些领域大都为非传统安全合作。这实际上体现了传统安全与非传统安全合作的一种互动关系，值得深入推进。

在总体国家安全框架下，可以推动中国与"一带一路"沿线国家的非传统安全合作，建立机制，实施合作项目，构建中国与"一带一路"沿线国家的政治互信基础，为加强传统安全合作奠定合作氛围，从而有效推动传统安全合作。

（四）统筹协调自身安全与共同安全

在全球化和地区一体化不断深化的今天，任何一个国家都难以保证自身的绝对安全，即使像美国这样的超级大国，也难以避免像"9·11"这样规模的恐怖袭击。因此，在"一带一路"建设中，协调统筹自身安全与共同安全十分重要。

2014 年 5 月 21 日，中国国家主席习近平在亚洲相互协作与信任措施会议上海峰会上发表题为"积极树立亚洲安全观，共创安全合作新局面"的主旨讲话，提出并全面阐述了共同、综合、合作、可持续的亚洲安全观，强调中国将同各方一道，推动在亚信基础上探讨建立地区安全合作新架构，努力走出一条共建、共享、共赢的亚洲安全之路。这是习近平主席对亚洲安全观最直接、最完整的表述，体现了中国新一届领导集体在亚洲安全治理的新思路和新主张，为亚洲未来的安全发展指明了方向。

在亚洲安全观中，共同安全置于首要地位，这表明共同安全是构筑亚洲安全的重要前提条件。可以说，没有共同安全，也就没有亚洲的安全，更谈不上"一带一路"建设。共同安全，不同于传统的集体安全。传统的集体安全更多是表现为同盟安全，具有强烈的排他性，开放性和包容性不够；而共同安全则更强调安全的共同利益，强调安全责任共担、安全利益共享、安全机制共建，表现为各个安全成员角色的平等参与关系。当然，共同安全必须与综合安全、合作安全和可持续安全协调推进。

没有发展的安全，是十分脆弱的，也是不可持续的。正如习近平主席所指出的那样："贫瘠的土地上长不成和平的大树，连天的烽火中结不出发展的硕果。""维护国家和地区安全离不开经济、社会的综合协调发展，亚洲安全合作可以为地区经济合作创造前提和保障，而地区经济合作的成果又会反过来促进和巩固地区安全合作的开展，共同推动建设合作与发展的新亚洲。"①

在亚洲安全观的指导下，"一带一路"建设需要构建开放、多元、立体的安全架构体系，打造责任共担、互利共赢的安全共同体。

在双边安全架构中，以"一带一路"建设中的发展战略对接为平台，构建互动频繁、高效管用的安全合作体系；针对"一带一路"的重点国家，通过现有的安全对话机制，将"一带一路"重点项目纳入安全合作体系的构建之中。以"共同安全"理念，寻求安全合作体系的新共识，将双边"共同安全"利益最大化；以"综合安全"理念，密切传统安全合作，夯实政治互信基础，强化非传统安全合作，构建安全合作的制度化基础；以"合作安全"理念，通过对话、协商处理双边分歧；以"可持续安全"理念，通过发展路径，处理历史遗留的安全议题。

在多边安全框架中，可以通过"一带一路"建设中的六大经济走廊规划与合作，构建多边的安全合作体系。比如利用中蒙俄经济走廊，打造中蒙俄三边安全合作架构；以孟中印缅经济走廊，打造四边安全合作架构；以中国—中南半岛经济走廊，打造澜湄安全合作机制等。

总之，"总体国家安全观"为"一带一路"安全保障体制的论证、建设、运转等提供了宏观的理论指导，使"一带一路"建设走得更稳。

五 "一带一路"与"文明互鉴"的新发展

"一带一路"不仅是经贸合作之路，而且还是"文明互鉴"之路。2015 年 3 月 28 日，习近平在博鳌亚洲论坛年会做主旨演讲时指出："要促

---

① 任晶晶：《亚洲安全观——构建亚洲和平发展大厦的行动指南》，中国日报网 2014 年 10 月 9 日。

进不同文明不同发展模式交流对话，在竞争比较中取长补短，在交流互鉴中共同发展，让文明交流互鉴成为增进各国人民友谊的桥梁、推动人类社会进步的动力、维护世界和平的纽带。"① 而"一带一路"则为"文明互鉴"提供了契机。

（一）"文明互鉴"的内涵

"文明互鉴"是一种多元包容的价值观。在纪念和平共处五项原则发表60周年纪念大会上，习近平指出："注重汲取不同国家、不同民族创造的优秀文明成果，取长补短，兼收并蓄，共同绘就人类文明美好画卷。"②文明互鉴强调"和而不同"，这与"霸权秩序"背后的价值观理念截然不同。在以美国为核心的"霸权"秩序下，存在价值观同盟，存在"邪恶轴心国"，各种宗教、文明之间的冲突时而引发安全危机。而"文明互鉴"的价值观念则不划分你我，不排斥异己，希望包容一切人类文明。

"文明互鉴"的文化价值观与中国历史上长期存在的多元文化理念一脉相承。与宗教长期占主导地位的西欧国家不同，中国人长期生活在世俗世界里，任何一种宗教都未能成为社会生活中的支配力量。中国人对待宗教文化采取一种实用态度，而不是被某种宗教所主导，"儒""释""道"三种文化经常同时体现在同一人身上。作为一个多民族多文化的世俗国家，中国自古以来就以"和而不同"的态度对待文化，也以这种态度对待外来文化。中国人认为"和实生物、同则不继"："夫和实生物，同则不继。以他平他谓之和，故能丰长而物生之，若以同裨同，尽乃弃矣……声一无听，物一无文，味一无果，物一不讲"③，"和而不同"不仅能够保障万物共存，而且能够使事物在相互配合中发挥最大价值和意义。中国人虽然对于以儒家为中心的传统文化非常自豪，但却没有文化扩张的意识，儒家文化对于文化传播的态度是"来而不拒、不往教之"。

与中国不同，在欧美的社会科学理论中，一条从"野蛮人"向"文明人"进化的坐标时隐时现，坐标的终点大致指向欧美现有的制度和文化。以美国为首的西方国家热衷于向全世界积极输出自身的制度和文化，建构

---

① http：//news. xinhuanet. com/politics/2015－03/28/c_ 1114794830. htm.

② http：//cpc. people. com. cn/n/2014/0628/c164113－25213211. html.

③ 《国语·郑语》，转引自赵汀阳《冲突、合作与和谐的博弈哲学》，《世界经济与政治》2007 年第 6 期。

主义更是把文化视作用于博弈的"软实力"。即便是"英国学派",也认为"国际社会"只会出现在相似的文化区域内。

(二)"文明互鉴"在"一带一路"建设中的重要性

重视文化交流,践行"文明互鉴",是"一带一路"战略构想的重要内容。首先,把人文交流摆在"一带一路"战略的重要位置,有助于中国以及中国推动的"一带一路"战略获得沿线国家民众的心理认同。中国崛起的经历证明,仅仅靠经贸合作难以换取其他国家的认可,很多国家从中国发展中获得了红利,但对中国的认识却依旧负面,甚至交流越多对中国认识越负面的例子也比比皆是。因此,在今后的"一带一路"建设中,中国应该提高文化交流的质量,讲好"中国故事",补上中国外交中文化交流这块短板。"一带一路"沿线的很多国家和地区安全局势动荡、政治社会动荡频繁,在这样的背景下,唯有承认文化多元,才能够规避文化冲突,吸引更多的国家参与,才能够获得民心,保障经济合作的长远稳定发展,保障"一带一路"不会"利尽而散"。

其次,把文明交流摆在重要位置,才能够充分发挥"一带一路"的功能,惠及沿线各国人民,进而得到世界的尊重和认可。古代丝绸之路虽然是商贸通道,但却作为东西方文明交流的桥梁留在了人类文明发展史上。通过古代"丝绸之路",中国的丝绸和瓷器走向世界,而欧洲的玻璃和雕塑、东南亚的奇珍异宝则装饰了中国人的生活空间。西域的农业文化流入中国,丰富了中国人的饮食,中国的科学和艺术进入欧洲,影响了欧洲人的审美,乃至世界各地的音乐、美术、舞蹈、宗教都在丝绸之路上交流和碰撞,极大地丰富和刺激了世界各国文化的发展繁荣。"一带一路"应该继承"丝绸之路"的光辉遗产,重视其文化交流价值,为沿线各国社会的文化发展做出贡献,这样才能提升其自身的价值,更有利于"一带一路"获取民心。

最后,"文明互鉴""求同存异""和而不同"是有利于国际社会"共生共荣"的中国智慧,在"一带一路"沿线国家宣传"文明互鉴""求同存异"的理念,有利于解构西方的"霸权秩序"理念,推动"人类命运共同体"的构建。亨廷顿在其著作《文明的冲突与世界秩序的重建》中提到,"西方国家的普世主义把它引向同其他文明的冲突"[①],欧洲中世纪的

---

① [美]亨廷顿:《文明的冲突与世界秩序的重建》,新华出版社2010年版,第137页。

宗教战争是追求"同"的结果，今天穆斯林与非穆斯林的战争依然在世界上上演。"文明互鉴、求同存异"的文化价值理念有助于化解世界上因为宗教文化、意识形态差异而引发的敌对，化解人类"安全命运共同体"建设过程中的难题。

（三）推动"文明互鉴"面临的障碍

要在建设"一带一路"的过程中推动以"文明互鉴"为宗旨的文化交流，面临着几个来自国内外的障碍。

首先，文化交流面临着文化民族主义的壁垒。"一带一路"沿线的很多国家是经济发展的落后国，也是文化产业发展的落后国，这些国家的文化民族主义很可能会抵制外来文化。不仅如此，"一带一路"沿线的一些国家，在宗教、法律、体制、文化、风俗等多方面存在极大的差异，一些国家之间因为历史原因形成了很深的文化隔阂，再加上国际政治格局的影响，相互之间难以接受。中国虽然持有"多元"的文化理念，但中国是一个迅速崛起的国家，中国文化传播也很可能被看作文化扩张，因此中国在文化交流过程中还需要持谨慎的态度。中国人自身也有着很强烈的文化民族主义，主要表现为以"东亚文化宗主国"自居，而这种态度很容易在文化交流过程中引发相关国家民众的反感，甚至激化"中国威胁论"。不仅如此，随着中国的快速发展，中国人对于很多落后国家的轻视情绪也在滋长，中国人虽然普遍持有"文化多元主义"，但感兴趣的是发达国家的文化，对于欠发达国家的文化却持有偏见。很难想象一个持有文化民族主义和发展优越感的国家能够真正在文化交流中做到"坦诚互鉴"。

其次，中国的文化产业虽然近年来取得了长足发展，但在全球范围内的竞争力并不强。"一带一路"沿线很多国家经济发展落后，文化产业基础薄弱，对外文化交流沟通并不通畅。"一带一路"的沿线国家所处的发展阶段各不相同，经济发展模式、社会制度、文化基础都存在巨大差异。在这种情况下，很可能出现国家间文化交流的不均衡，而这种不均衡会刺激弱势国家的文化民族主义，引发其对文化交流的抵抗。不仅如此，还有很多国家的文化产业基础设施非常薄弱，这也阻碍着其文化交流的参与能力。

最后，异文化之间的交流存在"文化打折"现象，中国在对外文化交流中则面临着更高的门槛。中国作为社会主义国家，被很多国家视作意识形态上的"另类"，他们看待中国文化时很容易戴上意识形态的有色眼镜。中国文化带有"世俗文化"的特征，而在很多国家的文化中，宗教占有重要比重，这也会成为阻碍相互理解的壁垒。为了避开"意识形态"差异，近年来中国在文化交流过程中较多地向世界介绍了以儒家为核心的中国传统文化。但是，儒家文化是亚洲多个国家共有的文化，很多国家都因此而骄傲，中国在宣传儒家文化时也要同时顾及这些国家的感受，涉及相关话题时要采取谨慎态度。总而言之，要践行"文明互鉴"，仅仅有美好的愿望是不够的，中国还需要了解沿线各国的文化，还需要学会能够与世界沟通的文化语言。

六 "一带一路"与"共同发展"的新平台

"一带一路"沿线国家大都为发展中国家，实现工业化和现代化是各国的共同发展目标。特别是随着亚洲新兴经济体群体性崛起，"一带一路"为共同发展提供了新的平台，为建立合作、共赢创造了历史性的契机。

2015 年 9 月 28 日，习近平主席出席第 70 届联合国大会一般性辩论时发表演讲强调，"大家一起发展才是真发展"，表达了中国倡导的"共同发展"的新理念。在"共同发展"理念的框架下，各国应该"秉承开放精神，推进互帮互助、互惠互利"。

（一）"共同发展"的内涵

"共同发展"有两层内涵。第一层内涵强调"共同"，这与着眼于本国利益的一国崛起截然不同。2011 年，《中国的和平发展》白皮书提出，"要以'命运共同体'的新视角，寻求人类共同利益和共同价值"，提出国与国之间应该建立起"相互依存、利益交融……你中有我、我中有你"的"命运共同体"[①]。2012 年，中国共产党第十八次代表大会报告指出，我们要在国际社会"倡导'人类命运共同体'意识，在追求本国利益时兼顾他国合理关切，在谋求本国发展中促进各国共同发展，建立更加平等均

---

① 《中国的和平发展》，http://www.gov.cn/jrzg/2011 - 09/06/content_ 1941204. htm，检索时间 2016 年 2 月 2 日。

衡的新型全球发展伙伴关系，同舟共济、权责共担、增进人类共同利益"①。2012 年在清华大学召开的"世界和平论坛"上，习近平指出："一个国家要谋求自身发展，必须也让别人发展；要谋求自身安全，必须也让别人安全；要谋求自己过得好，必须也让别人过得好。"② 2013 年访问俄罗斯时，习近平指出："我们要实现的中国梦，不仅造福中国人民，而且要造福各国人民。"在同年的 20 国集团峰会中，习近平再次呼吁："各国要树立命运共同体意识，在竞争中合作，在合作中共赢。在追求本国利益时兼顾别国利益，在寻求自身发展时兼顾别国发展。让每个国家发展都能同其他国家增长形成联动效应。"通过领导人的上述表述，我们可以看到"一带一路"追求的应该是构建一个"民主、公平、共荣"的共同体，这里不存在霸权。中国领导人反复强调中国不会走"国强必霸"的道路。正是出于这种思维，面对美国，中国提出了"不冲突、不对抗、相互尊重、合作共赢"的"新型大国关系"③，面对周边国家，中国提出了"亲、诚、惠、容"的外交理念④，在我们描绘出"一带一路"的发展蓝图后，也反复强调"一带一路"的合作是开放的，是"共建共享"的，中国不会通过构建"一带一路"谋求势力范围。

"共同发展"的第二层内涵是"发展"。中国领导人希望通过"一带一路"构建一个"开放、包容、多元"的共同体，并且不把西方的所谓"普世价值"作为衡量善恶的标准。那么这个共同体就需要一种能够承载多元价值观、多种诉求的行为准则和发展目标。中国领导人提倡把"互利共赢"作为国际社会的行为准则，认为"发展"本身可以成为国际社会共同追求的目标。

---

① 胡锦涛在中国共产党第十八次全国代表大会上的报告：《坚定不移沿着中国特色社会主义道路前进　为全面建成小康社会而奋斗》，http：//politics. people. com. cn/n/2012/1118/c1001 – 19612670. html，检索时间 2016 年 2 月 2 日。

② 习近平在"世界和平论坛"开幕式上的致辞：《携手合作　共同维护世界和平与安全——在"世界和平论坛"开幕式上的致辞》，http：//news. xinhuanet. com/politics/2012 – 07/07/c_ 112383083. htm，检索时间 2016 年 2 月 2 日。

③ 习近平概括中美新型大国关系：不冲突、不对抗，相互尊重、合作共赢。新华网，http：//news. xin – huanet. com/politics/2013 –06. 10/c_ 116107914. htm，检索时间 2016 年 2 月 2 日。

④ 钱彤：《习近平在周边外交工作座谈会上发表重要讲话强调为我国发展争取良好周边环境推动我国发展更多惠及周边国家》，《人民日报》2013 年 10 月 26 日。

（二）"共同发展"的意义

强调"共同发展"，欢迎世界各国搭乘中国崛起的顺风车，这不仅有助于削弱世界各国对于中国崛起的忧虑，有利于规避"修昔底德陷阱"，而且是中国乃至世界能够实现长期可持续发展的前提。在全球化以及国家间经济合作不断深化的浪潮下，当今世界不是"霍布斯森林"。在安全方面，大国都是核大国，使得消灭战已经不可能；经济全球化以及信息全球化使世界各国"你中有我、我中有你"；粮食安全、资源问题、环境问题、传染病、跨国犯罪、恐怖组织等非传统安全问题使世界各国必须共同合作。在这样的背景下，各国的可持续发展都需要通过全球合作来实现，相互依存的国际权力观、共同利益观、全球治理观已经成为共识。因此，中国提出"共同崛起"是中国发展的必然之道，也是全球发展的可行之道。

中国改革开放的实践已经证明，"中国的发展离不开世界，世界的发展也离不开中国"，中国的发展与世界经济的发展是相辅相成的。"一带一路"是在中国改革开放、加入 WTO 以后进一步深入融入国际经济的结果，但是这次经济合作的现场更多的在海外，中国的发展将更加直接地影响到"一带一路"沿线国家的经济和社会。因此，中国更应该旗帜鲜明地强调中国与世界"共发展"的事实，也应该时刻把"共同发展"作为中国"走出去"的指路标。

（三）"共同发展"面临的障碍

中国倡导"共同发展"，面临着来自三个方面的挑战。

第一，受"霸权秩序思维"的影响，世界对中国崛起充满警戒，对中国缺少信任。

第二，受"民族国家思维"的影响，国家间的经济合作存在道德风险。这两个障碍在上文中都做了论述。随着中国坚定不移地实践和平发展道路、寻求经济合作路径，为各国提供越来越多的发展机遇，这两个障碍会在发展和合作中慢慢被克服。

然而"共同发展"面临的第三重挑战需要我们进行更深入的思考，那就是如何定义"发展"。

我们认为世界各国都有"发展"的需求，因此"互利共赢"的原则能够获得共识。但真正开始合作时，我们会发现世界各国的发展阶段不同、文化背景不同、面临的社会问题不同，对"发展"的定义、对"利"和"赢"的定义也就不同。且不论与中国文化相去甚远的国家，即便是中国香港，其对"发展"的定义恐怕也与很多内地人的理解不同，很多国人都不明白为什么内地游客赴港购物会引起部分香港人的不满。不仅是香港，很多国家都从中国的经济发展中获取了红利，但对中国的好感却不升反降。其实在中国周边，很多国家并不把"国民经济增长"看作发展目标，他们更关心社会公平和分配之类的问题，关心经济、社会、自然、文化的均衡发展。从这一视角来看，中国崛起成了加剧社会两极分化的重要因素之一。因此，中国的发展追求与海外哪些人群的互利共赢，什么样的经济合作能够让双方社会感到最优的舒适度，这些问题都需要我们在今后的对外交流中进行深入思考，需要我们深入了解"一带一路"国家的社会文化。

"一带一路"对于道德准则、发展目标仍然缺乏明确的表述，一个重要的原因就是我们对于"一带一路"沿线国家的了解不够，尤其是对于其社会文化的了解不够。如何向世界说明中国的道德观念，如何提炼出放之四海而皆准的道德观念，这些都是中国亟待解决的问题。"一带一路"的价值理念虽然还不够完善清晰，但开放的价值体系同时也使其价值理念有很强的可塑性。我们可以在"一带一路"的建设过程中，同样遵循"共商、共建、共享"的原则，共同构建"一带一路"的价值体系。这将不仅有益于世界，也会促进中国社会的发展。

综上所述，习近平外交战略思想是中国新一届领导集体立足中国实际，充分吸收中华历史文化的智慧结晶，顺应和平、发展、合作、共赢的时代潮流而提出的内涵丰富、特色鲜明、与时俱进的新理念、新想法与新论断，具有很强的前瞻性和针对性。面对"一带一路"沿线国家的复杂形势，如何处理中国角色与国际角色、国家利益与整体利益、安全与发展等问题，政府各个部门如何与"一带一路"沿线国家开展深度合作、建立人类命运共同体，习近平外交战略思想为此提供了有力的思想武器和强大的实践指南。

"一带一路"与世界秩序问题[*]

内容提要：古代"丝绸之路"是欧亚大陆最早形成的世界秩序的产物，这种秩序是中国、印度、伊朗、罗马等文明古国与周边各游牧民族共同缔造的，其总体框架是由农业和游牧业这两种生产方式的不同特点所决定的，二者形成既对立又协调的辩证关系。为谋求和平，农业文明必须向游牧文明提供大量的物资和金钱，缴纳某种形式的"保护费"，而游牧民族往往以"称臣""上贡"的方式加以回报。各农业民族通过周边的游牧民族，扩大了与其他文明的交流，推动了文明的进步。雅斯贝尔斯用"轴心时代"一词为古代的这种世界秩序标出了一条东西向的横轴。从各种意义上说，人类从此便走向了通往世界大同之路。世界历史上第二种世界秩序，是近代欧洲国家建立并主导的资本主义、殖民主义和帝国主义体系，它跨出了欧亚大陆，囊括了美洲、非洲和澳大利亚，至19世纪而发展成为一种真正的世界秩序。现行世界秩序是从欧洲所主导的世界秩序中蜕变而来并逐渐形成的，它是美国崛起、欧洲衰落、俄国十月革命、两次世界大战、中国革命、殖民体系瓦解、冷战结束等一系列重大事件所导致的最终结果，其核心要点是欧洲的优势终结，美国取代欧洲在世界上取得霸权地位，主导了世界秩序。现行的世界秩序，一般被称为冷战后世界秩序，但实际上，它的总体框架是在冷战时期形成的。现行世界秩序的内在本质，仍然与冷战时期一样，是以美国的政治、经济和安全需要为中心的，这些需要包括维护美国的霸权地位，保护美国及其盟国的安全，确保美国大资本在世界各地拥有充足的利润来源，扼制第三世界的经济和民族主义势力上升，等等。美国在军事上对其他任何国家都拥有绝对的优势，是当今世界政治中最具根本性意义的事实，也是美国最核心的战略优势。美国比以往更加倾向于动用武力，不是简单的政策问题，而是一个制度问题，

---

* 宿景祥，中国现代国际关系研究院研究员、中国社会科学院国家全球战略智库特约研究员。

是由现行世界秩序的内在本质所决定的。现行世界秩序是当今世界基本的
"社会形态",是整个世界经济的上层建筑,是由世界范围的生产力发展水
平所决定的,在它"所能容纳的全部生产力发挥出来以前",是不会灭亡
的。"一带一路"是古代"丝绸之路"和"海上丝绸之路"的再生、延展
和深化,涵盖了广袤的欧亚大陆数千年波澜壮阔的历史,揭示了当今世界
所面临的各种重大现实问题,为国际社会提供了和平发展新思路。"一带一
路"是否会改变世界秩序,取决于它能否在现行世界秩序中,为"新的
更高的生产关系"创造出充足的物质存在条件。"一带一路"与现行世界
秩序的关系,在某种意义上说就是中美关系。中国秉持发展的哲学,美国
笃信控制的哲学,两种哲学清浊交互,相激相荡,决定了今后一个相当长
时期内,中美两国将继续曲折周旋,颉颃相抗,在对立与协调中影响亚太
地区的和平与发展进程。

　　"一带一路"是古代"丝绸之路"和"海上丝绸之路"的再生、延展
和深化。习近平主席所阐扬的这个宏阔的主题,涵盖了广袤的欧亚大陆数
千年波澜壮阔的历史,揭示了当今世界所面临的各种重大现实问题,为国
际社会提供了和平发展新思路。"一带一路"合作倡议已被国际社会公认
为是中国在今后一个相当长时期里的一项重大的国家发展战略,势将对世
界政治、经济乃至整个世界秩序产生愈益重大而深远的影响。中国宜更加
深入地研究与之相关的各种理论问题,更加清晰地阐释"一带一路"与世
界秩序之间的内在联系,以利于掌握国际舆论的主导权,阐扬更加符合中
国国家利益、更加贴近不断往前滚动的历史巨轮的世界秩序观,从而确保
"一带一路"合作倡议取得更大的成功。

一　"一带一路"与历史上的两种世界秩序

　　在人类思想史上存在这样一种现象,一个新概念的形成往往具有强大
的刺激作用,使人们对问题的观察和研究出现新的跃进,并将与之相关的
知识质量推进到一个新的高度。"一带一路"无疑属于这样的一个概念。
今天的中国,正在思考世界角色的某些本质性元素,"一带一路"概念应
时而生,即刻使人们强烈地感到有必要更多地了解欧亚大陆的地理和历
史,有必要更系统地了解中国与外部世界交往的历史,有必要更深入地理

解世界政治经济的"上层建筑"问题，以便更加清晰地理解当今国际政治经济的现实，更准确地认识与之相关的战略问题。

研究任何问题，都须先回溯其过去，证之于事，证之于人，证之于历史。因为世上一切事物都不是无中生有、突如其来的，任何变化都必有其根源。"一带一路"作为一个新概念，甫一提出，便如空谷足音，即刻引起巨大反响，是因为它蕴含着无比丰富的内容，贯穿着整个欧亚大陆数千年一以贯之的精神，正所谓"滥觞流为江河，事始简而终钜"。

欧亚大陆及与之毗邻的北非尼罗河流域，是人类文明的摇篮。公元前4000年前后，产生了中国、印度、巴比伦和埃及这四大古代农业文明国家。公元前2000多年前，也就是大禹建立夏朝时，整个欧亚大陆的北部地区，自中国、中亚至俄罗斯及乌克兰，从阿尔泰山、喀喇昆仑山、兴都库什山，一直延伸到高加索山，由东到西连绵不断的山链北面的广大原野，已普遍出现了一种不同于农业的经济形式，即游牧业。在寒冷和干旱地区，游牧业是当时唯一有效的经济形式。与农业相比，游牧业使用的劳动力较少，而经济效率却很高，可以获得充足的肉食和奶食品，畜毛可制作毡房、绳索，畜皮可制作衣服、靴子、皮带、马缰和其他各种皮件。也就是说，与农业一样，游牧业也是一种自给自足式的经济形式，人们日常经济生活中所需要的一切都可自产自用。而且与同一技术水平的农业相比，游牧业可以产生更多的剩余产品，其中一部分可以同农民进行正常的交换。

游牧业之所以被称为游牧，是因为要根据季节变化转换牧场。通常是春季分散开来，各赴距营地较远的山地牧场放牧，秋末再集中返回较为温暖避风的平原地带，安置营地过冬。从冬季来临直到第二年二三月份，游牧民往往会进行一些集体行动，或者是围猎，或者是外出作战，最常见的是劫掠附近的农民。《礼记》（卷十七月令第六之三）曰："孟秋行冬令，则阴气大盛，介虫败谷，戎兵乃来。"可见，周朝的时候，游牧民每年一到秋冬便来劫掠，几乎被人们看作一种自然现象。但对于游牧民来说，这只不过是一种辅助的经济性活动，借此取得他们所缺乏的粮食、布匹和金钱。

游牧民族从他们的远古祖先那里继承了一项独特的技术，就是精于制造复合式弓，或者称 Σ 弓。这种弓是用几层韧性极佳的木条和动物筋健黏合而成，为了增加弹性和结实耐用，在几层木条之间，特别是在弓的弯曲处，通常还粘上用骨头或羊角磨成的薄片，弓弦是用纤细、柔软、结实的皮条制成。这种弓非常轻巧，横长不到 1 米，但力道十足，可以射中 300 米外的目标，可射穿 100 米内的盔甲。中世纪时欧洲人普遍用整根的紫杉木制作长弓，其长度至少要达到 2 米，但力量仍不到 Σ 弓的一半。在枪炮出现以前，这种弓可以说是最完美的武器，极具杀伤力。加之游牧民族自幼便习于骑马、射箭，身体强壮，动作敏捷，勇敢坚毅，惯于野外生活，善于长途奔袭，可以说是天生的战士，对农耕民族确有明显的军事优势。

黑格尔说过，概念是一切事物的核心、命脉和源泉，是一切事物的先决条件和前提，是一切事物的本质。世界秩序这个概念，所揭示和涵盖的是不同时代世界的本质特征。公元前 126 年张骞"凿空"西域返回长安时，中国北方的游牧文明已有了近 2000 年的历史，技术和文化都达到了较高水平。尽管难以逾越的喜马拉雅山脉和青藏高原阻隔了中国和印度，帕米尔高原和中亚无垠的荒漠隔断了中国与巴比伦，但中国与其他各主要文明古国之间仍然通过游牧民族建立了各种联系，并且在广袤的欧亚大陆上共同缔造了最早的世界秩序，其基本特征是"东西相通，南北相抗"。由于生产方式的不同，农业文明与游牧文明之间形成了一种既对立又协调的辩证关系。为谋求和平，农业文明必须向游牧文明提供大量的物资和金钱，缴纳某种形式的"保护费"，而游牧民族往往以"称臣""上贡"的方式加以回报。这样，各农业民族便通过周边的游牧民族，扩大了与其他文明的交流，推动了文明的进步。

雅斯贝尔斯用"轴心时代"一词为古代的世界秩序标出了一条东西向的横轴。他指出，公元前 800 年至公元前 200 年，特别是在公元前 500 年前后，中国、印度、伊朗、以色列和希腊等文明古国出现了让东西方世界都心悦诚服的观念，从而为人类创造出了最根本的范畴。孔子、老子、释迦牟尼、《圣经》旧约、毕达哥拉斯、赫拉克利特都属于这个时代。至今，人们仍然用这些圣贤所阐发出的观念思考问题。从各种意义上说，人类从此便走向了通往世界大同之路。①

古代"丝绸之路"既是这种世界秩序的产物，也是这种世界秩序的体现。中国丝绸长期得到各游牧民族的珍爱，由此成为媒介，将中国与欧亚

---

① ［美］埃里克·沃格林：《城邦的世界：秩序与历史（卷二）》，陈周旺译，译林出版社 2012 年版，第 88—89 页。

大陆其他文明更加紧密地联系到一起。游牧民族多用皮革缝制衣服，而丝绸衣物不仅华丽，适宜出席郑重庄严的场合，且极柔软，贴身穿更是非常舒适。中国产的丝绸通常都织得很密实，极富韧性。如果穿有丝绸内衣，当被来自较远距离的箭射中时，箭镞往往会带着丝织品一并穿入体内，拔出箭镞时，丝织物会一并带出，这样，丝绸内衣便起到减缓箭镞冲击力的作用，伤口也容易愈合。

在长期纷扰的历史中，中亚很多民族都有过复杂的融合，他们对世界秩序起到了两个方面独特的、从某种程度上说是矛盾的作用：一方面，由于大部分地区干旱和巨大山脉的阻截，隔开了中国、印度、中东和欧洲等的文明；另一方面，它的古代商路也为周围诸文明提供了一条细弱的，但又延绵不绝的联系纽带，是各种文明的交汇处。商业贸易在很长一个时期一直是中亚绿洲城市繁荣的主要源泉，也是中亚绿洲城市之所以存在的一个首要理由。也正是由于有了商队贸易，草原游牧民族才不仅可以出售牛、马、皮革、羊毛、猎鹰，也可以向过往商队征税，从而得到一笔固定的收入，用以购买谷物、武器、铁器、织品和其他各种奢侈品。正因为如此，游牧部落的首领们通常对商业持支持的态度，为商队提供便利，在自己的境内保障商队的安全。

中国过去几千年历史中的大部分时间，都在与西部和北部的游牧民族进行斗争。游牧民族需要中国的物产，如纺织品、粮食和茶叶，一部分用于自己的生活，另一部分可用于和其他民族做贸易。中国通常是向游牧民族提供这些物产和金钱，以避免兵戈之争，维持和平。这种格局经过多次反复，游牧民族也曾多次入主中原，统治中国。在整个欧亚大陆，从中国到印度，从中亚到阿拉伯，从俄罗斯到北欧，从东欧、德国、法国一直到西班牙，历史上都曾被游牧民族所统治过。

13 世纪初成吉思汗崛起，蒙古人建立了横跨欧亚大陆的庞大帝国，使游牧民族在古代世界秩序中的优势地位达到了顶峰。中国与俄罗斯在历史上的关系，最早就是通过蒙古人建立起来的。公元 1271 年忽必烈建立元朝时，他的堂兄拔都汗在俄罗斯草原建立的金帐汗国也处在鼎盛时期，金帐汗国首都、位于伏尔加河下游的萨莱城，始终与北京保持着很密切的联系。马可波罗的旅行经历证明，当时人员和商品可以从克里米亚半岛畅通无阻地到达中国，甚至朝鲜和越南。1368 年，元朝亡，蒙古人退出中国，朱元璋建立起了明朝。俄罗斯人则在 100 多年后的 1480 年，才等到了金帐汗国的衰亡，从而逐渐成为一个独立的、强大的国家。金帐汗国衰亡后，拔都汗之弟昔班汗的后裔昔班尼，于 1500 年在锡尔河南部草原建立了乌兹别克汗国。同样出自昔班汗家族的两位王子克列和扎你别，在锡尔河北部草原建立了哈萨克汗国。今天中亚的乌孜别克族和哈萨克族，实际上是从同一个部族中衍生出来的。明代时，中亚很多国家的商人仍积极地以各国过往所派遣的"使臣"身份来中国，以谋求"赏赐"获取巨大的经济利益。

明代是中国和中亚商业贸易最后的一个兴盛时期。自 1498 年葡萄牙人绕过好望角、大西洋至印度洋海路开通后，中亚在东西方贸易中的地位日渐下降。商队交通的逐渐衰退，对于中亚和西亚来说，意味着财富的巨大损失。过境税收的减少，意味着国家力量的削弱，也没有财力购买武器。中亚各民族被排斥在海上探险、贸易或政治扩张活动之外。近代工业技术的诞生和发展，最终使古代丝绸之路被逐渐废弃。中国火镰曾经非常珍贵，中亚和一些西方民族使用了 18 个世纪之久，但在 19 世纪末很短的时间内，其就被瑞典火柴所取代。19 世纪中叶之前，中亚穆斯林们用的最好的钢针均来自中国，之后其被英国制造的针所取代。总之，到 19 世纪上半叶，中国同中亚之间的贸易关系基本上完结了，"丝绸之路"几乎不复存在，中国和中亚、西亚等亚洲其他各地区在各个方面一同陷入了衰退的潮流，而这股潮流竟一直持续了 100 多年。

世界历史上第二种世界秩序，是近代欧洲国家建立并主导的资本主义、殖民主义和帝国主义体系，它跨出了欧亚大陆，囊括了美洲、非洲和澳大利亚，至 19 世纪而发展成为一种真正的世界秩序。

近代西方文明，起源于古代地中海沿岸腓尼基人、希腊人和罗马人建立的海上国家，它们的历史可上溯到欧亚大陆刚刚出现农业国家和游牧民族国家之时。海上贸易者是从渔民演变而来的，他们和草原上的牧人一样，既从事贸易，也抢劫财物、贩卖奴隶。和游牧民族一样，对于古代的海员来说，劫掠是一种备受尊重的高尚行业。荷马史诗中的那些英雄人物，都是大肆劫掠的强盗。海上贸易者四处航行，具有强魄的体格、高度自觉的组织纪律性和很强的战斗力。他们到处建立殖民地，比其他民族更加重视各地区的政治经济情报，也了解远方民族的人文地理情况。与游移不定的牧人不同，海上贸易者在港口建立了城市，有发达的手工业，有高超的建筑、造船和冶炼技术。海上强国的政治和社会生活也远比游牧民族的国家发达，很早就在科学、哲学和文学艺术领域取得了很高的成就。

从经济制度上说，海上强国是资本主义经济。像中国这样的大陆国家，在很长的时间里一直保持着自然经济状态，而欧洲海上强国很早就实现了货币经济，商人手中掌握着巨额的货币资本。欧洲资本主义兴起于意大利的威尼斯和热那亚等城邦国家，在此之后，在世界上居于领先地位的国家相继为葡萄牙、西班牙、荷兰和英国。15世纪末，西班牙和葡萄牙这两个海上国家崛起。1492年，哥伦布率领西班牙船队发现了美洲大陆。1498年，葡萄牙人的船队绕过好望角，抵达印度西海岸，首次开辟出可以由欧洲人自己直接输入香料的航线，打破了以前由阿拉伯人垄断亚欧贸易路线的局面。自罗马帝国时代以来，欧洲上层社会不仅崇尚丝绸，也偏爱香料。在海路开通之前，香料自东南亚运至欧洲至少经过三四次转手。先是由原产地马六甲群岛运至印度；再自印度经过阿拉伯人之手，运至地中海东岸的贝鲁特或埃及的亚历山大港；最后，通过威尼斯商人运至欧洲各地。据欧洲的《编年史》记载，1504年，当威尼斯商人到贝鲁特和亚历山大港参加一年一度的"交易会"时，突然发现没有香料可买了。

在欧洲资本主义兴起之前，中国、罗马、拜占庭、伊斯兰帝国和蒙古帝国交替兴衰，它们都曾在世界秩序中占据过主导地位。欧洲崛起的起始点是1500年前后，西班牙人对美洲的发现和掠夺、葡萄牙人打通并垄断了亚洲与欧洲之间的海路，急剧地改变了欧亚大陆和整个世界历史的面貌，西欧从此进入了一个急速向前的新时期，荷兰、英国、法国等欧洲强国相继而起，正是它们拓展并扩大了"海上丝绸之路"。从15世纪末开始一直到19世纪中叶，在这300多年的时间里，欧洲国家经历了无数次战争、政治动荡和社会文化革命，终于在几乎整个世界范围内主导建立了一种新的世界秩序，取代了古代由农业民族和游牧民族共同维系的旧秩序，而欧洲国家在其中占据了统治地位。新建立的世界秩序是由资本主义生产方式所决定的，也就是以价值规律，由资本的无限积蓄的冲动所支配的。与传统的封建制农业和游牧业生产方式相比，资本主义生产方式对科学和技术进步有内在的要求，因而能够带来更高的生产力。正因为如此，这种秩序自15世纪末最初形成后，促进了欧洲各国国民经济的迅速成熟，并将亚洲、美洲和非洲等世界其他地区一个接一个地卷入进来。

中国、印度和波斯等亚洲大陆国家自古以来就以自然经济为主，工商业不发达。欧洲资本主义兴起后，西欧海上强国控制着世界金融和贸易，在军事和文化上有明显的优势，东方的衰落也是无可避免的。尽管如此，在19世纪以前，中国和印度仍一直是世界最重要的生产中心。贡德尔·弗兰克认为，西方真正超过东方的一个重要标志，是伦敦在1850年取代北京，成为世界最大的城市。此时，西方的总体经济规模也超过了世界经济的一半以上。亚洲加速衰落的起点，可再向前推到1750年前后，这时英国已在酝酿着工业革命，而这一时期的中国、印度和奥斯曼帝国，都普遍陷入了经济停滞和政治危机。自此之后，东西方两个不同的历史发展进程紧密地结合在一起，而且都加快了速度，只是方向不同。西方加速崛起，东方加速衰落。印度和奥斯曼帝国都在18世纪末开始衰落，中国则是在19世纪初开始急剧失序，1840年鸦片战争后，中国终于被逐渐纳入了欧洲所主导的世界秩序之中。

列宁在《关于帝国主义的笔记》中提到，在19世纪和20世纪之交，整个世界可分为五个主要的经济区域：中欧区（除英俄以外的整个欧洲）、不列颠区、俄国区、东亚区和美国区。各个"经济区域"之间发展是不平衡的，相互之间存在着激烈的竞争。[①] 这种"区域间"的竞争，是欧美列强为瓜分世界而展开的。当中国被纳入帝国主义和垄断资本的统治之下时，也标志着整个世界被瓜分完毕，一个统一的世界秩序和世界经济体系便基本形成了。

二 现行世界秩序的形成及其本质特征

现行世界秩序是从欧洲所主导的世界秩序中蜕变而来并逐渐形成的，它是美国崛起、欧洲衰落、俄国十月革命、两次世界大战、中国革命、殖民体系瓦解、冷战结束等一系列重大事件所导致的最终结果，其核心要点是欧洲的优势终结，美国取代欧洲在世界上取得霸权地位，主导了世界秩序。

美国是从旧世界中蜕变而生的，是世界上第一个真正意义上的共和国。就整个世界文明发展历史而言，1776年美国革命和19世纪美国的崛起，无疑是重大历史事件，它终结了一个旧的、由欧洲帝国主义和殖民主义主导世界秩序的时代。19世纪后期和20世纪初，是美国大工业急速发展、国力高涨的时期。1914年第一次世界大战爆发时，美国的经济力量实

---

① 傅骊元：《〈关于帝国主义的笔记〉研究》，北京大学出版社1985年版，第5页。列宁：《关于帝国主义的笔记》（下），人民出版社1963年版，第516—518页。

际上已经远超过欧洲的任何一个国家。美国当年产煤 4.55 亿吨，远超过英国的 2.92 亿吨和法国的 2.77 亿吨。美国还是世界最大的石油生产国和最大的铜消费国，生铁产量超过德国、英国和法国这三国之和。美国已经变成了世界上最伟大的工业强国，一个伟大的金属巨怪。1917 年年初，俄国革命领袖托洛茨基乘船从欧洲流亡至美国。他在回忆录中写道："凌晨 3 点被人叫醒，说船到纽约了。外面一片漆黑，天气寒冷，刮着风，下着雨。岸边矗立着湿漉漉的庞大建筑群，新大陆到了。"托洛茨基一家人在一个工人居住区租了一套住宅，"它的方便设施对欧洲人来说，简直是闻所未闻：电、煤气炉、洗澡间、电话、送食物的自动升降机、倒垃圾的垃圾道"。"我们无论在维也纳还是在巴黎都未曾有过这种设备"。纽约这个既神奇又平淡的资本主义机械性城市，即刻让托洛茨基认识到一个世界最大的经济事实：在欧洲的经济基础破产之时，美国却富强起来，世界的经济和文化重心已经转移到了美国！

欧洲自 18 世纪后期工业革命发轫后，资本主义得到了快速发展。但正如马克思在《资本论》第三卷中所揭示的那样，资本主义经济包含两个相互对立的进程：一方面，资本家资本积累的实现和扩大，依赖社会生产性力量的发展，但另一方面，它又从根本上阻遏这种发展。简单地说，提高工人的工资，减少劳动时间，有利于培育具有更高的技术水平和文化素质的更有创造性的生产性力量，从而为更大规模的资本积累提供更大的可能性。正是这一点，决定了资本主义制度比以往任何一种社会经济制度都优越。资本积累的内在力量，总是在寻求"便宜的"劳动力，并试图使"不发达"的经济部门保持着"不发达"的状态。但最发达的资本主义经济所追求的是财富的增长，而这一过程的实现，又必然促成"欠发达地区"生产能力的扩大。这是两个不同的、相互依赖的进程，它最终会导致整个世界范围的社会、政治、经济、文化和军事斗争局势的大转变。这是典型的"二律背反"问题，是资本主义本身无法克服的矛盾。这也是整个《资本论》所揭示的最突出、最核心的问题。

马克思的《资本论》是一部并没有完成的著作。罗莎·卢森堡于 1913 年发表的《资本积累》一书，因循马克思的世界观和方法论，考察了 19 世纪末 20 世纪初资本主义向帝国主义转变的最新特征，构建了适用于现代资本主义经济问题的分析框架。卢森堡指出：①现代经济的基本性质是"国际的"，而非"国家的"；②帝国主义经济的最新特征是具有了一种

"超级结构"，即国际贷款制度，它改变了资本积累的方式，使其能够从"资本主义的外围空间"实现原始积累；③新形式的帝国主义在整体上处于濒临瓦解的紧张状态；④在这种危机爆发期间，如果没有社会主义转变的发生，从危机中崛起的资本主义将以一种新形式的面貌出现，即"国家主义"和"军事经济"，这一巨大的转变过程，必然以世界性的经济危机作为它的开端。

历史证明，卢森堡的系统性分析是正确的。1914 年爆发的第一次世界大战促成了资本主义一次整体性的危机；19 世纪在欧洲兴起的马克思主义和社会主义思潮在俄国成为现实；1917 年 11 月，列宁领导布尔什维克夺取了政权，建立了世界历史上第一个社会主义国家，充分显示出了马克思主义思想的威力。十月革命的胜利，成为世界文明史上一座最耀眼的灯塔，为全世界受压迫的民族照亮了前进的道路。

1928—1933 年爆发的"大萧条"，使全球资本主义体系陷入了混乱无序的状态，一种新的政治经济制度，即"军事经济"从危机中崛起，先是日本、德国，随后是美国。经过第二次世界大战，世界重新恢复了秩序。苏联在第二次世界大战中成为抵御法西斯侵略的中流砥柱，由此而无可争议地取得了参与制定战后国际政治制度框架的权利。目前世界政治经济秩序的基本构架，主要是通过第二次世界大战期间美、苏、英三国首脑会晤而构建的。1945 年 2 月召开的雅尔塔会议，决定成立联合国，并由美国、苏联、英国、法国和中国担任安理会常任理事国。

战后出现的世界秩序仍然是建立在资本主义产生方式基础之上的，但它的结构比以往的世界秩序要复杂得多，除欧洲主导权结束、美国确立了世界霸权地位之外，两种社会制度的对立、第三世界的觉醒和奋起，都是战后世界秩序的重要特征。最突出的特征是世界经济体系发生了重大变化，东南欧和亚洲新出现的一些社会主义国家，与苏联一道构筑成社会主义阵营。这样，世界明显分裂为两个部分：一个是仍然由西方国家和垄断资本所主宰的资本主义经济体系，另一个则是实行社会主义经济制度的新体系。这两种制度、两个体系和两个世界之间明显的对抗关系，也引出了第三世界这个概念。①

---

① 按沃勒斯坦的说法，第三世界这个概念最早出现在法国，20 世纪 50 年代有一部书，名为"第三世界"。[美]伊曼纽尔·沃勒斯坦：《什么是第三世界?》，法国《外交世界》2000 年 8 月号。

战后美国的"国家主义"和"军事经济"急剧膨胀。为遏止国际共产主义和社会主义的发展，美国决定扶植西欧和日本等相对发达地区的资本主义经济，并与之结成联盟，通过战争和政治颠覆等手段，谋求对世界金融、货币和信贷系统以及能源、矿物资源和粮食供应的控制。联合国于1947年3月在日内瓦设立了"联合国欧洲经济委员会"，宗旨是协调欧洲各国政策，实现战后经济恢复。同年6月5日，美国国务卿马歇尔提出"欧洲经济复兴计划"，但由于此时冷战已经开始，苏联和东欧国家无法参与这项计划，这就意味着"联合国欧洲经济委员会"失去了作用，因为苏联和东欧各国都是这个委员会的成员。西欧各国为落实"马歇尔计划"，在1948年4月成立了"欧洲经济合作组织"。

在整个冷战时期，美国政府根据地缘政治的需要，将对苏联的遏制政策作为国家安全战略的核心内容，将赢得冷战胜利作为美国国家最高利益目标。"马歇尔计划"公开宣称是为了帮助欧洲恢复经济，阻止苏联势力在欧洲内部的"革命"。美国支持并领导关税及贸易总协定（GATT）、国际货币基金组织（IMF）和世界银行（BIRD）等国际经济组织，目的是通过扩大多边贸易、稳定国际货币兑换和促进私人海外投资，重新建立战后资本主义世界经济体系，以加强整个西方世界的经济力量，力保美国在西方世界经济体系中的领导地位。美国还对那些具有战略意义的第三世界国家，如韩国、菲律宾、印度尼西亚、伊朗、希腊、土耳其等给予经济援助，以防止苏联势力在这些地区的渗透。

1961年9月，"欧洲经济合作组织"改组成"经济合作与发展组织"（OECD），美国和加拿大加入。此后，日本等国也相继加入。OECD设有上百个专业委员会和工作小组，负责研究各个领域的经济问题。这些机构经常举行会议，讨论研究各成员国的经济发展现状及其前景，并就国际经济、金融及贸易等各方面关系的变化提出相应的对策和建议。1971年布雷顿森林体系瓦解，1973年爆发了第一次石油危机，西方经济遭受战后以来最沉重的打击。为协调政策，西方主要国家决定恢复"大国会议外交"的传统，轮流做东，每年举行一次最高级的首脑经济会议。第一次会议于1975年11月在法国举行，美、英、法、德、意、日六国领导人参加。1976年举行第二次会议时，加拿大与会，从而形成了"七国集团"（G7），也称为"西方七国首脑会议"。通过OECD、G7这样的一些国际经济机构和首脑磋商机制，美国维持着对欧洲、日本及整个世界政治经济的控制权。

美国对社会主义国家所实施的遏制政策，客观上促成了资本主义与社会主义两个阵营的相互对立，这种对立是战后国际政治中诸多矛盾的交汇点，也是战后世界经济最基本的特征之一。1949 年 1 月，苏联领导成立了"经济互助委员会"，主要任务便是负责协调社会主义国家间的贸易往来。①在战后初期，社会主义国家之间友好的经济合作，为苏联东欧各国战后经济的迅速发展、为朝鲜战后经济的恢复、为中国社会主义工业基础的建立都做出了巨大的贡献。

但是，由"经互会"为主导的社会主义阵营内部的经济联系，并不是按照市场经济的法则，以价值为基础进行等价交换的。各成员国之间的贸易额和贸易方向都是通过行政手段，即"计划"来决定的，结算方式主要是"记账"。这种经济联系不仅受到长期合同的约束，是不平等的，且更多的是受到政治的影响，因而也是不稳定的。事实上，中国一直未完全加入所谓的"社会主义世界经济体系"。20 世纪 60 年代初中苏关系破裂，中国彻底退出了这一体系，以寻求自己的发展道路。留在这一体系的其他社会主义国家，特别是东欧各国，对"社会主义内部交换关系"，尤其是对苏联的大国沙文主义和"独大作风"，也越发感到不满。相对孤立的状态最终严重地影响了苏联、东欧各国的经济发展和社会进步。从 60 年代末 70 年代初起，苏联、东欧出现了经济停滞，社会矛盾日益扩大。某些东欧国家已试图寻求进入世界市场。1966 年，南斯拉夫加入了关税及贸易总协定。随后，波兰（1967 年）、罗马尼亚（1971 年）和匈牙利（1973年）也相继加入。②

英国已故历史学家霍布斯鲍姆曾说过，20 世纪是一个比较短的世纪，它是从 1917 年俄国"十月革命"开始的，到 1991 年苏联解体便结束了。因而在某种程度上可以说，20 世纪的世界是"苏联世纪"。所说的冷战结束，只是作为对立面的苏联消失了，并由俄罗斯继承了它的政治遗产；美国作为对立面的另一方，完好无损地保留了下来。1991 年 7 月，当时的苏联总统戈尔巴乔夫应邀与西方七国首脑举行会谈，即"7 + 1"会谈。同年

---

① "经济互助委员会"（Council For Economic Mutual Assistance）正式成立于 1949 年 1 月 25日，最初的成员国是苏联、波兰、捷克斯洛伐克、罗马尼亚、匈牙利和保加利亚六国。

② 捷克斯洛伐克是社会主义阵营中唯一的"关税及贸易总协定"创始国。

12 月，苏联便宣布正式解体。此后每年七国首脑正式会议结束后，俄罗斯领导人都参加"7＋1"会谈。1997 年俄罗斯总统叶利钦首次作为正式成员与会，参与政治问题的讨论，会议也以"八国集团首脑会议"的名义共同发表公报。但在经济问题上，首脑会议依然是七国体制，俄罗斯不参加讨论。1998 年，俄罗斯成为八国集团的"完全成员国"，开始参与会议的所有讨论。2001 年"9·11"事件后，国际恐怖主义成为首要议题。第二年，俄罗斯便被接纳为八国集团的正式成员。2014 年，由于乌克兰危机，西方国家联合制裁俄罗斯。至 2016 年，"七国集团"已连续三年不邀请其参加峰会，"八国集团"名存而实亡。俄罗斯再一次站在了西方的对立面上。

现行的世界秩序，通常被称为冷战后世界秩序，但实际上，它的总体框架是在冷战时期形成的。现行世界秩序的内在本质，仍然与冷战时期一样，是以美国的政治、经济和安全需要为中心的，这些需要包括维护美国的霸权地位，保护美国及其盟国的安全，确保美国大资本在世界各地拥有充足的利润来源，遏制第三世界的经济和民族主义势力上升，等等。

美国长期积累了巨大的军事力量，在军事上对其他任何国家都拥有绝对的优势，这是当今世界政治中最具根本性意义的事实，也是美国最核心的战略优势。苏联的解体使美国成为世界上唯一的超级大国，确切地说，美国是有史以来最强的霸权国家，世界历史上还从未出现过像当今美国这样的国家。冷战刚结束时，很多人认为军事力量和"传统安全"将变得不像过去那么重要，各国都将会享受"和平红利"，世界将会进入一个"永久和平时期"，事实证明这绝对是一种错觉。对于美国而言，它的军事优势可能比冷战时期更加有用，因为它可以更容易地将军事力量转变为政治力量，甚至经济力量。冷战刚一结束，美国便发挥了这一优势，发动了第一次"海湾战争"，而后又对伊拉克进行长期军事和经济封锁。1999 年，美国率北约对南斯拉夫进行了残酷的军事打击，使这个国家四分五裂，彻底解体。这两次军事行动已经向世界说明，美国有足够的军事能力打击对其"不够友好"的国家，各国都必须认真对待美国的利益。"9·11"事件后，美国先后入侵阿富汗和伊拉克，推翻了"塔利班"和萨达姆政权；随后美国和欧洲盟国又对利比亚发动了战争，推翻了卡扎菲政权。据美国《纽约时报》2016 年 5 月 15 日报道，奥巴马已经打破了他的前任布什总统保持的纪录，成为美国历史上进行战争时间最久的总统。奥巴马一上任就继承了布什发动的阿富汗和伊拉克战争，后来又派特种部队到叙利亚，还批准空袭利比亚、巴基斯坦、索马里和也门的恐怖分子，累计已对7个国家动武。如果奥巴马2017年初卸任时，美军仍在阿富汗、伊拉克和叙利亚等地作战，他将成为美国历史上唯一在两个任期内的每一天都对外用兵的总统。奥巴马竞选总统时，曾承诺终结阿富汗、伊拉克战争，2009年还获得了诺贝尔和平奖，但在任内却一直进行着旷日废时的战争，充分说明美国比以往更加倾向于动用武力，这不是简单的政策问题，而是一个制度问题，是由现行世界秩序的内在本质所决定的。

三 "一带一路"与现行世界秩序之间的辩证关系

"一带一路"是"丝绸之路经济带"和"21世纪海上丝绸之路"的简称。"一带"旨在打通从太平洋到波罗的海运输大通道，形成连接东亚、西亚、南亚和欧洲的交通运输网络；"一路"旨在串连中国同东南亚、南亚、西亚、非洲和欧洲国家临海港口城市，以亚欧非经济贸易一体化为发展长期目标。历史上，"丝绸之路"和"海上丝绸之路"是中国与中亚、东南亚、南亚、西亚、东非、欧洲经贸和文化交流的大通道，因而，"一带一路"也是新时期对古丝绸之路的传承和提升。

"一带一路"战略是习近平主席在2013年提出的。2013年9月7日，习近平主席在哈萨克斯坦纳扎尔巴耶夫大学发表演讲时，首次向国际社会阐述了共建"丝绸之路经济带"的战略构想。他建议先从五个方面做起：一是各国加强政策沟通，交流经济发展战略，协商制定区域合作规划和措施；二是加强道路联通，打通从太平洋到波罗的海的陆上和海上运输大通道，逐步形成连接东亚、西亚、南亚的交通运输网络；三是加强贸易畅通，推动贸易和投资便利化；四是加强货币流通，推动实现本币兑换和结算，增强抵御金融风险能力，提高整个地区经济国际竞争力；五是加强民心相通，促进人民友好往来，增进相互了解和传统友谊。"以点带面，从线到片，逐步形成区域大合作"，表达了中国对中亚各国睦邻友好合作政策的诚意。

一个月后，习近平主席出访东南亚，他在印度尼西亚国会发表演讲时，阐述了中国对印度尼西亚和东盟的睦邻友好政策，提出携手建设"中国—东盟命运共同体"，共同建设"21世纪海上丝绸之路"的战略构想。

此外，习近平主席首次谈到创建"亚洲基础建设投资银行"（亚投行）的计划。当时西方媒体多认为，亚投行可能是中国的一个外交战略，旨在动摇美国主导的国际金融秩序。

"一带一路"战略已被写入中共十八届三中全会决定，被视为中国新一轮对外开放大战略的核心内容，是中国未来整个国家发展战略的重要组成部分。国际学界普遍认为，中国之所以推出"一带一路"战略，主要有以下几方面考虑。

一是加快西部地区社会经济的发展步伐。贫富差距日益扩大，是当今世界很多国家都面临的难题。中国居民收入差距中很大的一部分，是由于地区经济发展水平不同所造成的。而东部和西部地区之间经济发展不平衡，是形成这种差距的重要原因。"一带"的着重点是开发西北地区的经济，对提高当地居民收入水平大有益处，从整个国家经济发展与国家安全角度看，无疑具有重大的战略意义。

二是通过加强基础设施建设投资推动经济增长。中国西北地区经济之所以相对落后，是因为当地缺乏经济发展的软件，硬件也严重不足。而"一带"和"一路"都涉及大量的基础设施建设项目，"一带"建设方面，依靠现代化的铁路、公路建设工程，可以有效地接通中国与中亚、中东及欧洲的陆路运输。"一路"建设方面，将进一步完善沿海地区的港口设施，提高航运的效率和能力。

三是拓展海外市场。中国经济经过多年的快速发展，早已成为"世界工厂"，出现了"产能过剩"问题，因而，为保持经济的持续发展，必须拓展海外的新市场。通过"一带一路"建设，中国的很多商品、设备可以顺势走向海外，可有效缓解"产能过剩"问题。

四是保障能源、资源安全。中国能源、资源相对匮乏，必须依赖大量进口。"一带一路"沿途很多国家或是中国能源、资源的来源地，或是运输孔道，必须加强与之经贸往来。其中，很多国家都缺少发展资金，中国可向其贷款发展基础设施建设，以更有效地促进双边政治经济关系。

五是反制美国的"围堵策略"。美国近年来高调"重返亚洲"，并大力推动"跨太平洋战略经济伙伴关系协议"（TPP），作为围堵中国的一个战略步骤。中国本来早已加入了世贸组织（WTO），可同其他国家相对自由地进行贸易，但根据WTO的条款，一国如果认为他国有不公平的贸易行为，可在WTO做出正式裁决前单方面实施相应的制裁措施。美国和欧盟都经常运用这一手段，以削弱其他国家的竞争力，并迫使其他国家与之另立条约。TPP正是这种贸易协议，但其独特之处是刻意阻止中国加入，使美国的意图昭然若揭。中国推动"一带一路"战略，正是对美国围堵策略的反制。

和平的真谛是发展，真正的发展必须充分利用当今世界上各种先进的科学技术成果，注重科学领域的投资，最大限度地提高劳动生产率。"一带一路"贯穿欧亚大陆，东边连接亚太经济圈，西边进入欧洲经济圈，涵盖总人口约44亿，经济总量约21万亿美元，分别约占全球的63%和29%。"一带一路"沿线大部分是发展中国家，如果没有大规模的基础设施建设投资，没有跳跃式的技术发展，这些国家中的大部分社会阶层和大多数人民就无法取得确确实实的进步，也摆脱不了长期落后的地位。

冷战结束后，美国作为唯一的超级大国，一直致力于建立单极世界秩序，从未向国际社会提出任何共同发展计划，还凭借军事科技和政治经济优势，接连不断地进行军事干预和政治操纵，酿成了阿拉伯之春、叙利亚危机、伊斯兰国崛起及乌克兰危机，严重地破坏了亚洲、欧洲和非洲大陆的政治、经济和社会秩序。"天下苦秦久矣"，美国和其他一些发达国家的各种政策，实际上在试图使广大的第三世界国家永久性地处于落后地位。而中国提出的"一带一路"倡议，给沿途和周边各国提供了新的重大发展机遇，符合当今世界发展大势。故甫一提出，"天下云集响应，赢粮而景从"。

中国提出的"一带一路"战略中，最具深意的便是推出亚投行。2008年全球金融危机爆发后，世界银行的一些经济学家便提出，应参酌20世纪30年代美国罗斯福"新政"经验，在世界范围内实施大规模基础设施建设，以创造需求，摆脱全球经济衰退。2009年，亚洲开发银行发表研究报告，据其估算，从2010年至2019年的10年间，亚洲在基础设施建设、能源、电力和通信等项目上，约需要8万亿美元的投资，即每年投资需求近8000亿美元。而世界银行行长金墉2015年7月也曾指出，全球的发展中国家每年至少需要1万亿美元的基建投资，而私营金融机构对基建项目提供的资金，每年至多为1500亿美元。亚洲开发银行虽然担负协助亚洲经济发展的重任，但它实际批出的借贷额并不算多。据统计，从1973年至今所发放的全部贷款额只稍多于500亿美元。对于亚洲各国而言，只能说是杯水车薪，资金缺口巨大。为推动"一带一路"发展战略总目标，筹集庞大的资金投入基础设施建设，亚投行应运而生。2014年10月24日，中国借举办APEC北京峰会之便，邀集东盟、南亚、中亚、中东等21国签订了《亚投行备忘录》。一个月后，在昆明召开筹建亚投行的首次谈判代表会议，商定了接纳"新意向创始成员国"的程序与规则，决定以2015年3月底为截止日期。

自中国宣布将牵头成立亚投行后，美国一直高调阻止盟国加入。奥巴马2015年年初发表《国情咨文》，还明言将力阻中国"制定游戏规则"，以保美国利益。美国以亚投行将会损害世界银行、国际货币基金组织和亚洲开发银行为由，公开表态反对韩国、澳大利亚及其他盟国加入。但2015年3月12日英国突然宣布将申请加入亚投行，德国、法国和意大利随即跟进申请加入，瑞士、荷兰、奥地利、丹麦、芬兰、卢森堡、冰岛、澳大利亚、韩国和埃及也相继申请加入，使美国的围堵策略彻底溃败。

欧洲四国转变态度，赶在3月底截止日期之前申请加入亚投行，主要还是攸关切身利益，印证了"经济终将战胜政治"这一基本原理。英国《金融时报》分析认为，欧洲多国争相加入亚投行，原因之一是在中国给亚投行设计的15—20个董事会席位中，可能仅有3席预留给亚洲以外的成员国，这导致多个欧洲国家为董事会的席位展开激烈竞争。英国首相办公室称，亚投行欧洲分部可能只有一个，伦敦、法兰克福和卢森堡将为此争夺，卢森堡和伦敦之争尤为激烈。据报道，卢森堡才是首个加入亚投行的西方国家，比英国早一天递交了申请，只是因为要求在两周审核期内保密，才被英国捷足先登。

英国《金融时报》分析称，英国加入亚投行是"经济机会主义的做法"，目的是成为"受优待的伙伴"，确保伦敦成为中国离岸人民币交易中心的首选之地，包括伦敦在发行人民币国债、协助亚投行处理融资、为各成员国发行主权债券，等等。欧洲各国，特别是英国在亚洲经略多年，南亚和东南亚很多重要国家如印度、巴基斯坦、马来西亚和新加坡等都是英联邦成员。英国金融业实力雄厚，伦敦与香港、新加坡和迪拜等几个亚洲金融中心的关系密切。英国与中国打过百余年交道，彼此了解，深知以中国目前的发展成就和意志，完全有能力推动成立亚投行，因而抢先表示愿与中国共同参与"一带一路"开发计划。近年来，欧洲经济深陷危机，增长乏力，欧洲很多企业在基础设施建设方面虽有丰富经验和先进技术，却无用武之地。亚投行主要是为"一带一路"沿途各国基础设施建设提供融资，欧洲各国通过加入亚投行，可帮助欧洲企业争取"一带一路"周边各国庞大的基础设施建设项目，提振欧洲经济。亚投行所肩负着的历史使命越来越清晰。既然未来10年亚洲基础设施建设需要8万亿美元，那么亚投行本来就是一笔数额相当的超级生意。"一带一路"对于沿途各国而言，就是开通了一条大财路。"一带一路"大格局的经济战略，加上亚投行的资金运作，无疑可以有效地整合过去几年来人民币国际化的成果，加快亚洲区域基础设施的互联互通网络建设，促进亚洲区域共同发展。

"一带一路"为国际社会和平发展提供了新的思路。不远的将来，亚洲与欧洲之间将开辟出多条新的交通路线，将亚太区域经济和欧亚大陆经济贯通起来。一些敏锐的国际观察家洞察到，"一带一路"很有可能加速促进整个欧亚大陆的联合，最终形成一个相对统一完整的经济板块，使世界经济的基本格局从过去30年来的欧洲、北美、东亚"三足鼎立"的局面，变为欧亚大陆与北美大陆经济相抗衡的新格局，这将从根本上动摇现行世界秩序的基础。尽管现行世界秩序的总体框架和意识形态是为了保护美国大资本的利益而设计的，但绝不意味着这种秩序全然是为美国大资本服务的，美国也绝不可能全然掌控一切世界事务。美国经济仍然是世界上最强大的，与其他任何国家相比都有很大的优势，但这种优势已不足持久地为它的军事优势提供坚实的经济基础，这就使得美国在世界事务中所发挥的强迫性和支配性作用也变得越来越有限度。2008年全球金融危机的全面爆发，表明美国经济已经变得越来越扭曲、越来越不稳定。美国的国际收支存在巨大的结构性逆差，公共债务和私人债务都达到了前所未有的高水平，而经济周期又依赖资产价格泡沫，这一切对美国而言，蕴含着严峻的系统性危险。如果仅仅是贸易逆差，美国可以用美元来摆脱，但严重的外债危机将导致美国金融市场资金枯竭、利率提高、偿还债务的成本上升，美元势必会贬值。由于整个世界经历了40年之久的美元体系，美元已遍布世界各地，一旦美元危机真的来临，其后果难以设想。届时，美国即便仍具有军事优势，也会发现已无用武之地。

马克思1859年在《政治经济学批判》序言中指出："无论哪一个社会形态，在它所能容纳的全部生产力发挥出来以前，是决不会灭亡的；而新的更高的生产关系，在它的物质存在条件在旧社会的胎胞里成熟以前，是决不会出现的。所以人类始终只提出自己能够解决的任务，因为只要仔细考察就可以发现，任务本身，只有在解决它的物质条件已经存在或者至少是在生成过程中的时候，才会产生。"

辩证法的精髓在于对立与协调，矛盾的双方向对立面的转化。马克思的这段话，对于我们理解"一带一路"与现行世界秩序之间的关系有重要的启示：所谓世界秩序，可以理解为当今世界基本的"社会形态"，是整个世界经济的上层建筑，它是由世界范围的生产力发展水平所决定的，在它"所能容纳的全部生产力发挥出来以前"，是不会灭亡的；"一带一路"这个任务的提出本身就说明完成这个任务的条件已经存在，或者"至少在生成过程之中"，因为人类始终只提出自己能够解决的任务；"一带一路"是否会改变世界秩序，取决于它能否在现行世界秩序中为"新的更高的生产关系"创造出充足的物质存在条件。

四　中美关系中两种哲学的对立与协调

"一带一路"与现行世界秩序的关系，在某种意义上说就是中美关系。中国秉持发展的哲学，美国笃信控制的哲学，两种哲学清浊交互，相激相荡，决定了今后一个相当长时期内，中美两国将继续曲折周旋，颉颃相抗，在对立与协调中影响亚太地区的和平与发展进程。

中国曾是世界上最富有的国度，自古以来便强烈地吸引着西方世界。从地理大发现时代开始，西欧便与中国有了经常性的联系，但一直不足以形成对抗之势。进入 19 世纪，西欧由于工业革命而获得了足够的力量，中国和西欧两个文明的接触面日益扩大，无可避免地形成了直接碰撞。随后，俄罗斯、美国和日本相继与西欧合流，与中国直接碰撞。过去的 100 多年时间里，中国在政治、经济和安全等各个方面，不得不屈从于列强，其后果至今仍清晰可见。

新中国成立后，中国锐意自坚，逐渐恢复了应有的国际地位，但安全问题仍有很多隐忧。冷战期间，中国在美苏两个超级大国之间折冲樽俎，努力维护自身安全。冷战结束后，国际社会多将中国定位为中等国家，政治、经济和军事能力都很有限，对内一心搞经济建设，对外则力争和平环境，尽快融入国际经济。发展是中国的主要任务，中国秉持发展的哲学，亦为国际社会所公认。

长期以来，美国在国际事务中一直笃信控制的哲学，这是美国在世界上所占据的独一无二的优势地位所决定的。美国的工业实力和科学技术水平，皆遥遥领先于其他各国。在国际货币金融领域，美元是世界上通行无阻的国际货币，华尔街则是国际资本调配中心。在世界秩序中，美国最核心的优势是傲视他国的军事与情报能力。自第二次世界大战后，美国就是世界上唯一有能力在全球各地展现武力的国家。自苏联解体后，美国对武力的运用比以往更加自如，而且对用军事手段解决问题的意愿和兴趣也更大了。

美国的确是一个太平洋国家。早在1844年，即鸦片战争结束后不久，美国签订了《望厦条约》，同中国建立了正式的商务和政治关系。1854年，美国派军舰到日本，结束了日本闭关锁国的历史。1898年，美国从西班牙手中夺取菲律宾，占据了亚洲的门户。此外，美国在19世纪还夺取了夏威夷及南太平洋上的一些岛屿。第一次世界大战结束后，美国于1921年主持召开华盛顿会议，主导了东亚地区的战后安排，预示着美国未来对太平洋的统治权。第二次世界大战中，美国付出了巨大的牺牲，在太平洋战争中击败了日本，几乎完全控制了整个太平洋地区。

日前奥巴马总统在澳大利亚参加G20峰会时谈到，作为一个太平洋国家，美国在亚太地区的领导力将一直是美国外交政策的根本焦点。"我们不仅是口头上说说，我们是真正地在投入"，美国在亚太地区投入了"鲜血和金钱"。这句话并无特别的深意，只是再次强调美国不会轻易地让出对太平洋地区的控制权。

亚太地区的国际关系错综复杂，东北亚有中国、俄罗斯、日本、韩国和朝鲜，东南亚有众多新兴国家，大洋洲有澳大利亚、新西兰及诸多岛国，南亚、中亚和中东在辐射范围之内，北美的美国、加拿大和墨西哥早早就宣称属于太平洋国家，南美一些国家的政治经济重心也日益转向太平洋方向。整个亚太地区，看似破碎分裂，实则混为一体，扰之则乱，抚之则安。

过去十多年来，随着中国崛起的步伐加快，国际媒体热炒"中国崩溃论""中国威胁论"，要求中国要当"负责任大国"。中国则一以贯之，强调"和平崛起""和平发展"，对于周边国家的挑衅行动通常采取友善态度回应。然而，中国的善意却未能得到应有的尊重。尤其是2009年美国高调宣布"重返亚洲"之后，日本、菲律宾等国响应美国对中国的"围堵战略"，顿生轻中国之心，怀私挟诈，试图利用与美国之间的军事同盟关系，挑起中美之间军事冲突，以达到阻遏中国崛起之目的而后快。

2011 年，奥巴马宣布"亚太再平衡"战略。2012 年，日本和菲律宾分别在钓鱼岛和黄岩岛问题上挑起事端，迫使中国不得不采取强硬立场进行反击。中国对外战略随之大转型，提出了"新型大国关系"概念，申明中国已重新回到了"一流大国"的行列，世界应接受中国已经强大这一事实。中国不仅与美国，而且与欧盟和俄罗斯同时构建"新型大国关系"，以此来打破美国在世界中的单极地位，重新构建世界格局。

以国际大势观之，中国快速崛起，综合国力持续提升，势必对亚太地区旧有的政治经济秩序构成重大冲击。由于美国长期以来一直是这一地区的支配性力量，中美矛盾自然成为该地区的基本矛盾。中美矛盾是"纲"，其他各种矛盾都是"目"；中美矛盾是主干，其他各种矛盾皆为枝节。

以中日矛盾而论，日本自甲午战争之后，便一直以亚洲强权自居。日本之所以能够成为亚洲第一个工业化国家，固然发轫于"明治维新"，但其早年的资本积累在很大程度上是大肆掠夺中国和朝鲜等亚洲国家的结果，这也是不容否认的历史事实。第二次世界大战后几十年，日本从冷战政治环境中受益颇多，尤其是经济上得到美国的大力扶植。但在政治和安全方面，日本却丧失了自主权，被美国所羁勒，这是日本为其当年发动的不义战争所不得不付出的代价。虽然从经济上看，日本目前仍是一个强国，但其地缘政治环境极为恶劣，与中国、韩国和俄罗斯均有领土争端。日本和美国名为盟友，实为主仆，日本右翼政治集团的最终目的是摆脱美国，取得实际上独立国家的地位。日本不加掩饰地称中国为战略对手，利用钓鱼岛主权争议，积极整备军队，解禁集体自卫权。同时，其试图借用菲律宾、越南和印度与中国间的领土争议，构筑对中国的包围圈。但其所作所为，却不过是为了向世界证明其有抗衡中国的能力，借此加深中美之间的嫌隙，并以此加重自身分量，要求与中国和美国重建关系而已。

中国内政稳固，尤其近年来，正纲纪，除旧污，立新政，创法制，使天下一新，国势日张。中国外交成效卓著，与周边几个邻国之间的摩擦，皆非真正意义上的战略性冲突。中日矛盾虽近乎战略层面的冲突，但实质上只是结构性的冲突。日本是中美对立关系中的一环，美国需要日本与中国维持紧张关系，需要一个政治上虚弱的日本政府，因为只有这样的政府，才会听命于美国，把美国的支持当作它继续存在下去的唯一希望。

发展的哲学侧重经济，控制的哲学侧重政治。但政治永远是手段，目的仍是获取经济利益，二者源同而流异。美国之所以孜孜以求，维系其超强的军事力量,实质上是为了保持对国际安全市场的垄断,从而合理地向各个受到其保护的国家收取巨额的费用。在人类社会中,军事力量从来都是第一重要的资本,它总是要求获取比其他技能更高的回报。但由于军事力量的非生产性,一个国家如果维持过多的军力,而又无法从其他国家寻求到足够的补偿,那么,它就不仅对国际社会无益,也势必会损害本国经济。

美国在 20 世纪之所以成为世界上经济最强大的国家,从根本上说,是由于大规模的现代化基础设施建设,使美国人掌握了最高科学和技术水准,获得了世界上最高的劳动生产率。过去一些年来的研究结果表明,20世纪 90 年代美国经济的持续增长,在很大程度上仍得益于美国在 20 世纪60 年代为实施"阿波罗登月计划"而进行的高技术基础设施建设投资。据测算,美国政府每支出 10 亿美元,就为美国经济直接和间接地贡献了60 亿美元;在基础设施领域的投资,每 10 亿美元的支出可以创造 45000个以上就业岗位。

美国的基础设施建设工作多年陷于停滞状态,全国各地的公路、铁路、桥梁、堤坝和电站多建于几十年前,亟待更新改造。据美国民用工程师协会(ASCE)估计,美国需要 1.7 万亿美元的基础设施投资,其中仅改善饮用水方面的基础设施投资就需要 4500 亿美元。此外,美国全国只有 100 英里长的电气化铁路,公共医疗设施也严重不足。美国民用工程师协会的报告中,还特别提到需要改进内河航道、大坝和港口导航设施,这方面的投资需要 1250 亿美元。美国铁路系统仅需要更换旧设施、装备新的技术和设备,就需要 600 亿美元的投资。如果修建新的高速度的电气化铁路,还需要数千亿美元的投资。早在 1992 年老布什政府时期,美国政府就曾规划了全国高速铁路网建设方案,在各主要城市之间修建高铁,这些方案至今也未见落实。今天,全球高铁市场上,只有中国、欧洲和日本的企业竞标,见不到美国企业的踪影。美国有足够的技术能力和资金,却不能充分投入国家建设,这一切都是其所奉行的政治哲学所致。

世界大势如同人的身体,人的生命之所以能够维持,全靠血气所支撑。血气流通不息,熏蒸灌溉着通身各个脉络,才能耳聪目明、手足便利;一旦瘀塞,血气不能升降,就会造成身体臃肿,四肢麻痹,精神萎靡,生命力随之衰竭。因而,不同的文化和文明之间,只能大体求同,小体存异,彼此交流,相互激荡,互为借鉴,才能扩大视野,提升境界。任何时代，如果故步自封、闭关自守、自绝于外，将无可避免地会衰败下去。从根本上说，发展的哲学总是人心所向，大势所趋。2014 年在澳大利亚召开的二十国集团（G20）峰会，提出振兴全球经济的宏图，宣布设立"全球基建中心"，大力促进全球基础设施建设。2016 年 5 月在日本召开的"七国集团"首脑会议，提出加强基础设施投资，拉动全球经济增长。这些都表明，"一带一路"倡议与整个世界的发展节奏高度吻合，正所谓"卓然与天地并，沛然与造化同"。

所谓"否极泰来"，其中的"否"，可释为瘀塞之意，"泰"则是通畅之意。就实质意义而言，"一带一路"倡议即是"否极泰来"之意，构思宏阔，立意高远。对中国长远发展而言，它有重开国运之规模。与此同时，它也为欧亚大陆乃至整个世界和平发展提供了一条新思路，已显出重开世运之气象。从世界发展大势看，"一带一路"倡议的确符合世界政治、经济、文化、社会发展全球化的潮流，但归根结底，"一带一路"最终的前途，在很大程度上将取决于中国。古人有言："元气调而无不顺之四时，心术定而无不安之四肢，中国盛而无不来之四远。"中国欲联合各国共谋大业，需要储备足够的实力，以使各国能切实从中受益。这不仅需要"硬实力"，更需要"软实力"。形势比人强，随着"一带一路"的推进，中国的政治文化结构及社会心理理应会"否极泰来"，达到一个新境界。

"一带一路"与中国经济外交转型[*]

内容提要： 本文试图从中国经济外交转型的角度分析"一带一路"战略构想。2009 年以来，东亚地区力量对比的变化和美国亚太战略调整导致了中美邻互动关系的新逻辑，由此降低了中国传统经济外交的战略效果。"一带一路"作为中国实现崛起和民族复兴的大战略，正是在中国外交转型背景下，经济外交模式调整的产物，其着眼点在于运用市场和经济资源开拓中国与周边及世界的外交新局面，以缓解周边战略压力和构造地区新秩序。"一带一路"需要发挥中国经济外交引擎作用，让地区关注点重新回到"共同发展"议题上，改变粗放的传统经济外交模式，以双边关系为节点有序缔结网状多边合作，通过打造周边战略支点国家，推进差异性经济外交策略。

    "一带一路"是"丝绸之路经济带"和"21 世纪海上丝绸之路"的统称，是由习近平总书记和新领导班子提出，旨在带动中国与亚欧大陆国家共同发展的构想。当前对"一带一路"的学术研究主要集中在三大类：一是从能源、产业、贸易、科技、历史文化等特定领域切入，二是从国内特定区域、省区或城市的角度出发，三是分析中国与特定国家合作，其中相当部分是从产业和区域经济学的学科视角展开，综合战略层面的研究和理论性探讨彰显不足。① 本文试图将"一带一路"设想和规划纳入中国经济外交的战略视角中，将其视为一套运用经济资源开创周边外交布局、构建地区秩序的实现手段。2009 年之后，中国通过经济手段换取良好周边政治环境的效力下降，我们需要反思其背后的根源，转变对中国经济外交的传

---

    * 高程，中国社会科学院亚太与全球战略研究院研究员，博士生导师，《当代亚太》编辑部主任，兼任民革中央祖国和平统一促进委员会委员、中国世界经济学会理事；中国社会科学院国家全球战略智库特约研究员。

    ①   冯维江：《丝绸之路经济带战略的国际政治经济学分析》，《当代亚太》2014 年第 6 期。

统思路，在整体外交转型的大背景下，让"一带一路"所引导的中国经济外交新模式充分发挥构建周边及国际秩序的支柱作用。

一　东亚地区格局变化与中国经济外交的困境

国际格局（International configuration）是指在一定的国际关系构成中，由主权国家或国家集团相互联系、制约和作用而形成的一种结构状态。它拥有两个维度，一是国家或国家集团之间的力量对比，二是利益关系。自21世纪以来，中国与周边国家及区域外大国的力量对比不断发生变化，在昔日美国主导的东亚地区形成中美二元格局。2009年之后，随着中美相对实力此消彼长速度的加快，东亚二元格局的利益关系发生了本质性变化。中国的崛起导致世界权力中心的竞争从欧洲转移到东亚。① 在美国势力范围所覆盖的东亚地区，中国与周边的东亚国家关系发生明显逆转。目前中国周边问题和矛盾主要集中于东亚地区，在南亚和中亚美国势力影响较弱的地区，相关国家对于中国崛起的反应较为温和，这些区域的利益格局并未发生本质改变。我们可以围绕组成东亚格局的三条线索展开：一是中美两国和中国与美国及其同盟体系的实力对比变化，二是实力对比基础上中美两国在东亚地区的战略利益互动，三是东亚地区的公共利益。

第二次世界大战结束后，东亚地区逐渐形成以美国军事和市场力量为主导的格局。在这一地区格局下，东亚内部形成以日本为生产链条的"雁首"，② 日本作为美国的亚太盟友，辅助美国满足地区安全和经济发展的公共利益需求。21世纪以来，日本经济持续衰落，与此同时，中国实力迅速

---

① Christopher Layne, "The Global Power Shift from West to East", *The National Interest*, May/June, 2012, pp. 21 – 31；阎学通：《权力中心转移与国际体系转变》，《当代亚太》2012年第6期。

② "雁型"模式由日本学者赤松要提出。他认为，充当"雁阵之首"的日本为整个东亚地区提供技术和投资。随着日本产业结构的升级，它将进入成熟期的大规模制造产业转移到雁阵的"两翼"地区，即生产成本已占据优势的亚洲四小龙地区；四小龙在产业升级过程中，又继续将这些产业转移到"雁阵之尾"，即劳动力成本更为低廉的东南亚诸国及中国沿海区域。KanameAkamatsu, "A Historical Pattern of Economic Growth in Developing Countries", *Developing Economies*, Mar. / Aug. , No. 1, 1962, pp. 3 – 25.

崛起，后者在东亚地区内部格局中，发展成为中心力量。[①] 这一时期，中国在东亚地区的战略目标和主要利益诉求是创造良好的周边环境，谋求自身经济发展。"9·11"事件之后，美国将战略重心置于全球反恐，其在东亚的战略利益主要是分享中国和东亚快速发展带来的经济收益。这一利益诉求使美国在一定程度上容忍中国的崛起及其在东亚地区的作为空间。直至2009年，东亚地区存在中美两个相互兼容并存的主导力量，其基本格局是中国倡导的多边合作体系和美国主导的双边军事同盟体系和谐并存。[②]

在和谐的东亚二元格局下，中美以互补和彼此兼容的方式满足了地区的公共利益。由美国主导的全球化进程提高了东亚成员在经济领域的利益需求。东亚地区缺少内部完整的生产—销售市场，大多数成员同处于国际垂直分工的中间环节，其经济运转主要依赖外部市场而非内部需求，因此对于世界经济环境具有脆弱性依赖，抵御外部经济风险的能力弱。东亚经济的脆弱性使其成员对于稳定的汇率、市场和相关合作机制、制度建设等公共利益需求程度增强。20世纪末以来，美国为东亚提供经济领域公共利益的意愿和能力不断下降。自20世纪80年代后半期，美国开始限制东亚的市场份额，以致东亚"雁型"模式生产链条前端地区在美国的市场份额不断被后端地区吞食。[③] 在1997年的亚洲金融危机中，美国出于自身利益考虑，坐视危机在东亚的蔓延。在2008年开始的全球金融危机及此后的经济萧条中，美国作为危机的根源，无意也无力帮助东亚经济体走出困境。与此同时，为了给自身发展创造良好的周边环境，中国为东亚地区提供公共利益的意愿提升，并发展成为地区内部唯一有能力在经济领域提供主要公共产品的大国。一方面，中国的持续高速增长在实质上促进了东亚各国的经济增长和国家间的协同发展；[④] 另一方面，金融危机的冲击提高

① Ramkishen Rajan, "Emergence of China as an Economic Power: What Does It Imply for South - East Asia?" *Economic and Political Weekly*, Vol. 38, No. 26, 2003, pp. 2639 - 2643; Robert S. Ross, "Balance of Power Politics and the Rise of China: Accommodation and Balancing in East Asia", in William W. Keller and Thomas G. Rawski (eds.), *China's rise and the balance of influence in Asia*, Pittsburgh, PA: University of Pittsburgh Press, 2007.

② 祁怀高：《中美制度均势与东亚两种体系的兼容并存》，《当代亚太》2011年第6期。关于亚太地区制度均势战略的讨论，具体参见 Kai He, *Institutional Balancing in the Asia Pacific: Economic Interdependence and China's Rise*, London and New York: Routledge, 2009。

③ 周小兵：《和谐东亚的基础经济关系》，《当代亚太》2007年第12期。

④ ［日］渡边利夫：《中国制造业的崛起与东亚的回应》，倪月菊、赵英译，经济管理出版社2003年版。

了东亚地区共同抵御经济风险的需求，其成员通过给予中国更多友善的回报提升了后者在经济合作领域为地区提供更多公共利益的动力，① 东亚地区经济领域总体呈现为以中国为中心的松散合作局面。

由于中美两国关系和区域内大国关系相对和谐，因此与经济领域不断增长的公共利益需求相比，这一时期东亚地区在安全领域的公共利益需求较弱。美国在东亚仅以较低成本投入便可维持该地区的军事防御体系。美国作为外部力量，通过与区域内供给相互兼容和互补的方式提高了东亚地区的公共产品供给能力。美国有意愿和能力为东亚提供安全公共产品，并且在供给能力上具有优势；中国有意愿在经济领域为东亚提供公共产品，且其供给能力上的优势不断提升。② 其表现形式是，美国通过军事同盟体系和关系协调为东亚地区提供常规性安全保护和危机管理，③ 中国通过推动多边经济合作提高东亚经济体来自贸易等领域的收益。④ 中美两国兼容互补的供给总体上满足了东亚地区在经济和安全领域的公共利益需求。在这一过程中，中国通过"以经促政"的战略，换取了周边国家对中国发展的善意和良好的周边政治安全环境，并成为东亚经济合作的主导力量。美国通过低成本维持着地区安全领域的主导权，并从东亚生产网络和以中国为代表的东亚新兴市场国家的繁荣中分享经济收益。中美两国和东亚国家在正和博弈中实现了互利共赢。在东亚的力量格局中，中国面对的不是美国的安全联盟体系，而是利益兼容的中美、中日双边关系和与东盟之间相互促进的多边关系。

始于2008年的全球金融危机对以美国为首的西方国家产生了剧烈冲击，全球经济进入萧条时期；与此同时，以中国为代表的新兴市场国家成为全球经济复苏的引擎。中美邻之间实力对比迅速发生变化，中美两国相

---

① 关于这个时期中国自愿、有意识地通过推动合作构造地区"共有利益"的过程参见阮宗泽《中国崛起与东亚国际秩序的转型——共有利益的塑造与拓展》，北京大学出版社2007年版，第3章。

② David Shambaugh, "China Engages Asia: Reshaping the Regional Order", *International Security*, Vol. 29, No. 3, 2004/2005, pp. 64 – 99.

③ [美] 迈克尔·马斯坦杜诺：《不完全霸权与亚太安全秩序》，载约翰·伊肯伯里主编《美国无敌：均势的未来》，韩召颖译，北京大学出版社2005年版。

④ David Shambaugh, "Asia in Transition: The Evolving Regional Order", *Current History*, Vol. 105, No. 690, 2006, pp. 153 – 159; Zhang Yunling and Tang Shiping, "China's Regional Strategy", in Shambaugh (ed.), *Power Shift: China and Asia's New Dynamics*, Berkeley and Los Angeles: University of California Press, pp. 48 – 70.

对实力差距缩小,中国与周边国家实力差距拉大。中国于 2009 年超过美国成为日、韩、澳、新等亚太主要经济体最大的贸易伙伴或出口市场。在中国迅速崛起的背景下,中美邻力量对比的变化并没有改变中美在东亚地区的二元格局,但是由此引发的利益关系变化,使这种二元格局的性质发生了重要改变。此前,美国在东亚的利益更多在于从地区经济繁荣中获益,特别是分享中国发展的经济利益。随着中国影响力的壮大,美国的战略重点转向巩固和加强在东亚的军事同盟体系和地区霸权,以防止中国崛起,成为东亚地区新的主导力量。与此同时,中国在周边开始试图获得与自身实力和贡献相匹配的地区影响力。因此,中美两国的互动关系从注重追求相对经济收益的正和博弈,逐渐向以权力竞争和相对国际影响力为目标的零和博弈变化。在不同领域和议题上,中美之间你得我失的零和博弈和互利共赢的正和博弈共存,但零和博弈上升为主导性规则。东亚地区二元格局的竞争性和相斥性开始替代其互利性和兼容性。

尽管美国和东亚诸国对中国来说,相对实力下降,但在竞争和相斥的东亚二元力量格局中,中美各自力量及其与地区其他国家的博弈关系,变为中国与美国及其联盟体系之间的战略互动关系。美国依靠其地区军事联盟关系对东亚秩序的走向发挥作用;与此同时,经济实力不断崛起的中国与美国及其盟国通过多边或双边规则协调解决地区安全问题。① 相对实力衰落的美国,开始试图强化其亚太军事联盟体系,利用其盟国力量,挑动它们与中国之间的矛盾,推动并扩大制衡中国的区域安全体系。② 美国不但通过双边手段加固与这些国家的联盟紧密度,而且在背后推动其亚太盟友及准盟友之间军事关系的深化。③ 美国的联盟体系对中国的制衡可能导致地区力量格局的天平进一步向美国倾斜,以致亚太地区权力结构更加失衡。

由于战略利益的变化,中美两国的互动关系在 2009 年之后出现重要调整,并由此影响到东亚地区公共利益的供求关系。安全和经济领域地区

---

① 孙学峰、黄宇兴:《中国崛起与东亚地区秩序演变》,《当代亚太》2011 年第 1 期。

② 朱锋:《奥巴马政府"转身亚洲"战略与中美关系》,《现代国际关系》2012 年第 4 期;唐彦林:《奥巴马政府"巧实力"外交政策评析》,《当代亚太》2010 年第 1 期。

③ Richard Tanter, "The New American-led Security Architecture in the Asia Pacific: Binding Japan and Australia, Containing China", *Japan Focus*, March 17, 2007;孙茹:《美国亚太同盟体系的网络化及前景》,《国际问题研究》2012 年第 4 期。

公共产品的供给竞争和矛盾使既有东亚安全秩序面临内在的不稳定性。[①]中国的迅速崛起和在东亚地区影响力的不断上升引起了美国战略上的制衡。中美之间实力对比的变化和美国从接触逐渐转向遏制的对华战略增加了东亚地区的安全威胁。美国通过在一定程度上纵容和推动周边国家与中国之间深化矛盾的方式，也刺激了部分东亚国家对美国提供的安全保护产生更强的现实需求。在美国力量的影响下，朝鲜半岛问题和中国与周边国家在东海、南海海域的领土争端被视为地区安全隐患。[②] 这些因素都导致东亚成员对于安全领域公共利益的需求不断加强。

在公共利益需求上升的同时，中美两国在地区公共领域的相互兼容性越来越低。主导权竞争导致东亚地区各种合作机制和规则之间相互掣肘，区域公共利益的供给效率明显下降。[③] 在竞争和相斥的东亚二元格局下，中美邻的战略博弈使地区公共领域的制度安排与合作议题渐渐发展成为服务于大国权力竞争和小国从中渔利的战略工具，[④] 而逐步丧失共同合作解决公共问题、促进地区公共福利的初衷和功效。美国力推 TPP 的重要政治意图之一在于通过主导"亚太"地区的经济合作议程瓦解中国和东盟多年努力建立的"东亚 10 + X"合作框架，破坏目前东亚地区经济领域以中国为中心的公共产品供给机制和规则。美国意图通过主导 TPP，取代东亚以中国为中心的经济多边合作体系，将安全、经济两大体系共同整合于美国的管理之下。TPP 对于中国主推的东亚合作具有明显的消解作用。[⑤] 在钓鱼岛争端长期化的背景下，中日韩合作的谈判在一定程度上是为了降低政治对抗性而保留的经济平台，同时也成为日本在 TPP 谈判中向美国施压的筹

---

① 刘丰：《安全预期、经济收益与东亚安全秩序》，《当代亚太》2011 年第 3 期。杨原也认为，中美之间的竞争机制是为区域内小国提供安全保障的机会，并由此获得这些国家的支持。杨原：《大国无战争时代霸权国与崛起国权力竞争的主要机制》，《当代亚太》2011 年第 6 期；杨原：《武力胁迫还是利益交换？——大国无战争时代大国提高国际影响力的核心路径》，《外交评论》2011 年第 4 期。

② Joshua P. Rowan, "The U. S. – Japan Security Alliance, Asean, and the South China Sea Dispute", *Asian Survey*, Vol. 45, No. 3, 2005, pp. 414 –436.

③ 李巍：《东亚经济地区主义的终结？——制度过剩与经济整合的困境》，《当代亚太》2011 年第 4 期；王明国：《制度复杂性与东亚一体化研究》，《当代亚太》2013 年第 1 期。

④ 周方银：《中国崛起、东亚格局变迁与东亚秩序的发展方向》，《当代亚太》2012 年第 5 期。

⑤ 李向阳：《跨太平洋伙伴关系协定：中国崛起过程中面临的重大挑战》，《国际经济评论》2012 年第 2 期；宋伟：《试论美国对亚太区域合作的战略目标和政策限度》，《当代亚太》2010 年第 5 期。

码。在大国竞争的胶着局势下，东盟国家也试图以共同体形式推动 RCEP，力求重新获得东亚合作的驾驶员地位。各方都意图建立以自己为主导的经济合作机制和框架，以致不同机制和框架之间相互竞争，甚至彼此拆台。中美两国在处理东亚地区公共事务上相斥程度的提高同时意味着，通过建立多边机制的制度制衡（institutional balancing）[1] 缓解压力和威胁，构建东亚地区安全合作的空间不断缩小。

1997 年亚洲金融危机后，中国以经促政的外交策略取得了良好的成效，改善了与周边国家的政治关系。中国通过与周边国家不断密切经济联系，积极构建和推动东亚经济合作，加大对周边国家的援助力度，在经济陷入危机和不景气时为周边经济体提供开放的市场，抵御汇率波动的冲击。[2] 主打经济牌的策略明显改善了中国与周边国家的政治关系，也一度成为东亚合作的重要推动力。2009 年，中国代替美国成为亚太地区主要国家和经济体的最大贸易伙伴。然而近年来，在经济密切程度不断提升的同时，一个"反常"的现象是，中国运用经济手段在周边维持良好政治环境的效力开始下降，出现了经济投入与政治收获不对称的局面。

从双边关系层次看，自 2009 年之后，中国周边政治和安全关系一度出现紧张状态。日本、菲律宾、越南等国家纷纷在海洋问题上挑战中国。它们与中国的经济关系紧密，从中国高增长中获得了不少市场红利，但源自经济的共同利益却不能消除或缓解它们和中国在政治上的对立关系，其中中日、中菲关系表现得尤为突出。除了和中国存在领土领海争端的声索国之外，其他多数东亚国家和中国的双边政治关系热度也出现下滑，对中国经济快速增长和影响力提升的疑虑多于期待。

在多边层次上，中国倡议的东亚经济合作进程明显受阻，陷入了困

---

① 贺凯认为，经济相互依赖程度的加深使中国和东亚国家更倾向于采取制度制衡手段，即通过多边机制缓解压力和威胁，并以此构建地区安全秩序。Kai He, *Institutional Balancing in the Asia Pacific: Economic Interdependence and China's Rise*, London and New York: Routledge, 2009.

② Barry Eichengeen, Yeongseop Rhee and Hui Tong, "The Impact of China on the Exports of Other Asian Countries", *NBER Working Paper*, No. 10768, 2004, http://www.nber.org/papers/w10768; Ronald McKinnonand GuntherSchnabl, "Synchronized Business Cycles in East Asia: Fluctuations in the Yen/Dollar Exchange Rate and China's Stabilizing Role", *The World Economy*, Vol. 26, No. 8, 2003, pp. 1067–1088; ［日］伊藤隆敏：《人民币对其他经济体汇率政策的影响》，《浦东美国经济通讯》2007 年第 23 期；［日］渡边利夫：《中国制造业的崛起与东亚的回应》，倪月菊、赵英译，经济管理出版社 2003 年版。

境，特别是"东亚 10 + X"合作框架渐渐流于形式，中国通过推动经济互利共赢的合作机制以缓解周边国家对中国崛起的敌意或疑虑越来越困难。作为重返亚洲战略的重要组成部分，由美国主导、将中国排斥在外的"跨太平洋伙伴关系协议（TPP）"谈判已完成，等待美国国会通过；在钓鱼岛争端长期化和中日关系趋冷的背景下，中日韩合作一时难以取得期望结果；由东盟发起的"区域全面经济伙伴关系（RCEP）"在大国竞争夹缝中艰难生长；2014 年亚太经合组织（APEC）会议上，在中国倡议下，各成员国重启了亚太自贸区（FTAAP）进程，但其达成协议之路仍相当曲折。亚洲多边经济合作前景充斥着高度不确定性。

中国周边经济外交陷入上述困境的根源在于，东亚地区力量格局的变化和美国相应的亚太战略调整导致了中美邻互动关系的变化，这降低了中国传统经济外交的战略效果。2009 年，美国开始推行"重返亚洲"的地区再平衡战略，亚太地区首次被定位为美国的战略主方向。美国在该地区安全、外交、经济和政治领域全面进行了针对中国崛起的战略部署，其政策呈现出明显的连续性和整体性特征。美国的战略东移改变了中美邻的互动关系模式，影响了中国在周边的经济外交效果。

首先，随着美国做出的一系列"重返亚洲"的战略部署，地区的主导性议题一度由经济发展开始转向安全领域。亚太地区国家普遍认为中美在该地区将陷入"权力转移"过程，预期两国将就地区主导权展开激烈竞争，担心由此引发对抗与冲突。中美两国相对实力的变化和美国对华遏制战略使亚太地区的安全威胁认知上升。在美国力量的影响和挑动下，中国与周边国家的领土领海争端及其对抗性被过度放大，"中国威胁论"成为地区关注焦点，这提高了东亚国家对于美国提供的地区安全公共产品的依赖、需求和期盼。[①] 在安全领域被认为存在明显隐患的情况下，安全上的不对称依赖关系通常被置于经济上的相互依存关系之上，成为优先考虑方向。因此，周边国家对美国安全保护依赖程度的加强降低了中国经济外交的战略效力。

其次，美国在亚太地区采取的"离岸平衡"战略，需要依靠其联盟体系和其他中国周边国家的力量制衡中国的崛起势头。这些国家同时也在充

---

① 高程：《区域公共产品供求关系与地区秩序及其变迁——以东亚秩序的演化路径为案例》，《世界经济与政治》2012 年第 11 期。

分借美国的亚太战略的"东风"谋求自身利益最大化。它们利用美国对中国的制约和打压,在美国提供的安全保护和中国经济增长创造的红利之间两面"要价"和"渔利"。它们这边积极发展与中国的经贸往来,那边努力加强与美国的安全联系和军事合作,借美国在亚太地区的"势"与"力",平衡中国在地区政治影响力上的上升势头。美国在亚太安全领域的存在和军事联盟体系联系度的加强,无疑使东亚国家在发展与中国的经济关系时更具有"底气",为它们在与中国的经济交往中坐享权益和福利改善而不给予政治回报提供了可能性。① 周边国家的"对冲"策略压缩了中国传统周边经济外交的政策空间和效果。

最后,出于对中国强劲崛起势头的担忧,周边国家对于中国"以经促政"的经济外交手段开始酝酿应对策略,有意识减轻对中国市场的不对称依赖,这也将影响中国未来经济外交效力的发挥。传统的经济外交手段主要是通过出让利益进行政治安抚和利用对方在经济领域对本国的不对称依赖关系予以政治施压。然而,那些与中国在传统安全领域,如领土问题上存在重大纠纷的国家,一旦政治安全议题被提上核心议程,则经济让利对于塑造友好双边政治关系的余地较小,中国难以借助经济利益改变或安抚对方的敌对状态和心态。此外,部分周边国家对于中国未来可能运用的经济施压能力开始警觉。它们为降低对中国市场的不对称依赖性,积极谋求与其他区域主要国家和经济体之间的自由贸易协定,以预防中国未来通过经济施压手段谋求政治获益。比如韩国,即便如今两国已达成双边自贸区协定,但韩国此前已先后与美欧签署 FTA 协议,希望借此减轻对中国市场的依赖程度。② 一些中国周边国家积极加入美国主导的 TPP 谈判,也持有类似动机。③

二 中国经济外交模式的调整与 "一带一路"的应运而生

面对周边力量与利益格局的变化,主动塑造一个以我为主、具有自我

---

① 周方银:《中国崛起、东亚格局变迁与东亚秩序的发展方向》,《当代亚太》2012 年第 5 期;俞新天:《美国对冲政策的新特点与中国的应对》,《国际问题研究》2012 年第 5 期。

② 董向荣:《中韩经济关系:不对称依赖及其前景》,《国际经济评论》2013 年第 2 期。

③ 高程:《周边环境变动对中国崛起的挑战》,《国际问题研究》2013 年第 15 期。

扩展和深化能力的周边合作秩序，以获得与中国实力增长相称的影响力，是中国作为大国实现民族复兴的战略需要。中国周边战略正在向主动作为的大方向调整。在这一过程中，中国要努力构造以国家利益为核心，同时惠及周边的地区秩序，将共同发展、开放竞争和相互包容这三个核心理念融入包括政治、安全、经济和社会文化领域在内的整套周边战略思路中。

近两年来，面对周边力量格局和环境的变化，新任领导班子对中国周边外交的理念和方向均做出重要调整，在一定程度上开始对 2009 年后的困境进行"破局"。首先是针对一些国家试探中国底线的行为给予了回击，展示了中国的战略决心和实力，在周边立了威。从黄岩岛、钓鱼岛事件的后发制人和成功处理东海防空识别区的建立，中国在主权问题上已经明确宣示了战略底线，基本消除了周边国家打破现状的机会主义动机。与此同时，中国促进了周边大部分与自己无领土领海争端国家的中立立场和趋势；明显提升了与俄罗斯的大国战略互信，拓展了双方的协作互助关系；扭转了对美国及其盟友日本和菲律宾的战略被动，开始掌握更多主动权。中国周边整体安全形势开始趋好。

2013 年 10 月，习近平主席亲自主持了阵容豪华的周边外交工作座谈会。作为新中国成立以来首次周边工作会议，周边外交转型对中国崛起和民族复兴的重要意义得以充分展现。① 2014 年 11 月，中央外事工作会议召开，再一次突出了周边外交战略在中国整个对外大战略布局中重中之重的作用。两次重要会议上确立的外交新理念和近两年来的对外实践都清楚地显示，中国外交正在从立足"韬光养晦"向"奋发有为"转型。

第一，中国看待周边的态度从被动应对危机和麻烦，开始转变为有意识地驾驭甚至利用危机和麻烦，将该地区作为国家崛起的地缘依托带进行主动经略和塑造。配合这一外交理念大调整，中国正在出台外交、经济、政治、军事、文化相互配合，中央、地方、企业、社会多层互动的整套周边战略规划，而不是过去那样各领域和部门各自为政。

第二，大国外交的内涵发生了主客体之间的转换。过去的"大国外交"更多是关注中国与世界大国之间的交往，而如今的立足点则是中国自身作为大国如何与其他大国建立新型关系。新型大国关系的构建，从以中美关系为重中之重，到平行强调与中俄之间的大国战略协作关系，并全面

---

① 陈琪、管传靖：《中国周边外交的政策调整与新理念》，《当代亚太》2014 年第 3 期。

扩展到与欧洲和金砖国家之间的新型关系上。王毅外长的 2014 年外交盘点最大的特点就是突出了"以我为主"的大外交格局，总结顺序是先周边关系，后大国关系，而不像以往把重要位置和篇幅放在与大国的关系上，真正体现了立足地区和着眼全球。①

第三，中国的"崛起"在过去 10 年更多是被动性的，是在外部世界感知中"被崛起"。如今，对崛起的主体认知正在形成，进入主动寻求民族复兴的转型过程。中国正在尝试基于自身发展模式的经验和文化价值观，提出新的地区秩序和国际秩序主张，争取周边社会和具有相近发展诉求的全球伙伴对中国崛起及其秩序观产生更多共鸣。中国正在努力塑造一个新型的地区秩序，在以往追求互利共赢的基础上寻求更多包容性的相互认同。

"一带一路"正是在上述中国周边外交的调整大背景下提出的。在成功"立威"的基础上以及在逆转周边困局的过程中，中央提出了构建中国周边"命运共同体"的概念②和"亲诚惠容"地经略周边秩序的理念，传递了亲善近邻的信号。"一带一路"的宏伟规划与为此提供资金支持的丝路基金和亚洲基础设施投资银行（简称"亚投行"），正是实现中国周边"命运共同体"的战略规划和经济外交手段。"一带一路"涉及经济、外交、安全、文化各领域，其核心理念一是与周边国家谋求共同发展，二是促进开放竞争，三是实现相互包容。从防御性目标角度看，"一带一路"的提出是为了将地区的关注点从美国希望的安全议题重新拉回地区协同发展的经济议题上，以防止周边形成美国的进攻性联盟体系联手遏制中国的长期发展。从积极作为的角度看，"一带一路"规划也是为了在周边地区提高和中国实力增长相称的贡献度和影响力，塑造一个以我为主、惠及周边的地区合作秩序。

尽管"以经促政"的传统经济外交面临种种困境，但庞大的市场和经济发展潜力仍然是中国主动经营周边秩序和寻求地区影响力的主要途径。然而，"一带一路"大战略正在引导中国传统经济外交的内涵和重点的变化。一方面，中国在周边基于纯粹互利共赢原则的经济外交效率下降，其

---

① 王毅出席 2014 年国际形势与中国外交研讨会开幕式并发表演讲：《盘点 2014：中国外交丰收之年》，http：//www. fmprc. gov. cn/mfa_ chn/zyxw_ 602251/t1222375. shtml。

② 习近平在周边外交工作座谈会上的讲话：《让命运共同体意识在周边国家落地生根》，http：//www. gov. cn/ldhd/2013－10/25/content_ 2515764. htm。

思路需要调整；另一方面，随着外交转型的大节奏，中国需要面对如下问题：国家对外政策是否仍然紧紧围绕并服务于经济利益这个"中心"？对于地区秩序主导权的竞争是否仍然采取刻意回避的态度？一份不同于以往的外交答卷正在呈现。在过去的20多年时间里，中国经济外交主要辅助于海外经济利益的拓展，服务于国内"以经济建设为中心"的大局，未来则需要更有效、更灵活地运用市场和经济资源去开拓中国与周边及世界的外交新局面，其目标在于塑造一个由强调互利共赢上升到追求身份认同的中国周边"命运共同体"和新型地区秩序。

"一带一路"所倡导的中国经济外交新理念，首先要能"以柔克刚"地缓解美国"重返亚洲"战略带给地区经济合作的压力和困境。美国亚洲"再平衡"战略对中国经营周边的干扰作用将在相当长一段时间内持续存在。然而，相对实力的衰落和内部问题使美国正渐渐丧失为亚太地区提供经济公共产品的能力，其对于该地区的影响和控制能力处于下降趋势，对东亚多边合作的破坏性明显高于其建设性。美国如今更多依靠价值观、国际话语权等软实力和挑动周边国家给中国制造麻烦的方式破坏中国在周边的经营。但是中国周边国家大多意识到，中国崛起是大势所趋，而美国相对实力的衰落逐渐不能带给它们更多发展的增量需求，而且在关键时也不会为它们与中国的冲突承担更多军事与经济义务。因此，包括与中国有领土争端的大部分周边国家并不希望在中美之间站队。中国需要让地区经济协同发展的动力超过美国挑动的东亚内部安全威胁认知，特别是由此产生的种种夸大其词的"中国威胁论"。

中国与美国和日本之间存在结构性矛盾，这种由相对实力变化带来的地区主导权竞争关系不可避免，在短期内难以消除。然而，周边大多数国家对中国崛起的担忧并非结构性困境，中国可以通过主动作为，挖掘自身发展释放的正面元素，缓解市场扩展输出的消极外部影响和西方主流国际舆论引导周边社会形成的威胁与不适感。"一带一路"的经济外交作用就是要消解外部世界对中国和平崛起的疑虑，它本身既要符合中国的国家利益，也需要被大多数周边国家所接纳和产生共鸣。中国需要通过"一带一路"的经济外交新模式让周边国家意识到，中国寻求的地区秩序是将自身发展和民族复兴与周边国家的长期福利融为一体。唯有如此，周边大多数国家对中国崛起的长远期待才能超越力量格局变化引发的短期不适。

"一带一路"旨在促进开放、自由参与和共同发展的周边经济秩序。

中国周边是新兴市场国家和发展中国家聚集的地区，对多数国家来说社会经济发展是首要，它们同处于国际分工的不利位置，共同面临可持续增长和国内经济结构转型问题。中国有能力通过"一带一路"建设为这些国家提供更为广阔和开放的市场，通过帮助它们改善基础设施建设获得可持续增长的动力，促进地区协同发展的良好环境，增加周边国家对中国积极作为的期许。与此同时，通过"一带一路"建设促进共同参与、开放竞争的地区经济秩序也是当前中国冲破以美国为首的发达国家集团规则钳制的有效对策。面对新兴市场国家和发展中国家所代表的生产者集团的竞争力，以美国为首的发达国家试图通过 TPP 和"跨大西洋贸易与投资伙伴关系协定"（TTIP）重构和主导全球及地区经济规则，试图巩固消费者国家集团对市场定价权的控制。在金融、国际分工、高新技术等核心领域，美国希望通过 TPP 和 TTIP 等排他性地区多边机制，把中国等具有竞争力的新兴市场国家排斥在规则体系之外。① 针对此，中国更需要通过"一带一路"战略与周边国家一起构建更为开放包容、公正合理的地区经济秩序。

三 让"一带一路"发挥新时代中国经济外交引擎作用的政策思考

如何重新焕发"以经促政"经济外交的活力，使之成为构建中国周边"命运共同体"的主要支柱，如何让"一带一路"建设引导新时期的中国周边秩序，正是当前需要深入思考的问题。

（一）让地区关注焦点重新回到"共同发展"轨道，避免落入美国设置的安全议题陷阱，对外淡化"一带一路"的政治性

面对掌握国际话语主动权的美国，中国与其在对方设置的地区议题中与之针锋相对，不如主动掌握自身议题的方向，"你说你的，我做我的"。中国如今是要在地区经济领域努力做成事，引导周边国家将关注点放在经济共同发展上，而美国则尽力破坏这一进展，挑起和利用各种"中国威胁论"，把中国周边国家注意力往安全议题上诱导，以此孤立中国。对此，

① 高程：《从规则视角看美国重构国际秩序的战略调整》，《世界经济与政治》2012 年第12 期。

在对外处理时，中国要淡化"一带一路"的政治性。"一带一路"构想一经提出，许多海外媒体纷纷冠名以"中国版马歇尔计划"，这种类比和称呼正是中国所需要警惕的，中国要避免用"马歇尔计划"的理念去经营"一带一路"建设，更不应给沿途沿岸国家这种错觉。①

"马歇尔计划"的推出背景是，第二次世界大战结束后共产党及其理念在西欧一些国家声望增长，这令美国不安，因此不得不对遭遇战争破坏的西欧国家提供复兴计划，而该计划的倡导者之一乔治·凯南预言了未来世界两极对峙的冷战格局。"马歇尔计划"旨在与苏联抗衡，遏止共产主义在欧洲扩张，具有鲜明的意识形态色彩。美国通过该援助计划恢复并控制欧洲市场，通过军事安全合作和排他性的经济联盟组织（OECD）密切与其盟国的战略联系度，并使其成为遏制苏联的地缘政治工具，其实质是政治集团间排他性对抗。该计划还通过严苛的政治附加条件，将欧洲所有亲苏社会主义国家排斥在外。而根据这些附加条件，受援国则需要无条件按美国设计的市场道路、标准和规则发展，不但丧失部分经济主权，而且还必须进行美国要求的政治制度改革；与此同时，这些国家还需要和美国进行政治捆绑，成为美苏两级对峙的附属来配合美国全球战略。

把中国惠及周边与世界的共同发展的"一带一路"建设置于两级争霸和冷战的思维定式与语境下进行联想和引申，可能会导致外部世界误认为中国有借助经济手段控制他国与美国及其西方集团对抗的用心，使它们对"一带一路"产生更多戒心和排斥。这种联系既是中国不应抱有的心态，也要尽力消除美国和西方制造的国际政治舆论引导，消除"一带一路"相关国家因此产生的不解和疑虑。

中国的"一带一路"是在和平发展的世界大环境中提出的，中国和"一带一路"所及国家或者正在探寻自身发展道路，或者在经济不景气中寻找新的增长点，都立足于努力提高国民生活水平和福利。"一带一路"是为谋求中国与途经国家的共同发展，在平等互利基础上构建中国周边命运共同体，实现地区繁荣。对于不同种族、信仰、文化背景的国家，"一带一路"应追求包容性共生，不干涉地区国家内政和发展路径，不拉帮结

① 参见 Gao Cheng："Correcting misconceptions about the Silk Road initiatives"，*China Daily*，10，March，201；宋国友：《马歇尔计划？不，Yidai，yilu!》，http：//www. guancha. cn/Song – Guoyou/2014_ 11_ 10_ 284550. shtml。反方观点可参见徐进《马歇尔计划的借鉴意义》，http：//www. zaobao. com/forum/views/opinion/story20150320 – 459043。

派搞军事集团,与既有地区机制和组织和谐共存。中国给予沿途国家的贷款不附带任何政治条件和内部变革要求,未来做大后也要充分尊重合作国家的内部政治制度和经济发展方式,不将中国发展模式强加于人。"一带一路"建设与美国日趋保守的"俱乐部式"合作相比,应具有高度开放性,不排除特定对象国或像美国那样令其处于"选边站"的境地,而是鼓励和欢迎沿线各国自愿参加,无论其是否与他国结盟,选择何种政治制度。

"一带一路"沿线大多为新兴经济体和发展中国家。作为一套包括基础设施、贸易、产业、能源和金融的全面经济合作计划,中国要通过自身的产业、资本、基建优势和庞大的外汇储备帮助它们拓展可持续发展的空间,与沿线国家对基础设施建设的旺盛需求之间的互补关系进行产业对接,通过丝路基金为相关国家提供地区公共产品,通过非排他和非经济联盟性质、各国自由参与共同入股的亚投行向"一带一路"沿途沿岸国家提供贷款,帮助它们完善基础设施建设,提供可持续发展的经济动力。

(二) 改变粗放的传统经济外交模式,让沿途国家从"一带一路"中切实分享福利和可持续发展的动力,通过最终消费品市场增加对其行为的影响力

"一带一路"计划横跨亚欧地区,涉及沿途 60 多个国家,除了通过继续开放,让这些国家分享来自与中国经贸关系的收益之外,以往粗放的经济外交需要在质量上予以完善。惠及"一带一路"沿途国家不仅要呈现在宏观数字上,更需要落实在具体、微观层次。近年来,中国发展对周边国家的 GDP 增量、就业等宏观指标做出了明显"贡献",但这种数字上的正面作用不易为人们感知,而大量采伐和摄取资源、给周边生态造成的破坏和私人企业的欺诈行为等,带给周边国家居民的心理不适却是直观的。因此,配合"一带一路"的中国经济外交开展需要更多战略性考量,要有效约束国内企业在相关国家为追求利润最大化的不负责任行为,给予其必要的激励机制去维护其商业信誉和企业文化形象,使中国对外投资的切实福利在对方国家民间社会层面得以深化和具体化,真正让"一带一路"沿途沿岸国家的企业和百姓获得实惠。这需要中央、地方、企业和民间社会的相互配合。

"一带一路"与沿途国家的互联互通通常被理解为有助于输出中国的

过剩产能。但作为一项经济外交战略，中国同时应照顾到沿线发展中国家的可持续发展问题。中国应有意识地通过为周边国家提供更多最终消费品市场来获得外交战略主动性。未来中国需要更多消化那些工业化进程中的国家日益增长的工业生产能力。如今美国和日本在东亚地区的最终消费品市场份额上的优势仍十分明显。目前美国占东亚地区最终消费品市场的24%，日本占11%，中国则只拥有7%的份额。① 控制最终消费品市场，能够较为灵便地改变本国需求，更有效地施展经济手段向对方施压，同时可以通过调整或转移中间市场，控制其下游的初级产品供应市场。21世纪以来，中国与亚太地区的贸易总额增速迅猛，而且成为几乎所有区域内国家的第一贸易伙伴。② 然而，中国与区域内国家的贸易往来更多是进口其原料等初级产品，在国内进行加工后输出到美欧发达国家市场。中国主要扮演东亚生产网络中的中间环节角色，③ 难以充分地将自身庞大的市场规模转变为对周边国家的政治影响力。由于产业链源头的最终消费品订单仍然掌握在发达国家那里，中国无法随意改变与产业链下端市场的关系。随着国内资本的累积和国内购买能力及消费需求的提升，中国在亚太地区最终消费品市场的份额正在上升。"一带一路"在输出过剩产能的同时，应将必要的关注放在周边国家最终消费品环节，提高东亚生产网络的独立性，借此将更多经济实力转化为地区影响力。作为美国"重返亚洲"的重要经济工具，TPP的重要战略目标就在于消解中国在东亚通过终端市场实力影响地区经济秩序的可能性。如今，美日两国在TPP问题上已基本达成妥协，TPP的签署将意味着，在东亚地区拥有35%最终消费品市场控制权的两个经济国家，可以通过亚太地区经济规则重塑统一市场，这在长期将改变现有的地区产业规则和资本流向，重构地区经济结构性关系。从这一角度看，"一带一路"所构造的地区经济秩序，需要中国更多扮演东亚终端市场角色。④

---

① Asian Development Bank, *Institutions for Regional Integration: Toward an Asian Economic Community*, http://www.iadb.org/intal/intalcdi/PE/2011/07384.pdf, p.3.

② 赵江林主编：《后危机时代亚洲经济增长与战略调整》，社会科学文献出版社2013年版，第18—21页。

③ 关于东亚贸易结构可详见周小兵主编《亚太地区经济结构变迁研究》，社会科学文献出版社2012年版，第4章。

④ 高程：《从规则视角看美国重构国际秩序的战略调整》，《世界经济与政治》2013年第12期。

（三）将"一带一路"的经济外交重点放在做实具有发展潜力的双边关系上，以双边为节点有序结成网状多边结构

21世纪以来，中国一直寄希望于通过推动区域多边机制和合作协议框架促进与地区国家的关系，创造对自身发展有利的周边政治环境。这一思路在美国亚太再平衡战略的布局下举步维艰。在传统一揽子多边一体化合作陷入僵局的情况下，"一带一路"战略的更多关注点应重新放到发展和做实具有潜力的双边关系上。中国可以针对各自经济特点，通过与"一带一路"相关国家签订不同层次双边贸易协定、投资协定、货币互换协议等方式夯实双边经贸关系，扩大彼此互惠互利的基础，然后再用良好的双边关系带动多边舞台。美国对于多边机制及合作的破坏和干扰能力相对较强。相对多边领域，中国当前在周边推进的双边合作更为顺畅和有效，更容易取得突破性进展和实质收获。

"一带一路"建设应是在打造双边关系的基础上以各个突破的渐进方式一步步缔结多边网络，暂时绕开美日两国、避开现有地区一体化机制和规则的长期胶着状态另起炉灶，先易后难、先近后疏地有序接纳合作条件成熟的国家。通过双边关系缔结的"一带一路"多边网络是以中国为中心的松散关系，立足点是中国与相关国家一对一的关系，而非一对多的联系。亚投行的倡议和发起就沿袭了这一思路。由于中国和新兴市场国家及发展中国家在美国主导的世界银行和日美主导的亚洲开发银行中遭受排挤、不能获得相应话语权，于是中国另起一摊成立了该地区金融组织。如今，亚投行已有来自全球各个区域50多个国家成为或正在申请初始成员国，其中包括除美日两国外几乎所有世界重要经济体，这在客观上打破了日本和美国在亚洲地区的金融机构垄断状态，逐渐蚕食美国一家独大的金融霸权根基。在自贸区建设上，中国同样暂时难以寄望于APEC框架下的FTAAP达成，而应将更多关注点放在积极打造中国—东盟自贸区升级版和中澳、中韩、中巴、中新等双边自贸区的建设和完善上。与此同时，中国要利用好亚信、APEC、上合组织等多边平台，发挥中国在地区的议题引导作用。

（四）区别与周边国家双边关系的不同性质，推进多层次、差异性的经济外交策略，为"一带一路"打造周边战略支点国家

"一带一路"是一项普遍惠及沿路国家的经济外交战略，它追求的是中国与这些国家的利益共生性，但并不因此意味着这种"惠及"在层次和力度上是没有差异和原则的。"一带一路"从双边着眼的好处就在于，它可以将经济手段与政治关系进行灵活适配，加固与中国重要战略伙伴和友好国家关系的内生性，同时安抚和消除周边国家对中国崛起存在的担忧情绪。尽管周边国家对于中国在地区影响力的提升和未来的主导能力存在不同程度的疑虑，但由于它们各自利益的性质、诉求和排序差异诸多，所以对于中国崛起的心态和不满的形成机制在性质和程度上差别很大，体现在具体对华行动上更需要区别看待。中国可以通过"一带一路"的经济外交手段，巩固与己关系相对友好或中立的力量，使尽可能多的周边国采取中立，而不是追随美国制衡中国在亚太地区的实力扩展。

我们要特别区分与周边国家政治趋冷是源于难以化解的长期结构性矛盾，还是中短期可以改进和调整的情绪性问题。对于那些与中国存在领土等传统安全领域矛盾，而且心理上能够倚仗美国安全保护向中国发难的国家，中国通过经济外交改善双边政治关系的空间较小。对于大部分周边国家对中国崛起的情绪性担忧，特别对于那些不希望美国分化东亚合作框架，或更看重中国经济增长带给地区的福利，对待中国崛起态度相对温和的国家，经济外交仍具有很大空间。美国在亚太地区的盟友中，韩国、泰国和澳大利亚与中国没有结构性矛盾，在实质问题上不积极在中美之间站队，是中国可以争取的中立力量。在领土问题上与中国有冲突的国家日本、菲律宾、越南中，越南在安全保护方面暂时指靠不上美国，对华态度相对谨慎，其妥协空间也较之日本和菲律宾更大。在乌克兰危机发生之后，中小国家在大国博弈中的教训正在令越南和菲律宾的心态发生微妙变化，明白在大国间明确"选边站"、为美国身先士卒与强邻交恶的苦果。在美国势力辐射范围较弱的中亚和南亚地区大多数国家，对中国崛起态度普遍较为温和，希望依托于中国市场带动本国经济发展。中国在这些地区推行经济外交的过程中，需要处理好与俄罗斯和印度之间的大国关系。

针对不同性质的双边关系以及对方对待中国不同的态度和利益诉求，中国在推进"一带一路"时要采取差异性经济外交，其中应遵循的原则是对中国的友好度与获益度在方向和程度上大体一致。通过这一原则，中国要打破"一带一路"沿途国家，特别是周边国家基于过去中国"韬光养晦"对外政策长期形成的两个错误认知：一是破除对方"会哭的孩子有奶吃"的主观印象，防止部分国家利用中国崛起谋求稳定的期望，通过挑起事端和制造麻烦进行利益勒索；二是消除周边国家认为中国对它们的政策受制于美国态度的误区，打消它们认为只要美国对华施加压力，中国就会向它们做出政治妥协或给予更多经济让利的幻想，避免鼓励相关国家利用加强与美国的安全紧密度来向中国施压，试图以此提高与中国经济合作的谈判筹码的投机行为。通过"内外有别"的经济外交策略来处理与周边国家不同性质的双边政经关系将有助于提高中国由双边节点拓展至多边合作网络的效率。

无论从打破周边国家主观投机性还是核心资源的有效投放上看，建立错落有致的周边双边关系都需要打造周边战略支点国家。① 目前，很多沿途国家对"一带一路"的关注更多处于观望阶段，它们对"一带一路"热情的维持取决于从该倡议中获得或认为可能获得的实际利益。因此，"一带一路"建设要尽快利用国家优势资源，让沿途国家形成对未来收益的良好预期。中国的外汇储备等资源投放有限，不可能同时"开花结果"，后续工程还需要国家政策逐渐带动企业投资，这需要一个渐进过程。现阶段中国要布好战略支点，争取首先在支点国家取得即视收效，以维持沿途国家对"一带一路"的期待值。中国的战略支点国的选择应同时满足以下三个条件：一是从现实性上，对中国具有重要政治或经济战略价值；二是从可行性上，要充分考虑到对方对美国的依赖性，争取支点国家的难度和被破解战略支点的可能性，以及与中国之间不应存在导致直接冲突的领土纠纷和政治上的结构性矛盾；三是能为"一带一路"建设起到以点带面的作用。战略支点国家按功能分大概有三种类型，中国可以据此采取不同的争取和优待方式。

第一类是大国层次上对中国非常重要的国家——俄罗斯。首先，中俄之间有诸多共同的战略和情感诉求。作为拥有联合国安理会常理席位的综合性大国，俄罗斯可以在中国面对美国的现实压力和西方国际舆论困境时给予中国声援和支持，让中国在和美国的博弈中不至于在大国关系上陷入孤立，这种大国层面的战略协调和重要性是从任何其他国家那里都无法获得的。一个给力的俄罗斯有助于中国改变既有国际秩序中的不合理之处。在现实合作层面，俄罗斯丰富的石油和天然气对于多元化中国的能源获取

---

① 参见徐进、高程、李巍、胡芳欣《打造中国周边安全的"战略支点"国家》，《世界知识》2014 年第 23 期。

渠道具有重要意义；更重要的是，俄罗斯在中亚地区的控制力强大，没有它的配合，"丝绸之路经济带"在中亚推行会举步维艰。在多方因素和中国外交努力的作用下，对于中国在中亚地区的丝路建设的态度，俄罗斯从起初的疑虑和排斥发展到接纳和支持。从 2014 年习近平总书记和俄罗斯总统普京共同签署的《中俄联合声明》①到第一副总理舒瓦洛夫在亚洲经济论坛上的演讲，均明确了俄罗斯对中国丝路倡议的欢迎态度。②这是一个互信、良好的开端。在"一带一路"的规划中，西向的重点应放在中国的"丝绸之路经济带"建设与俄罗斯正在推进中的"欧亚经济联盟"如何建立有效的合作对接点。

第二类是具有示范效应的国家。这类国家对于中国经略周边和中立化美国亚太联盟体系具有重要意义，其中代表性国家一是印度尼西亚，二是韩国。印度尼西亚在东盟中具有主导地位，在东盟事务中拥有较大的影响力和话语权。除了发展方面的经济诉求外，作为新兴中等国家，印度尼西亚在东南亚地区具有政治追求，对于美国通过 TPP 拆散东亚合作使其在东南亚的作用矮化存在不满和抵触。中印在东亚地区合作问题上具有共同的政治利益诉求，可以发展为两国良性互动的基础。中韩关系对美国盟国的示范意义重大。在未来较长一段时间里，中国不得不面对美国联盟体系的威胁。如果这一体系中有几个国家能在中美之间保持政治中立，在经济联系上又与中国关系紧密，这将在某种程度上起到中立化，甚至分化美国联盟体系的作用。韩国虽然是美国在亚太地区的重要盟友，但与中国没有结构性矛盾，经济上对中国市场的依赖度较深。在美国的亚太盟国中，由于历史原因，韩国不大可能与日本联手遏制中国，相反，中韩两国在维护第二次世界大战后地区秩序、反对军国主义方面有共同的情感诉求。泰国虽然同为美国盟友，但对于中国崛起的态度一直十分温和，对美国没有安全依赖关系，也是美国亚太盟友中的范例。③

第三类国家是和中国具有传统友谊的"铁哥们"，如巴基斯坦、老挝、

---

① 新华社：《中华人民共和国与俄罗斯联邦关于全面战略协作伙伴关系新阶段的联合声明》，新华网，2014 年 5 月 20 日，http：//news. xinhuanet. com/world/2014 – 05/20/c_ 1110779577. htm。

② ［俄］伊戈尔·舒瓦洛夫：《俄方欢迎中国关于丝绸之路经济带的倡议》，http：//sputniknews. cn/china/20150328/1014248776. html#ixzz 3VgWmVmNz。

③ 孙学峰、徐勇：《泰国温和应对中国崛起的动因与启示（1997—2012）》，《当代亚太》2012 年第 5 期。

柬埔寨。这些国家虽然自身在国际社会的话语能力有限，能够给予中国的支持力度不像前两类国家，但是它们常年稳定地支持中国，特别在中国处于被动局面时，是我们情感上的"老朋友"。中国需要释放信号，对于那些无论国际风云如何变幻都心向中国的国家，中国关切它们国内的发展问题，是一个对亲密伙伴负有责任的大国，这有利于中国国际形象的塑造和一些发展中国家对中国的信赖。中国暂时不必要把这些传统友谊国家都打造成战略支点，但需要给予特别尊重并关注其感受及切实发展利益。鉴于中巴经济走廊的重要性和两国多年来的特殊关系，作为"全天候战略合作伙伴"的巴基斯坦应作为"一带一路"的战略支点国家。对老挝和柬埔寨，中国可以进一步通过大湄公河次区域合作和"互联互通"巩固与之传统友好关系。

"一带一路"与新型大国关系[*]

内容提要： 从大国关系角度观察中国政府提出的"一带一路"倡议，关心的基本问题是"一带一路"将如何进一步影响中国崛起的方式、崛起的中国如何运用其权力以及中国崛起对国际体系的影响。本文认为，"一带一路"沿线国家基本属于中等收入国家，绝大多数人口处于下中等收入阶段，主要任务是吸收第二次、第三次工业革命成果。"一带一路"沿线没有任何一个国家可以完全承接中国产业转移，只有通过若干个国家的合作，即某种新型的地区合作才能实现中国产业的转移。为此，中国必须创造和维护地区合作所需要的基本基础设施能力、提升教育交流水平和政治氛围。由于需要创建多个新型地区合作机制，"一带一路"本身蕴含着共同发展新含义，这在一定程度上可以防止近代国际关系史上产业跨国转移引发的政治动荡。而且，"一带一路"倡议并不是中国移动到产业潮流最前沿的主要手段，中国政府并不认为"一带一路"可以实现产业升级，而是将产业升级重心放在国内的创新上，从而避免与霸权国因争夺新市场产生冲突。从这个意义上说，将"一带一路"与"新型大国关系"联系在一起考虑，有助于从战略上更好地维护中国的国家利益。

西方世界在最近一场全球金融危机之后，将中国崛起与国际体系的关系描述为能否超越"修昔底德陷阱"，以西方文明史上的重大历史和意识形态标识概括中国崛起的深远意义，这标志着有关中国崛起的话语已经从学术界转向一般性的国际舆论。中国崛起已经是一种历史事实，西方存疑的是这样一种崛起对正处动荡的国际体系是否有利。在西方构建的话语体系中，大国崛起基本上是否定性的。事实上，从 20 世纪 90 年代开始，中

* 钟飞腾，中国社会科学院亚太与全球战略研究院副研究员、大国关系研究室主任，中国社会科学院国家全球战略智库特约研究员。

国崛起首先出现在经济学者，继而是外交界人士的相关讨论中，但很少得到历史学者的关注。"修昔底德陷阱"是最新的一种论述，也可能是最后一波论述。中国政府非常敏锐地意识到，为了击溃"中国威胁论"，必须掌握话语主动权，由此开启了有关"新型大国关系"和"新型国际关系"的政策话语宣传。在国际关系中，大国政治领导人提出的话语，很多都曾经引领过国际关系发展，比如20世纪70年代地缘政治学的复兴就与美国霸权衰落及尼克松、基辛格等人相关。

从时间脉络看，"一带一路"倡议是2013年秋季提出的，而新型大国关系的提法早在2012年11月底即进入了中共十八大政治报告中，并在2013年6月中国国家主席习近平会晤美国总统奥巴马时得到进一步阐释。某种程度上，"一带一路"也可以看作中国政府认为大国关系基本框架有所突破，可以向国际社会提出新举措。在中国政策话语中，有关新型大国关系的酝酿要早得多，至少可以追溯至20世纪90年代中期。"一带一路"倡议既是中国成长为世界第二大经济体、最大的货物贸易国和最大的工业生产国等一系列新发展后的产物，也是应对国际体系迈入新阶段的举措之一。从需要解决的问题来看，"一带一路"倡议的基本目的是经济层面的，主要是为了应对国际需求下滑和国内产能过剩的一项新型区域合作和发展计划，较少考虑到其国际政治含义。

但在"一带一路"倡议提出的初始阶段，西方迅即做出反应，认为这是中国版的"马歇尔计划"。中国官方媒体，乃至多数学者，并不承认西方的这一解读。因"马歇尔计划"更多是与冷战的起源联系在一起，而缩小冷战话语体系的影响是中国政府的目标之一。但这种分歧也表明，大国发起的一项经济合作和发展倡议，必然带来政治含义。作为提出方，中国显然没有预料到西方的反应这么强烈和直接。中国和西方之所以在"一带一路"是否是"马歇尔计划"这一点上产生分歧，有角度和定位的差异，西方始终站在发展的前沿地带和国际体系发展的主导者地位观察中国的倡议，而中国则从国际体系维护者这一定位主动寻求发展新机遇。更重要的是，长期而言，一项旨在促进经济增长的议程必然影响到国际权力的分配，这是西方社会非常熟悉的逻辑关系。正如美国彼德森经济研究所在2016年3月发布的"一带一路"分析报告中指出的，"（关于一带一路）有一点确定无疑，当一国耗费时力急剧升级基础设施服务于全世界四分之三人口，并快速提升与中国以及彼此之间的相互依赖关系时，全世界都在密切关注"①。对西方世界而言,"马歇尔计划"不仅推动了欧洲复兴和欧洲一体化,也是美国赢得冷战和传播美国理念的主要手段之一。不管承认与否,国际社会都倾向于认为"一带一路"很大程度上是中国的地缘经济和地缘政治战略,是中国谋求欧亚霸权的重要举措。

从大国关系角度观察中国政府提出的"一带一路"倡议,关心的基本问题是"一带一路"将如何进一步影响中国崛起的方式、崛起的中国如何运用其权力以及中国崛起对国际体系的影响。本文认为,中国并没有照搬西方19世纪以来解决产能过剩的手法。"一带一路"沿线没有任何一个国家可以完全承接中国产业转移,只有通过若干个国家的合作,即某种新型的地区合作才能实现中国产业的转移。为此,中国必须创造和维护地区合作所需要的基本基础设施能力和政治氛围。而19世纪中后期以来西方的产业转移,更多是以武力进行的,中国遭受的鸦片战争即是一例。由于需要创建多个新型地区合作机制,"一带一路"本身蕴含着共同发展新含义,这在一定程度上可以防止近代国际关系史上产业跨国转移引发的政治动荡。而且,"一带一路"倡议并不是中国移动到产业潮流最前沿的主要手段,中国政府并不认为"一带一路"可以实现产业升级,而是将产业升级重心放在国内的创新上,从而避免与霸权国因争夺新市场产生冲突。从这个意义上说,将"一带一路"与"新型大国关系"联系在一起考虑,有助于从战略上更好地维护中国的国家利益。

一 中国推动新型大国关系建设的发展阶段与基本动力

中国建设新型大国关系的努力伴随着中国崛起的整个进程,并不简单是到了西方政治谋士所认为的应对"修昔底德陷阱"阶段才出现。作为一个在近代遭受西方侵略并获得政治独立的大国,中国在第二次世界大战后的一批新国家中具有独特性,这种独特性的显著内涵之一是谋求对改善国际秩序做出贡献,中国始终如一地认为西方主导的国际体系并不那么公正,并且注意团结发展中国家一起寻求和塑造新型国际关系。第一次主要

---

① Simeon Djankov and Sean Miner eds. , China's Belt and Rod Initiative: Motives, Scope, and Challenges, Peterson Institute for International Economics, PIIE Briefing 16 – 2, March 2016, p. 4.

是亚非新独立国家，第二次选择构建新型国际关系的合作对象时依然是半边缘国家，但到了第三次则是全球金融危机爆发后针对西方国家而提出的，并日益强调中国的大国身份和地位。值得注意的是，中国曾在国力比较弱小的时候，提出与美苏构建新型国家关系，但进展不大，中国构建新型国际关系和新型大国关系的历史也可以说明一点，即一国的对外战略也要符合比较优势和发展阶段。

（一）与边缘区的亚非国家构建新型国际关系

至少从 20 世纪 50 年代起，中国领导人对新型大国关系和新型国际关系就不仅有构思，也有积极的行动。20 世纪 50 年代，随着和平共处五项原则的提出和社会主义阵营的确立，中国认为与社会主义国家，甚至一些不结盟国家建立了新型关系。当时佐证这一新观念的动力来自单元层面，即国家的性质改变了，相应地国家间关系性质也改变了。

1955 年 4 月，29 个亚非国家在印度尼西亚万隆召开亚非会议，倡导和平共处原则，掀开了发展中国家作为一支力量登上国际舞台的序幕。万隆亚非会议是第一次由"有色人种"发起和主导的多边会议。在此之前，几乎所有的国际会议都由西方国家主导，制定规则，分配方案，并强加给非西方国家。参加亚非会议的 29 个国家中，有 23 个来自亚洲、6 个来自非洲。① 从目前"一带一路"涉及的国家来看，当年参加万隆会议的国家多数都可以算作沿线国家。

万隆会议召开之时，上述国家的整体地位正从历史最低点爬坡，进入文明的觉醒阶段。参加万隆会议的国家主要来自四大文明古国所在的北非、中东、南亚和东亚四大文明发祥地。按照经济史学家安格斯·麦迪逊的统计，公元 1 年上述 28 国（不包括日本）经济总量占全球的 67%，公元 1000 年万隆会议国家经济总量占世界的比重为 60%，到 1820 年仍占据近 55%。也就是说，在 2000 年的绝大部分时段，万隆会议参加国家的所在地区代表了人类文明发展的高峰。19 世纪初叶开始，西方世界大规模崛起，万隆会议国家衰落，从 1870 年占比 35% 下降至 1900 年的 22%，1940

---

① 其中有东亚的中国和日本，东南亚的印度尼西亚、缅甸、柬埔寨、越南民主共和国、南越、泰国和老挝，南亚的印度、巴基斯坦，西亚的伊朗、阿富汗和土耳其，中东地区的伊拉克、约旦、叙利亚；6 个来自非洲国家，包括埃及、埃塞俄比亚、加纳、利比里亚、利比亚和苏丹，这些国家多数都在第二次世界大战后建国。

年进入历史最低点9%。此后历史开始发生转折,1955年万隆会议召开时,这些国家占世界经济的比重恢复至15%。① 需要注意的是,第二次世界大战结束初期的世界经济结构发生了重大变迁,制造业取代农业成为主导产业,发展中国家与发达国家的差距相当大。20世纪50年代初期,发展中国家在世界制造业中的占比只有6.5%,远不如1860年的36.6%。在这样一种结构性约束下,新近独立的国家势必要重新寻找发展道路,万隆会议正是这种探索的初步体现。

中国决定参加万隆会议是在毛泽东、周恩来等直接领导下做出的一项重大战略决策,从寻找机会、几番决策到落实经历了一年多时间,其间也是在国内需求和国际形势发生变革时做出的选择。1954年1月,美国国务卿杜勒斯宣布在东南亚推进"大规模报复战略",美国的这一战略对中国、印度、印度尼西亚等都造成不小的挑战,客观上推动了中印等国的接近。中国当时判断,在两个阵营基础上存在着三种类型的国家,分别是以美国为首的主战派,以英法为代表的维持现状派和以印度为首的和平中立派。中国的策略是"孤立美国,争取第二类国家,团结第三类国家"。② 8月,在接待英国工党领袖艾德礼访华时,周恩来就强调改善同西方的关系首先从英国开始,其特色是"在政治上是和平,在经济上是贸易"。③ 9月,和平共处五项原则写进了刚通过的宪法,成为国家整体工作的原则。随后,在苏联帮助下中国制订第一个五年计划。总体来看,这一阶段为落实第一个五年计划,推进社会主义工业化建设的战略目标,新中国灵活把握国际形势发展,积极拓展对外交往空间,通过推广和平共处五项原则,创造促进中国发展的和平国际环境。

(二) 与半边缘地区国家构建新型国际关系的努力

20世纪70年代是中国建设新型国际关系努力的第二个阶段,标志是支持拉美国家推动的海洋新秩序倡议,并试图整合进国际政治经济新秩序。如果说第一阶段发展中国家普遍还处于国家建设初始阶段,那么到了第二阶段,发展中国家中已经有了一批经济上与西方发达国家接近的国家,这些国家主要位于拉丁美洲以及少数西太平洋地区的新兴市场。之所以说第

---

① 根据安格斯·麦迪森的数据计算。

② 中共中央文献研究室编:《周恩来年谱(1949—1976)》(上),中央文献出版社1997年版,第419—20页。

③ 同上书,第407页。

二个阶段的变革行动力主要是拉美国家，主要是两个方面的原因。首先，亚非会议机制后续乏力，且国家间分化严重。1954年参加亚非会议的日本，经过冷战的一系列挤压，特别是在美日联盟推动下加入联合国和经合组织，已经成为西方世界一员，1968年成为西方世界经济中的第二大经济体。其他亚非会议成员国的经济发展绩效也产生了巨大的差异，如果排除中国和印度的经济总量，那么亚非剩余26国经济总量占世界的比重变化并不大，1950年为5.9%，1960年为6.0%，1970年为6.4%，1980年为7.8%。其次，拉美国家无论是在经济总量还是在人均GDP水平上，与其他地区的发展中国家都显著拉开了距离。拉美国家占世界经济的比重在70年代有较大的提升，1950年占7.8%，1960年占8.1%，1970年占8.3%，1980年达到历史高峰9.8%。也就是说，相对而言，20世纪70年代是亚非会议国家和拉美整体实力上升最快的阶段，尤其是拉美国家，但进入80年代后拉美经济总量的占比迅速下降，并于1990年被亚非会议26国所超越。从人均GDP看，亚洲国家的人均GDP直到1964年才超过非洲，而到目前为止拉美国家的人均GDP仍显著高于亚洲和非洲（见图1）。

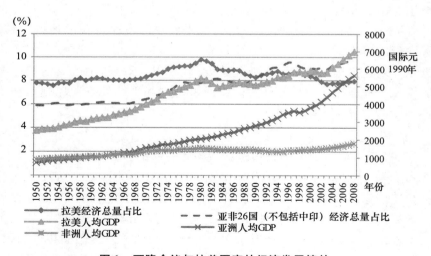

图1　万隆会议与拉美国家的经济发展绩效

资料来源：Angus Maddison。

　　这一阶段的重要成果是联合国海洋法公约的谈判和签署。从国际关系角度看，这是自中东国家拿石油作为武器对抗发达世界以来的第二次较大胜利，这些胜利鼓舞了发展中国家建设国际政治经济新秩序的热情。但从第二阶段的发展来看，发展中国家整体力量仍比较薄弱。中国当时支持发展中国家在海洋领域的权利斗争，外长乔冠华在 1974 年 10 月举行的第二十九届联大上就强调，反对海洋霸权与建立新海洋法是发展中国家保卫国家主权和发展本国经济的重要内容。①

不过，总体来看，中国此时对海洋问题的理解比较薄弱，但也逐渐认识到与美国海洋实力的巨大差距。20 世纪 70 年代的中国因加入了联合国而在国际政治上具有较高的地位，又因"三个世界"理论而拥有独具一格的国际战略，但是在经济上地位并不引人注目，因缺乏对外贸易也很少关注和利用海洋运输通道。因此，中国对于海洋法的意义更多是从国际斗争的角度加以理解，站在第三世界国家的立场捍卫发展中的国际利益。与此同时，对美关系改善后，中国军方也认识到中美海上力量的巨大差距，对此感受最深的是海军司令员刘华清。1980 年 5 月刘华清率团访美，6 月回来后做赴美考察的报告《改进我国国防科技管理的建议》，刘华清认为："通过考察，深感我军装备与美军相比差距很大，并且感到从目前的趋势看，这种差距还会继续加大。"②

而这一阶段的早期，中美关系上最突出的特征之一是，中国试图让美国从战略角度看待中美关系，但是美国似乎难以摆脱国内政治的约束，仅仅侧重于从战术层面发展中美关系。最明显的例证是中美建交后，美国政府在国会压力下出台了《与台湾关系法》。此后几年中，邓小平在会见美国客人时多次提到，要从力量对比的角度看待中国，希望美方把中美关系看作一个全球战略问题。1981 年 6 月 16 日，邓小平在会见美国国务卿亚历山大·黑格时指出："如果要使中美关系不停滞并且要继续发展，关键问题是从什么角度来观察和对待中美关系。是从全球战略的角度来对待两国关系，还是从一些暂时的、战术的策略观点来对待两国关系。"③ 1983 年 8 月 27 日，邓小平在会见美国民主党参议员亨利·杰克逊时指出："从全球角度来看，美国究竟把中国摆在什么位置没有搞清楚。"④ 事实上，在

① Shao-Chuan Leng, "China and the International System," *World Affairs*, Vol. 138, No. 4, 1976, pp. 274–275.
② 《刘华清军事文选》（上），解放军出版社 2008 年版，第 155 页。
③ 中共中央文献研究室编：《邓小平年谱（一九七五——一九九七）》（下），中央文献出版社 2004 年版，第 723 页。
④ 同上书，第 926 页。

之后长达 20 年的时间里，美国并没有真正意识到中国崛起对国际体系的意义。当然，这种冷遇也是可以理解的。按照安格斯·麦迪逊最乐观的论述，1980 年中国经济总量仅有美国的 1/4，这与中国第一个五年计划结束之初时的经济总量相比相差不太多。

冷战结束后，中国有关构建新型大国关系的酝酿已经开始，但其主要对象并非国际体系的主导者，甚至可以说还是处于边缘地带的国家。20 世纪 90 年代初，中国领导人以俄罗斯为对象，提出过建立"不结盟、不对抗、不针对第三方"的新型关系原则，随后中国同一批国家建立了各种类型的伙伴关系。2001 年 7 月，江泽民在莫斯科大学演讲时，三次提到"新型国家关系"，并在"三不"的基础上，增加了"完全平等、互利合作、睦邻友好"等性质。[1] 但从实力对比看，中国并不完全具备西方意义上的大国内容，特别是在经济总量上与西方国家差距还很大，排不进世界前五位。当时主导国际经济事务的还是七国集团，因此在心理上西方国家仍然是俯视中国，根本不担心中国能对国际体系造成多大实质性的冲击，主要例证就是美国于 20 世纪 90 年代末同意中国加入 WTO。

（三） 与核心区国家构建新型大国关系

2008 年全球金融危机改变了实力对比，也影响到战略家的思维，由此也开启了新型大国关系建设的第三阶段，即与国际体系的塑造者构建新型大国关系。2010 年 5 月，国务委员戴秉国在中美战略与经济对话期间提出"新型大国关系"概念，不过其内涵与现在的表述略有不同，当时指的是"相互尊重、和谐相处、合作共赢"。2012 年 2 月，习近平副主席访美时郑重向美方提出建设新型大国关系，三个月后胡锦涛主席又再次围绕这一主题发表演讲。[2] 2013 年 3 月，习近平主席在访问俄罗斯时，提出各国要建立"以合作共赢为核心的新型国际关系"。[3] 在中共十八大报告中，中国明确表示要同发达国家"建立长期稳定健康发展的新型大国关系"，此后

---

① 江泽民：《共创中俄关系的美好未来——在莫斯科大学向俄罗斯各界知名人士发表的演讲》，《国务院公报》2001 年第 26 期。

② 杨依军：《中美新型大国关系的由来》，新华网 2013 年 6 月 6 日，http://news.xinhua-net.com/2013-06/06/c_116064614.htm。

③ 习近平：《顺应时代潮流 促进世界和平发展——在莫斯科国际关系学院的演讲》，《人民日报》2013 年 3 月 24 日。

对于新型大国关系的内涵、实现路径以及目标对象等，中美两国学术界展开了热烈的讨论。2013 年 6 月，中国领导人习近平在会晤美国总统奥巴马时，对"新型大国关系"做出了几个比较明确的限定："不冲突、不对抗"、"相互尊重"与"合作共赢"。① 但是，美国政策圈的回应并不是那么积极。归根结底，在西方的认识视野中，大国（great power）的含义主要是军事层面的，而中国造成的冲击基本上还局限于经济层面。②

从国际关系角度看，在中国加入 WTO 15 年来的发展历程中，最大的变化是中国成为推动自由贸易和开放性世界经济的旗手，而发达国家则日趋动摇。在 2010 年二十国集团领导人首尔会议上，中国领导人胡锦涛提出一项重要观念："倡导开放贸易，推动协调发展"。至少从字面意义理解，中国以前只是改变国内的经济制度，融入国际社会，逻辑上的一个重要假定是国际经济体系是开放的；但经历这场金融危机之后，中国发现发达国家在面对巨大的萧条时也容易陷入保护主义，因此中国政府强调"贸易越是自由，世界就越是发展；经济越是开放，发展就越是迅速"。③ 在 2012 年的十八大政治报告中，中国第一次明确提出"反对各种形式的保护主义"，这是第一次在党的政治报告中写入涉及世界开放性的问题。和以往相比，以习近平为首的新一代领导集体突出地强调"开放性世界经济"这一理念，2013 年 9 月 5 日，习近平主席在俄罗斯圣彼得堡举行的 G20 峰会上，提出要"共同维护和发展开放型世界经济"。④ 一个月后，在亚太经合组织领导人会议上，习近平主席再度强调"发挥亚太引领作用，维护和发展开放型世界经济"，并提出了一个新概念——"开放式发展"。⑤

2014 年 11 月 12 日，习近平主席与奥巴马总统在北京会晤，双方再次强调共同推进中美新型大国关系建设。此次会晤，中美在军事合作、气候变化、双边投资协定和信息技术等领域取得较大进展，然而双方在南海、

---

① 《杨洁篪谈习近平主席与奥巴马总统安纳伯格庄园会晤成果》，载外交部网站 2013 年 6 月 9 日，http://www.fmprc.gov.cn/mfa_chn/zyxw_602251/t1048973.shtml。

② 钟飞腾：《超越地位之争：中美新型大国关系与国际秩序》，《外交评论》2015 年第 6 期。

③ 胡锦涛：《再接再厉 共促发展——在二十国集团领导人第五次峰会上的讲话》，《人民日报》2010 年 11 月 13 日。

④ 习近平：《共同维护和发展开放型世界经济——在二十国集团领导人峰会第一阶段会议上关于世界经济形势的发言》，《人民日报》2013 年 9 月 6 日，http://cpc.people.com.cn/n/2013/0906/c64094-22826347.html。

⑤ 习近平：《发挥亚太引领作用 维护和发展开放型世界经济——在亚太经合组织领导人会议第一阶段会议上关于全球经济形势和多边贸易体制的发言》，《人民日报》2013 年 10 月 8 日，http://cpc.people.com.cn/n/2013/1008/c64094-23117724.html。

人权、网络安全和货币政策等领域依然有较大分歧。在未来很长一个时期,美国对亚太安全和经济的影响仍然首屈一指,亚太地区还不能完全摆脱美国市场和美国权威的控制。

2014年11月底,中央外事工作会议在北京召开。习近平在讲话中针对世界发展态势和国际格局变化使用了五个"不会改变",涵盖了世界多极化的发展方向、经济全球化进程、和平与发展的时代主题、国际体系变革方向以及亚太地区总体繁荣稳定态势五个方面,这基本包括了中国外交所面临的国际战略环境以及周边环境。① "五个不变"意味着战略机遇期没有变,把握中国自身将成为未来一个阶段的重要任务。讲话透露,中国的身份定位至少具有社会主义初级阶段和发展中大国两个特性,中国既属于发展中国家一员,也跨入诸大国行列,中国不再只是块头大,而且在国际影响力上也是个大国了。国际舆论特别关注中国对多极化的论述,因为在一些战略分析人士看来,中国对多极化的肯定实际上是暗示美国的衰落。从中国的立场看,中国在和平与发展方面担负的责任更重了,国际体系的变革将赋予中国更多的权重。

今后一个时期构建中国特色的新型大国外交将是重点,原来中国特色主要用于国内问题的表述,但此次会议将大国外交也赋予中国特色的含义,这意味着中央将中国外交和中国特色社会主义理论体系建设联系在一起,从理论的高度明确了对中国外交构建的任务。中国的发展道路不同于西方国家,也不同于东亚发展型国家,这种特性为中国创造性处理区域和全球问题提供了机遇,也为中国跨越"修昔底德陷阱"创造了可能性,当代中国的发展道路从根本上不同于欧洲历史上的争霸道路,并不以获取霸权为目标,而是着眼于提高大多数人的生活水平。此外,值得注意的是,此次会议提出,要"运筹"大国关系,这实际上反映了中国对自身和对世界主要大国的实力对比有了一个新的认识,西方世界传统的大国正在衰落,长期以来以军事界定大国的理论学说已经不符合当今时代的现实。该讲话还特别提到了发展中大国的概念,说明中国在处理大国关系时较以往有了更细致和更长远的考虑,像人口和国土面积等标志中国作为大国特征的因素最终还将发挥巨大的能动作用。

---

① "习近平出席中央外事工作会议并发表重要讲话",新华网2014年11月29日,http://news. xinhuanet. com/politics/2014 - 11/29/c_ 1113457723. htm。

在改善 13 亿人的生活水平后，中国的政治影响力空前得到提高，这种扩大和提高不是因为加入联合国等国际组织获得的，而是一点一滴通过增强国家治理能力干出来的，这不同于第二阶段。在政治影响力方面，2008 年全球金融危机之后，中国经济持续增长的政治基础和政策框架日益受到重视，"中国模式"所蕴含的新政治经济模式可能对自由主义模式形成挑战，成为发展中国家模仿的对象。十年前，中国还被视作 WTO 等自由主义国际经济制度的接受者，美国等西方国家认为中国最终将朝着美国模式前进，而发展中国家也并不认为中国可以成为美国模式的替代者。十年前，多数西方学者和媒体质疑中国政权的合法性，但十年后，包括弗朗西斯·福山在内的一大批学者肯定中国的成绩。福山 2010 年 12 月在中国演讲时指出："我的确认为存在一种中国模式，这种模式包括了市场经济、一党执政的威权政府、出口导向的发展战略，以及相对有能力的国家（能够达到其预期目的），等等。我想这种结合是其他国家难以复制的。"① 此外，福山还肯定了国有部门的积极作用，包括在进入国际市场和对外投资方面的优势。2013 年，创造"华盛顿共识"一词的约翰·威廉姆森（John Williamson）对其 20 世纪 90 年代初总结的新自由主义模式进行了反思，并建议美国应在其对发展中国家政策中考虑东亚模式对教育、储蓄和出口导向政策的强调。② 这些变化，意味着中国维护发展模式的能力得到承认，一方面国人对中国政府治理社会、创造经济机会的信心保持稳定状态，另一方面国际社会对中国的评估更加全面，而不仅仅是一个人口、国土、经济规模的评估，对中国期待发挥作用的范围扩大了。当然，更加重要的是我们认识到，国家能力在不同的发展阶段有不同的内涵，福山就此明确指出："（发达世界和发展中世界）两个世界有着不同的议题：在发达世界是限制国家力量的边界，在许多发展中世界，则是强化国家的力量。"③ 而"一带一路"正是中国以及部分国家在对国家和市场关系有了新的认识之后推出的一项新型区域合作计划。

---

① 陈家刚编：《危机与未来：福山中国演讲录》，中央编译出版社 2012 年版，第 18 页。

② John Williamson, "Is the 'Beijing Consensus' Now Dominant?" *Asia Policy*, Vol. 13, 2012, January, pp. 1 – 16.

③ 陈家刚编：《危机与未来：福山中国演讲录》，中央编译出版社 2012 年版，第 153 页。

二 "一带一路"在全球经济增长中的历史阶段

从加强与世界经济联系的角度看，中国大国发展道路面临的困境和挑战并不具有历史独特性，自工业革命产生现代经济增长以来，英美两个拥有霸权式力量的国家都试图扩展国际经济的分工来推动国家的发展。简言之，历史上的霸权国都曾经塑造过开放的国际经济秩序。这一表面化的轨迹有着深厚的社会经济背景。第一，国家或者说社会精英主导的国家战略目标是持续扩展经济实力，而到一定发展阶段，更为广阔的市场是经济增长的基础之一。第二，对大国而言，实现这个战略目标的国内环境和国际环境都至关重要，这意味着塑造国际环境也将越来越成为整体战略的组成部分。第三，一个自由开放的国际经济秩序带来扩大的市场以及深化的分工，这将有利于国内产业的不断升级和技术的革新，最终有助于维护旧有人口的利益，且扩展新增人口的社会经济福利。历史似乎表明，"中国过去150年、200年做的很多事，跟其他国家几乎是同步的"，中国过去多年来的经济增长奇迹，"与其说是中国人自己创造的东西，不如说是顺应了某一种更大的世界趋势"①。

正如中国政府在构建新型大国关系的漫长历史阶段所表明的那样，每一步跨越和每个阶段的上升都不是轻易得来的。如果以发展阶段来分析"一带一路"对全球经济增长的意义，那么可以表明这是一个帮助沿线国家吸收第二次工业革命和第三次工业革命成果的计划。通常人们以人均GDP为指标来度量各国的发展水平，按此标准衡量，沿线国家多数处于全球发展平均水平线以下，包括中国本身都处于这一发展阶段。从这个意义上说，"一带一路"建设的主要任务与"马歇尔计划"是不同的，后者所针对的对象是基本处于第三次工业革命进程中的西欧国家。也正是在这一点上，中国通过"一带一路"的实施有可能推动全球转型和地区转型，完成西方工业化国家200年来所没能实现的目标，将帮助欧亚大陆实现从第二次工业革命到第三次工业革命的飞跃。从思想理论上，则再度证明了国家治理能力对市场经济建设的重要性，纠正了发展中世界盲目追随最先进经济体模式的误区，今后发展政策和对外关系的中心将是最合适的国家之

---

① 陈志武：《理解中国改革开放160年》，《资本市场》2008年第3期。

间的组队，同时逐步提高政府治理能力。对发展中国家而言，今后一个时期将回归亚当·斯密和马克思的古典政治经济学传统，重视非经济因素对经济发展的影响。①

（一）"一带一路"的基本内涵

2015 年 3 月 28 日，在亚洲博鳌论坛举办年会之际，国家发展改革委、外交部、商务部联合发布了《推动共建丝绸之路经济带和 21 世纪海上丝绸之路的愿景与行动》。② 时隔一天，推进"一带一路"建设工作领导小组办公室负责人就有关问题作了进一步的阐述，并对"一带一路"规划的时代背景和战略目标作了新的表述。③ 在国际、国内形势与任务发生重大变化之际，中国政府将利用"一带一路"致力于维护全球自由贸易体系和开放型经济体系，促进沿线各国加强合作、共克时艰、共谋发展。共建"一带一路"符合中国和国际社会的根本利益，彰显人类社会共同理想和美好追求，将为世界和平发展增添新的正能量。这一表述实际上具有两个重要含义：第一，经济合作是核心；第二，管控合作中潜藏的冲突。

"一带一路"将基础设施互联互通作为优先建设的领域，具体包括交通、能源和通信基础设施三大领域；将投资贸易合作视作重点内容，具体包括提高贸易自由化便利水平、促进贸易转型升级、加快投资便利化进程、拓展相互投资领域、努力探索投资合作新模式、树立投资合作新典范。

"一带一路"将推动"走出去"作为重要内容，实际上反映出发展中国家与西方国家关系的重大变化。以往全球资本市场、金融市场活跃的主角都是西方国家和西方的跨国公司，但 2008 年金融危机以后西方力量总体下降、新兴市场上升，这一变革意味着对很多中国周边的国家来说，从国际金融市场上获取资金、从西方跨国公司手中获取技术和管理诀窍的可能性与可行性都打了折扣。最明显的一个例子是亚洲基础设施投资银行（AIIB），成员遍布五大洲，其建立速度大大出乎世界的意料。与此同时，

---

① 有关经济发展和经济增长理论的发展脉络可参考［美］罗斯托《经济增长理论史：从大卫·休谟至今》，陈春良等译，浙江大学出版社 2016 年版。

② "授权发布：推动共建丝绸之路经济带和 21 世纪海上丝绸之路的愿景与行动"，新华社 2015 年 3 月 28 日，http：//news. xinhuanet. com/finance/2015 –03/28/c_ 1114793986. htm。

③ 《和平合作　开放包容　互学互鉴　互利共赢——推进"一带一路"建设工作领导小组办公室负责人就"一带一路"建设有关问题答记者问》，《人民日报》2015 年 3 月 29 日。

无论是按照马克思主义理论还是国际直接投资发展路径理论，在经济增长率下降（经济"新常态"的典型标志之一）和人均收入超过6000美元的阶段，都将迎来一个资本净输出的大时代。"一带一路"沿线绝大多数国家仍属于吸收外商直接投资的阶段，经济发展仍处于初级工业化阶段，需要国际社会的资本、技术和管理能力。从这个意义上讲，承接中国产业转移的供给和需求因素同时具备。

中国的"一带一路"倡议是一项合作的事业，要避免历史上发达国家对发展中地区产业转移过程中出现的两大问题，即国内的产业空洞化和东道国的经济殖民地化。中国向海外转移产业，不是简单地转移过剩产能，而是基于经济发展的动态演进推陈出新，一方面帮助发展中国家实现一定能力的自主发展，另一方面也反推国内的自主创新。

中国大体上将实施一种创造性转移战略，推进与发展中地区的共同发展。目前以美国为首的一批国家，在西太平洋和东亚边沿地带构筑防范中国经济力量推进的战略规划，比较突出的是"泛太平洋经济伙伴关系"（TPP）。同时，在欧洲则规划"美欧贸易和投资伙伴关系"（TTIP），两项自贸区谈判都以设立贸易投资规则的高等级为核心目标，其对国有企业、政府采购、竞争政策、汇率机制、劳动力和环境标准等进行了严格的规定。但是，这样一种21世纪的贸易投资规则并不适用仍处于发展初级阶段的绝大多数亚欧大陆国家。美国等开出的发展方案不现实，也不可持续。目前来看，欧美社会已经难以为绝大多数人的温饱问题和脱贫提供思想、技术路线乃至足够的耐心。

从目前"一带一路"涉及的沿线国家来看，中国是少数几个产业门类齐全的国家。按照经济发展的一般规律，各国都将在不等的时间内从农业国、制造业国家向服务业为主的形态演进。目前，中国的人均收入已经处于高中等收入国家水平，在周边国家中只有少数国家高于中国，而绝大多数国家的人均收入水平低于中国。因此，中国已经具备向周边转移一部分产业的基础。而关于产业转移的理论表明，经济发展与对外直接投资的演变是一个连续进程，一般而言是从低级向高级演变。资本输出国与资本输入国之间，要么存在着显著的发展差距，要么在产业层次上有着明显的阶段性差异。特别是按照林毅夫的新结构主义经济学理论，外资应该流入东道国具有比较优势的产业。从这个意义上说，雁型模式只是一个侧翼，即从高收入的母国向低收入的东道国转移产业；而在另一个侧翼，则是投向更高收入的经济体，但进入的行业是在东道国具有比较优势的行业，比如传媒行业、IT 行业和先进制造业等。

（二）"一带一路"实施区域在全球发展中的地位

西方人士在"一带一路"倡议提出后，多数以中国版的"马歇尔计划"来理解其内涵与意图，但这种解读有很强的否定性色彩，并没有得到中国的认可。事实上，如果从发展阶段来对比"一带一路"和"马歇尔计划"，那么前者所要应用的对象很多在发展阶段上还落后于 20 世纪 40 年代的西欧社会。

审视这种发展差异需要一种历史和比较的眼光。依靠 20 世纪后期以来一些经济史家的研究，1800 年左右是一个经济增长的历史性转折点，人类历史开始进入了一个经济稳定增长、人口持续扩大的阶段。曾担任过经合组织经济学家的安格尔·麦迪逊（Angus Maddison）认为，根据现有数据，"重商资本主义"转向"现代经济增长"的时间应该延迟至 1820 年前后，而不是此前被广泛接受的 1760 年前后。从 1500 年开始至 1820 年，全世界的人均收入年均增长率在 0.05% 左右，而 1820—2001 年的人均收入年均增长达到了 1.23%（见表 1）。①

表1　　　　　　　四种经济大时代的业绩（年均增长率）　　　　单位：%

经济大时代	人口	人均 GDP	GDP
农业时代（500—1500 年）	0.1	0.0	0.1
高级农业时代（1500—1700 年）	0.2	0.2	0.4
重商资本主义（1700—1820 年）	0.4	0.2	0.6
资本主义（1820—1980 年）	0.9	1.6	2.5

资料来源：Angus Maddison, "Economic Epochs and Their Interpretation," in Angus Maddison, *Phases of Capitalist Development*, Oxford University Press, 1982。

无独有偶，英国经济史家乔治·克拉克（Gregory Clark）也对世界经济发展作出了类似的阶段划分。在其 2007 年出版的《告别施舍：世界经

① Angus Maddison, "Contours of the World Economy and the Art of Macro-measurement 1500 –2001," *Ruggles Lecture*, IARIW 28th General Conference, Cork, Ireland August 2004, p. 11.

济简史》一书中，克拉克也认为 1800 年前后世界人均收入开始了飞跃性发展。① 经济学家 W. W. 罗斯托 1975 年在《这一切是怎么开始的——现代经济的起源》中认为："这个世界从工业革命以来区别于以往世界的不同点就是，它把科学和技术系统地、经常地、逐步地应用于商品生产和服务业方面。"② 不过，罗斯托也注意到，尽管亚当·斯密和马克思都注意到技术的重要性，特别是马克思分外强调技术，而且在 20 世纪经过熊彼特的阐述，创新能力的重要性也得到认可，但主流经济学很少能处理好技术和经济增长的关系。③

发展中国家尽管知道科学和技术的系统运用，特别是将科学技术应用于改善商品生产和服务，是实现现代经济增长的特征和源泉，但很少有发展中国家能赶上世界科技发展的潮流。多数发展中国家可能连第一次工业革命的成果都未能完全吸收，被世界银行划入最不发达国家行列中的很多国家属于这一类。显然，"一带一路"沿线 60 多个国家中，有很多国家也是缺少这种能力的。我们在分析"一带一路"对国家间权力增长和分配的影响时，要看到能否让科技发挥这类综合效应。

按照罗斯托的论述，第一次工业革命发生于 1780 年前后，标志性发明和产业是纺织业、瓦特的蒸汽机以及焦炭炼铁。第二次工业革命发生于 1830 年前后，标志是铁路和廉价钢铁，尽管直到 1840 年英国、美国东北部、比利时、法国和德国才开始大规模建造铁路。第三次工业革命则以 1900 年前后为时间节点，标志性产业和技术发明运用是内燃机、电气和化工产业。第四次工业革命则是 20 世纪 70 年代中期开始的，主导产业是微电子、生物工程和计算机等（见图 2）。

上述各个阶段工业革命的主导性产出和消费，基本上与人均 GDP 水平挂钩。罗斯托以 1967 年各国的收入水平来分类发展阶段。100 美元以下是起飞前阶段、100—200 美元是起飞阶段，200—1000 美元属于进入技术成熟阶段，1000—3700 美元是高消费阶段，而美国和西欧等处于发展程度最高的一个阶段，20 世纪 70 年代以后甚至到了"追求高质量"

---

① ［美］格里高利·克拉克：《应该读点经济史》，李淑萍译，中信出版社 2009 年版。

② ［美］W. W. 罗斯托：《这一切是怎么开始的——现代经济的起源》，黄其祥、纪坚博译，商务印书馆 1997 年版，第 5 页。

③ Walt W. Rostow, "My Life Philosophy", *The American Economist*, Vol. 30, No. 2 (Fall, 1986), p. 10.

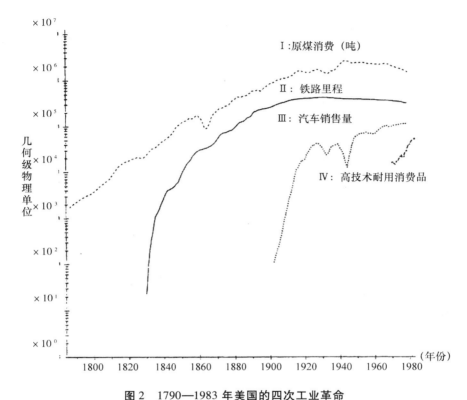

图 2　1790—1983 年美国的四次工业革命

资料来源：W. W. Rostow，"The World Economy Since 1945：A Stylized Historical Analy-sis"，*The Economic History Review*，Vol. 38，No. 2（May，1985），p. 254。

的第五个社会经济发展新阶段。罗斯托的分类曾广受争议，但对于理解各国的发展仍有不少便利之处。① 若以 1967 年为一个分析时间点，根据世行 2016 年提供的现值美元数据②，日本的人均 GNI 为 1200 美元，但 1965 年仅有 890 美元，因此刚好跨入高消费阶段；韩国的人均 GNI 仅有 140 美元（1962 年即达到 110 美元），中国的人均 GNI 为 100 美元，正好跨入起飞阶段。

　　最近，日本经济学家青木昌彦将东亚的发展划分为五个阶段，并且判

<hr />

　　① 罗斯托在 1990 年出版的《经济增长理论史》一书中写道："该书（指 1960 年出版的《经济增长的阶段》）先后重印十八次，并被翻译为多种语言，迄今依然颇受欢迎。"［美］罗斯托：《经济增长理论史：从大卫·休谟至今》，陈春良等译，浙江大学出版社 2016 年版，第 659 页。

　　② http：//data. worldbank. org. cn/indicator/NY. GNP. PCAP. CD.

断东亚并不存在奇迹，只是追赶先进国的发展路径而已。① 青木昌彦认为，一个经济体的现代化过程分为三个阶段：从农业为主的增长阶段，发展到以现代制造业、服务业为主的增长阶段，再过渡到基于人力资本的增长阶段。青木昌彦将农业为主的阶段称为马尔萨斯阶段（M 阶段），将后马尔萨斯的工业化阶段分解为两个阶段，第二阶段属于政府卷入工业积累中的 G 阶段，第三个阶段为库兹涅茨阶段（K 阶段），这个阶段的特征是快速的经济增长以及快速的结构性转变，中国身处 K 阶段的时间范围是 1977—1989 年，而日本则是 1955—1969 年。青木昌彦认为，与西方相比，东亚的 K 阶段比较短。此后随着全要素生产率提升，人均产出增加很快，青木昌彦将第四阶段称为 H 阶段，并认为日本于 20 世纪 70—80 年代处于第四发展阶段，韩国和日本从 K 阶段到 H 阶段的转型，最突出的一个特征是农业就业人口占比降到 20% 以下。第五个阶段则是后人口转型阶段（PD 阶段），突出特征是人口老化和低抚养比，对发达国家来说，公共财政问题成为普遍的政治经济议题。青木昌彦估计，中国目前正处于从 K 阶段到 H 阶段，但进入 PD 阶段的速度可能要快于日韩两国。

与罗斯托一样，青木昌彦划分经济发展阶段的一个基本依据也是人均收入。当然，罗斯托本人曾经强调过，在度量经济发展阶段时，单纯以人均 GNI 衡量并不够，还需要补充技术吸收能力等指标。② 一定程度上，罗斯托的国家分类与 1989 年世界银行开始将国家划分为高收入、上中等收入、下中等收入、低收入有相似之处。③ 世界银行最近认识到，将低收入和下中等收入国家统称为"发展中世界"已越来越难以准确描述世界，因"发展中世界"本身已日益趋于不同，世行建议更加精确地分类各国。为此，在 2016 年版《世界发展指标》中，世界银行首次停止给出"发展中世界"的汇总数据，而只是根据收入水平来收集数据。④ 世界银行最新版的国家分类，依据 2014 年人均 GNI 水平来划定，低收入经济体的人均 GNI

① Aoki, M. 2011. The Five - Phases of Economic Development and Institutional Evolution in China and Japan. ADBI Working Paper 340. Tokyo: Asian Development Bank Institute.

② ［美］罗斯托：《经济增长的阶段：非共产党宣言》，郭熙保、王茂松译，中国社会科学出版社 2001 年版，第 210 页。

③ World Bank, "*How are the income group thresholds determined?*" https: //datahelpdesk. world-bank. org/knowledgebase/articles/378833-how-are-the-income-group-thresholds-determined.

④ Tariq Khokhar：《我们应继续使用"发展中世界"一词吗？》，2015 年 11 月 24 日，http:// blogs. worldbank. org/opendata/ch/should-we-continue-use-term-developing-world。

少于 1045 美元，下中等收入经济体的人均 GNI 为 1045—4125 美元，上中等收入经济体的人均 GNI 为 4126—12736 美元，高于 12736 美元的经济体属于高收入经济体。

根据罗斯托对全球以及青木昌彦对东亚各国阶段划分的经验，也可以利用世行的数据将"一带一路"沿线国家划分为四个发展阶段：高收入、上中等收入、下中等收入和低收入国家。如表 2 所示，"一带一路"沿线处于高收入水平阶段的国家共有 17 个，总人口达到 3 亿，占全球这一发展水平总人口的 21.5%。"一带一路"沿线处于上中等收入水平阶段的国家共有 20 个，总人口达到 3.1 亿，占全球这一发展水平总人口的 13.1%。当然，这一统计范畴中并未包括中国自身。如果算上中国，那么"一带一路"沿线处于上中等收入水平阶段的国家将达到 21 个，总人口为 16.7 亿，占全球同一发展水平的 70.9%。"一带一路"沿线下中等收入水平的国家共有 18 个，总人口 23.5 亿，占全球该发展水平总人口的 81.7%。"一带一路"沿线处于低收入水平的国家共有 3 个，总人口达到 7500 万，占全球该发展水平总人口的 12.1%。因此，不包括中国的话，"一带一路"沿线国家的人口多数处于下中等收入水平行列，多数国家则属于中等收入水平行列。

表 2 "一带一路"沿线国家的收入水平和增长率（2000—2014 年）

组　别	人口（2014 年，百万）	人均 GNI（2014 年，美元）	年均经济增速（2000—2008 年，%）	年均经济增速（2009—2014 年，%）
美国	319	55230	2.3	1.4
高收入国家	1398	38300	2.5	1.0
"一带一路"高收入国家	300	28976	5.8	1.6
上中等收入国家	2361	7926	6.3	5.3
中国	1364	7400	10.4	8.7
"一带一路"上中等收入国家	310	7208	6.4	3.6

组　别	人口（2014 年，百万）	人均 GNI（2014 年，美元）	年均经济增速（2000—2008 年，%）	年均经济增速（2009—2014 年，%）
"一带一路"下中等收入国家	2352	2347	6.8	5.3
下中等收入国家	2878	2017	5.9	5.7
"一带一路"低收入国家	75	810	6.8	6.4
低收入国家	622	627	6.2	5.5
世界	7260	10799	3.1	2.0

注：（1）"一带一路"高收入国家包括：卡塔尔、新加坡、科威特、阿联酋、以色列、韩国、塞浦路斯、斯洛文尼亚、爱沙尼亚、捷克、斯洛伐克、立陶宛、拉脱维亚、波兰、匈牙利、俄罗斯联邦、克罗地亚等17个国家；（2）"一带一路"中高等收入国家包括：哈萨克斯坦、马来西亚、土耳其、黎巴嫩、罗马尼亚、土库曼斯坦、保加利亚、阿塞拜疆、白俄罗斯、黑山、伊拉克、马尔代夫、塞尔维亚、泰国、约旦、马其顿、波斯尼亚、黑塞哥维那、格鲁吉亚、阿尔巴尼亚、蒙古国等20个国家；（3）"一带一路"中低等收入国家包括：亚美尼亚、印度尼西亚、乌克兰、菲律宾、斯里兰卡、埃及、东帝汶、摩尔多瓦、不丹、乌兹别克斯坦、越南、老挝、印度、巴基斯坦、缅甸、吉尔吉斯斯坦、孟加拉国、塔吉克斯坦等18个国家；（4）"一带一路"低收入国家包括：柬埔寨、尼泊尔、阿富汗等3个国家。"一带一路"国家一共58个。（5）统计中"一带一路"沿线缺失数据的国家有阿曼、文莱、巴勒斯坦、巴林、波黑、伊朗、叙利亚、也门8个国家。

资料来源：笔者根据世界银行数据整理。

　　对于"一带一路"倡议而言，其能否成功的标志将是这些人口所在国能否从下中等收入发展水平迈入上中等收入水平，即跨越4000美元的门槛。如果用罗斯托的术语表示，即从技术成熟阶段向大众消费阶段迈进，这个过程中经济增速将会加快。用青木昌彦的术语表示则是，处于政府卷入工业化的 G 阶段以及高速增长与结构转变的 K 阶段之间，东亚已经有一批国家过了这种转变，而且花费的时间要比当年的西方国家来得短。但是表2中的数据也显示出，2008年全球金融危机后，"一带一路"沿线的中等收入水平经济体的经济增速慢于全球同等发展水平的经济体，"一带一路"沿线的下中等收入经济体比全球水平低0.4个百分点，"一带一路"沿线的上中等收入经济体比全球水平低1.7个百分点。这恐怕也表明，自

2008 年全球金融危机以来，传统发展模式无法继续给沿线国家提供发展动力，也正是在这种意义上，"一带一路"开创的区域合作新模式有必要为这些国家提供新发展动力。

（三）中国在"一带一路"共同发展中的独特作用

从全球水平来看，"一带一路"沿线国家的优势也在于下中等收入水平这一点。在这一阶段上，"一带一路"沿线国家的人均 GNI 达到了 2347 美元，全球处于这一发展水平的国家人均 GNI 为 2017 美元，而这两个群体在金融危机后的经济增长速度差距并不大。发展水平比这个组别要高的包括中国、上中等收入国家、"一带一路"高收入经济体、全球高收入经济体以及美国。表 2 表明，金融危机前后，全球经济体的平均增速分别为 3.1% 和 2.0%，包括美国在内的全球高收入国家增速大大低于这一水平，唯独"一带一路"高收入国家在金融危机前达到了 5.8%，但是金融危机后这一组别的国家经济增速大幅度下跌至 1.6%，缺乏带动力。显然，高收入组陷入了低增速阶段，没有足够的政治意愿为下中等收入国家开放市场。从增速看，只有包括中国在内的全球上中等收入国家保持了良好势头，金融危机前后的经济增速分别为 6.3% 和 5.3%。进一步分析则能发现，金融危机后的这种高增速主要来源于中国（8.7%）、蒙古国（9.0%）和土库曼斯坦（10.3%）。

经济发展理论表明，特别是林毅夫的新结构主义经济学认为，人均 GNI 差距过大的两个国家往往难以进行最有效的技术吸收和产业转移。以往的历史表明，"发展中国家失败的产业政策，都是以人均收入水平差距太大的国家的产业为追赶目标"[1]。而提倡现代化理论的罗斯托在冷战结束前夜也这样说："（趋向技术成熟的国家）在耐心帮助那些渴望进步的落后国家的过程中扮演着重要的角色。它们更接近发展的初级阶段，从而应该能够提供有效的技术援助。"[2] 罗斯托比绝大多数国际货币基金组织的经济学家更强调每个国家的独特性，"除非将文化、社会、政治和历史因素有机纳入分析。当我们把这些因素搁置一旁——正如我们经常做的那样，

[1] 对新结构主义经济学的相关讨论和应用，参考林毅夫、付才辉、王勇主编《新结构主义经济学新在何处》，北京大学出版社 2016 年版。引语见第 53 页，为林毅夫教授的判断。
[2] ［美］罗斯托：《经济增长理论史：从大卫·休谟至今》，陈春良等译，浙江大学出版社 2016 年版，第 715 页。

我们在研究较发达的发展中国家并为其开药方就是付出了代价"①。

中国无论是在人口规模还是人均 GNI 水平上，都将是下中等收入国家迈入下一个发展阶段的最佳合作对象。由于中国地域广阔，各地区发展并不均衡，对"一带一路"的辐射能力将极为广阔，特别是对沿海发达省份而言，基本上可以覆盖到高收入水平国家。中国转向为下中等收入国家提供技术、资金和市场，有可能实现一种新的国际发展模式，即构成中国改革的另一支力量——地方，将在推动"一带一路"的共同发展中扮演国际角色。

在低收入水平国家实现 4000 美元的发展过程中，有一项发展经验值得重视。很多低中收入国家无法将资源平均分配到全国各地区，因此应该集中优势资源于某个区域，形成增长极，带动其他地区的发展。而从跨国的地区间关系来看，向靠近本国的地区增长极靠拢，以此为目标设定发展政策和对外战略，也是一项实用主义的安排。这一点在东亚已经被总结为"雁型"发展模式。1985 年，担任过日本外相的经济学家大来佐武郎表示："太平洋地区的劳动分工可以用发展的雁型模式来概括……传统上，国际分工有两种模式：19 世纪主导的垂直型劳动分工，这个分工模式适用于概括工业化国家和资源供给型国家的关系，或者宗主国和殖民地的关系；水平型分工则主要发生于工业化国家之间的制造业，这些国家通常处于同一发展阶段，并且也有共同的文化渊源。和这两种分工模式相反，雁型模式代表了一种特殊的动力结构。例如，在太平洋地区，美国是最先成为发达国家的。日本从 19 世纪后期开始，经历了非耐用消费品、耐用消费品和资本品这样一个逐渐赶超的发展。东亚新兴工业化国家和东盟国家会步日本后尘……"②

从这个意义上说，在"一带一路"沿线最容易实现产业升级和人均收入提高的区域，应当是各个发展水平都有的一个区域，即低收入、下中等收入和上中等收入、高收入国家聚集。关于这一点，罗斯托本人也曾加以强调。20 世纪 90 年代初，罗斯托这样写道："如果世界经济的地区结构强化，从而每一个地区都包含有处于不同发展阶段的经济体，那么我们所设

---

① ［美］罗斯托：《经济增长理论史：从大卫·休谟至今》，陈春良等译，浙江大学出版社 2016 年版，第 751 页。

② Kiyoshi Kojima, "The 'Flying Geese' Model of Asian Economic Development: Origin, Theoretical Extensions, and Regional Policy Implications," *Journal of Asian Economics*, Vol. 11, 2000, p. 385.

想的国家间的那种职责，就会更容易且更自然地得到履行。如前所述，太平洋地区看来已具备实施这一努力的条件，同时西半球业已具备这样的能力去重启一场高水平的合作运动。在非洲，开展类似的地区合作看来也是合适的——先进工业国中由西欧牵头，美日为伴，世界银行也携手非洲开发银行，展开合作。"① 在稍后回顾马歇尔计划的成功之道时，罗斯托指出，马歇尔计划不太为人所知的一面是构建了三角贸易，即西欧、美国和发展中贸易伙伴之间的贸易路线。② 实际上，美国在 20 世纪 50 年代曾将马歇尔计划的经验搬到东亚，设计了日本、美国、东南亚国家之间的三角贸易路线。最成功的当属东亚，除了国际政治因素之外，地理接近也很重要。

　　一定程度上，"一带一路"将来也可以设计出这样一种贸易路线。从目前"一带一路"沿线国家中的高收入经济体来看，总人口在 3 亿左右，与美国相当，但这些高收入经济体比较分散，在中东欧、中东和东亚三个区域，人口在 1000 万以上的仅有俄罗斯（1.4 亿）、韩国（5042 万）、波兰（3800 万）和捷克（1052 万）。人口在 500 以上的有新加坡（547 万）、阿联酋（908 万）、匈牙利（986 万）。如果以三角贸易模式构建"一带一路"的发展机制，即高收入经济—中等收入经济体以及低收入经济体的模式，相对而言，东亚的发展序列比较完整。韩国和新加坡成为消费市场、技术发源地以及资金供给方，印度尼西亚、越南成为中间方，而柬埔寨等低收入经济体作为最低端的劳动密集产业。显然，依照目前的发展水平，上述"一带一路"沿线的高收入经济体还难以成为带动人口规模再消费大市场。尤为重要的是，三角贸易模式成功的关键是，作为技术、资金和消费市场的提供者，这个国家还必须具备政治、经济和安全上的多种能力，就此而言，中国拥有极大的潜力和机会。

　　20 世纪 80 年代后期，中国深度参与到雁型模式中，特别是在东亚独具特色的中间品贸易中获得了极大的成功。一定意义上说，中国企业具有很强的分工能力。如果"一带一路"沿线国家能够与中国企业展开合作，形成新的三角贸易，甚至更广阔的产业链贸易，那么其发展就会容易得

　　① ［美］罗斯托：《经济增长理论史：从大卫·休谟至今》，陈春良等译，浙江大学出版社 2016 年版，第 751—752 页。

　　② Walt W. Rostow, "Lessons of the Plan: Looking Forward to the Next Century", *Foreign Affairs*, Vol. 76, No. 3 (May-Jun., 1997), p. 207.

多。而这类产业链合作，其政治效应将完全不同于 19 世纪的水平型或者垂直型分工，因而不会带入殖民主义，而是某种互利共赢的新形态。依照罗斯托等人的论述，推动经济变革的最终力量是技术扩散和吸收能力。对中国来说，大规模的援助、地区经济合作是技术扩散的手段，但其原动力应该还是中国成为技术强国的潜力和前景。目前来看，中国部分产业已经处于国际前沿地带，有报告甚至认为，中国技术水平整体上达到美国的68.4%，总体技术水平与国际领先水平的差距为 9.4 年，而信息技术差距只有 6 年，此外在能源和交通领域的差距也较小，信息、导航、先进制造、新材料、农业、海洋等领域差距稍大于总体差距。① 显然，上述具有一定优势的领域也是中国目前在"一带一路"建设中着力推进的，问题在于"一带一路"沿线国家是否有能力吸收技术，并与中国式创新相结合。

（四）"一带一路"下中等收入国家的技术吸收能力

过去 15 年，从基础设施发展能力来看的话，中国处于快速的提升过程中，并于 2011 年总体超过了"一带一路"沿线的上中等收入国家，尤其引人关注的是，"一带一路"沿线下中等收入国家在基础设施领域改善程度并不快。如图 3 所示，以耗电量为例，2000 年，中国几乎与沿线下中等收入国家处于同一水平，人均耗电量接近 1000 千瓦时，而此时沿线上中等收入国家的平均水平达到了 2300 千瓦时，经过 12 年发展，中国、上中等收入国家以及下中等收入国家的人均耗电量分别为 3475 千瓦时、3181 千瓦时和 1245 千瓦时。显然，对于下中等收入国家而言，提升技术吸收能力的前提是大规模提高基础设施水平。

一国的技术吸收能力取决于多种因素，但长期而言，人口因素，特别是教育水平几乎起到决定性作用。前文提及，"华盛顿共识"的提出者威廉姆森最近也希望西方国家能向东亚国家学习教育政策。而美国自身经历的四次工业革命也与教育水平密切相关，1900 年美国受过中等教育的人口占比为 17.2%，受过高等教育的人口占比为 1.9%，同期英国仅为 2.1%和 0.4%。1950 年美国受过高等教育的人口占总人口的比例达到 10.5%，

---

① 袁立科、王革、谢飞等:《我国技术总体处于怎样的水平——关于国内外技术竞争的调研报告》,《光明日报》2015 年 5 月 8 日。

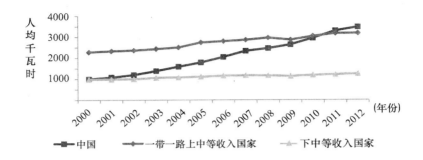

图3 中国与一带一路沿线中等收入国家的耗电量

资料来源：世界银行。

1955 年为 12.8%，1960 年即飞跃至 32.1%，1965 年上升至 40.2%，1970 年达到 49.4%。在高等教育飞速发展阶段，中等教育也有飞跃，人口占比从 1955 年的 30.2% 上升至 1960 年的 77.4%。① 这个教育背景构成了罗斯托所谓的第四次革命的人力资本。青木昌彦将农业就业人口占总劳动力低于 20% 作为从 K 阶段转向 H 阶段的主要标志，而 H 阶段的突出特征是人力资本将主导经济发展，中国目前正处于这个转变之中。

按照巴罗等人最近的一项研究，教育对经济增长有显著作用，发展中国家人口 2010 年的教育程度大致相当于发达国家 1960 年的水平。② 2010 年，15 岁以上世界人口接受的平均教育年限为 7.8 年，而 1950 年和 1980 年分别只有 3.2 年和 5.3 年。高收入经济体人口的受教育年限从 1950 年的 6.2 年提高至 2010 年的 11 年，而低收入经济体人口的受教育年限则从 1950 年的 2.1 年提高至 2010 年的 7.1 年。发达国家，特别是美国在 20 世纪五六十年代正好经历着大众消费的发展阶段，正在酝酿第四次工业革命。

就东亚而言，教育因素在经济增长中发挥了重要作用。罗斯托曾以泰国和韩国为例，说明一国吸收技术环境的变革，并以此来证明大部分新古

① 数据来自 Robert Barro 与 Lee John-Wha，参考其网站 http：//www.barrolee.com/。
② Robert J. Barro & Lee Jong Wha, "A new data set of educational attainment in the world, 1950 – 2010", *Journal of Development Economics*, Vol. 104, 2013, pp. 184 – 198.

典经济学家没能很好理解发展中地区日新月异的变化。① 按照罗斯托给出的数据，1960 年时，泰国 20—24 岁人口中只有 2% 接受过高等教育，韩国适龄人口中接受过高等教育的比例为 5%（前文提到，1962 年前后韩国人均 GNI 为 110 美元，经济进入起飞阶段），而到了 1982 年，泰国的相应比例为 22%，韩国 1985 年的比例是 36%。② 罗斯托认为，泰国和韩国的经济和社会由此发生了"真正颠覆性的转变"，而当时韩国正迈向大众高消费阶段，也即世界银行所谓的"工业市场经济"阶段。

"一带一路"下中等收入国家的总人口为 23.5 亿，其中 1000 万以上的国家有印度尼西亚、乌克兰、菲律宾、斯里兰卡、埃及、乌兹别克斯坦、越南、印度、巴基斯坦、缅甸、孟加拉等 11 个国家。如图 4 所示，以 15—24 岁人口中受过中等教育的比例来看，2005—2010 年，无论是美国、中国还是"一带一路"沿线的下中等收入国家，其水平相差并不大，都在 60% 以上。不过，从历史线索看，美国和韩国的发展脉络相当接近。美国 1910 年即突破 30%，到 20 世纪 20 年代进入汽车社会时，15—24 岁人口中有 36.6% 已经接受过中等教育，1935 年达到 65%，接受过中等教育的比例最高是 1940 年的 71.4%，此后在 1965—1970 年再度迎来一个高峰略超过 1940 年水平，然后就持续下降。整体而言，1935—2005 年，美国 15—24 岁人口中接受过中等教育的比例一直在 60% 以上。韩国自 1950 年以后中等教育开始有了飞速发展，1960 年占比突破 30%，这个时间段也正好是韩国经济起飞的阶段，此后每隔 5 年上升 10 个百分点，到 1980 年达到了 74%，然后增速趋缓，并于 1990 年达到高峰值 78.2%，然后趋于下降。整体而言，1975—2005 年，韩国 15—24 岁人口中接受过中等教育的人口占比维持在 60% 以上。

如果以美国和韩国的中等教育发展为参考，那么"一带一路"沿线下中等收入国家中，斯里兰卡最为突出，其中等教育发展水平几乎与韩国和中国处于同等行列，而其他国家刚刚迈入这个阶段。这或许意味着，韩国、中国在过去 40 年间曾经接受过的劳动密集型产业都已经可以转移到这些国家。当然，需要注意的是，同一人群中，从 2000 年开始韩国的高

---

① ［美］罗斯托:《经济增长理论史:从大卫·休谟至今》，陈春良等译，浙江大学出版社 2016 年版，第 643—645 页。

② 从巴罗等人的数据来看，此处疑似中等教育。

等教育占比远超过美国，2010 年美国为 38.4%，韩国为 53.8%。泰国、斯里兰卡等在 15% 左右，相当于韩国 1985 年的水平。中国和印度由于人口规模较大，分别只有 7.8% 和 6.9%。对于人口大国来说，可以有效运用集聚原理，将受过高等教育的人口聚集到大城市、产业园区和开发区，加快技术吸收进程。一定程度上，中国和印度都执行了这种政策。

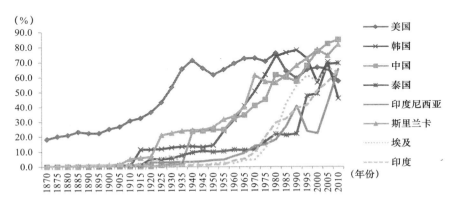

图 4　美国、中国与"一带一路"下中等收入国家的中等教育程度

资料来源：www. BarroLee. com。

三　"一带一路"将改善中国与半边缘区的关系

西方社会对中国推进"一带一路"的担忧，主要关注点是它是否构成对美国所主导的国际体系的冲击。从现有的证据来看，还无法做出直接判断。但从新中国成立以来三次推动新型国际关系和新型大国关系的历程来看，中国对国际体系造成冲击的阶段是与边缘区国家，或者说在意识形态领域上与苏联结成盟国时最为剧烈，而到了第二个阶段与半边缘区构建新型关系时，冲击的持续时间是非常短的。目前处于第三个阶段，即与核心区的国家试图在关键性议题上达成一致。

"一带一路"的主要目的并非绕开核心区国家，在边缘地带发起冲击，证据之一是加入 AIIB 的国家具有全球性，特别是欧洲发达国家属于核心区。这种路径不同于 20 世纪两个核心区国家带来的震动，德国和日本当年都曾试图在本国所在区域构建"泛区"，绕过英国主导的自由贸易圈。尤其需要注意的是，德国和日本当年对国际体系的冲击，在于快速实现了

"泛区"政治和经济上的统一。但"一带一路"沿线国家，特别是人口多达23亿的下中等收入国家，分布在中亚、南亚和东南亚的广阔地带，不仅政治上难以统一，经济上短期内也很难形成一个较为完整的区域，因此不可能被中国控制，进而动员起来形成整体的政治和经济力量，向核心区发起冲击。

从发展阶段来看，"一带一路"沿线国家正处在大规模的技术吸收阶段，部分国家向大众消费阶段迈进。而按照工业革命发展的序列，这些国家又都处于吸收第二次和第三次工业革命成果的阶段，即完善铁路建设和钢铁、内燃机、电气和化工产业等，在产业序列上根本不构成对发达国家前沿产业的伤害。显然，中国已经过了这两个阶段，目前正处于钢铁产能过剩阶段。从"一带一路"沿线国家来说，中国的这些产能完全是可以利用的。当然，目前的西方发达国家无法与中国所吸收的第二次工业革命成果相竞争，发达国家需要对国内政治经济进行调整，而不是通过国际政治压迫中国。对中国来说，提升这些国家的工业能力，不仅是经济上扩大了市场，更重要的是"一带一路"沿线国家的经济发展迫使这些国家注重政治稳定和安全投入，将改善这些地区的安全形势。

由于"一带一路"沿线单个国家基本上难以完全吸收中国的产能，而美国在第二次世界大战后创立的三角贸易和目前正处潮流中的区域经济合作则可以帮助这些国家吸收技术。因此，中国未来一个阶段的主要任务是在沿线国家中寻找和推动新型区域合作机制，为这类机制的创立和发展提供公共产品，包括资金、技术、市场以及安全保障，让下中等收入国家可以发展出产业集聚区，更快、更早地融入地区经济增长中。

因此，我们更应该从中国稳定周边环境和创造中国崛起良好的国际环境这种角度来认识"一带一路"。从这个意义上说，"一带一路"和"新型大国关系"具有本质上的一致性，都是为中国进一步迈向下一个发展阶段夯实基础，为下中等收入国家的经济发展注入活力。

路 径 篇

"一带一路"与中国对外开放发展方向[*]

内容提要： 国家"十三五"规划明确指出，面对国内外新形势，今后中国对外开放领域要"健全对外开放新体制"、"推进'一带一路'建设"。本文分析中国对"一带一路"国家的开放现状，探讨未来中国在"一带一路"沿线扩大开放的机遇和挑战，进而提出"一带一路"背景下中国对外开放的发展思路。从现状看，中国与"一带一路"沿线贸易规模近年来逐步上升，但总体所占份额不高，进出口商品主要是初级产品和低端制成品，进出口区域比较集中于东南亚和西亚中东地区。投资领域的特点是，中国对"一带一路"沿线国家投资增速快，但空间差异大；沿线国家对华投资增速高于世界平均水平，但波动幅度大；中国对"一带一路"沿线国家投资结构不合理，而沿线国家对华服务业引资潜力进一步释放。中国对"一带一路"国家扩大开放的机遇与挑战包括：贸易方面，现存问题是贸易规模偏小，贸易结构单一、层次偏低，地区分布相对局限，贸易未能形成价值链上下游的供应关系，容易受到外界因素影响。当前中国与"一带一路"沿线国家的FTA数量少，地区分布不均衡，深度一体化水平低，合作的潜在风险较高。投资领域的挑战在于沿线国家投资环境缺乏长期稳定性，中国获得的投资效益较低，沿线国家经济文化发展差异大。但测算结果表明，"一带一路"可以带动中国和沿线国家共同谋求经济发展，双方在贸易、投资等方面具有相对较高的依存度及较强的互补性，因而存在进一步拓展贸易投资的巨大潜力和空间。未来中国在"一带一路"背景下推进对外开放的政策思路应该是：贸易领域，要重视投资带动贸易，重视进口贸易，推动与"一带一路"国家的贸易便利化，同时挖掘"一带一路"优势，创新发展服务贸易。FTA方

---

* 庄芮，对外经济贸易大学国际经济研究院副院长、教授、博士生导师，中国社会科学院国家全球战略智库特约研究员。张晓静，对外经济贸易大学国际经济研究院副研究员。张国军，北京青年政治学院副教授。林佳欣，对外经济贸易大学硕士研究生。

面，要合理选择谈判对象，注意区分开放程度，寻找 FTA 网络突破口，并有效对接沿线国家发展战略。投资领域，应从国家层面优化"一带一路"投资环境，从企业角度加强风险防范。

30 多年来，中国改革开放的成就令世界瞩目。在对外开放领域，中国货物贸易进出口总额已连续多年位居世界第一；服务贸易规模居世界第二；2014 年，中国外商直接投资（FDI）流入额首次居全球第一；同期中国对外直接投资（ODI）流量居世界第三（存量居世界第八）。①不过值得关注的是，2008 年以来，中国对外开放面临的国内外环境发生了较大变化，使得中国未来推进对外开放面临新的压力和考验。2016 年 3 月，《中华人民共和国国民经济和社会发展第十三个五年规划纲要》（简称"十三五"规划）指出："'十三五'时期，国内外发展环境更加错综复杂"，"外部环境不稳定不确定因素明显增多，中国发展面临的风险挑战加大"。为应对挑战，"十三五"规划明确提出，对外开放领域今后要"健全对外开放新体制"、"推进'一带一路'建设"②。本文分析中国对"一带一路"国家的开放现状，探讨未来中国在"一带一路"沿线扩大开放的机遇和挑战，进而提出"一带一路"背景下中国对外开放的发展思路。

一　中国对"一带一路"国家开放现状

（一）中国与"一带一路"沿线国家的贸易往来

1. 贸易规模与结构

（1）贸易规模与出口。

2014 年，中国与"一带一路"国家的贸易规模约为 12.1 万亿美元。其中，沿线国家与中国双边贸易额居前六位的分别是马来西亚、俄罗斯、越南、泰国、印度、沙特阿拉伯、印度尼西亚。③如表 1 所示，最近十余年来，中国对"一带一路"沿线国家的出口在中国总出口中所占的比重一直处于上升阶段，2001 年占比为 13.37%，2014 年达到 27.20%。其中，对

---

① 贸易数据来自商务部官网（http://www.mofcom.gov.cn），投资数据来自《2014 年度中国对外直接投资统计公报》，第 6 页。

② 详见新华社发布的《十三五规划纲要（全文）》第五十章和第五十一章。

③ UN Comtrade 数据库和国际货币基金组织 DOTS。

东南亚 11 国和对西亚中东 19 国的出口份额增加最为明显。在 2014 年中国对"一带一路"沿线出口的总比重 27.2% 当中，11.62% 来自东南亚 11 国，6.36% 来自西亚中东 19 国（见图 1）。

表 1　　　　2001—2014 年中国对"一带一路"沿线国家货物出口
占中国对外货物总出口的比重　　　　　单位:%

年　份	中亚 5 国	蒙俄	东南亚 11 国	南亚 8 国	中东欧 19 国	西亚中东 19 国
2001	0.18	1.06	5.84	1.59	1.45	3.25
2002	0.29	1.12	6.19	1.67	1.56	3.55
2003	0.47	1.41	7.06	1.64	1.77	3.76
2004	0.51	1.57	7.23	1.89	1.73	3.60
2005	0.69	1.78	7.27	2.09	1.76	3.76
2006	0.80	1.68	7.36	2.41	2.58	4.16
2007	1.04	2.39	7.76	2.89	2.53	4.92
2008	1.58	2.38	7.99	3.10	2.85	5.34
2009	1.39	1.55	8.85	3.48	2.52	5.44
2010	1.05	1.97	8.76	3.65	2.60	5.19
2011	0.98	2.19	8.96	3.76	2.53	5.50
2012	1.04	2.28	9.97	3.44	2.30	5.44
2013	1.05	2.36	11.05	3.41	2.23	5.66
2014	1.03	2.39	11.62	3.66	2.14	6.36

数据来源：联合国贸发会数据库。

注：此表及下文的蒙俄指蒙古国、俄罗斯；中亚 5 国指哈萨克斯坦、吉尔吉斯斯坦、塔吉克斯坦、乌兹别克斯坦、土库曼斯坦；东南亚 11 国为越南、老挝、柬埔寨、泰国、马来西亚、新加坡、印度尼西亚、文莱、菲律宾、缅甸、东帝汶；南亚 8 国为印度、巴基斯坦、孟加拉国、阿富汗、尼泊尔、不丹、斯里兰卡、马尔代夫；中东欧 19 国指波兰、捷克、斯洛伐克、匈牙利、斯洛文尼亚、克罗地亚、罗马尼亚、保加利亚、塞尔维亚、黑山、马其顿、波黑、阿尔巴尼亚、爱沙尼亚、立陶宛、拉脱维亚、乌克兰、白俄罗斯、摩尔多瓦；西亚及中东 19 国为土耳其、伊朗、叙利亚、伊拉克、阿联酋、沙特阿拉伯、卡塔尔、巴林、科威特、黎巴嫩、阿曼、也门、约旦、以色列、巴勒斯坦、亚美尼亚、格鲁吉亚、阿塞拜疆、埃及。

从贸易结构看（见表 2），2014 年中国对"一带一路"沿线国家出口商品在中国该类商品出口总额中占比居前十位的依次为植物产品（43.82%）、能源（41.62%）、非金属矿物制品（39.08%）、化学制品（36.42%）、纺织服装（33.97%）、塑料橡胶（31.98%）、毛皮及其制品

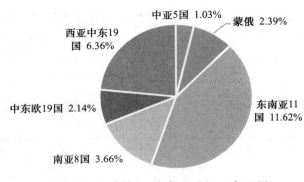

图1 2014年中国对"一带一路"沿线国家货物出口
占中国总出口的比重

数据来源:联合国贸易数据库。

(30.04%)、木材及其制品（29.77%）、交通运输设备（29.01%）以及
鞋帽制品（28.85%）。说明中国对"一带一路"沿线国家出口的主要是
初级产品和低端制成品。此外，中国对"一带一路"沿线出口的"交通运
输设备"比重提升较快，2001年为17.28%，2014年已达29.01%。

表2 2001—2014年中国分行业对外贸易中出口"一带一路"沿线国家的比重

单位:%

年 份	2001	2007	2014
动物产品	8.04	11.49	19.75
植物产品	21.29	32.74	43.82
食品饮料	12.67	17.37	23.40
矿物	14.79	16.88	27.17
能源	22.31	29.38	41.62
化学制品	23.61	29.89	36.42
塑料橡胶	11.96	23.77	31.98
毛皮及其制品	12.16	14.62	30.04
木材及其制品	6.84	19.99	29.77
纺织服装	14.75	28.62	33.97

续表

年　份	2001	2007	2014
鞋帽制品	12.27	21.88	28.85
金属及其制品	11.37	23.42	20.23
非金属矿物制品	16.24	28.27	39.08
机械设备	14.95	17.82	21.75
交通运输设备	17.28	26.57	29.01
杂项制品	8.25	14.51	24.43
平均	14.44	21.57	27.18

数据来源：转引自公丕萍、宋周莺、刘卫东《中国与"一带一路"沿线国家贸易的商品格局》，《地理科学进展》2015 年第 5 期，第 571—580 页。

（2）进口贸易。

由图 2 可见，中国进口贸易总体高度集中于亚洲地区（2014 年占比 54.33%）。表 3 进一步说明，在"一带一路"沿线，中国进口主要源自东南亚 11 国和西亚中东 19 国，这两个地区 2014 年在中国进口贸易中分别占 10.63% 和 8.51%。纵观 2001—2014 年，中国自"一带一路"沿线国家的进口比重有所增加（自 2001 年的 17.1% 增加到了 2014 年的 24.69%），但增速比较缓慢。

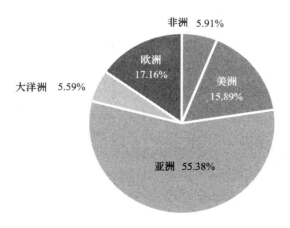

图 2　2014 年中国货物贸易进口来源地分布

数据来源：UN Comtrade 数据库。

表3　　中国自"一带一路"沿线国家货物进口占中国货物总进口的比重

单位:%

年　份	中亚5国	蒙俄	东南亚11国	南亚8国	中东欧19国	西亚中东19国
2001	0.42	3.37	7.94	0.95	0.53	3.89
2002	0.49	2.92	9.04	0.98	0.63	3.34
2003	0.49	2.43	11.47	1.18	0.75	3.67
2004	0.50	2.24	11.22	1.49	0.58	4.01
2005	0.53	2.49	11.36	1.63	0.52	4.83
2006	0.55	2.36	11.31	1.44	0.51	5.29
2007	0.73	2.20	11.35	1.66	0.63	5.17
2008	0.73	2.24	10.33	1.90	0.66	7.27
2009	0.68	2.25	10.61	1.51	0.87	5.85
2010	0.97	2.04	11.08	1.64	0.86	6.51
2011	1.21	2.53	11.07	1.50	0.95	7.97
2012	1.36	2.64	10.77	1.24	0.93	8.27
2013	1.39	2.21	10.23	1.08	0.95	8.32
2014	1.07	2.39	10.63	1.03	1.06	8.51

数据来源：联合国贸易数据数据库。

　　进口商品结构方面，如表4所示，2001—2014年，中国重点从"一带一路"沿线国家进口能源（2001年和2014年分别占中国该类商品总进口的64.53%和64.96%）。值得注意的是，近年来，中国自"一带一路"沿线进口的劳动密集型制成品如鞋帽制品、纺织服装都在大幅增加，其中"鞋帽制品"进口占比从2001年的9.06%提高到2014年的50.4%；"纺织服装"进口占比从2001年的8.02%提高到2014年的32.49%。与此形成对比的是，中国自"一带一路"沿线进口的"交通运输设备"比重急剧下降，已从2001年的20.91%下降到了2014年的4.63%。

表4 2001—2014 年中国分行业对外贸易中自"一带一路"沿线国家进口比重

单位:%

年 份	2001	2007	2014
动物产品	30.69	29.14	11.78
植物产品	22.63	29.38	21.71
食品饮料	14.27	15.78	14.95
矿物	24.92	32.04	17.71
能源	64.53	57.71	64.96
化学制品	17.76	19.32	23.84
塑料橡胶	21.45	22.92	33.85
毛皮及其制品	6.60	11.21	14.03
木材及其制品	34.55	29.29	27.44
纺织服装	8.02	13.88	32.49
鞋帽制品	9.06	32.68	50.40
金属及其制品	9.61	11.47	34.23
非金属矿物制品	18.80	12.37	13.99
机械设备	11.62	17.93	16.15
交通运输设备	20.91	3.26	4.63
杂项制品	6.14	3.21	4.22
平均	18.69	21.74	24.65

数据来源:转引自公丕萍、宋周莺、刘卫东《中国与"一带一路"沿线国家贸易的商品格局》,《地理科学进展》2015 年第 5 期,第 571—580 页。

2. 自由贸易区(FTA)建设

截至 2016 年 4 月,中国与"一带一路"沿线国家已经签署协定的自由贸易区(FTA)共 4 个,正在谈判的 FTA 有 7 个,可行性研究进行完毕但尚未启动谈判的 FTA 有 1 个,正在研究的 FTA 有 3 个。

目前,中国已与东盟、新加坡、巴基斯坦、韩国签订了 FTA,中国与东盟还签订了《关于修订〈中国—东盟全面经济合作框架协议〉及项下部分协议的议定书》。中日韩 FTA、区域全面经济伙伴关系协定(RCEP)、中国—海合会 FTA、中国—斯里兰卡 FTA、中国—马尔代夫 FTA、中国—格鲁吉亚 FTA、中国—巴基斯坦 FTA 第二阶段谈判正在进行中。中国已经完成了与印度的自贸区联合可行性研究,正在与摩尔瓦多、斐济、尼泊尔进行自贸区联合可行性研究。

（1）已签署协议的 4 个 FTA。

一是中国—东盟 FTA/中国—东盟（"10 + 1"）升级。

中国与东盟于 2002 年 11 月签署《中国—东盟全面经济合作框架协议》，同年开始实施早期计划，2010 年全面建成。中国—东盟自贸区是中国对外建立的第一个且最大的自贸区，其成员包括中国和东盟 10 国，涵盖 19 亿人口和 1300 万平方公里。中国—东盟 FTA 有力地推动了双边经贸关系的发展，双边贸易从 2002 年的 548 亿美元增长至 2014 年的 4804 亿美元，增长近 9 倍，双向投资从 2003 年的 33.7 亿美元增长至 2014 年的 122 亿美元，增长近 4 倍。目前，中国是东盟最大的贸易伙伴，东盟是中国第三大贸易伙伴，双方累计相互投资已超过 1500 亿美元。①

为打造更紧密的中国—东盟经济共同体，中国、东盟于 2014 年 8 月宣布启动中国—东盟自贸区升级谈判，于 2015 年 11 月结束谈判并签订《关于修订〈中国—东盟全面经济合作框架协议〉及项下部分协议的议定书》。该议定书对原有 FTA 进行了丰富、完善、补充和提升，是中国在现有的 FTA 基础上完成的第一个升级协议。

二是中国—新加坡 FTA。

中国与新加坡于 2006 年 10 月启动 FTA 谈判，于 2008 年 9 月结束谈判，同年 10 月双方签署《中国和新加坡自由贸易协定》，2009 年 1 月正式实施。该协定是中国与亚洲国家签订的第一个 FTA，有力地推动了双边经贸关系的发展，中国成为新加坡的第一大贸易伙伴、第一大投资目的国，新加坡成为中国在东盟的第三大贸易伙伴、第一大投资目的国。

为深化两国经贸合作，两国于 2015 年 11 月启动 FTA 升级谈判，计划于 2016 年内完成。谈判重点集中在提升贸易便利化、服务业开放程度，促进双向投资以及其他具有合作潜力的领域。

三是中国—巴基斯坦 FTA。

中国和巴基斯坦于 2005 年 8 月启动 FTA 谈判，于 2006 年 11 月签订《中国—巴基斯坦自由贸易协定》。自中巴 FTA 实施以来，双边贸易额持续增长，从 2007 年的 69 亿美元增加至 2014 年的 160 亿美元，年均增长

---

① 商务部：《中国与东盟结束自贸区升级谈判并签署升级〈议定书〉》，2015 年 11 月，http://fta. mofcom. gov. cn/article/chinadongmeng/dongmengnews/201511/29455_ 1. html。

约 15.3%。

四是中国—韩国 FTA。

中国和韩国于 2012 年 5 月正式启动自贸区谈判，于 2015 年 6 月正式签订《中国和韩国自由贸易协定》。该协定于 2015 年 12 月生效，是东北亚地区的第一个 FTA。中韩自贸区是中国"一带一路"倡议和韩国"欧亚倡议"的重要连接点，有助于推动"一带一路"建设和欧亚大陆的经济融合。目前达成的这个中韩 FTA 是两国第一阶段谈判成果，待该协定生效两年后，将以负面清单形式启动服务贸易第二阶段谈判，力争实现更高自由化水平。

（2）正在谈判的 7 个 FTA。

一是中日韩 FTA。

2002 年，中日韩三国领导人峰会提出建立中日韩自贸区的设想。2010 年 5 月至 2011 年 12 月，中日韩共举行七次自贸区官产学联合研究，对货物贸易、服务贸易与投资领域的有关议题进行了磋商。2012 年 5 月，中日韩三国签署《中华人民共和国政府、日本国政府及大韩民国政府关于促进、便利和保护投资的协定》。时年 11 月，三国宣布启动自贸区谈判。2013 年 3 月，三国举行第一轮自贸区谈判，讨论了自贸区的机制安排、谈判领域及谈判方式等议题。截至 2016 年 5 月，三国举行了 9 轮谈判。

二是 RCEP。

2012 年 11 月，东亚峰会宣布启动 RCEP，旨在建立一个现代的、综合的、高质量的、互惠的经济伙伴关系协定，在本地区创造一个便于地区贸易和投资拓展的开放环境，为全球经济增长和发展做出贡献。① RCEP 成员包括东盟 10 国、中国、日本、韩国、印度、澳大利亚、新西兰，人口约占全球的 50%，国内生产总值、贸易额、吸引外资接近全球 1/3，RCEP 是当前亚洲地区规模最大的自由贸易协定谈判，也是中国参与的成员最多、规模最大、影响最广的谈判。② RCEP 是由东盟提出并由其主导的区域经济合作安排。东盟通过 RCEP 一方面可以整合并优化现存的 5 个"10 + 1"，统一规则，便于操作，另一方面可以进一步确保在东亚区域经济合作

---

① 日本外务省官网，http://www.mofa.go.jp/announce/announce/2012/11/pdfs/20121120_03_01.pdf。

② 商务部：《加快实施自由贸易区战略构建开放型经济新体制》，2016 年 3 月，http://fta.mofcom.gov.cn/article/rcep/rcepnews/201603/31060_1.html。

中的主导地位，制衡来自 TPP 和中日韩自贸区谈判的冲击。RCEP 谈判于 2013 年 5 月启动，目前已接近尾声，相关谈判方表示努力于 2016 年年底结束谈判。

三是中国—海合会 FTA。

2004 年 7 月，中国与海合会签署了《中国—海合会经济、贸易投资和技术合作框架协议》，并共同宣布启动自贸区谈判。2005 年 4 月，中国与海合会进行了首轮自贸区谈判。截至 2016 年 5 月，双方已进行 7 轮自贸区谈判，表示将致力于 2016 年年内达成全面自由贸易协定。

四是中国—斯里兰卡 FTA。

中国和斯里兰卡于 2014 年 3 月结束自贸区联合可行性研究。2014 年 9 月，两国签署《关于启动中国—斯里兰卡自由贸易协定谈判的谅解备忘录》，宣布正式启动双边自贸区谈判。截至 2016 年 5 月，两国已经举行 2 轮自贸区谈判。

五是中国—马尔代夫 FTA。

中国和马尔代夫于 2015 年 2 月启动自贸区联合可行性研究，9 月签署了《启动中马自由贸易协定谈判的谅解备忘录》，12 月启动了自贸区谈判。截至 2016 年 5 月，两国已经举行 2 轮自贸区谈判。

六是中国—格鲁吉亚 FTA。

中国和格鲁吉亚于 2015 年 3 月签署《关于加强共建"丝绸之路经济带"合作的备忘录》，共同推进建设"丝绸之路经济带"的经贸合作。同年 4 月启动自贸区联合可行性研究，12 月签署了《中国和格鲁吉亚关于启动中格自由贸易协定谈判的谅解备忘录》，并于 2016 年 2 月举行了第一轮自贸区谈判。

七是中国—巴基斯坦 FTA 第二阶段谈判。[①]

中国和巴基斯坦于 2011 年 3 月启动中巴 FTA 第二阶段降税谈判。截至 2016 年 5 月，双方已举行 6 次谈判会议。

（3）研究完毕或正在研究的 FTA。

2005 年 4 月，中国与印度启动自贸区联合可行性研究。2006 年 3 月，中印举行自贸区联合可行性研究第一次工作组会议。2007 年 10 月，两国

---

① 商务部：《中国—巴基斯坦自贸区第二阶段谈判第四次会议在京举行》，2015 年 4 月，http：//fta. mofcom. gov. cn/article/chpakistan/chpakistannews/201504/21095_ 1. html。

完成自贸区可行性研究。

2015 年 1 月，中国与摩尔瓦多正式启动两国自贸区联合可行性研究。

2015 年 11 月，中国和斐济自贸协定联合可研第一次工作组会议在斐济楠迪举行。双方就联合可研报告提纲、职责范围及下一步工作安排等交换了意见。

2016 年 3 月，中国与尼泊尔签署《关于启动中国—尼泊尔自由贸易协定联合可行性研究谅解备忘录》，正式启动双边自贸区联合可行性研究。

（二） 中国与"一带一路"沿线国家的投资现状

2015 年 3 月，经国务院授权，国家发展改革委、外交部、商务部三部委联合发布的《推动共建丝绸之路经济带和 21 世纪海上丝绸之路的愿景与行动》明确指出：基础设施的互联互通是"一带一路"建设的优先领域、投资贸易合作是"一带一路"建设的重点内容，"一带一路"正成为中国与沿线国家双向投资的主要推动力。

中国经济发展长期依赖出口，在世界经济增长低迷、外贸新常态的态势下，必须思考新的发展方向。"一带一路"建设将突出投资引领合作并带动贸易发展的作用，即过去中国的开放是以贸易为中心的被动的单向开放，而未来中国的开放将是以投资为中心的主动的双向开放，既要"引进来"，又要"走出去"。这不仅有利于中国充分利用国内外两个市场，实现资源要素的自由流动和有效配置，而且在促进国内产业结构优化升级的同时，推动与沿线国家间的双向投资，构建自主的跨国生产经营价值链，不断提升国际竞争力。

全球直接投资兴盛于 20 世纪 40 年代，到 2015 年全球 FDI 规模已高达 1.7 万亿美元[①]（见图 3），达到 2008 年金融危机以来的最高水平，而中国和"一带一路"沿线国家在全球投资活动中也发挥着日益重要的作用。

1. "一带一路"国家的投资概况

"一带一路"沿线国家大多属于新兴经济体和发展中国家，区域经济发展不平衡、差距较大，但彼此间具有较强的互补性，经济发展后发优势强劲。总体来看，这一区域的投资活动呈现以下特点。

第一，区域投资增速明显快于全球平均水平。根据 UNCTAD 的数据计

---

① 联合国贸易和发展会议《全球投资趋势监测报告》2015 年版。

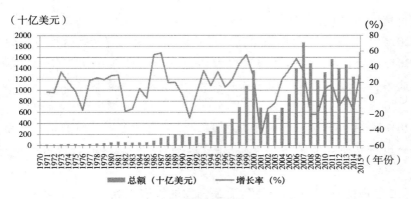

图3   1970—2015 年全球 FDI 流量及增长率

注： * 为初步估计值

资料来源：UNCTAD 数据中心。

算，1990—2014 年，全球跨境直接投资年均增长速度约为 11%，而"一带一路"沿线 65 个国家同期的年均增长速度达到 15.3%；尤其是国际金融危机后的 2010—2014 年，"一带一路"沿线国家的外资净流入年均增长速度达到 4.1%，比全球平均水平高出 2.3 个百分点，对于带动全球投资复苏发挥了较大作用。

第二，区域 FDI 流量占全球 FDI 流量比重较低。根据联合国贸发会议（UNCTAD）的统计，2014 年"一带一路"沿线 65 个国家 FDI 流入量为 4414 亿美元（包括中国），仅占全球 FDI 流入总量的 26%，而欧盟 28 国的 FDI 流入量约占世界总量的 21%，北美自由贸易区 3 国的 FDI 流量占世界总量的 13%。其中，东南亚 11 国吸收外商投资 1329 亿美元，是沿线外资流入最多的地区（除中国以外），占世界 FDI 总量的 11%；中亚及西亚地区 FDI 流入量最小，仅占世界 FDI 总流入量的 2%（见图4）。

第三，区域整体引资能力较强。从引进跨境直接投资能力来看，这一地区的外国直接投资净流入相对于 GDP 的比例是 1.5%，低于 1.8% 的全球平均水平；2010 年以后，这一地区的引进跨境直接投资能力指数开始超过全球平均值，其中，2013 年这一地区的直接投资净流入占 GDP 比重达到 6.3%，高于全球平均 1.9 个百分点，实现了较大幅度提高。①

---

① 赵晋平：《"一带一路"建设：贸易投资合作是关键》，2014 年 12 月 3 日，中国经济新闻网—中国经济时报，http://www.cet.com.cn/ycpd/sdyd/1389395.shtml。

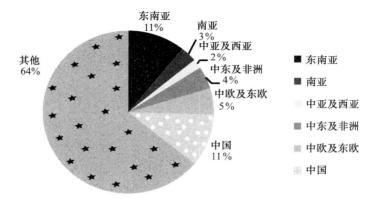

图4 2014年"一带一路"沿线国家FDI流量占比情况

资料来源：联合国贸发会。

2. 中国对"一带一路"沿线的投资

中国始终坚持"引进来"和"走出去"并重的战略。2014年中国对外投资规模约为1400亿美元，高于实际利用外资200亿美元，也就是说，对外投资已超过外资输入，即中国即将进入投资输出超过投资输入的"新常态"，这也是新时期中国开放型经济发展的重要特征。中国对"一带一路"沿线国家的投资主要呈现以下特点（见图5）。

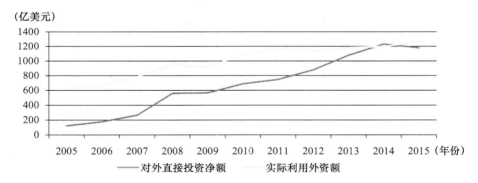

图5 中国对外直接投资净额和实际利用外商直接投资状况

数据来源：国家统计局、中国统计年鉴、商务部。

第一，中国对"一带一路"沿线国家投资增速快，但空间差异性大（见表4）。

中国对"一带一路"沿线64个国家的直接投资增长迅速，其投资存

量从 2005 年的 33.89 亿美元增加至 2014 年的 924.04 亿美元,年均增速达
44.38%,占中国对外直接投资存量的比重也从 2005 年的 5.9% 增长到
2014 年的 10.47%。中国对沿线直接投资流量从 2005 年的 6.68 亿美元增
长到 2014 年 137.27 亿美元,年均增速达 40%。

但中国对"一带一路"沿线国家投资呈现明显的空间差异性。2005—
2014 年,中国对"一带一路"沿线国家的投资规模从大到小依次为东南
亚地区、南亚地区、中西亚地区、中东欧地区、中东地区。2014 年,中国
对东南亚、南亚地区的直接投资流量额达到 92.76 亿美元,存量达 554.57
亿美元,均占中国对"一带一路"沿线投资总量的 60% 左右。中国对中
东地区直接投资规模最小,2014 年中国对中东地区的直接投资流量为
15.28 亿美元,存量为 78.21 亿美元,分别占沿线各国投资总额的 11.2%
和 8.5%。中国对该区域的投资国主要有新加坡、俄罗斯、哈萨克斯坦、
印度尼西亚、缅甸、蒙古、伊朗、柬埔寨、老挝、泰国、印度等。

表 4　　2005—2014 年中国对"一带一路"沿线分区域直接投资状况

单位:亿美元

年份		世界	沿线总额	东南亚	南亚	中西亚	中东	中东欧
2005	流量	122.6	6.7	1.6	0.2	1.7	1.1	2.1
	存量	572.1	33.9	12.6	2.6	5.4	8.0	5.4
2006	流量	176.3	11.9	3.4	-0.5	2.4	1.9	4.7
	存量	750.3	51.9	17.6	2.3	9.2	11.0	11.8
2007	流量	265.1	32.5	9.7	9.4	5.9	2.4	5.2
	存量	1179.1	96.1	39.5	12.5	16.5	10.2	17.4
2008	流量	559.1	45.3	24.9	3.8	9.8	2.4	4.4
	存量	1839.7	148.3	64.8	16.2	31.2	14.1	22.1
2009	流量	565.3	46.2	27.0	1.5	7.7	6.1	3.9
	存量	2457.6	200.7	95.8	17.7	39.9	20.8	26.6
2010	流量	688.1	76.4	42.4	4.8	13.3	5.9	10.1
	存量	3172.1	280.5	133.9	24.6	53.8	31.4	36.9
2011	流量	746.5	97.9	58.1	5.7	18.4	7.2	8.6
	存量	4247.8	412.3	214.7	30.8	78.8	39.7	48.3
2012	流量	878.0	132.3	59.0	5.3	50.7	7.5	9.8
	存量	5319.4	567.4	282.2	37.3	135.4	49.0	63.4

续表

年份		世界	沿线总额	东南亚	南亚	中西亚	中东	中东欧
2013	流量	1078.4	121.0	66.6	5.5	23.4	14.0	11.6
	存量	6604.8	720.1	356.8	53.2	159.6	58.7	91.9
2014	流量	1231.2	136.3	77.9	14.9	19.2	15.3	9.1
	存量	8826.4	924.0	476.5	78.1	184.1	78.2	107.2

数据来源：2013—2014年《中国对外直接投资统计公报》。

第二，沿线国家对华投资增速高于世界平均水平，但波动幅度大（见图6）。

"一带一路"倡议的提出为中国吸引 FDI 提供了新机遇，2015年中国实际利用"一带一路"沿线国家外资同比增长28.2%，远高于整体5.6%的增速；多个国家对华投资增长迅猛，其中泰国对华投资增长521%，蒙古国达728%；2015年1月，"一带一路"沿线发展中国家沙特阿拉伯首次跻身对华投资前十位的国家，中国的外资来源得到进一步优化。2015年沿线国家对华投资新设立企业2164家，同比增长18.3%，实际投入外资金额84.6亿美元，同比增长23.8%。总体而言，沿线国家对华投资增速远高于世界平均水平，但存在波动幅度大、投资基数小的问题，中国实际利用"一带一路"沿线国家直接投资占利用外资总额的比例仍较小且并未发生明显增长，中国与"一带一路"沿线国家的投资合作有待深化。

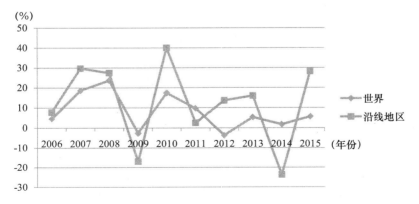

图6　2006—2015年实际利用外资 FDI 增长率

数据来源：根据《中国对外直接投资统计公报》数据计算所得。

第三，中国对"一带一路"沿线国家投资结构不合理，而沿线国家对华服务业引资潜力进一步释放。

中国对"一带一路"沿线国家的投资以能源占绝对主导地位，金属矿石居次席，不动产、交通分列第三、第四位，农业、高科技和化学等行业的投资规模相对较小。2013 年，中国对"一带一路"沿线国家的能源、金属矿石、不动产、交通等行业的大型项目投资存量分别为 679.7 亿美元、233 亿美元、116.5 亿美元、114.2 亿美元，占"一带一路"投资总额的比例依次为 54.3%、18.6%、9.3%、9.1%，而中国对农业、高科技、化学、金融等行业的投资存量分别为 37.5 亿美元、30.8 亿美元、20.3 亿美元、8.3 亿美元，其所占比例依次为 3.0%、2.5%、1.6%、0.7%。这表明，中国对"一带一路"沿线国家投资的首要动机是获取战略性资源，如石油天然气、矿石和土地；次要动机是利用丰富的人力资源和开拓当地市场，如对金属、交通业、化学等制造业的投资以及高科技行业投资。①

"一带一路"进入务实推进阶段，纵横交织的区域发展战略对国内经济布局的优化效应显现，同时，在人口红利消失、传统制造业产能严重过剩的背景下，服务业逐步成为中国引资新增点。2015 年 1—10 月，从沿线国家对华投资的行业来看，金融服务业、租赁和商业服务业、批发和零售业实际投入外资增长幅度较大，同比分别增长 1623.3%、224.7% 和 7%。②

二 中国对"一带一路"国家扩大开放的机遇与挑战

（一）中国与"一带一路"国家拓展贸易的潜力和障碍

1. 中国与"一带一路"国家贸易关系的现存问题与发展前景

从现状看，中国与"一带一路"国家的贸易关系存在四个问题。

一是贸易规模偏小，2014 年"一带一路"国家贸易仅占中国总出口的 27.20%、总进口的 24.69%；二是贸易结构单一且层次偏低，中国主要向"一带一路"国家出口劳动密集型制成品，同时进口能源；三是贸易

---

① 王永中、李曦晨：《中国对"一带一路"沿线国家投资的特征与风险》，《开放导报》2015 年 8 月。

② 《商务部召开例行新闻发布会》，环球网，http://china.huanqiu.com/News/mofcom/2015-12/8088657.html，2015 年 12 月 2 日。

的地区分布相对局限，中国在"一带一路"沿线的贸易高度集中于东南亚和西亚、中东地区，其他如南亚、中东欧等，贸易额都非常小；四是贸易未能形成价值链上下游的供应关系，与生产或企业投资联系不大，容易受到外界因素影响。

然而，应该看到，"一带一路"国家双边贸易与中国经济增长存在长期均衡关系，具有共同发展的趋势。各国之间经济增长、出口和进口贸易影响力弹性较强，相互作用较为明显。① 因此，中国倡导的"一带一路"强调互利共赢，强调中国与"一带一路"国家共建"命运共同体"。

有学者测算了中国与"一带一路"沿线国家的贸易竞争性指数和互补性指数，发现中国与中欧国家、南欧国家和东南亚国家的竞争性强，互补性也强，与北欧国家的竞争性弱但互补性强，与中亚国家和西亚国家的竞争性和互补性都不强，与非洲国家的竞争性弱但互补性也在降低。② 中国与东南亚国家、南欧国家和中欧国家多以出口推动经济发展，它们的出口结构比较相似，大都注重发展劳动密集型产业，因此竞争性较强。但在这些国家的进出口结构中，它们在机械及运输设备、非食用原料、矿物燃料、润滑油及相关原料上存在较强的互补性，而且这些商品在这些国家的进出口总额中占有较大份额，因此整体上看，中国与这些国家的互补性也很强。中国与非洲地区的贸易竞争性指数处于下降状态，从 2005 年的 0.6156 下降到 2014 年的 0.1603，双方经济的竞争性较弱，出口结构差别较大。双方进出口结构的侧重点不同，因而互补性在下降，但仍然具有很大的合作空间。

显示性比较优势（RCA）指数表明，中亚、西亚、中东地区在能矿产品上具有较强的出口优势，南亚地区在纺织服装及非金属矿物制品上具有较高的显性比较优势指数，东南亚国家出口结构相对均衡，植物产品、食品饮料、木制品、塑料橡胶及机械设备等行业均具有一定的出口比较优势。③这与中国正在进行的产业结构转型升级构成了互补，有助于中国借助外力推动转型升级的实现。

① 王美昌、徐康宁：《"一带一路"国家双边贸易与中国经济增长的动态关系——基于空间交互作用视角》，《世界经济研究》2016 年第 2 期。

② 桑百川、杨立卓：《拓展我国与"一带一路"国家的贸易关系——基于竞争性与互补性的研究》，《经济问题》2015 年第 8 期。

③ 公丕萍、宋周莺、刘卫东：《中国与"一带一路"沿线国家贸易的商品格局》，《地理科学进展》2015 年第 5 期。

通过测算中国出口对"一带一路"沿线国家的 HM 指数可以发现：中国出口对东南亚 11 国的依赖程度较高，其次是西亚中东 19 国，而且中国出口对"一带一路"沿线国家的依赖程度正在加深。同时，"一带一路"沿线国家的出口对中国的依赖程度大于中国出口对其依赖程度，呈现非对称性。"一带一路"沿线国家对中国出口的依赖程度除蒙俄之外都有所加深，特别是东南亚 11 国、西亚中东 19 国和南亚 8 国。[①]

总体而言，"一带一路"可以带动中国和沿线国家共同谋求经济发展，双方在贸易上具有相对较高的依存度及较强的互补性，存在进一步拓展贸易的巨大潜力和空间。

2. 中国与"一带一路"沿线建设 FTA 的挑战和机遇

中国与"一带一路"沿线国家和地区商签 FTA 的时间较短，当前面临的问题主要包括以下方面。

（1）数量少，地区分布不均衡。

从数量上看，"一带一路"沿线经济体共 60 多个，但截至 2016 年 5 月，中国与"一带一路"沿线经济体签订的 FTA 仅有 4 个，算上正在谈判的和正在研究的也只有 10 余个，数量总体偏少，由此也可看出，中国与"一带一路"沿线经济体建设 FTA 前景广阔，具有很大的开发空间。

从分布地区看，中国与"一带一路"沿线经济体所签订的 FTA 主要集中在周边，涉及东南亚及东亚地区的东盟、韩国、新加坡，南亚地区的巴基斯坦、斯里兰卡、印度、马尔代夫、尼泊尔，西亚北非地区的海合会，独联体地区的摩尔瓦多、格鲁吉亚。相比之下，中国 FTA 尚未辐射到中亚、中东欧地区，中国与这些地区的"一带一路"沿线经济体的 FTA 建设尚未开启。

（2）深度一体化水平低。

目前，中国与"一带一路"沿线经济体签订的 4 个 FTA 主要包含了"第一代"贸易政策即"WTO＋"贸易政策[②]，其中中国—东盟 FTA 包含 7 项，中国—新加坡 FTA 包含 11 项，中国—巴基斯坦 FTA 包含 9 项，

---

① 邹嘉龄、刘春腊、尹国庆、唐志鹏：《中国与"一带一路"沿线国家贸易格局及其经济贡献》，《地理科学进展》2015 年第 5 期。

② 根据 Henrik Horn、Petros C. Mavroidis、André Sapir，"WTO＋"贸易政策包括工业产品、农业产品、海关程序、出口税、SPS、TBT、国营贸易企业、反倾销、反补贴、国家救助、公共采购、TRIMS、GTAS、TRIPS 14 项议题。

中国—韩国 FTA 包含 13 项。而这 4 个 FTA 只涉及少数"第二代"贸易政策，即"WTO – X"贸易政策①，4 个 FTA 分别包含 7 项、3 项、1 项、10 项。使用 HMS 方法评估这 4 个 FTA 的实际执行率②，结果显示，4 个 FTA 所涉及的"WTO +"贸易政策下项目中具有实际约束力项目的平均执行率约达 73%，这说明中国与"一带一路"沿线经济体的区域经济合作在朝纵深方向发展。4 个 FTA 所涉及的"WTO – X"贸易政策下项目中具有实际约束力项目的执行率较低，平均执行率仅为 38%。这在一定程度上反映了"WTO – X"贸易政策下项目对中国而言标准较高，执行难度较大。因此，中国与"一带一路"沿线经济体已签订的 FTA 在WTO 框架内的合作较深，而在 WTO 框架之外的第二代贸易政策下的合作需要进一步深化。

（3）合作的潜在风险较高。

中国与"一带一路"沿线经济体推进 FTA 建设受安全、政治、经济等方面风险的影响。就安全风险而言，传统安全和非传统安全并存，前者包括战争、武装冲突等，后者包括恐怖主义、疾病传播、跨国犯罪等。中国推进与地处"战略不稳定弧"的中东、中亚、南亚地区国家 FTA 建设所面临的这类风险较高。③

就政治风险而言，FTA 商签国的国内政局稳定性会影响中国推进与其FTA 建设进程。一些国家内部的政府换届、民族矛盾、教派冲突等都会影响其政局稳定，进而牵涉到 FTA 建设。比如，一些国家政府换届影响"一带一路"建设项目的继续进行，2011 年缅甸改革派新政府执政后叫停中国电力投资集团密松水电站大坝项目，2015 年 1 月斯里兰卡新总理上台后叫停中国位于科伦坡的港口项目；中亚地区国家对外商投资的抗议行为有可

---

① 根据 Henrik Horn、Petros C. Mavroidis、André Sapir，"WTO – X"贸易政策包括反腐败、竞争政策、知识产权、环境法、知识产权、投资、资本流动、劳动市场管制、知识产权、农业、视听领域合作、民事保护、创新政策、文化合作、经济政策对话、教育和培训、能源、金融援助、健康、人权、非法移民、违禁毒品、产业合作、信息社会、采矿、洗钱、核安全、政治对话、公共管理、区域合作、研究和科技、中小企业、社会事务、统计数据、税收、恐怖主义、签证和庇护 37 项议题。

② Horn, H. et al., "Beyond the WTO? An anatomy of EU and US preferential trade agreements", *Bruegel Blueprint Series*, Volume VII, Oct., pp. 14-15, 2009, http：//bruegel. org/2009/02/beyond-the-wto-an-anatomy-of-eu-and-us-preferential-trade-agreements/.

③ 周文重：《推进"一带一路"面临地缘政治风险和国际金融风险》，人民网 2015 年 3 月，http：//lianghui. people. com. cn/2015cppcc/n/2015/0311/c394394 – 26726851. html。

能影响政府对外商投资的态度，导致政府决策过程中民族主义情绪增加；中南半岛部分国家近年来遭受民主化冲击，维持政局稳定的难度加大。缅甸、柬埔寨等国排斥中国的政治制度，对华民族主义情绪上涨；叙利亚、伊拉克、也门等西亚北非国家内乱与外患并存，并且深受伊斯兰教派斗争和区外大国等因素干扰。此外，中国与部分沿线国家的历史积怨以及美国、俄罗斯、印度等大国的干扰都影响着中国与这类国家 FTA 进程的推进。

就经济风险而言，"一带一路"沿线经济体经济发展水平参差不齐，既有经济发展水平较高的经济体如新加坡、马来西亚等，也有经济发展水平较落后的经济体如缅甸、阿富汗、格鲁吉亚等，这在一定程度上会影响其与中国经济合作的广度和深度。部分国家关税水平过高，如中亚 5 国土库曼斯坦、塔吉克斯坦、哈萨克斯坦、乌兹别克斯坦、吉尔吉斯斯坦的平均进口关税税率分别为 10%、9.8%、8.6%、14.8%、10%。① 且后三个国家尚未加入 WTO，对贸易投资自由化和便利化态度较为谨慎；南亚印度等国将关税和非关税壁垒等措施用来保护本国的产业。此外，"一带一路"沿线经济体的货币汇率波动、经济萧条、物价不稳定等也是推进 FTA 建设的影响因素。

尽管面临上述问题，但"一带一路"毕竟幅员辽阔，既有发达国家，也有广大的发展中国家，沿线经济合作深藏潜力，因此，"一带一路"在中国实施和推进自由贸易区战略中具有重要地位。2015 年 12 月，国务院发布了第一个关于自贸区建设的战略性、综合性文件——《关于加快实施自贸区战略的若干意见》，从顶层设计了未来自贸区建设，明确提出了具体目标和措施。这是中国首个关于自贸区建设的战略性、综合性文件。该文件明确提出中国今后加快实施自贸区战略的思路：立足周边、辐射"一带一路"、面向全球。从中长期看，中国拟建成包括周边国家和地区，涵盖"一带一路"沿线经济体，辐射五大洲重要国家的全球 FTA 网络，实现大部分对外贸易和双向投资自由化和便利化。②

不难看出，建成辐射"一带一路"沿线经济体的自贸区网络，是中国

① 张晓君：《"一带一路"战略下自由贸易区网络构建的挑战与对策》，《法学杂志》2016 年第 1 期。

② 国务院：《关于加快实施自由贸易区战略的若干意见》，2015 年 12 月，http://www.gov.cn/zhengce/content/2015-12/17/content_10424.htm。

加快推进自贸区战略中长期目标的重要组成部分。"一带一路"建设旨在促进经济要素有序自由流动、资源高效配置和市场深度融合，推动沿线各国实现经济政策协调，开展更大范围、更高水平、更深层次的区域合作，共同打造开放、包容、均衡、普惠的区域经济合作架构。①《关于加快实施自由贸易区战略的若干意见》指出，中国将结合周边自由贸易区建设和推进国际产能合作，积极同"一带一路"沿线经济体商建自由贸易区，形成"一带一路"大市场，将"一带一路"打造成畅通之路、商贸之路、开放之路。

（二）中国在"一带一路"沿线扩大投资的机遇和风险

1. 有关中国直接投资发展方向的几个基本判断

随着"一带一路"倡议的实施、沿线基础设施投资需求的扩大、沿线国家投资环境的不断优化、国家相关激励政策的推进，以及国内产业结构的转型升级和企业在全球范围内配置资源的需求及能力的提高，中国的直接投资将会得到更好更快的发展。

（1）"一带一路"将掀起新一轮投资浪潮。

随着"一带一路"建设进入落实阶段，中国与沿线国家间的投资低迷趋势可能出现逆转，新一轮投资浪潮可能即将拉开序幕。中国和"一带一路"沿线国家间经贸关系的重要性日趋凸显，加强政策沟通和基础设施互联互通建设是中国与"一带一路"经贸关系加快发展的关键，相关项目建设将直接或间接拉动投资和经济增长，因此，"一带一路"区域的投资活动具有长期持续较快增长潜力。根据中国企业全球化报告的数据统计，2014年以来，中国企业对"一带一路"沿线国家的投资已有141起，其中超过10亿美元的投资29起，1亿—10亿美元的投资55起。这些投资主要集中在采矿业、交通运输业及制造业。同时，对基础设施建设和信息传输及计算机服务的投资有明显增长。

（2）"一带一路"不影响中国对欧美投资。

随着国内经济转型升级步伐的不断推进，中国企业海外投资的目的地也日益多元化，从亚洲、非洲、拉丁美洲等资源富集地区逐步扩展到

---

① 《推动共建丝绸之路经济带和21世纪海上丝绸之路的愿景与行动》，http://news.xinhuanet.com/gangao/2015-06/08/c_127890720.htm。

北美洲、欧盟等技术发达地区。尽管中国在"一带一路"扩展投资存在两个方向（域内的发达国家和发展中国家），但主要方向仍然是发展中国家。从中国对外直接投资目的看，发展中国家仍然占据首要地位。2013年，中国流向发展中地区的直接投资917.3亿美元，占当年流量的85.1%，且增幅远高于对发达经济体的投资。① 但这并不意味着中国在欧美等传统市场的直接投资绝对量会减少，欧美市场在"一带一路"战略背景下仍具吸引力，其原因在于这一地区拥有雄厚的技术基础和成熟的市场环境。

（3）"一带一路"建设警惕地方政府投资冲动。

"一带一路"可能改变地方政府的行为模式，新一轮的地方政府投资冲动可能随之引发。根据相关信息统计，各地方"一带一路"拟建、在建基础设施规模已经达到1.04万亿元，跨国投资规模约524亿美元。考虑到一般基础设施的建设周期一般为2—4年，2015年国内"一带一路"投资金额或在3000亿—4000亿元；而海外项目（合计524亿美元，每年约170亿美元）基建投资中，假设1/3在国内，2015年由"一带一路"拉动的投资规模或在4000亿元左右。②

（4）基础设施投资是"一带一路"投资的重点领域。

基础设施的互联互通是共建"一带一路"的优先领域。基础设施不仅包括修桥建路，还有油气管道、输电网、跨境光缆建设等。据亚洲开发银行研究所测算，亚洲地区2010—2020年需要超过8万亿美元的基础设施投资费用，才能维持目前的经济发展水平。而据经合组织报告预测，2013—2030年全球基础设施投资需求将达55万亿美元，才能满足全球经济发展的需要。③ 目前，中国基础设施的设计建造水平已跃居世界前列，在"一带一路"战略背景下，中国将与沿线各国在交通基础设施、能源基础设施和通信干线网络等方面加强合作。

---

① 商务部、国家统计局、国家外汇管理局：《2013年度中国对外直接投资统计公报》，中国统计出版社2014年版，第11页。

② 管清友：《"一带一路"料掀起国内第四次投资热潮》，2015年3月30日，http://blog.cs.com.cn/a/01010005FF2400E2A87EF531.html。

③ 博思数据研究中心：《2014—2019年中国对外工程承包市场监测及投资前景研究报告》，2014年。

（5）"一带一路"将提升中国在全球投资格局中的地位。

金融危机削弱了发达国家的资金实力，"再工业化"浪潮却又扩大了其对资金的需求。在供需失衡状态下，发达国家不得不减少对外投资，以保证其国内经济建设的资金需要。相较发达国家，发展中国家对外投资活动日趋活跃。尤其是"一带一路"建设将打开新兴经济体与发展中国家投资需求的大门，为亚太、非洲、拉美等新兴市场的基础设施建设提供有力的资本支持与强大的技术支撑，这样将有效地完成国内供给与海外需求的有效对接，实现双赢。2014 年中国对外直接投资首次突破千亿美元，达到1029 亿美元，同比增长 14.1%。而下一步中国将重点结合"一带一路"倡议，进一步加大对外投资力度，鼓励优势产业和产能向沿线国家转移。在引进外资方面，2014 年，中国吸收外资的增速高于美国、欧洲等一些主要经济体，连续 23 年保持着发展中国家最大引资国的地位。无论吸引外资还是对外投资，中国都扮演了重要角色，"一带一路"倡议提出之后，中国的对外投资意向更加强烈，对外资的吸引力也有所提高，因而中国在世界投资格局中的地位也越来越高。

2. 中国与"一带一路"沿线国家双边投资存在的问题与风险

30 多年来，中国一直是亚洲乃至全球经济增长的重要引擎，经济总量世界第二，进出口贸易总额居世界第一，外汇储备居世界第一，外商投资额居世界第一，对外投资跃居世界第三，预计不久将成为资本净输出国。目前中国经济发展进入新常态，对高水平"引进来"与大规模"走出去"提出更高要求。"一带一路"倡议的实施为中国直接投资的发展提供了一个难得的机遇，然而，机遇与挑战并存，复杂多变的国内国际形势也使其面临诸多问题与风险。

（1）对"一带一路"国家进行直接投资存在的问题。

一是投资环境缺乏长期稳定性。"一带一路"建设中，中国对外投资面临的最大挑战来自当地政策和政局的不稳定性。投资政策受到政治因素的影响较大，单边修改投资政策会使外国企业不能把握政策变动方向而遭受经济损失。如 2014 年 9 月，中国主导的斯里兰卡科伦坡港口城项目开工，但 2015 年 1 月斯里兰卡新总统上任后就宣布暂停"科伦坡港口城"项目。又如，中远集团投资的希腊比雷埃夫斯港项目也经受当地政权更迭带来的挑战。2015 年 1 月希腊左翼政党上台后，叫停包括中远港口项目在内的所有私有化项目，这导致中远集团在后期的收购过程中遇到较大障碍。

二是海外投资效益较低。中国企业开展海外投资的时间并不长，国际化经验不足，投资模式单一。中国企业以绿地投资的方式为主，常常遇到"水土不服"、国际化经营人才缺乏等问题。这种投资方式的效率和效益也较低。相反，跨国公司经常采用的并购模式在中国企业中应用得很少，即使是少数企业采用了跨国并购的方式，也还遇到股份数少、没有经营权和控制权的问题。投资模式的单一化也使得跨国投资回报较低，企业对沿线国家投资的积极性不高。

三是沿线国家经济文化发展差异大。"一带一路"沿线国家基本覆盖四大文明古国的全部区域，各国文化差异明显，中国企业在这些国家投资很容易遇到文化融合的难题。企业如果不了解投资国的市场、法律、技术水平，没有本地的工人，投资会遇到较大的困难。此外"一带一路"沿线各国经济发展水平差异显著，如吉尔吉斯斯坦的人均收入只有990美元；而卡塔尔人均收入高达7.8万多美元，是世界上人均收入最高的国家；巴基斯坦和斯里兰卡是中等收入国家，而马来西亚是中上等收入国家。①

（2）吸引"一带一路"沿线国家来华直接投资存在的问题。

一是引资伙伴国的多元化有待提升。中国吸引"一带一路"沿线国家外资增长迅猛，远高于中国吸引外资的整体水平。但中国的外资来源结构仍较为单一，主要集中在东盟国家。在全球化深入发展，基于国家利益的合作极具脆弱的情况下，中国在推进"一带一路"建设的同时应积极拓宽新的投资伙伴关系。

二是新的引资优势尚未形成。目前，中国进入了调整转型的攻坚期，以往政策、成本寻求型外资难以维系，沿线地区甚至出现大规模外资撤离，新的外资增长点有待发掘。另外，"一带一路"沿线多为发展中国家，企业的国际经济竞争力有限，随着中国本土企业的快速崛起，外资企业面临巨大的发展压力，中国在继续深化开放的同时，对民族产业也实行一定的保护，进一步削弱了发展中国家投资中国的积极性。

---

① 廖萌：《"一带一路"建设背景下我国企业"走出去"的机遇与挑战》，《经济纵横》2015年第9期。

三是与其他经济体间引资竞争加剧。巴西、俄罗斯、印度等新兴经济体均具有独特的引资点，东南亚也凭借成本优势成为新一轮资源寻求型外资的目的地。中国在转型升级的关口，FDI 的产业结构、区域布局等均将发生重大变化，固有优势逐步丧失而新的优势尚未培育的情况下，中国对外资的吸引将面临严峻挑战。

三 "一带一路"背景下中国推进对外开放的路径思考

（一）"一带一路"背景下中国外贸创新发展思路

在"一带一路"开放新形势下，中国外贸必须谋求创新发展道路。

首先，要重视投资带动贸易，特别是结合"一带一路"沿线的对外直接投资，打造以中国为核心的区域价值链或全球价值链，鼓励有条件的企业带着自有技术和自主品牌到"一带一路"沿线国家投资设厂，由此带动相关中间品或零部件的进出口，形成中国外贸新动力。改革开放30 余年来，中国贸易持续多年的增长主要依靠加工贸易发展，而加工贸易的背后，是中国承接了国际产业转移。2008 年全球金融危机发生后，欧美国家日益重视实体经济特别是制造业发展，加上中国劳动力成本上升和加工贸易政策调整，加工贸易在中国外贸发展中的作用逐步降低，未来中国要实现对外贸易转型升级，应更多地重视通过对外直接投资（ODI），特别是"一带一路"沿线的投资生产布局带动贸易发展，而不是像以往那样更多地依靠外资流入（FDI）并从事加工贸易来保持外贸增长。

其次，要重视进口贸易，推动与"一带一路"国家的贸易便利化。过去中国发展对外贸易，长期存在"重出口、轻进口"现象。在欧美国家经济下行、外需疲软的情况下，推动中国外贸发展需要充分发挥进口的积极作用。近年来，随着中国居民收入的增加，国内消费者对于海外商品的消费需求日益增长，市场潜力巨大。据测算，2014 年中国居民出境旅游支出超过 1 万亿元人民币。今后中国如果进一步调降进口品关税，与"一带一路"沿线国家共同努力，降低贸易壁垒，增加贸易便利化措施，那么相当一部分"一带一路"特色的海外消费就有可能转向国内进口品市场，并由此带动外贸增长。

最后,要挖掘"一带一路"优势,创新发展服务贸易。中国服务贸易虽然发展速度较快,但长期处于逆差状态,服务贸易出口并不理想。在实践中,企业对国家服务贸易出口促进政策并不完全了解,加之有些专项资金门槛较高、申请程序复杂,导致服务贸易出口促进措施的实际执行效果并不十分理想。尤其值得关注的是,中国外贸由于长期发展重心放在货物贸易上,所以相关监管制度、监管程序具有显著的货物贸易管理特征,用货物贸易监管模式管理服务贸易,成为阻碍服务贸易出口的一个突出问题。为此,中国在"一带一路"背景下,应及时调整、创新服务贸易监管模式,大力挖掘面向"一带一路"国家的服务贸易市场,尽快突破服务贸易发展"瓶颈",使之成为中国外贸发展的新动能。

(二)"一带一路"倡议下中国自贸区战略推进要点

1. 合理选择谈判对象

首先,根据 FTA 类型划分商签国范围。中国与"一带一路"沿线经济体 FTA 的类型大致可以划分为两种:经贸互补性和能源、资源寻求型。有关对中国与"一带一路"经济体贸易竞争性和互补性的 CI 指数测算结果①显示,中国与东南亚(东盟 10 国、东帝汶)、中欧(波兰、匈牙利、捷克、斯洛伐克、克罗地亚、罗马尼亚、保加利亚、塞尔维亚、黑山、波黑、阿尔巴尼亚、马其顿)、南亚(印度、巴基斯坦、孟加拉国、尼泊尔、斯里兰卡、不丹、马尔代夫)地区的出口结构相似度较高,出口贸易竞争性较强。然而,这些地区的出口结构又和中国的进口结构结合度较高,贸易互补性较强;中国与西亚北非(伊朗、海合会 6 国、也门、伊拉克、约旦、叙利亚、以色列、巴勒斯坦、黎巴嫩、阿塞拜疆、格鲁吉亚、亚美尼亚、埃及、土耳其、利比亚、阿尔及利亚、突尼斯、希腊、塞浦路斯、阿富汗)、中亚(哈萨克斯坦、乌兹别克斯坦、吉尔吉斯斯坦、土库曼斯坦、塔吉克斯坦)地区的出口结构相似度较低,出口贸易竞争性较低,同时,

① 桑百川、杨立卓:《拓展我国与"一带一路"国家的贸易关系》,《经济问题》2015 年第 8 期。

这些地区的出口结构和中国进口结构结合度较低，贸易互补性低；中国与东欧（俄罗斯、白俄罗斯、乌克兰、摩尔瓦多、爱沙尼亚、拉脱维亚、立陶宛）地区出口结构相似度低，出口贸易竞争性较低。同时，该地区的出口结构和中国的进口结构结合度较高，贸易互补性较强。鉴于此，中国需要根据贸易关系的类型采取不同的 FTA 谈判策略。中国进口与东南亚、东欧、中欧、南亚地区国家的出口贸易互补性较强，中国对这些地区的国家具有较大的进口贸易发展潜力，与这些地区国家开展自贸区谈判相对容易些，应通过自贸区建设加强与这些国家的互联互通，进一步优化贸易结构，培养新的贸易增长点；中国进口与西亚北非、中亚地区国家出口贸易互补性低，但具合作前景，这些地区国家能源、资源相对丰富，出口结构以资源、能源产品为主，而这些产品正是中国进口依存度较高的产品，中国与这些国家推进自贸区建设可以确保能源、资源稳定供应，缓解能源、资源紧张问题。

其次，优先考虑与已经建立"伙伴关系"的经济体[①]商签 FTA。中国与"一带一路"沿线经济体的伙伴关系层级代表着其与这些经济体的战略认同度[②]，两者成正相关关系。目前，"一带一路"沿线主要经济体中，半数左右已经同中国建立了不同层级的伙伴关系（见附表）。中国在推进"一带一路"FTA 建设时可以优先考虑这些国家，在没有其他影响因素的情况下，与这些国家商签 FTA 政治风险相对较低。

最后，重点锁定战略支点国家。战略支点国家的锁定需要着眼于战略高度综合考虑政治、经济、地理位置等因素来确定。[③] 其中，政治因素包括 FTA 商签国与中国关系友好，伙伴关系层级高；经济因素包括 FTA 商签国与中国贸易互补性强，或能够满足中国的能源、资源诉求；地理位置因素包括 FTA 商签国地理位置优越，交通便利。

2. 注意区分开放程度

从开放程度看，"一带一路"沿线经济体已有的诸多 FTA 一体化水平

---

① 陈晓晨：《中国"对外伙伴关系"大盘点》，2016 年 4 月，http：//rdcy－sf. ruc. edu. cn/displaynews. php？id＝20474。

② 杨思灵：《"一带一路"倡议下中国与沿线国家关系治理及挑战》，《南亚研究》2015 年第 2 期。

③ 竺彩华、韩剑夫：《"一带一路"沿线 FTA 现状与中国 FTA 战略》，《亚太经济》2015 年第 1 期。

总体不高,主要集中在传统的货物贸易领域,服务贸易和投资领域开放水平较低,"第二代贸易议题"涉及不多。中国在推进与"一带一路"沿线经济体自贸区建设时,应把握好与不同国家 FTA 的开放程度,同时综合协调处理各方面关系。

东亚地区在"一带一路"范围内经济相对发达,开放程度高,已经形成区域生产网络,是"一带一路"繁荣的一端。该地区经济体参与 FTA 建设的积极性高,现存 FTA 数量最多。目前,中国正在拓展和深化与东亚地区经济体的区域经济合作关系。在此过程中,中国可以将可复制的经验推广并应用到与其他沿线国家 FTA 的商签中,逐步推进与东亚国家 FTA 的深度一体化。

南亚地区经济总体落后,深受贫困困扰,贸易投资壁垒较高,该地区大多数经济体参与区域经济合作的热情不高。冷战结束后,印度实行"古吉拉尔"主义,积极改善与邻国的关系,对南亚区域经济合作态度渐趋积极。总体而言,南亚地区 FTA 开放水平较低,印度批准生效的 15 个 RTA 中就有 10 个只涉及货物贸易。在这种情况下,中国需要加强与印度的政策沟通,增强双方互信。同时,照顾到巴基斯坦等国的适应度和开放程度,未来应努力探索能够让中巴双方实现互利共赢的区域经济合作模式,形成适用于南亚国家的 FTA 谈判模式。

在"一带一路"沿线,西亚北非、中亚和独联体地区的经济一体化水平也比较低。这些地区大多数 FTA 只涉及货物贸易,少数涉及服务贸易和投资,FTA 内容以关税壁垒的削减为主,鲜有提及非关税壁垒。鉴于这几个地区 FTA 开放程度不高,中国在推进与这些地区的 FTA 过程中应以确保能源、资源供应为目的。

中东欧国家大多数是欧盟成员国,而欧盟成员国无权与其他经济体单独签订 FTA。鉴于此,中国应立足欧盟整体推进与中东欧国家的合作,首先加快推进中欧双边投资协定(BIT)谈判,然后适时启动中欧自贸区谈判。

3. 寻找 FTA 网络突破口

首先,加快推进与周边的"一带一路"沿线经济体签订 FTA。这与中国加快构建周边自贸区、构建互利共赢的周边大市场的战略布局相吻合,通过自贸区建设不断深化与周边国家的经贸关系,可推进国际产能合作，并逐步向"一带一路"沿线其他国家辐射。目前，在"一带一路"沿线周边国家中，中国与东盟（国家集团）、新加坡、韩国、巴基斯坦签订了 FTA，与日本、马尔代夫、斯里兰卡正在进行 FTA 谈判，完成了与印度的自贸区建设可行性联合研究，与尼泊尔正在进行自贸区可行性研究。此外，中国还参加了 RCEP、中日韩 FTA 谈判。中国尚未启动同俄罗斯、朝鲜、蒙古国、中亚五国（哈萨克斯坦、吉尔吉斯斯坦、乌兹别克斯坦、塔吉克斯坦、土库曼斯坦）的 FTA 相关工作。不难看出，中国在推动与"一带一路"沿线周边国家 FTA 建设工作中尚有很大的可发挥的空间，需要积极探索可行路径。就现实而言，印度和俄罗斯是中国面向南亚地区、中亚和独联体地区构建 FTA 网络的两个关键大国。共同利益是国家间合作的基础，中国需要下功夫找准与印度、俄罗斯在"一带一路"上的共同利益，在此基础上切实推进与南亚和独联体地区国家的 FTA 建设。

其次，加快推进与海合会的 FTA 商签工作，由此带动与西亚北非其他国家的区域经济合作。中国与海合会于 2004 年启动 FTA 谈判，于 2009 年暂停谈判，于 2016 年 1 月重新启动谈判。众所周知，西亚北非不同部落、宗教派别、各种政治力量为争夺政权而展开激烈斗争，同时恐怖主义（伊斯兰国，ISIS）猖獗，这一地区政治局势长期不稳定。此外，这一地区是世界能源中心，世界大国在此争夺也异常激烈。这无疑加大了中国与这一地区国家商签 FTA 的难度。因此，中国需要认真总结与海合会 FTA 商签过程中的经验教训，摸索出一套适合西亚北非国家的 FTA 商签模式，积极构建以能源合作为主轴，以基础设施建设和贸易投资便利化为两翼，以核能、航天卫星、新能源三大高新领域为突破口的"1 + 2 + 3"的合作格局。①

4. 有效对接沿线国家发展战略

建构主义认为，国家在治理相互关系的过程中会不断塑造和再塑造其身份及利益，在此过程中构建集体认同。中国在与"一带一路"沿线经济体推进自贸区建设过程中，要积极对接各国国内发展规划及其对外战略，

---

① 《习主席新年首访开辟中阿战略合作新时代》，人民网，2016 年 1 月 22 日，http：//opinion. people. com. cn/n1/2016/0122/c1003 - 28077121. html。

寻求利益汇合点，推动构建各国共同认可的范式与规则，从而实现互利共赢。

蒙古国基于其所处亚欧之间的地理优势，于 2014 年 11 月提出了"草原之路"计划，旨在通过运输贸易振兴本国经济。该计划包括连接中俄的 997 公里高速公路、1100 公里电气化铁路、扩展跨蒙古国铁路以及天然气和石油管道等项目。"欧亚经济联盟"是由俄罗斯、白俄罗斯、哈斯克斯坦三国于 2014 年 5 月签署《欧亚经济联盟条约》而建立，于2015 年 1 月启动，旨在促进商品、服务、资本和劳动力的自由流动，最终建立一个类似欧盟的经济联盟，形成用于 1.7 亿人口的统一大市场。"欧亚倡议"由韩国于 2013 年 10 月提出，旨在通过深化与欧亚地区国家的经济合作，扩大韩国对外贸易，带动朝鲜开放，消除半岛紧张局势。"一带一路"旨在扩大和深化对外开放，加强与亚非欧和世界各国互利合作。不难看出，"草原计划""欧亚联盟""一带一路"的目标基本一致，都是旨在扩大所在国对外开放，深化与欧亚地区国家经济合作，促进本国和欧亚地区经济发展。中国应积极促成"一带一路"与上述三大计划的对接合作，推动各方之间的政策沟通、设施联通、贸易畅通、资金融通、民心相通，为与"一带一路"沿线经济体构建高标准自贸区网络创造良好条件。

（三）中国与"一带一路"沿线国家扩大双向投资的路径选择

"一带一路"拓宽了中国直接投资的发展方向，但无论是"引进来"还是"走出去"都仍需注意风险防范，因此，在"一带一路"建设中，政府应该借着"一带一路"发展的契机为中国投资创造良好的条件和投资环境；企业应该从自身风险管理入手，强化自身风险管理应对能力，努力扩大双向投资合作。

1. 从国家层面优化"一带一路"投资环境

"一带一路"沿线国家各自的政治文化制度、法律规范和社会经济发展需求状况差异巨大，其所处的地缘政治环境及其矛盾也颇大。这说明，中国实施"一带一路"倡议面临的发展环境是极为复杂的，而优化其发展环境又绝非企业及个人的能力所能及。为此，为更好地促进"一带一路"建设，国家应该在《推动共建丝绸之路经济带和 21 世纪海上丝绸之路的愿景与行动》所设定的战略框架下，在如下几个方面作努力。

第一，加强与世界各国尤其是美、俄、日、欧盟以及"一带一路"沿线国家的政策沟通与协调，构建投资贸易磋商机制，以优化实施"一带一路"倡议的外交环境，并为资本"引进来"与"走出去"消除各种地缘政治方面的障碍。

第二，具体制定国家与"一带一路"沿线各国的经贸合作与发展战略与规划，建立区域投资促进与保护机制，改善区域投资环境，为投资者提供更好的制度保障，提升自贸区框架下投资自由化与便利化水平。

第三，积极推进与"一带一路"沿线各国签订双方或多方的自由贸易协议的工作，增加相互的 FDI 流量，还可以积极开展与沿线国家的双边投资协定（BIT）谈判，通过达成投资协定促进双边投资增长。

第四，有针对性且系统地出台能促进通过发展对外直接投资有效带动国内产业结构转型升级的财政、税收和金融等政策措施，以形成优化构建对外直接投资与促进国内产业结构转型升级的新型关系的政策机制。

第五，发挥政府系统掌握信息资源的优势，及时向社会发布"一带一路"各国的经贸信息，引导资本双向流动。

2. 从企业角度加强风险防范

由于地缘政治、意识形态及维护国家自身安全等原因，各国在推动国际经贸发展与合作方面的理念及政策尚存在着或大或小的差别，企业在具体实施投资计划时，应时刻谨记企业肩负的社会责任，注意适应当地的法律法规和民风民俗，加强与当地民众的交流。为此，实施"一带一路"倡议，引导国内企业高效地"走出去"时必须采取差别策略：一是对于与中国政治经济关系较为密切的国家，可以由掌握某种垄断优势的大型国有企业作为"领头羊"，由市场经济基本机制带动相应的中小企业群体快速高效地"走出去"。二是对于地缘政治环境较为复杂的国家，由于其对主权资金的投资较为敏感，因而进入这些国家的投资应更多地鼓励和支持民营企业。此外，还应强化企业的投资风险意识，引导从事对外直接投资的企业设立专门的风险监控管理部门，要求行业协会在风险控制方面发挥应有的作用，做好企业间的信息互通和共享。

表5　中国与"一带一路"沿线主要经济体建立的关系类型

东亚地区	与中国伙伴关系类型	南亚地区	与中国伙伴关系类型	中亚地区	与中国伙伴关系类型	独联体	与中国伙伴关系类型	中东欧	与中国伙伴关系类型	西亚北非	与中国伙伴关系类型
蒙古国	全面战略	印度	战略合作	哈萨克斯坦	全面战略	俄罗斯	全面战略协作	波兰	战略	伊朗	全面战略
新加坡	全方位合作	巴基斯坦	全天候战略合作	乌兹别克斯坦	战略	白俄罗斯	全面战略	匈牙利		海合会六国	
泰国	全面战略合作	孟加拉国	更加紧密的全面合作	吉尔吉斯斯坦	战略	乌克兰	战略	捷克	战略	也门	
马来西亚	全面战略	尼泊尔	全面合作	土库曼斯坦	战略	摩尔多瓦		斯洛伐克		伊拉克	
印度尼西亚	全面战略合作	斯里兰卡	战略合作	塔吉克斯坦	战略	阿塞拜疆		斯洛文尼亚		约旦	战略
缅甸	全面战略合作	不丹				格鲁吉亚		克罗地亚		叙利亚	
老挝	全面战略合作	马尔代夫	面向未来全面友好合作			亚美尼亚		罗马尼亚	全面友好合作	以色列	
柬埔寨	全面战略合作	阿富汗	战略合作					保加利亚	全面友好合作	巴勒斯坦	
越南	全面战略合作							爱沙尼亚		黎巴嫩	
文莱								拉脱维亚		埃及	全面战略

续表

东亚地区	与中国伙伴关系类型	南亚地区	与中国伙伴关系类型	中亚地区	与中国伙伴关系类型	独联体	与中国伙伴关系类型	中东欧	与中国伙伴关系类型	西亚北非	与中国伙伴关系类型
菲律宾								立陶宛		土耳其	战略合作
韩国	战略合作							塞尔维亚		利比亚	
日本								黑山		阿尔及利亚	合作
朝鲜								波黑		突尼斯	
东帝汶	全面合作							阿尔巴尼亚		希腊	全面战略
								马其顿		塞浦路斯	

"一带一路"切入点

——基于"五通"的逻辑框架[*]

内容提要："一带一路"战略愿景发布及其持续推动，旨在借助"丝绸之路"传统友谊的历史符号，创新区域合作平台，建立健全中国与有关国家双边和多边机制，共同打造中国与相关国家政治互信、经济融合、文化包容的利益共同体、命运共同体和责任共同体，践行中国参与全球治理的大国责任。如何向全球传递中国上述主张和思想、建立共生秩序、扩大共同利益，就需要寻找双边或多边共同的切入点，实现发展共享。总体来说，我们应该围绕"五通"要求，以全球视野多个渠道切入，打造新的全球生产贸易链并对接全球价值链重构，在国际政治经济新秩序重塑中提升中国影响、在中国对外政治经济互动交往中体现中国特色、在全球"共同体朋友圈"中体现中国风格。围绕设施联通和新的经济走廊建设，要实现中国与相关国家的设施网络规划对接，注重共同利益；围绕贸易畅通和全球价值链重构，我们要做好贸易便利化设施升级改造；围绕资源开发与获取、产品研发与销售、服务外包与承接三条主线，主打亚太自由贸易区建设，布局全球生产贸易链条中的中国核心地位建设；围绕资金融通和"一带一路"金融支撑体系打造，综合运用中国具备的相对强大的金融实力，形成一个政策性金融、开发性金融、商业性金融和私人资本共享收益与风险的金融支撑体系，要从机构建设与组织体系、资源配置与市场体系、产品创新与服务体系和金融安全与金融监管体系四个维度研究"一带一路"

---

[*] 范祚军，广西大学中国—东盟研究院教授、金融学博士生导师，八桂学者，国家百千万人才，教育部创新团队首席专家、教育部哲学社会科学重大研究课题攻关项目首席专家；中国—东盟区域发展协同创新中心研究员、中国社会科学院国家全球战略智库特约研究员。温健纯，广西大学商学院金融博士生。黄娴静，广西大学商学院金融博士生。何欢，毕业于广西大学商学院，获经济学硕士学位。郑丹丹，毕业于广西大学商学院，获经济学硕士学位。胡李裔，广西大学中国—东盟研究院经济学研究生。陈瑶雯，中国—东盟研究院研究助理。张杰，中国—东盟研究院副研究员。

金融支撑体系建设，促进"一带一路"相关国家的投融资便利→稳定的"一带一路"货币体系→统一的"一带一路朋友圈"信用体系；围绕政策沟通和增强双边互信，建立不同层次、不同领域、不同方式的政策沟通机制，以政治经济互动为基础，与相关国家建立沟通对话机制，统一对外政策宣传和政策解读，协调国外市场开发和国内市场开放。围绕民心相通和人文交流机制建设，着眼于深化沿线国家的政治互信、经济融合和人文包容，推动人民之间的利益融合、命运相依和文化包容来跨越文明障碍，寻求互利共赢的发展道路，建立起纵横交织的社会交流网络，推动族群和解、加强基层民众交流，塑造和谐友好的文化生态和舆论环境。

"一带一路"是新形势下中国对外开放新的战略布局，更是中国参与构建世界经济新格局的重要切入点。同时，"一带一路"战略构想的实施，也是中国参与全球治理、履行大国责任的载体，更是创新区域合作平台。

"一带一路"倡议自 2013 年提出以来，已经取得了显著的进展，参与的国家越来越多，目前有 70 多个国家表达了合作的意愿，有 30 多个国家同中国签署了"一带一路"合作共建的协议。

2016 年 2 月 15 日，中国国家发改委网站发布消息，对两年来"一带一路"取得的进展进行了总结：中国已与土耳其、波兰等 30 个国家签署共建"一带一路"谅解备忘录。为了有效推动中蒙俄、中国—中亚—西亚、中巴、孟中印缅、中国—中南半岛、新亚欧大陆桥经济走廊建设，中国与相关国家将全力打造"六廊六路多国多港"主骨架。在产能合作方面，中国已经同 10 个国家签署了国际产能合作协议，中哈产能合作协议总投资超过 230 亿美元，极大地满足了中国的投资需求。在设施联通方面，中老铁路正式动工，中泰铁路举行项目启动仪式。中白工业园、中印尼综合产业园、中哈霍尔果斯国际边境合作中心以及中老、中越、中蒙跨境经济合作区建设加快。① 区域全面经济伙伴关系协定（RCEP）、中国—东盟自贸区升级谈判进展顺利。2016 年年初，习近平主席首次访问地点定在"一带一路"沿线的三个重要国家沙特阿拉伯、伊朗、埃及。与三国签署共建"一带一路"备忘录不久以后，伊朗和中国就开通了义乌—德黑兰货运班列，并约定每月一次由中国抵达伊朗。并且中国与伊朗的德黑兰—马什哈德铁路电气化改造项目已经开

---

① 潘峰：《中国与 21 世纪亚洲基础设施互联互通进程》，《国际研究参考》2015 年第 8 期。

工，伊朗总统鲁哈尼出席了开工仪式。

短短两年时间取得的合作成果表明了沿带沿路国家对"一带一路"合作建设的认可。通过三年的时间，"一带一路"合作框架已初步搭建起来，围绕"一带一路"合作框架，中国的"一带一路"建设取得了初步的进展。然而，要全方位推进务实合作，打造利益共同体、责任共同体和命运共同体，仅仅依靠搭建的合作框架是远远不够的，迫切需要国际区域内参与国之间建立起政治互信、经济融合、文化包容的关系，以真正开放、互惠、供应的心态开展各个层面的合作，需要国内各省共同参与、融合和对接"一带一路"倡议。在框架形成的基础上，找出合作框架中重要的"切入点"，集中发力，必定会夯实合作的基础，进一步稳固"一带一路"的合作框架，推动"一带一路"更好地发展。但国家间文化差异、区域外势力干预以及中国与投资目标国自身问题的存在，使中国的"一带一路"倡议并没有完全得到相关国家的积极响应，甚至出现了阻挡中国向相关国家继续投资、深化经贸合作的进程。"一带一路"的倡议虽然是中国提出的，机遇却是全世界的。习近平主席在谈到"一带一路"问题时指出："一个国家要谋求自身发展，必须也让别人发展；要谋求自身安全，必须也让别人安全；要谋求自身过得好，必须也让别人过得好。"因此，寻找共同切入点、培育共同利益，至关重要。

一　设施联通：规划对接

"一带一路"沿线国家大多基础设施薄弱、产能不足、潜在需求强劲，但许多国家地理环境复杂，且没有足够的资金实力以及技术基础支持基础建设的投资。通过"一带一路"基础设施的互联互通，能够促进沿线国家经济要素有序流动、资源高效配置和市场深度融合。基础设施一旦联通，就会在物流、贸易、信息等领域产生巨大的"溢出效应"，那么"一带一路"基础设施的互联互通必然成为"一带一路"互利共赢的顶层设计重点。

（一）沿线国家基础设施互联互通现状

基础设施互联互通包括交通、能源和通信三方面的互联互通。目前，中国与"一带一路"沿线国家基础设施的互联互通已经取得了阶段性的突破。总体来看，中国与沿线国家基础设施的互联互通合作正从东南亚向南亚、西亚、中亚、蒙俄等区域开展，已初步形成全方位、多层次的互联互通格局。

1. 交通基础设施

中国已建成世界上最庞大的、总里程达 7547 公里的高速铁路网，到 2020 年里程数将扩至 1.8 万公里。中老、中缅、中蒙铁路以及中老、中缅孟印、中蒙西部公路等贯穿南北的陆上通道已经投入建设。吉布提港、也门亚丁港、缅甸皎漂港、孟加拉国吉大港、斯里兰卡科伦坡港等由中国建成或正在修建的港口码头遍布航运要道，中国海外港口数目逐渐增多。目前，中国国际道路运输客运线路有 136 条，年过客量达 700 万人次；国际货运线路有 151 条，年过货量达到 1000 万吨以上。①

2. 能源基础设施

中缅、中哈、中俄原油管线陆续贯通运营，中亚、中缅天然气管道分别建成投产，联通三面的能源供应战略通道基本打通。中巴经济走廊能源合作规划、中亚五国可再生能源规划、东盟清洁能源路线图、孟中印缅经济走廊电力项目投资环境研究等项目，将逐步展开。②

3. 通信基础设施

中国已有北京、上海、广州、昆明、南宁、乌鲁木齐、福州、哈尔滨八个城市获批设立国际通信业务出入口局，将联通中国与东南亚、中亚、南亚等多个区域的大容量光缆，进一步提升中国与周边国家的国际语音及数据通信对接能力。③ 中国与沿线国家的信息丝路网正不断铺开，努力打造一条"数字丝绸之路"。

（二）基础设施互联互通所面临的问题与挑战

当前，"一带一路"正顺利推进并已取得了显著成效，但同时也存在着诸多的问题与挑战。

1. 沿线国家基础设施落后，标准不一，无法实现有效衔接

（1）沿线国家基础设施落后。"一带一路"沿线国家多为发展中或者

---

① 《互联互通基础设施建设成"一带一路"交通项目重点》，新浪新闻，2015 年 8 月 3 日，http：//news. sina. com. cn/o/2015 - 08 - 03/060132168642. shtml。

② 《"一带一路"路线图出炉能源基础设施建设先行》，北极星电力新闻网，2015 年 6 月 16 日，http：//news. bjx. com. cn/html/20150407/605561 - 2. shtml。

③ 《全国第四大互联网直连点落户乌鲁木齐 一带一路信息化先行》，《今日关注》2016 年 3 月 22 日，www. fcdbz. com http：//www. fcdbz. com/todayfocus/27571. shtml。

转轨国家,经济实力薄弱,通过表1可看出东南亚、南亚、中亚等国家得分都显著低于全球平均水平,中国得分4.5,略高于世界水平。在这种情况下,即使中国自身以及与国外衔接部分的交通设施良好,也无法与周边国家贯穿形成一个有效的互联互通、区域性的交通网络。

(2)制度或标准差异大。中国与许多"一带一路"沿线国家交通技术标准、口岸管理制度和运输标准等差异巨大。比如铁路轨距的不同、公路技术标志的差异,都会导致运输的低效率,增加运输成本。①

表1 部分"一带一路"国家基础设施质量评分

区 域	国 家	评 分	排 名	区 域	国 家	评 分	排 名
东南亚	越南	3.5	99	中东欧	波兰	4.1	68
	柬埔寨	3.4	102		克罗地亚	4.6	46
	泰国	4	71		保加利亚	3.7	89
	马来西亚	5.6	16		乌克兰	3.8	82
	缅甸	2.4	135	西亚北非	伊朗	3.9	76
	菲律宾	3.3	106		沙特阿拉伯	4.9	31
南亚	印度	4	74		科威特	4.1	67
	巴基斯坦	3.5	98		埃及	4.5	51
	尼泊尔	4	72	中亚	哈萨克斯坦	4.2	62
	斯里兰卡	5.1	26		塔吉克斯坦	3.8	85
北亚	俄罗斯	4.1	64		中国	4.5	51
	蒙古国	3.3	107				

注:1代表最落后,7代表最高分。

数据来源:*Global Competitiveness Report* 2015 – 2016。

2. 基础设施资金缺口较大,投融资主体、模式单一

资金方面,尽管沿线国家以及地区性组织在基础设施融资方面做出了很大努力,但是依旧不能满足巨额的资金需求,缺口较大。投融资主体方面,多数还是国有企业或者大型股份制企业,而中小型企业以及民营企业占比较少,基础设施建设短期回报率低且政治关系复杂、法律不规范等原

① 曹佳:《丝绸之路经济带的基础设施建设与合作进展》,《经济师》2015年第6期。

因都会使私人资本望而却步。而在投融资模式方面，包括政策性银行及商业银行参与的银团贷款，仍是中国对外投资基础设施建设融资最主要的资金来源，较少使用国际上比较流行的 PPP、BOT 等形式。[①]

3. 各国各阶层目的不同，没有兼顾各方利益

一方面，由于各个国家经济发展水平、经济活动布局、发展目的各不相同，可能造成基础设施建设方向、布局、优先顺序等方面存在很大争议。另一方面，我们在实施一些项目时容易走两个极端，第一个是不注重项目的经济效益，过度依赖当地政府和政策支持；第二个是过度注重项目对中国的作用、对当地政府的意义，而忽略当地企业、民众的利益。

4. 地缘政治关系复杂，缺乏政治互信与向心力

（1）"三股势力"、境外恐怖分子对油气管线和交通干线等的破坏为潜在威胁。巴基斯坦、阿富汗、伊拉克、叙利亚等沿线国家都是恐怖势力、极端势力和分裂势力的猖狂之地，受到恐怖组织、极端组织威胁的可能性也比较大。

（2）源自大国博弈的制约。一方面，美国、日本、印度等大国担心在亚太地区的主导优势会被削弱，因此，均提出了各自的战略或计划（见表2），大国间的竞争日益激烈；另一方面，很多"一带一路"沿线国家加入了不同的双边合作组织，而这些组织由不同的大国领导，在大国博弈的影响之下，各个沿线国家的立场变得不坚定。

表2 多国实施"丝绸之路"计划

国　别	名　称	提出时间
美国	亚太再平衡	2012 年 6 月
	新丝绸之路计划	2011 年 7 月
俄罗斯	亚洲联盟	2011 年
	新丝绸之路	2009 年
日本	新丝绸之路外交构想	1998 年 1 月
中国	丝绸之路经济带	2013 年 9 月
	21 世纪海上丝绸之路	2013 年 10 月

资料来源：转引自刘国斌《东北亚海上丝绸之路经济带建设研究》，《学习与探索》2015 年第 6 期。

---

① 缪林燕：《贯彻"一带一路"战略金融支持互联互通基础设施建设》，《国际工程与劳务》2015 年第 3 期。

(三)"一带一路"基础设施总体布局与对策

国内切入:进一步提高国内对接国外的交通、通信、电网等基础设施互联互通水平,形成贯穿东中西、联结南北方的对外经济走廊;布局"一带一路"生产贸易链条中交通运输节点建设,在全球重点航空港、海港和沿线国家铁路、公路、口岸,推进项目实施形成中国权益,使中国成为全球资源配置枢纽。

国外切入:主动提供全球公共产品,用实际行动展现政策导向和意图,消除疑虑和偏见;向"一带一路"国家提供中国的卫星全球定位和通信、航空航天服务、高铁、核电等一流技术;推进互联互通规则标准化,发展国际多式多维联运;基础设施项目充分考虑并兼顾各国不同利益诉求,兼顾政府、企业、民众以及非政府组织的利益诉求,做好各大利益相关方的分析启动项目。

要顺利完成总体布局的实施,化解基础设施互联互通所面临的问题,既需要宏观层面上的政策协调和制度设计,也需要微观层面上组织和管理的创新;既需要政府的引导,也需要市场力量的推动。

1. 推进标准规则的互联互通,运输效率高效化

对于沿线国家基础设施落后问题,中国应当尽量为基础设施落后国家或地区提供资金支持,输出高端技术,打造有效衔接的高效交通网络。建议筹建"一带一路"铁路货运总公司、航空总公司等专门服务于"一带一路"的跨国企业,由这些企业统一规划、协调、运营铁路、公路、航路等基础设施,并积极发展国际多式联运,提高货物运输的便利化、高效化和标准化。对于公路运输监督标准不统一等问题,可以通过双方的沟通协商寻找出可行性方案来解决,建立标准化的物流设施和作业流程,建立标准化的统一运输仓储等环节的税费和赔偿细则,建立公正高效的应急与纠纷处理机制等。[①]

2. 建立风险共担、利益共享机制,融资渠道市场化

解决投资资金不足的问题,既要依靠公共资本的先导作用,也要充分调动私人资本的积极性。第一,充分发挥政府的主导作用,需要政府对基础设施建设中的融资方式、融资渠道、投资方的权利与义务的规定、政府

---

① 刘崇献:《"一带一路"物流建设障碍及其对策探讨》,《现代经济探讨》2016 年第 1 期。

特许经营权评估和授予、担保责任、法律政策等多方面内容起主导与引导作用。第二，充分发挥官方资本的金融机构的引领撬动作用，尽快筹集资金投入建设。建议在这些金融机构下设立专门的投资评估与决策委员会。由委员会主导，建立"一带一路"项目库，建立一套标准，通过评判项目所在地的经济发展水平、项目建设模式、项目投融资模式等标准来制定对应的优惠政策。① 第三，灵活采用债券融资、股权融资以及国际流行的BOT、PPP、TOT等方式，将私人资本引入设施建设中去。通过私人资本与公共资本的协同合作，发挥 1 + 1 > 2 的效用。② 鼓励实力雄厚、信用资质好的境内外投资者或联合组建项目投资主体，发行丝路债券，还可以将基础设施项目建成后的收益证券化，开发贷款证券化、资产证券化等多样化融资工具和金融产品，满足巨额的融资需求。③

3. 兼顾不同利益诉求，共同效益最大化

"一带一路"要具有国际视野，做好各大利益相关方的分析，同时兼顾政府、企业、民众以及非政府组织的利益诉求，正视差异，找到双方合作的共鸣区。中国企业进入沿线国家进行项目投资时，要遵守本国以及他国法律，切忌急功近利，只注重短期效益，特别是不能以牺牲当地的人文和自然环境为代价获取经济利益。作为"一带一路"的主导方，中国应当主动承担社会责任，做好模范带头作用，打造与当地政府、上下游企业以及老百姓之间牢固的利益、责任与情感纽带。

4. 加强各国政治互信，大国关系和平化

面对民族矛盾、恐怖势力猖獗等问题，保证"一带一路"实施过程中的财产安全、劳工安全是重大任务。中国应该倡导沿线国家共同建立联合反恐中心，设立对"一带一路"资产以及海外劳工的安全保护屏障，共同应对恐怖势力的威胁。④

对于美国、印度等大国而言，一方面，中国应当通过各种渠道加强与其政界、学界、商界的政治、经济、学术外交，强调"一带一路"建设的

---

① 张锦：《"一带一路"战略中交通物流关键问题与对策》，《物流技术》2015 年第 11 期。

② 徐洪才：《发挥融资协调 1 + 1 > 2 的效应》，《智库中国》，中国网，2016 年 2 月 3 日，http: //www. china. com. cn/opinion/think/2016 – 02/03/content_ 37726903. htm。

③ 缪林燕：《贯彻"一带一路"战略金融支持互联互通基础设施建设》，《国际工程与劳务》2015 年第 3 期。

④ 张蕴岭：《"一带一路"要应对三大挑战》，《中国经济周刊》2015 年第 17 期。

开放性、合作性和互利共赢性,淡化零和博弈及对抗色彩,打消其疑虑。另一方面,要加强与美、印在能源、反恐等领域的务实合作,着眼于长远,以建设性的姿态巩固双边关系的基础,构建良好的政治经济互动关系。此外,还要欢迎其他非沿线国家的积极参与,寻求与国际现有有关倡议与战略的契合点和共同点,以争取最大范围的支持。

二　贸易畅通：制度对接

当今全球贸易市场存在着两大贸易轴心:一是以欧美发达国家为主导的大西洋贸易轴心,二是以美洲、澳大利亚、东亚等国为主导的太平洋贸易轴心。在全球经贸规则形成过程中,发达国家力图构建诸如 TPP 和 TTIP 的高标准排他性自贸区,进而主导全球经济治理,发展中国家和新兴经济体始终没有恰当的国际规则制定权。中国的"一带一路"倡议则为此提供了新出路,"贸易畅通"更应把握好利益共赢点,打造出以中国为核心的全球生产贸易链,从而构建新的全球价值链。

(一)"一带一路"与全球经贸格局发展现状

长期看,"一带一路"沿线国家比较优势差异明显,据劳动分工理论,具备雁型分工模式的区位条件和产业基础,有利于中国的劳动密集型行业和优势性资本密集型行业向沿线国家转移,构筑以中国为"领头雁"的新型雁型模式,重构区域内产业体系。

1. 中国与"一带一路"沿线国家贸易现状

(1)中国与"一带一路"沿线国家经贸往来情况。

中国与沿线国家境外经贸合作保持逐年递增的良好势头,但也出现了一些问题和缺陷:从表 3 来看,2014 年"一带一路"沿线地区除蒙古国、泰国等 14 国外,其余国家对中国贸易出现逆差现象,但中国在沿线国家的"口袋份额"不高,地区分布不均衡,中东欧、部分独联体国家对中国贸易依存度较低(见表 3)。①

① 公丕萍、宋周莺、刘卫东:《中国与"一带一路"沿线国家贸易的商品格局》,《地理科学进展》2015 年第 5 期。

表3 　　　　　　　　2014 年中国对"一带一路"各地区贸易往来情况① 　　单位：亿美元

地 区	进出口贸易额	占该地区进出口总量比重（%）	占中国进出口总量比重（%）	中国从该地区进口额	中国向该地区出口额	中国对其贸易顺差
东南亚（11 国）	4803.93	18.94	11.17	2083.22	2720.71	637.49
南亚（8 国）	1060.42	10.90	2.47	202.02	858.39	656.37
中东欧（19 国）	706.71	3.80	1.64	207.67	499.29	291.62
西亚及中东（19 国）	3157.30	13.45	7.34	1666.27	1491.04	-175.23
俄罗斯、蒙古国	1025.94	12.89	2.39	467.00	558.94	91.94
中亚（5 国）	450.00	24.06	1.05	240.57	209.43	-31.14
"一带一路"合计	11204.30	84.05	26.05	4866.75	6337.8	1471.05

数据来源：Wind 数据库。

（2）中国与"一带一路"沿线国家贸易商品结构。

据王博等人编制的 RCA 指数②（见表4）可知各区域比较优势行业和中国与这些国家的进出口商品结构大致相同，并受各国不同需求结构影响。

据行业敏感指数③可知，中国贸易中的敏感性行业大部分是存在于经

① 表中各个区域囊括国家：东南亚（越南、老挝、柬埔寨、泰国、马来西亚、新加坡、印度尼西亚、文莱、菲律宾、缅甸、东帝汶）；南亚（印度、巴基斯坦、孟加拉国、阿富汗、尼泊尔、不丹、斯里兰卡、马尔代夫）；中东欧（波兰、捷克、斯洛伐克、匈牙利、斯洛文尼亚、克罗地亚、罗马尼亚、保加利亚、塞尔维亚、黑山、马其顿、波黑、阿尔巴尼亚、爱沙尼亚、立陶宛、拉脱维亚、乌克兰、白俄罗斯、摩尔多瓦）；西亚及中东（土耳其、伊朗、叙利亚、伊拉克、阿联酋、沙特阿拉伯、卡塔尔、巴林、科威特、黎巴嫩、阿曼、也门、约旦、以色列、巴勒斯坦、亚美尼亚、格鲁吉亚、阿塞拜疆、埃及）；中亚（哈萨克斯坦、吉尔吉斯斯坦、塔吉克斯坦、乌兹别克斯坦 、土库曼斯坦）。

② RCA 表示显性比较优势指数，一般用来衡量国际贸易中专业化水平及甄别一国具有比较优势行业的常用指标。计算公式如下：$PCA_{ijk} = \dfrac{EX_{ik}/ES_i}{EX_{jk}/ES_j}$，$RCA_{ijk}$ 为 i 地区或国家出口 k 产品具有相对比较优势，EX_{ik} 和 EX_{jk} 表示 i 地区和 j 地区或国家出口 k 产品的出口贸易额。ES_i 和 ES_j 表示 i 地区和 j 地区或国家进出口的产品总额。

③ 行业敏感指数使用来衡量一国进出口贸易中，某一行业的进出口对另一国家对本国该行业产品进出口贸易的依赖程度。

济规模较小、产业结构相对单一的国家，并且中国出口部门的敏感性行业明显多于进口部门。

表4 "一带一路"沿线各地区的出口优势产业和中国进出口敏感性行业

"一带一路"沿线各地区出口优势产业	中国进口敏感性行业	中国出口敏感性行业
东北亚：矿产品	矿砂、矿渣等能源产品	纺织服装、鞋帽
中亚：矿产品	木材及制品	非金属制品
西亚：矿产品	生皮及皮革	钢铁
中东欧：交通运输设备、机械设备	铜及制品	玩具及运动物品
南亚：纺织服装及非金属矿物质制品	食用蔬菜类	机电产品
东南亚：植物产品、食品饮料、木制品、塑料橡胶及机械设备		交通运输设备
		矿物质类产品

资料来源：引自赵磊《"一带一路"年度报告：从愿景到行动（2016）》，商务印书馆2016年版。

2. 中国与"一带一路"沿线国家投资现状

中国对"一带一路"沿线国家投资规模和在全球占比处于上升态势，2003—2014年，中国对蒙俄地区、西亚及中东地区投资状况发生逆转；中国对东南亚地区投资保持稳步增长态势，中亚与南亚地区虽然规模较小，但增速最快；中东欧地区规模最小且增速慢，占比不到5%（见表5、图1）。

表5 2003—2014年中国对"一带一路"沿线地区的直接投资存量

单位：亿美元

年 份	蒙俄	中亚	东南亚	南亚	中东欧	西亚、中东	总 计
2003	0.75	0.44	5.87	0.46	0.12	5.23	12.87
2004	1.99	0.70	9.56	0.60	0.18	6.00	19.03
2005	5.96	3.25	12.56	2.55	0.38	8.82	33.53
2006	12.44	4.46	17.64	2.26	1.84	12.69	51.34
2007	20.14	8.81	39.54	12.49	2.40	11.95	95.33
2008	27.34	19.42	64.87	17.38	2.79	15.75	147.56
2009	34.62	22.56	95.79	19.51	3.40	23.84	199.72

续表

年 份	蒙俄	中亚	东南亚	南亚	中东欧	西亚、中东	总 计
2010	42.23	29.18	143.58	26.33	7.69	39.95	288.96
2011	56.50	40.33	214.69	35.50	9.37	54.64	411.03
2012	78.43	78.24	282.45	42.15	12.79	71.84	565.89
2013	109.36	88.93	356.77	58.04	14.43	90.96	718.50
2014	124.57	100.94	476.48	83.25	16.30	119.12	920.66

注：南亚中不丹和马尔代夫两国数据缺失，未列入统计。

资料来源：根据 Wind 数据库整理而得。

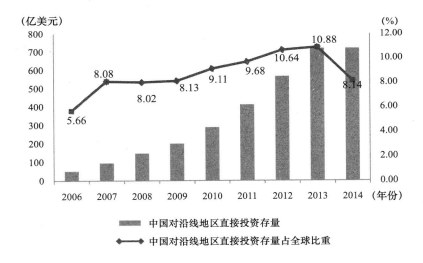

图1 2003—2014 年中国对"一带一路"沿线地区直接投资
存量及其全球占比

数据来源：根据 Wind 数据库整理而得。

（二）"一带一路"框架下贸易投资面临的问题与挑战

1. 中国与沿线国家贸易投资出现的问题

由于不同地区的自然禀赋、生产力水平与经济实力等差异，中国和沿线国家的贸易投资活动中主要存在以下问题。

（1）对外投资法律体系不健全，管理体制不完善。

部分沿线国家贸易、投资规范和保护法律体系出现缺位，中国企业海外投资缺乏法律保护。

（2）中国对沿线国家的贸易投资不均衡，贸易便利化程度整体较低。

中国贸易投资地区"质""量"失衡，结构不合理；现有贸易安排层次杂乱、自由化整体水平较低，贸易投资便利化尚未形成相对有约束力的协调机制。

（3）全球战略性资源的投资壁垒较大。

欧美、日韩等发达国家在沿线国家中已占据一定优势，且东道国对国家战略资源开发限制较多；同时，多数中国企业多以自身利益为主，忽视当地多元化经济发展需求，受到东道国的排斥。

2. 中国与沿线国家贸易投资面临的挑战

（1）国际环境带来的挑战。

一是全球贸易格局发展出现新常态。以美国为主的自由贸易协定故意设定高标准进入门槛；发展中国家货物出口将面临发达经济体的"再工业化"以及新兴经济体低廉生产要素的双面压力；世界经济走向"双循环"结构，全球贸易出现"南升北降"，全球价值链出现收缩与重构态势，造成短期内不良冲击。

二是大国利益博弈的地缘政治挑战。沿线地区中美国"新丝绸之路"、TPP战略，俄罗斯"欧亚经济联盟"，日本"丝绸之路外交"战略等竞争势力博弈；沿线多数国家政治局势动荡，时有反华排华事件发生，据统计，2005—2014年因东道国政治动荡"走出去"失败的中国企业占17%。①

三是东道国认知差异和政策风险。部分沿线国家对中国意图存在认知差异，战略互信不足，甚至为中国行为赋予负面政治含义或军事色彩；经济政策朝令夕改，出现强行没收、国有化中国投资企业的现象。

四是区域内贸易投资市场竞争激烈。中国出口商品结构与欧美发达国家结构日趋相似，竞争激烈；中国对外基础设施投资的收益率低且投资周期长，沿线地区已存在的诸多风险更是加大了其不确定性。

（2）国内挑战。

一是中国经济发展步入新常态，国内出现产能过剩难题。目前国内经济呈现"新常态"，全国呈现"三期叠加"特征，直接降低了对原材料和

①　数据来自首部《中国企业国际化报告（2014）》蓝皮书，《人民日报》2014年10月29日。

能源类的进口需求，国内钢铁、水泥等行业也面临库存量高、资金周转难的产能过剩困扰。

二是中国产品和服务缺乏国际竞争力。中国的贸易产业产品附加值较低，缺乏核心技术和品牌效应，中国企业创新能力弱，多数处于加工组装环节，关键技术和零部件受制于人。

（三）突破瓶颈约束，构建贸易畅通的新格局

1. 国内视角

（1）完善与国际接轨相关法律体系，建立信息服务体系。

加快功能互补、结构统一的对外贸易和对外投资法律体系建设，规范管理和服务，并与沿线国家做好信息互换、监管互认、执法互助的协调管理体制；同时构建部委层面主导、民间机构主动、海外商会为窗口、研究机构为智库的多元化信息网络体系，及时发布沿线国家的市场竞争、行业动态等信息，服务国内企业。

（2）引导国内产业结构升级，推进对外投资去本土化。

引导国内贸易产业在产品质量、品牌、技术服务上的升级与结构调整，针对性加大服务业的支持力度；引导优势产业开展集群式对外投资，淡化"外资"色彩，实现投资项目与当地发展形成"利益共同体"，建立"一带一路"产业共享模式。

（3）发挥国际贸易支点城市作用，建设"一带一路"经贸合作产业园区。

统筹协调"一带一路"国际贸易战略支点城市，通过"以点带面"的方式助推贸易网络密集化发展；在国际贸易支点城市或"一带一路"主要交通节点、港口共建一批产业示范区和特色产业园。

（4）建立风险防范措施，为对外贸易与投资提供安全保障。

建立风险基金，完善风险监管制度；成立投资安全咨询机构；设置国家风险研究分析机构并形成风险报告，完善风险预警机制和突发事件应急处理机制。

2. 国际视角

目前全球价值链主要集中于三个区域，分别是以中国为中心的东亚和东南亚地区、以美国为中心的北美自贸区以及以德国为中心的欧盟地区。

中国应将产品的生产过程和相关服务分割为多个连续阶段,围绕资源开发与获取、产品研发与销售、服务外包与承接三条主线,深化供应链、价值链合作,打造跨越多国的新生产网络和贸易链。

(1)基于要素禀赋特征的差异化策略。

根据李嘉图的比较优势理论,中国可以根据沿线国家不同的要素禀赋和比较优势实现产业转移,采取差异化战略,形成上、中、下游全产业链优势互补的贸易投资网络:对于资源密集型国家(如蒙古国、伊拉克等),中国应加强与钢铁、铝等金属及非金属制品等资源的产能合作;对于技术密集型国家(如马来西亚、泰国等),中国可根据每个产业的不同特点、竞争优劣势、市场容量等因素布局投资;对于劳动密集型国家(如印度、越南等),中国应根据劳动力禀赋特点,通过建设境外工业园区的方式转移国内的纺织服装、玩具、食品制造等产业。

(2)基于地理空间特征的差异化策略。

根据中国需求和沿线地区实际情况,可采取空间化差异策略:俄蒙两国与中国具有地缘政治联系,应加大与俄罗斯油气、航空航天、资源精深加工以及蒙古国轻纺、食品等领域的产业合作;中东欧靠近欧盟大市场且急需发展经济,中国可将国内钢铁、高铁、装备制造等产业转移;南亚丰富的人力资源可转移中国劳动密集型产业,把南亚打造成中国的"生产制造地";东南亚地区借助中国—东盟自贸区,主推能源领域合作和基础设施投资;西亚位于"一带一路"的空间交汇处,油气资源丰富,应以能源合作、设备制造以及产品加工为主,同时谨慎国际能源价格下跌风险。

(3)以中国—东盟自贸区为示范,构筑"一带一路"自贸区群。

以中国—东盟自贸区作为示范区,帮助东盟国家做好贸易便利化、设施升级和流程优化,挖掘沿线国家贸易潜力,尽快促成亚太贸易协定,建设亚太自由贸易区,加速"一带一路"区域整体乃至与其他区域的汇合,最终建成"一带一路"自由贸易区。

(4)推进"一带一路"投资贸易磋商机制建设,构建利益共同体共识。

一是推进"政府搭台、银企唱戏"的良好投资贸易撮合机制;二是主动协调新老机制内规则的制定和对接;三是建立多元化的国际贸易投资争端解决机制。

三 资金融通：金融支撑

在"一带一路"倡议区域发展战略规划背景下，金融作为现代经济的核心，是串联起中国与"一带一路"沿线国家共享机遇、共同发展的关键。然而，中国在实现这一倡议的过程中，必须要具备一个能与自身国际地位和"一带一路"倡议实施相匹配的金融支撑体系，才能有效实现这一宏伟蓝图。因此，如何实现"一带一路"倡议愿景下的中国金融双向开放，如何重塑中国金融体系，以实现"一带一路"金融支撑的目标是本文重点需要探讨的议题。

（一）"一带一路"建设的金融需求和功能分析

在对"一带一路"倡议进行现状分析之前，需要先对其相应的金融需求和功能进行分析。下文从金融需求及功能两个方面来展开。

1. "一带一路"建设中对于金融的需求

"一带一路"倡议的实现是域内国家的共同愿景，国家间应促进合作，以旨在实现共赢、打造安全区域环境一同前行。具体对金融的需求可从五个角度进行分析。

第一，域内各国的发展金融政策各不相同，总体而言金融支撑力度较弱，要在各国之间加强金融政策的沟通和协调，从政策上为金融对倡议建设的支撑做后盾。

第二，域内各国中，以发展中国家为多数，基础设施体系较不完善，建设资金的缺乏成为制约"一带一路"基础设施建设最为关键的因素之一，构建基础设施互联互通的多元化投融资渠道也就显得尤为必要。

第三，"一带一路"要拓宽贸易领域，通过贸易结构优化寻找潜在发展点，实现贸易平衡。这就对金融提出要求，要以贸易和服务业的金融需求特点为基础提供相应所需的金融服务，促进贸易与服务业的融资便利性。

第四，企业跨国的经营、投资管理在获得更大获利空间的同时也将额外承受国际风险，这就要求金融机构和金融服务要能满足相应的需求。

第五，"一带一路"倡议最终成败的关键，归根到底是能否很好地吸引人才、利用好人才带来的创造力。就金融而言,沿线国家对金融存在不同的需求,对全球化的高素质金融人才的需求越来越显著。

第六,信用评价体系对于资金融通及顺利推进投融资等金融合作至关重要。目前,中国仍缺乏对"一带一路"沿线国家和地区的机构及企业的信用评价体系。信用评价标准体系的构建是金融体系构建的一部分,且十分迫切和需要。

2. "一带一路"建设中金融的功能

在"一带一路"建设中,金融在"一带一路"倡议中所发挥的功能可以从以下三方面来分析。

首先,从经济外交的角度来看,"一带一路"倡议是中国目前经济外交战略中的工作重点。[①] 倡议的推动使得中国与沿线国家经济交往越发密切,而金融作为推动的重要工具,起着重要支撑作用。

其次,通过构造完善的金融支撑体系,中国可在带动沿线国家发展的同时推动国内低端制造业适时适当向外部转移,促进产业转型升级;同时可通过参股关键港口、重要公司甚至是国家等方式获得债权,有效地对金融资源及外汇储备等进行全球化配置。

最后,从沿线国家的角度来看,中国所拥有的巨额储蓄及大量的外汇储备可在一定程度上帮助有需求的国家和地区解决它们的经济发展困难及资金瓶颈问题。

(二)围绕"一带一路"的金融支撑体系现状考察

本节围绕"一带一路"金融支撑体系发展进行现状考察,具体从投融资体系、政府间金融合作、保险支撑体系及信用评级体系四个部分来分析。

1. 投融资体系建设

"一带一路"的亚洲投融资支撑体系已显雏形。下文从商业性金融、开发性金融和政策性金融三方面来逐一进行现状分析。

(1)商业性金融。

从商业性金融来看,银行体系中的传统商业银行,例如中农工建交等

---

① 聂锐:《中国推进经济外交进程的路径探析——以"一带一路"为例》,《特区经济》2015年第7期。

均已在"一带一路"沿线国先后设立分支机构,东盟地区作为"一带一路"重点区域,也成为中国商业银行开拓"一带一路"海外业务的重点地区。与此同时,沿线国家的金融机构也开始逐步进入中国银行间外汇市场(见表6)。

中国与"一带一路"域内国家与地区之间通过相互设立金融分支机构,建立金融合作,使得双方金融相关业务得到逐步推进和顺利开展。

表6　　　　　　　　　2013年以来中国金融机构开拓东盟金融市场

年 份	金融机构开拓情况
2013	中国工商银行:新加坡分行获授权担任新加坡人民币业务清算行; 中国银行:金边分行获柬埔寨中央银行批准成为柬埔寨本地和跨境人民币业务清算银行、印度尼西亚棉兰分行在印度尼西亚苏北省会棉兰市正式开业
2014	富滇银行:控股51%的老中合资银行在老挝万象正式开业,2014年年初,富滇银行还开通了泰铢现钞兑换业务; 招商银行:新加坡分行正式成立,业务包括传统的双边美元贷款和贸易融资服务,也有离岸人民币贷款业务; 工商银行:柬埔寨国家银行正式批准中国工商银行金边分行为柬埔寨人民币业务清算行,并为当地银行同业提供人民币账户管理、人民币同业清算、跨境人民币资金清算、流动性支持以及人民币资金市场服务等全面的人民币清算服务; 中国银行:在柬埔寨新设奥林匹克支行
2015	中国银行:获准担任马来西亚吉隆坡人民币清算行、老挝万象分行开业、在缅甸设立仰光代表处、在泰国新开设三家分行; 工商银行:获准担任泰国曼谷人民币业务清算行、缅甸仰光分行正式开业; 包括新加坡政府投资公司在内的首批境外央行类机构在中国外汇交易中心完成备案,正式进入中国银行间外汇市场
2016	包括新加坡金管局、印度尼西亚银行、泰国银行在内的第二批境外央行类机构在中国外汇交易中心完成备案,正式进入中国银行间外汇市场

资料来源:根据中国人民银行官网、新华网、中国银行官网、中国—东盟自由贸易区网站等的相关资料整理。

(2)政策性金融。

在"一带一路"倡议中,政策性金融一方面可以反映出政策的导向性以及发展方向和路径,另一方面可以作为商业性金融的前期引导和基础性支撑。此外，政策性金融还可以弥补商业性金融所不能参与或不愿涉及的地方。

中国农发行和中国进出口银行属于政策性金融机构。中国进出口银行作为丝路基金的资金方之一，从原先的扶持贸易到如今专门设置投资基金来参加具体项目的扶持与投资，帮助我们的企业"走出去"，也帮助"一带一路"国家"走进来"。这两个政策性银行均确立资本充足率制约机制，中国农业发展银行以政策性业务为侧重点，进出口银行以政策性职能为侧重点扶持"一带一路"建设。

（3）开发性金融。

开发性金融与政策性金融的不同之处在于它的业务把盈亏考虑在内，同时也符合国家发展战略，以"保本微利"的经营模式进行发展。同时，它还可以弥补传统商业金融体系的业务空缺部分，例如中长期融资，通过补充和培育市场来发挥特有的功能。① 国开行属于开发性的国家金融机构，它承担了以国家为主体的对外合作大规模项目的金融支持。作为丝路基金的资金方之一，国家开发银行向"一带一路"一些新区域提供支持，为"走出去"做出贡献。

2. 政府间金融合作

自"一带一路"倡议提出以来，中国与沿线国家针从经济对话合作、货币清算与支付、金融交流合作、新交易合作平台设立等方面签订相关金融协议（见表7）。从实体经济的合作到金融领域的携手，进行着双向多方位的合作，通过每个国家发挥本国所长，进行优势资源互补，实现双赢。截至2015年年底，中国人民银行已与世界上30多个国家签订了货币互换协议，其中15个为"一带一路"沿线国家。② 双边货币互换的签订有利于推进本币结算，可在一定程度上降低汇率风险及交易成本，推进人民币国际化的发展进程。

---

① 《政策性金融再定位——专访中国人民银行行长周小川》，《财经》，http://yuanchuang. caijing. com. cn/2015/0820/3950786. shtml。

② 据笔者统计，15个国家为马来西亚、印度尼西亚、新加坡、白俄罗斯、乌兹别克斯坦、蒙古国、哈萨克斯坦、泰国、巴基斯坦、阿联酋、土耳其、乌克兰、斯里兰卡、俄罗斯和卡塔尔。

表7　　　　　中国与"一带一路"沿线国家互签的相关金融协议

年　份	金融协议签订情况
2014	《中泰关系发展远景规划》中指出："双方同意深化金融和银行业合作，推动更多使用两国本币作为两国贸易和投资结算货币……为双方贸易、投资和经济合作提供便利。双方将共同探讨提供更便利的人民币清算服务。" 泰国开泰银行、中国民生银行、中国平安银行等来自东盟加三区域9个国家共36家银行，在泰国曼谷签署合作协议《曼谷宣言：东盟加三银行业倡议》； 工商银行：新加坡分行等3家境外银行与广西投资集团等地方企业签订总额为7.7亿元跨境人民币贷款协议； 中国邮政储蓄银行广西分行：与越南农业与农村发展银行芒街市分行在中越边境口岸城市东兴签订边贸结算业务合作协议
2015	中国与印度尼西亚双方签署了《中华人民共和国政府和印度尼西亚共和国政府高层经济对话第一次会议纪要》。中国银行与新加坡交易所签署合作创新发展协议，双方表示将携手合作研究更多人民币计价产品，包括人民币计价的大宗商品期货和外汇衍生品等，并加强人民币清算和支付领域的合作； 中国商务部部长高虎城与东盟十国部长分别代表中国政府与东盟十国政府，在马来西亚吉隆坡正式签署中国—东盟自贸区升级谈判成果文件——《中华人民共和国与东南亚国家联盟关于修订〈中国—东盟全面经济合作框架协议〉及项下部分协议的议定书》（简称《议定书》）。东盟各国在包含金融在内的8个部门的约70个分部门向中国做出更高水平的开放承诺。双方的具体改进措施包括扩大服务开放领域、允许对方设立独资或合资企业、放宽设立公司的股比限制、扩大经营范围、减少地域限制等； 中国银行：与柬埔寨—中国友好协会签署了"一带一路"国际金融交流合作项目备忘录。中国银行与新加坡工商联合总会签署了"一带一路"全球战略合作协议。中国银行举行了全球能源大宗商品业务中心和全球大宗商品回购中心揭牌仪式，并分别与新加坡国际企业发展局、新加坡交易所签署谅解备忘录及合作协议； 中国工商银行：与新加坡国际企业发展局（IE Singapore）在新加坡签署了战略合作备忘录，共同创建提供B2C和B2B交易的跨境电商平台

资料来源：根据中国—东盟自由贸易区网站、中国经济网、人民网、网易新闻的资料整理。

3. 保险支撑体系

"一带一路"倡议给保险体系带来了发展新契机。中国保险业通过推出境外保险、投资等业务拓宽了境外业务范围；中国人寿保险、中国太平洋保险、中国太平保险等保险公司通过在境外设立或收购保险公司实现"走出去"；中国出口信用保险公司发挥其政策性支持作用，通过建设国家风险项目及买房风险等承保业务为"一带一路"倡议的实施保驾护航。

（三）"一带一路"金融支撑体系的机制创新与框架设计

"一带一路"金融支撑体系的机制建设和框架设计，包括对内改革、对外布局和风险把控三个方面的内容，这三个方面相辅相成、相互支撑，构成"一带一路"金融支撑体系有机组成。

1. 对内改革

对内改革从以下方面开展：一是金融调控改革，要确立市场化手段在金融调控中的核心地位，改变主要通过行政手段进行调控的状况；二是对金融主体实行改革，健全多元化的金融机构，实现金融机构在发展方式、业务模式和管理方式上的转变；三是对金融市场实行改革，旨在打造具有层次化的金融市场体系，提高金融的资源配置效率；四是金融生态改革，提升金融监管能力，完善金融相关法律，构建覆盖全民的社会信用体系。

2. 对外布局

对外布局拟从五个方面着手：一是金融开放政策的松绑，目的是要提升金融法定开放度，为金融机构"出得去"、"进得来"打开政策空间；二是人民币国际化，要推进人民币在"一带一路"沿线国家中实现支付、结算和储备功能；三是金融机构协同，提升开发性金融、政策性金融、商业性金融、合作性（私人）金融的对外协同作用；四是金融市场联动，加强在岸市场和离岸市场的联动，促进本国金融市场的国家化；五是金融服务创新，满足"一带一路"沿线国家实体经济发展需求的金融服务。

3. 风险把控

风险把控拟从三方面着手：一是科学制定金融开放策略，详细评估开放风险，根据"一带一路"在不同建设阶段的金融需求科学制定金融开放步骤；二是形成与国际接轨的金融监管体系创新，深化沿线国家金融监管合作，完善区域监管协调机制，形成与国际接轨的监管体系；三是金融风险防范与应对国际化，实现对区域内甚至全球范围内各类金融风险的有效分析、预警、防御以及应对的国际化。

（四）基于"一带一路"倡议的金融支撑体系构建政策建议

在"一带一路"建设中，从国家层面需要进行金融双向开放，在金融市场中把握好基础层面和决定性层面的资源优化配置功能；从金融体制和金融机制两方面发展金融创新，满足"一带一路"建设的金融需求。

1. 中国金融双向开放体系构造的总体策略

在"一带一路"倡议下，构建双向开放型的中国金融体系时间跨度长，且沿线国家数目较大，综合发展素质也参差不齐，应该分时期、分步骤、循序渐进来进行，同时要求多层次、全方位推进。从国内视角而言，应注重综合运用中国具备的相对强大的金融实力，形成一个政策性金融、开发性金融、商业性金融和私人资本共享收益与风险的金融支撑体系，特别是增加对开放性金融支撑的发展力度，支持国内"一带一路"倡议的项目。从国际视角而言，要促进相关国家的投融资便利—稳定的"一带一路"货币体系—统一的"一带一路朋友圈"信用体系。

2. 中国金融双向开放体系构造的具体措施

（1）增强金融合作，升级机构建设和组织体系。

一是积极推动境内的金融机构"走出去"，在境外开设和建立分支机构，拓宽国际业务和市场；二是着力吸引国外符合条件的金融机构"走进来"，充分把握和使用好境外富有潜力的网点资源及地理位置的优越性，为域内跨境企业的发展提供多元化的金融服务；三是主动参与亚洲基础设施投资银行、丝路基金等区域金融机构建设，深化多边金融平台合作，为中国金融的国际化发展打造牢固的基础。

（2）优化资源配置，完善投融资市场体系。

中国应大力发展在岸金融市场，积极开拓离岸金融市场，通过在岸和离岸金融市场联动机制，实现国际资本的双向流动。构建完善的商品、资本、货币、外汇、黄金、保险和衍生品市场，并在这些市场体系中进行有计划的、多元化的资源配置，为实现金融双向开放提供市场平台。

（3）金融工具创新与服务体系。

主动支持金融工具创新，探索交易、需求和投机类的金融工具创新，为开放中国金融、与国际接轨提供有效手段；打造立体金融服务体系，结合沿线国家金融服务需求的实际特点，加强统筹协调，开展基础设施建设、产业项目合作、贸易投资、跨境结算、互联网金融等活动。

（4）建设信用体系与信用评价体系。

建立适用于中国与"一带一路"沿线国家的信用体系及信用评价体系，设立信用评价标准，增强信用评级机构之间的沟通协作。激励信用评级机构加大产品研发力度，依据沿线国家现状来设计相应评价标准。除基本的评价指标外，可通过增加供应链评级来设计判断标准，进而增加信用评级的准确性。

（5）金融安全与金融监管体系。

逐步完善中国的相关金融监管法规制度体系，提升系统性金融风险的管控和辨识能力；借鉴国际上金融监管策略，平衡好金融体制的运行效率与运行稳定之间的关系；加强国际协调合作进行监督管理，打造和完善"一带一路"倡议的域内金融监督和管理的合作机制。①

四 政策沟通：增强互信

2014 年 3 月 28 日发布的"一带一路"白皮书提出了"一带一路"建设的五大重要内容，其中"政策沟通"放在首要的位置。"一带一路"倡议作为跨区域、开放创新的发展设想和愿景，国际上尚未有先例。如何准确宣传、解释和表达中国"一带一路"倡议的新型合作理念，保障政策沟通的畅达，消除分歧，增强互信，凝聚共识成为必要的议题。

（一）"一带一路"倡议与行动中政策沟通的理论依据

"一带一路"倡议中的政策沟通是本着求同存异、多元开放、高度灵活和富有弹性的原则，围绕经济发展战略和区域合作规划，就利益诉求和关切，充分交流和对接、开展全面对话和磋商，旨在促进目标协调、发展规划对接，扩大利益汇合点，增进互信，解决分歧和问题，达成合作意愿和共识，实现务实合作和互利共赢。"一带一路"倡议中的政策沟通体现"共商"的思维，希望探寻兼顾各国需求和关切、符合沿线国家和区域发展利益的新型合作框架（见图 2）。

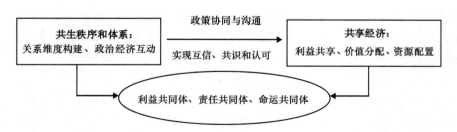

图 2 "一带一路"框架下共生秩序和体系、共享经济与三个"共同体"关系

缘何政策沟通如此的重要？首先从定位看，在"一带一路"倡议中，

"政策沟通"发挥着重要基础和保障的作用，为其他方面的互联互通提供政策护航和法律支持。从背后的理论依据和逻辑看，"一带一路"设想充分体现了共生秩序和体系以及共享经济的理念，而"政策沟通"就是搭建两者联系的桥梁和纽带。

（二）"一带一路"倡议与行动下政策沟通的现状

对于现状的考察，本部分主要围绕来自"一带一路"沿线相关国家、区域大国、国家研究机构、智库和学者的不同视角和多元声音的梳理以及推动"一带一路"中政策沟通所取得成效两大方面展开。

1. 对"一带一路"倡议的不同态度、认知和看法[①]

在"一带一路"沿线64个国家中，绝大部分国家的态度都十分正面，表示支持并充满期待，而区域的一些大国比如日本、印度和美国则反应谨慎。日本政府初始对"一带一路"表现出反对抵触情绪，后来则由于来自日本国内民间声音的影响和压力而发生了一些转变，开始以竞争者的姿态应对"一带一路"倡议。美国官方对"一带一路"倡议冷淡对待且存有疑虑，认为"一带一路"倡议具有拓展战略空间、抗衡"亚太再平衡"的意图，美国官方针对不同的问题和领域进行了选择性的回应。印度国内对"一带一路"倡议的利弊做出了很多解读，印度官方还处于谨慎考虑阶段，呈现出选择性参与的态度。从智库看，俄罗斯智库对"一带一路"及其沿线国家抱以务实的态度，就一些关切的现实问题提出了具有操作性的建议。欧洲各国智库则表现出期待，同时进行了冷观察和思考；德国智库大多给予肯定的评价，法国智库支持文化产业、旅游服务业等融入"一带一路"合作，英国智库认为，在重商主义和人文主义使然下，应该响应和参与"一带一路"合作。美国智库进行了更多的负面和非理性的思考，侧重于研究边境纠纷、历史矛盾和现实争端。[②] 可以看到，无论是各国态度认知，还是学界和舆论的看法，都需要政策沟通的引导、纠偏和释疑。

2. 中国目前在推动"一带一路"政策沟通中所做出的努力

从2013年"一带一路"提出至今，国家领导人习近平和李克强通过

---

① 王灵桂：《期待、欢迎与焦虑：国外智库看"一带一路"》，《北京日报》2015年11月30日。

② 马建英：《美国对中国"一带一路"倡议的认知与反应》，《世界经济与政治》2015年第10期。

14 次国事访问对"一带一路"国家（包括中亚 5 国哈萨克斯坦、土库曼斯坦、吉尔吉斯斯坦、乌兹别克斯坦、塔吉克斯坦，东南亚 7 国印度尼西亚、马来西亚、新加坡、泰国、文莱、越南、缅甸，东北亚 2 国蒙古国、俄罗斯，独联体中的白俄罗斯，南亚 4 国印度、巴基斯坦、斯里兰卡、马尔代夫，西亚 3 国沙特阿拉伯、伊朗、埃及以及中东欧 3 国罗马尼亚、捷克、塞尔维亚，总计 25 个国家）进行了"一带一路"构想的推介，欢迎和吸引更多国家支持、参与或融入对接到"一带一路"建设中来（见表 8）。

表 8　　　习近平和李克强对"一带一路"沿线国家进行国事访问

时　间	出访领导人	出访国家	内　容
2013 年 9 月 3—13 日	习近平	出访中亚四国，即土库曼斯坦、哈萨克斯坦、乌兹别克斯坦、吉尔吉斯斯坦	首次提出共建丝绸之路经济带
2013 年 10 月 2—8 日	习近平	出访印度尼西亚、马来西亚并出席亚太经合组织峰会	在印度尼西亚国会发表演讲，提出共建 21 世纪海上丝绸之路
2013 年 10 月 9—15 日	李克强	出访东盟三国即文莱、泰国、越南，并出席东亚领导人系列会议	提出中国—东盟未来十年合作框架的七点建议，包括启动中国—东盟自贸区升级版谈判
2013 年 11 月 25—29 日	李克强	出席中国—中东欧国家领导人会晤并对罗马尼亚进行正式访问	共商中国—中东欧国家合作大计，共同发表《中国—中东欧国家合作布加勒斯特纲要》；中罗政府在新形势下深化双边合作
2014 年 8 月 21—22 日	习近平	出访蒙古国	一致同意将中蒙战略伙伴关系提升为中蒙全面战略伙伴关系
2014 年 9 月 11—19 日	习近平	出访中亚、南亚四国，即塔吉克斯坦、马尔代夫、斯里兰卡和印度，并出席上合峰会	被媒体称为"丝绸之旅"；"一带一路"建设的一次精彩"路演"；欢迎上合组织各国参与丝绸之路经济带建设
2014 年 11 月 12—14 日	李克强	出席东亚合作领导人系列会议并出访缅甸	促进东亚共同发展，提升中缅战略合作

续表

时　间	出访领导人	出访国家	内　容
2014年12月14—20日	李克强	出访哈萨克斯坦、塞尔维亚并出席上合组织总理会议、中国—中东欧国家领导人会晤、赴泰国出席大湄公河次区域经济合作领导人会议	推动中塞战略伙伴关系迈上新台阶，愿与有关国家共同建设提出"一带一路"战略构想
2015年4月20—24日	习近平	出访巴基斯坦并赴印度尼西亚出席亚非领导人会议和万隆会议60周年纪念活动	中国与巴基斯坦签署了全天候战略合作伙伴关系联合声明，中巴经济走廊建设顺利；构建周边命运共同体、倡导新型国际关系的成功实践
2015年5月7—12日	习近平	出访俄罗斯、哈萨克斯坦和白俄罗斯	中方愿推丝绸之路经济带建设同哈方"光明之路"对接；中俄一致推进丝绸之路经济带建设同欧亚经济联盟建设对接
2015年11月5—7日	习近平	出访越南、新加坡	在新加坡国立大学发表演讲时强调中国愿同周边国家共同推进"一带一路"建设
2015年11月20—23日	李克强	出席东亚合作领导人系列会议并出访马来西亚	双方一致同意在"一带一路"框架下加强发展战略对接，推进务实合作
2016年1月19—23日	习近平	出访沙特阿拉伯、埃及、伊朗	在阿拉伯国家联盟总部发表重要讲话，提出要共建"一带一路"，确立和平、创新、引领、治理、交融的行动理念，推动中阿两大民族复兴形成更多交汇
2016年3月28—30日	习近平	出访捷克	一致同意将中捷关系提升为战略伙伴关系

资料来源：依据外交部、新华网等网站资料整理。

　　目前全球已有70多个国家和国际组织表达了参与"一带一路"合作的意愿，30多个国家与中方签署了共建"一带一路"合作协议。① 中国和"一带一路"相关国家通过签署合作备忘录、声明、合作文件及研究编制

---

① 《"一带一路"将促进全球经济融合——访彼得森国际经济研究所客座研究员西美昂·迪扬科夫》，中央政府门户网站，2016年3月24日，http://www.gov.cn/xinwen/2016-03/24/content_5057340。

合作规划纲要,建立了一批引人注目的双边合作示范,具体成果见表9。

表9　　　　　　国家层面在"一带一路"政策沟通方面取得的部分成果

时　间	与中国签署合作文件的国家	成　果
2014.6.3	科威特	签订《科中关于丝绸之路经济带和科威特丝绸城建设合作谅解备忘录》
2014.11.3	卡塔尔	签署"一带一路"、金融、教育、文化等领域合作文件
2014.12.4	摩尔多瓦	签署《中华人民共和国商务部与摩尔多瓦共和国经济部关于中摩政府间经贸合作委员会框架内加强共建丝绸之路经济带合作的备忘录》
2014.12.9	斯里兰卡	签署《中华人民共和国商务部与斯里兰卡财政计划部关于在中斯经贸联委会框架下共同推进21世纪海上丝绸之路和"马欣达愿景"建设的谅解备忘录》
2014.12.16	马尔代夫	签署《中华人民共和国商务部和马尔代夫共和国经济发展部关于在中马经贸联委会框架下共同推进21世纪海上丝绸之路建设的谅解备忘录》
2014.12.17	尼泊尔	签署《中华人民共和国商务部和尼泊尔政府财政部关于在中尼经贸联委会框架下共同推进"丝绸之路经济带"建设的谅解备忘录》
2014.12.23	白俄罗斯	签署《中国商务部和白俄罗斯经济部关于共建"丝绸之路经济带"合作议定书》
2014.12.25	哈萨克斯坦	签署《中华人民共和国国家发展和改革委员会与哈萨克斯坦共和国国民经济部关于共同推进丝绸之路经济带建设的谅解备忘录》
2015.3.10	格鲁吉亚	签署关于加强共建"丝绸之路经济带"合作的备忘录
2015.4.20	巴基斯坦	签署了关于中国和巴基斯坦之间建立全天候战略合作伙伴关系的联合声明,全面部署"一带一路"建设的具体推进工作
2015.5.8	俄罗斯	发表《中华人民共和国和俄罗斯联邦关于深化全面战略协作伙伴关系、倡导合作共赢的联合声明》,签署《中华人民共和国与俄罗斯联邦关于丝绸之路经济带建设和欧亚经济联盟建设对接合作的联合声明》

续表

时 间	与中国签署 合作文件的国家	成 果
2015.6.6	匈牙利	签署《中华人民共和国政府和匈牙利政府关于共同推进丝绸之路经济带和21世纪海上丝绸之路建设的谅解备忘录》
2015.6.17	乌兹别克斯坦	签署《关于在落实建设"丝绸之路经济带"倡议框架下扩大互利经贸合作的议定书》
2015.9.2	塔吉克斯坦	签署了双方政府间《关于编制中塔合作规划纲要的谅解备忘录》，双方将以共建丝绸之路经济带为契机，继续扩大和深化投资、贸易、产业、人文等各领域务实合作，共同推进中国—中亚—西亚经济走廊建设。
2015.9.2	吉尔吉斯斯坦	签署《中华人民共和国政府与吉尔吉斯斯坦共和国政府关于两国毗邻地区合作规划纲要（2015—2020年)》
2015.11.14	土耳其	签署关于共推"一带一路"建设的谅解备忘录，以及基础设施、进出口检验检疫等领域的合作协议
2015.11.26	波兰、塞尔维亚、捷克、保加利亚、斯洛伐克	在第四次中国—中东欧国家领导人会晤上同五国分别签署政府间共同推进"一带一路"建设的谅解备忘录
2016.1.16		中国政府发布《中国对阿拉伯国家政策文件》，这是中国政府制定的首份对阿拉伯国家政策文件
2016.1.20	沙特阿拉伯	签署"一带一路"及产能合作的谅解备忘录
2016.4.1	捷克	签署了两国政府间《关于共同编制中捷合作规划纲要的谅解备忘录》，是落实中捷两国共建"一带一路"的首个政府间协议
2016.5.4	老挝	发布《中老联合声明》，表示加强发展战略对接和产能合作，推动中国"一带一路"倡议和老挝"变陆锁国为陆联国"战略、中国"十三五"规划和老挝"八五"规划有机结合，密切配合尽早编制完成共同推进"一带一路"建设合作规划纲要，采取切实措施促进两国产能与投资合作

资料来源：笔者根据外交部、商务部、新华网等网站新闻资料整理。

截至目前,据不完全统计,中国政府举办了 12 场具有代表性的"一带一路"论坛(见表10),就"一带一路"建设话题开展了沟通、交流和研讨。

表 10　　　　　　　　中国政府主办关于"一带一路"论坛

论坛名称	主办时间	主办方	主题或内容
2013 欧亚经济论坛	2013 年 9 月 26 日	商务部、文化部、环保部、海关总署等 18 家单位	以"深化务实合作,促进共同繁荣"为主题
丝绸之路经济带—区域合作的愿景论坛	2013 年 10 月 29 日	中联部当代世界研究中心主办	围绕如何构建丝绸之路经济带,从而加强同周边国家与地区的经贸合作与往来等议题进行研讨
2014 中国发展高层论坛	2014 年 3 月 23 日	国务院发展研究中心	以"全面深化改革的中国"为主题,设立"建设陆海丝绸之路"分会场
2015 中国发展高层论坛	2015 年 3 月 21—23 日		就中国经济新常态、亚洲基础设施投资银行、"一带一路"建设等话题展开交流和探讨
2014 年博鳌亚洲论坛	2014 年 4 月 8—11 日	每年定期在中国海南博鳌召开年会	专门设置了"丝绸之路的复兴"分论坛,同时对海上丝绸之路进行了探讨
2015 年博鳌亚洲论坛	2015 年 3 月 26—29 日		专门设置"东盟共同体:一体化的新起点"分论坛
2016 年博鳌亚洲论坛	2016 年 3 月 22—25 日		专门设置"21 世纪海上丝绸之路岛屿经济"分论坛,倡议构筑岛屿经济命运共同体
21 世纪海上丝绸之路市长(高峰)论坛	2014 年 5 月 18 日	海关总署等 6 家单位	"海上丝绸之路"相关议题

续表

论坛名称	主办时间	主办方	主题或内容
亚洲合作对话—丝绸之路务实合作论坛	2014 年 5 月 28 日	由外交部和甘肃省政府共同主办	以"振兴陆上海上丝绸之路，构建亚洲区域经济一体化新格局"为主题
第 11 届中国—东盟博览会	2014 年 9 月 16—19 日	由中国和东盟十国经贸主管部门及东盟秘书处共同主办	以"21 世纪海上丝绸之路"为主题
第 12 届中国—东盟博览会	2015 年 9 月 21—24 日		以"共建 21 世纪海上丝绸之路——共创海洋合作美好蓝图"为主题
亚洲合作对话共建"一带一路"合作论坛	2015 年 5 月 17—19 日	由外交部和福建省政府等共同主办	围绕 ACD 和"一带一路"建设的关系，推动金融、经贸等领域交流合作进行深入讨论

资料来源：笔者整理。

（三）"一带一路"倡议与行动下政策沟通面临的问题和挑战

中国在"一带一路"沟通中已经取得了不少的成果，但存在的一些问题和挑战影响了政策沟通的效果，亟待进一步加强和改善政策沟通的广度、深度和具体形式。

1. 政策沟通的真实性和有效性

一方面，由于社会制度、文化、价值观乃至语言的不同，形成了差异化的思维方式和"他人认知"，造成各方对"一带一路"倡议解读视角和侧重点各有不同。以经济角度切入，更易接受和认可"一带一路"倡议构想；而从政治安全角度切入，则会被曲解为新版"马歇尔计划"，产生负面的情绪。另一方面，由于中国对"一带一路"这一新型区域合作框架思路和共建理念尚未能够进行清楚、准确的"自我表达"，使得在国际舆论、研究中交织存在着理解、赞同或疑虑、反对等多元声音，特别是域外大国如美国的态度对"一带一路"倡议的推动和实施产生了负面的影响。可见，"他人认知"视角差异以及"自我表达"的效果都会影响政策沟通的真实性和有效性。

2. 政策沟通面临较多障碍

"一带一路"沿线各种文明交汇、国家和民族冲突交织,伊斯兰教、佛教、印度教、基督教和犹太教并存,中东、东南亚、中亚和东欧的一些国家国内政治尚未稳定,国家间的互动交流不足,缺乏相互信任。复杂国情、动荡局势、地缘政治冲突以及非传统安全威胁等因素都给"一带一路"政策信息传递、沟通、传播和反馈造成了阻碍,影响了政策沟通的深度、广度。

3. 利益格局与大国博弈影响政策沟通

在"一带一路"相关国家和地区,存在众多的不确定因素,加之大国相互竞争、角逐和博弈,搅动了原有的利益格局。域外大国如美国、日本、俄罗斯,纷纷提出各自的"新丝路"计划。其中俄罗斯与中国目前已经实现了对接合作,在政策沟通上达到新的共识;而日本提出的"丝绸之路外交"将视野重心放到加强与中亚国家关系上,希望通过官方发展援助实现日本新外交政策;美国寄期望于"新丝绸之路"计划,维护美国在亚欧大陆的主导权。可见,大国各自不一致的利益诉求,给战略规划对接、政策沟通和合作磋商带来不容小觑的挑战。

(四) 促进政策沟通畅达的对策和建议

针对"一带一路"政策沟通中面临的问题、挑战和存在的主要阻碍因素,主要可以从以下几个方面展开促进政策沟通的畅达。

1. 注重加强信任建设,释放正确和善意政策导向信号

首先,要做好"一带一路"倡议的定位,统一对外政策宣传和政策解读,突出其开放性、包容性、合作性和不具有排他性的特点。同时,要注重体现"一带一路"倡议提供公共产品的属性,在顶层设计和实际行动中充分做到公开和透明,用实际行动展现政策导向和意图,消除疑虑和偏见。其次,建立全方位、多层次的话语权和政策宣传渠道,打破西方话语高墙,真正伸张、表达中国通过推动"一带一路"倡议,积极参与全球事务、主动提供全球公共产品、履行大国社会责任的强烈愿望。最后,塑造大国风范和有责任担当的倡导者形象,发挥软权力作用,扭转负面态度,引导舆论走向,提升相互信任,扩大中国朋友圈。

2. 构建多层次政策体系,开展统一基调差异化方式的协同与沟通

建立官方全方位和多层次的政策沟通体系,确定基调、主线和原则,

针对不同的情况，通过不同层次、不同领域、不同方式的政策沟通机制，开展差异化的协商和沟通。第一，以高层领导政策沟通为主导，通过高层互访和外交渠道，双边、多边、区域、次区域和国际场合和舞台，传达善意、推介合作，与相关国家建立沟通对话机制。第二，推动部委和地方政府的政策沟通，就政策核心层面问题深入交换意见，沟通彼此观点和看法。第三，充分注重研究机构、智库和院校的政策互通。推动智库类机构针对"一带一路"沿线国家不同国情、互动情况，设立各项政策类研究项目，提供与"一带一路"相关国家开展差异化政策沟通的策略研究。建立中国智库类机构主导的关于专业政策领域的定期地区对话平台，设立以"一带一路"为主题的论坛和研讨会并开展智库间的合作研究，了解彼此政策需求，实现政策的互联互通。第四，促进学术界、媒体和民间组织参与政策的公开讨论，推动多样性文明的包容、多元文化的理解以及各方利益的融合。

3. 凝聚共识，达成合作意向，扩大利益汇合点

中国的"一带一路"规划和相关政策，要根据"一带一路"相关国家不同的利益需求，有步骤、有条件地对接和沟通，通过国家高层和政府间交流与合作、政党交流与合作以及国际组织框架和协商机制、国际论坛和峰会、共建国际智库或国际智库交流与合作等措施，交换和沟通各方利益诉求点，充分寻找、挖掘和扩大利益汇合点，以经济为主轴，促进合作意向和框架的达成。

4. 加强区域政策协调，统筹对内对外政策对接

在对外政策沟通上，加强国家与国家之间双边发展规划、宏观政策对接，开展多层次、多渠道和多方式的沟通磋商；厘清"一带一路"现有的合作机制，在各机制"重叠共识"基础上，扩大共识的普遍适用性，处理好"一带一路"内区域机制竞争与合作的关系。在对内政策沟通上，国务院、有关部委之间要统筹资源，互补支持，协调贯彻，找准政策着力点；国家有关部委要与地方政府处理好政策出台及配套措施跟进的协同关系；地方政府要做好自身定位，将"一带一路"建设纳入地方发展规划中；各省份之间加强省级之间的协调，共同服务于"一带一路"建设。另外，重点推动统一协调机构的建立，统筹国内"一带一路"项目进展并对外协调相关国家参与，促进国外市场开发和国内市场开放的均衡发展。

五 民心相通: 夯实基础

尽管民心相通只是稳固"一带一路"框架重点发展对象的环节之一,但它的重要性不容小觑。民心相通是一个大工程,本节从国内、国际两个视角对该建设的现状、发展前景、问题及相应建议进行展开。[①]

(一) 在"一带一路"框架下民心相通的重要性

1. 民心相通是"一带一路"朋友圈的基础

"一带一路"秉持的是共商、共建、共享原则,无论国际还是国内,要真正为世人所接纳,都必须打破沿线国家民众之间的隔阂,形成一个相互欣赏、相互理解、相助尊重的"一带一路"朋友圈。民心相通可以形成新的更紧密的朋友圈。[②]

2. 民心相通是化解资源民族主义的有效手段

资源供应国在与资源需求国进行资源交易时,出于本国资源保护或政治因素的考虑,有时会突然采取限制资源出口等措施,实行资源民族主义政策。这使得一直有资源需求的进口国措手不及,造成极大损失。面对一些针对性的鼓吹资源民族主义的情况,中国要积极进行人文沟通,树立信誉良好的合作伙伴形象。

(二) "一带一路"人文交流现状

1. 文化交流

文化交流是实现"民心相通"的重要途径,三年来取得了引人注目的进展。仅2015年一年,新加坡、新西兰、斐济、布鲁塞尔、尼泊尔、坦桑尼亚相继成立中国文化中心。2016年,中国与卡塔尔共同举办"中卡文化年"活动,通过展示两国的文化艺术,在中卡两国之间搭起了"民心相通"的桥梁。

2. 旅游

2015年与2016年都是"丝绸之路旅游年"。联合国世界旅游组织表示,将与中国等丝路沿线国家共同推动丝路旅游可持续发展。内蒙古与俄、蒙建立了"三国五地旅游联席会议机制",促进旅游业的发展,极大

---

① 梁红军:《"一带一路"战略的民心相通研究》,《黄河科技大学学报》2015年第6期。
② 周璐铭:《中国对外文化战略研究 (2000—2015)》,中共中央党校出版社2015年版。

地推动了中国与这两国的交流沟通。

3. 沿线国家留学生

中国每年向沿线国家提供 1 万个政府奖学金名额，大大提高了沿线国家学生来华留学的积极性。2016 年 4 月，教育部表示，中国接收留学生前十大生源国依次为韩国、美国、泰国、印度、俄罗斯、巴基斯坦、日本、哈萨克斯坦、印度尼西亚和法国。其中沿线国家生源数均有所增长。

4. 国内智库建设

"一带一路"重大倡议提出后，至少有 60 多家研究机构开始专项研究"一带一路"。2015 年 4 月 8 日，中共中央对外联络部、复旦大学等单位联合创立了"一带一路"智库合作联盟，该联盟对沿线国家和域外国家的所有智库开放。表 11 是现阶段智库联盟的几个主要研究机构及其专项智库研究内容。

表 11　　　　　　　　　　　部分智库研究现状情况

研究机构	研究内容
丝绸之路艺术研究协同创新中心	从 20 世纪 50 年代开启的丝绸之路艺术遗产考察和研究工作，以文化艺术为桥梁和纽带，助力国际政治经济互通
"一带一路"文化传播与经济发展课题组	就非物质文化遗产传承、文化创意产业、旅游开发、生态保护、科技孵化与应用、大数据信息互通、产业园区共建等课题与领域开展密切合作
西北大学丝绸之路研究院	结合西北大学在"丝绸之路"相关领域的科研实际，对"丝绸之路"历史文化、现实问题和发展战略等领域展开深入研究
21 世纪海上丝绸之路协同创新中心	围绕对外开放新格局、中国参与国际经济合作、东南亚与人文交流等问题，展开深入研究

资料来源：根据圣铭洋传媒网相关资料整理。

5. 文化传媒的国际交流合作

近年来，围绕"民心相通"建设，沿线国家文化传媒积极开展国际交流合作。通过合作平台，采用报纸、广播、网络、会议、论坛、艺术节、电影节等传媒形式，加强合作交流，努力塑造出和谐友好的文化生态和舆论环境。表 12 是部分沿线国家媒体以各种传媒工具推进"民心相通"建设的合作情况。

表12

部分传媒国际合作情况

传媒形式	时间	主办单位	节目名称
电视	2014年10月	德国2KTV制片有限公司	《海上丝绸之路》
报纸、广播、网络	2014年12月17日	IFA Media（新加坡）、中国五洲传播中心	crossroads：The Silk Road
	2014年11月17日	哈萨克斯坦国际通讯社	《中国陕西——丝路开始的地方》
主题会议	2014年6月3日	伊朗驻华大使馆文化处、北京回民学校	21世纪中国—伊朗丝绸之路研讨会
	2014年6月3日	中国国际问题研究所	中国—阿拉伯国家合作共建"一带一路"专题研讨会
	2014年5月23日	中国经济日报社,重建布雷顿森林体系委员会	丝绸之路经济带财经智库国际研讨会
	2014年6月18日	中国驻埃及大使馆,埃及地区战略研究中心	"复兴丝绸之路"研讨会
	2014年7月16日	卡塔尔外交部	"一带一路"战略构想专题座谈会
	2013年9月26日	文化部、环保部、海关总署、中国国际贸易促进委员会、国家能源局	2013年亚经论坛
	2013年10月29日	中联部当代世界研究中心	"丝绸之路经济带—区域合作的愿景"论坛
	2014年2月28日	中共广东省宣传部、广东省社会科学院	建设21世纪海上丝绸之路学术论坛
	2014年3月23日	国务院发展研究中心主办、中国发展研究基金会承办	中国发展高层论坛2014年会
	2014年4月25日	银川市委宣传部、银川日报社	"2014新丝绸之路经济带宁夏机遇,银川使命"高峰论坛
主题论坛	2014年5月18日	国家质量监督检验检疫总局、国务院台湾事务办公室、中国国际贸易促进委员会、福建省政府	21世纪海上丝绸之路市长高峰论坛
	2014年5月28日	外交部、甘肃省政府	亚洲合作对话—丝绸之路务实合作论坛
	2014年6月17日	中国人民对外友好协会、新华社、福建省政府、阿拉伯城市组织	首届中国阿拉伯城市论坛
	2014年10月15日	青岛西海岸新区管委会、新华（青岛）国际海洋咨询中心	中国青岛海洋国际高峰论坛
	2014年7月27日	环球时报社、商务部投资促进事务局、喀什经济开发区管委会	首届丝绸之路经济带国际论坛暨全球环保企业领袖西部（喀什）圆桌会议
	2014年10月20—21日	中国公共外交协会、欧盟智库"欧洲之友"	第二届"中欧论坛"圆桌会议

续表

传媒形式		时　间	主办单位	节目名称
主题博览会		2013 年 10 月 22 日	中国国际商会	丝绸之路商旅文化博览会
		2014 年 9 月 19—21 日	陕西省旅游局	2014 中国西安丝绸之路国际旅游博览会
艺术节		2014 年 11 月 26 日	文化部、福建省政府、福建省文化厅、泉州市政府	海上丝绸之路国际艺术节

资料来源：杨善民主编：《"一带一路"环球行动报告（2015）》，社会科学文献出版社 2015 年版。

（三）"民心相通"遇到的问题

1. 国人对倡议接受的程度参差不齐

由于中国各地区发展程度和信息传播程度不同，因此民众对"一带一路"的理解程度是有区别的。而且中国民族众多，每个民族都有自己独具特色的物质文化和精神文化，这些文化使一些民族对中国新倡议的认知不同。一些别有用心的人利用民族、宗教、教派冲突干扰国家"一带一路"的推行。

2. 古代中国比当代中国更具有影响力

尽管现代中国由于自身飞速的发展得到了全世界的瞩目，但是，提起中国，古代中国比当代中国更具有影响力和知名度。造成这种现象的原因有两方面，一方面，现代中国虽然开始重新崛起并取得了非凡的成就，但是还没有达到古代中国的辉煌；另一方面，对外文化交流时，多以中国的传统文化为宣传点，依旧致力于宣传古代中国而不是现代中国，外国民众对现代中国没有与时俱进的了解，自然不容易达到民心相通。

3. 语言学习受限

"一带一路"沿线 60 多个国家有 50 多种通用语和 200 多种民族语言。[①] 由于设施建设、民众交流少等原因，中国与沿线国家之间并没有设置太多的小语种专门语言学校。自"一带一路"倡议提出以来，各方急需相关语言人才用于双方经济和人文交流。

4. 媒介的宣传成果区别很大

"一带一路"沿线国家与世界接轨程度差别巨大，在中国视为理所当然的事情在有的沿线国家不被接受。同样的宣传力度，民众对"一带一路"倡议、中国形象的宣传结果接受程度有很大的差异。

5. 不良舆论破坏中国在朋友圈中的形象

面对中国的崛起，国际舆论出现两种对中国不利的论调："中国威胁论"和"中国崩溃论"。"中国威胁论"经常以中国军费高速增长等理由向世界宣扬来自中国的威胁；"中国崩溃论"则认为，中国的迅速发展并没有提高效率，只是一个阶段的恢复性发展过程，中国的崛起不可能持久，中国社会存在的各种矛盾最终将导致中国迅速崩溃。"中国崩溃论"

---

① 李宇明：《"一带一路"需要语言铺路》，《人民日报》2015 年 9 月 22 日。

刻意夸大中国社会存在的矛盾，使一些沿带国家怀疑中国不具备推动"一带一路"建设的实力。

（四）推动"一带一路"人文交流的国内视角

1. 让国人率先了解自己国家的倡议

根据中国民众对倡议的接受程度，民众被分成"坚定支持者"、"一般支持者"、"中立者"、"温和反对者"和"极端反对者"。政府需要有组织的、采取规范措施来处理这五类媒体受众的人文交流。如"先易后难"原则，政府可以先主要宣传前两者，并提供适当资金、技术、人才和政策上的帮助，使这批受众先体会到"一带一路"建设带来的机遇和利益；然后通过"先富带动后富"，让第一批受众给"中立者"和"温和反对者"树立正面例子。面对"极端反对者"，政府不能采取极端措施予以强制，而是要民众在真正了解了倡议后，发自内心地认同。中国民众要积极主动地引导他国民众互相了解，互通民心。

2. 全方位吸引访华，塑造中国良好形象

如果要快速加深沿带国家对现代中国的认识，最直接的办法就是，政府把握大方向，建立完善的制度框架来保障沿线国家民众在中国的考察、访问、交流、旅游、学习，全方位吸引沿线国家居民主动访华。

在旅游方面，建议加强旅游合作机制，扩大旅游规模，联合打造具有丝绸之路特色的国际精品旅游线路和旅游产品，提高沿线各国游客签证便利化水平。

教育方面，对沿线国家加大提供政府奖学金名额，扩大相互间留学生规模，开展合作办学，吸引沿线国家知识分子来到中国。

邀请沿线国家招商引资企业和组织团体代表实地考察企业所关注的因素，了解中国投资的实力。

通过民众与民众之间而不是政府与政府之间交流，让中国的良好形象走进沿线国家民众的生活中去，能有效降低外界对中国的不信任感。

（五）推动"一带一路"人文交流的国外视角

1. 语言是沟通的桥梁

一方面建议在中国国内建立沿带国家小语种专门语言学校，培养小语种人才,为走出国门搭建交流沟通的桥梁;另一方面,政府出台优惠政策,鼓励中国民众和团体在国外建立以中国普通话、藏语、维吾尔族语、壮语等为主的专门语言学校。

2. 传统媒介和新媒介相结合

如果一味地进行所谓的全面媒体撒网传播,则会无谓地浪费很多宣传资源而且不被当地民众所接受。如老挝、越南等国家的基础设施水平普遍较差,它们本国在做文化传播时,一般通过定时集会、布道等传统方式。而且这些方式普遍被当地信众所信服。我们一方面要顺应当地的传播方式,另一方面要适当为当地引进新的传播技术。沿带沿路的欧洲国家信息传播媒介发展程度比较高,可以加强信息流量更大的新媒体如网络平台、社交软件、各种新闻客户端等对中国形象的宣传力度。

3. 建立主题相关的媒体传播联盟

要支持沿线国家建立媒体网络,以抱团取暖的方式深化传统媒体之间的深度合作。同时要加强新媒体之间的交流合作,广植媒体人脉关系网。支持建设沿线国家的共同媒体委员会,降低与西方强势媒体角逐时的压力。如由国务院新闻办公室发起,在北京成立"一带一路"媒体传播联盟,倡议打造文化精品,致力国际传播,共同弘扬丝路文化和精神。

4. 打破误解是民心相通的必要行动

要及时打破中国受到的一些误解。中国提出"一带一路"的倡议,并积极主动采取行动来推动,这是因为中国率先看到了沿带沿路国家(包括中国在内)扩大开放合作所蕴含的潜在机遇。并不是要以中国为主,任何有助于沿带沿路国家经济发展的规则、倡议,都可以以"一带一路"为实施的链条进行推进。

沿线国家可以定期互办文化年、艺术节、电影节、电视周和图书展等活动,合作开展广播影视剧精品创作及翻译,联合申请世界文化遗产,共同开展世界遗产的联合保护工作,推动大学、文艺团体、科研机构相互访问交流。

5. 打造有品牌价值的轻资产项目

高铁、核电、大坝这样的大型项目对一些企业来说成本过高,而且沿线百姓很长时间之后才能体会到这些项目带来的好处,建设过程中还可能会出现各种摩擦,反而引起当地百姓对中国"一带一路"项目的误解。不如在"一带一路"建设之初,打造一批有品牌价值的轻资产项目,如餐饮、民俗、文化产业、教育、中医药等,能够很快形成一定的规模,让这些产品走到沿线百姓的生活中去,中国既获得经济利益又可以使沿线民众对中国有切身的接触,达到民心相通的目标。

"一带一路"经济走廊与区域经济一体化[*]

内容提要： 作为"一带一路"倡议的有机组成部分，"一带一路"经济走廊的构建将是一个从产业集群到贸易投资便利化，再到区域基础设施一体化、区域经济一体化的动态演进过程。在稀缺条件下实现要素在"一带一路"沿线国家间的有序配置和自由流动不仅有利于中国与"一带一路"沿线国家间要素资源禀赋的价值实现与增值，还可以通过空间集聚的自我强化作用推动"一带一路"沿线空间经济结构的产生和变化，进而为"一带一路"沿线要素的集聚和扩散、为"一带一路"由走廊向一体化的超越提供稳定的动力机制。正是"一带一路"沿线国家的多样性决定了基于比较优势的国际贸易与投资和基于规模效应、溢出效应的产业或产业区段的国家动态转移能为"一带一路"由走廊到区域经济一体化、区域基础设施一体化发挥巨大的推动作用。

自 2013 年中国提出"一带一路"倡议以来，"一带一路"已从顶层设计进入务实推进阶段。作为"一带一路"倡议的有机组成部分，"一带一路"经济走廊的贸易创造效应、投资促进效应、产业聚集效应和空间溢出效应将会对沿线国家间区域生产网络的完善与重构、价值链的延伸、贸易和生产要素的优化配置起到积极的促进作用，也为沿线国家提升经济发展质量带来了新的机遇。本文将从区域经济学的角度，就"一带一路"经济走廊的内涵与特征、目标与途径、内生动力和发展基础、空间聚集和空间溢出效应予以探讨和研究。本文认为，"一带一路"经济走廊将是一个从产业集群到贸易投资便利化，再到区域基础设施一体化、区域经济一体化的动态演进过程。

---

[*] 王金波，中国社会科学院亚太与全球战略研究院助理研究员，中国社会科学院国家全球战略智库特约研究员。

一 "一带一路"经济走廊的空间格局

"走廊"是经济要素在一定地理区域内不断聚集和扩散而形成的一种特殊的空间形态。[1] 作为"一带一路"的旗舰项目,中巴经济走廊与孟中印缅经济走廊一起构成了中国面向南亚(印度洋)、向西开放的重要通道。中巴经济走廊北起中国新疆喀什,南至巴基斯坦瓜达尔港,是一条包括公路、铁路、油气管道、通信光缆在内的能源、贸易走廊。孟中印缅经济走廊北起中国云南(昆明),途经缅甸、印度和孟加拉国直达印度洋,拥有独特的地缘优势。沿线国家中,缅甸位于南亚、东南亚和东亚三大地缘板块的接合处;既是从中国西南省份进入印度洋的战略通道,也是印度进入东盟的战略通道,区位优势独特。[2] 印度是南亚地区最大的经济体,也是中国在该地区最大的贸易伙伴;孟加拉国位于中国、印度、东盟三大经济体交会处,地理位置优越;而印度洋则是中国的能源和对外贸易战略通道,涉及中国原油进口的80%和中国对外贸易总额的40%。[3] 对这一地区能源和贸易的高度依赖,决定了中国与印度洋密不可分;而地缘政治与资源政治合二为一的特征,[4] 则决定了印度洋及其毗邻水域将成为大国资源争夺和权力竞争的核心区域。[5] 当美国的印太战略、印度的东向战略、日澳关系的同盟化交相投射到印度洋地区时,原本彼此分割的东亚和南亚、印度洋和太平洋随即成为一个互动频繁、联系紧密且具有高度竞争性的战

---

[1] 卢光盛、邓涵:《经济走廊的理论溯源及其对孟中印缅经济走廊建设的启示》,《南亚研究》2015 年第 2 期。

[2] 基于缅甸独特的地缘优势,目前美、日、印(度)甚至韩国都相继加大了对包括缅甸在内的中南半岛或大湄公河次区域的战略投入,尤其是加强了在基础设施、能源资源以及环境保护等方面的参与力度。其中,印度正借助缅甸的"陆桥"地位,与缅甸加快推进"印缅泰三边高速公路"、"印缅跨国铁路网络"、"加拉丹综合过境运输项目"等互联互通网络的规划和建设,与中国西南省份至新加坡或孟加拉湾的互联互通网络形成交会局面。如果中印两国能够通过共建"一带一路"和孟中印缅经济走廊形成良性竞争的"双赢模式",上述网络交会将会产生互惠互利结果。参见李昕《印度与缅甸互联互通发展探析》,《南亚研究》2014 年第 1 期。

[3] 时宏远:《美国的印度洋政策及对中国的影响》,《国际问题研究》2012 年第 4 期。

[4] 印度洋地区拥有全球65%的战略性原材料储备,其中锰、钒、铬、铀的储量分别占世界的85%、60%、86%和50%,石油储量占世界总储量的70%以上,而铁的储量则位居世界第一。参见宋志辉《美印在印度洋上的博弈对双边关系的制约与推动》,《南亚研究季刊》2008 年第 3 期。

[5] 朱翠萍:《印度洋安全局势与中印面临的"合作困境"》,《南亚研究》2014 年第 3 期。

略要地。① 而各国战略利益在该地区的同时延伸必然会影响中国在印度洋的存在和"一带一路"与孟中印缅经济走廊的构建。考虑到孟、中、印、缅四国皆为发展中国家且缅甸和孟加拉国同属最不发达国家,四国尤其是中印两国有必要以"一带一路"为契机,努力把孟中印缅经济走廊的比较优势、区位优势、能源资源优势和人口红利转化为发展优势。

中国—中南半岛经济走廊以广西南宁(东线)、云南昆明(西线)为起点,以新加坡为终点,纵贯中南半岛,涵盖越南、老挝、柬埔寨、泰国、马来西亚等东盟主要成员。中南半岛地处中国与南亚次大陆、印度洋与太平洋之间,历史上曾是海上丝绸之路的中枢,拥有独特的区位优势和地缘优势,马六甲海峡更是与巴拿马运河、苏伊士运河齐名的国际战略通道。② 作为东盟的主要成员,中南半岛国家在以东盟为中心的东亚一体化进程中发挥着重要作用。鉴于东盟特殊的地缘政治禀赋,在未来的"一带一路"(中南半岛经济走廊)建设中,东盟参与合作的意愿依然非常重要。中国有必要在升级版中国—东盟自贸区(CAFTA)的基础上,在全力支持东盟推进 RCEP 建设的同时,继续通过现有的东亚区域生产网络,进一步提升与东盟各国在产业、技术、能源、环境、海上合作等战略领域和次区域合作的层次。未来一个时期,随着东亚/亚太区域经济一体化和"一带一路"建设的不断推进,"一带一路"的多元合作机制和自贸区框架下的贸易自由化、制度一体化将为中国与东盟的深度互动提供一个新的平台,为中国与东盟合作由自贸区和经济一体化向共同体的超越提供了一个新的链接范式。③

中国—中亚—西亚经济走廊东起新疆乌鲁木齐,西经中亚、西亚各国至土耳其。作为古代丝绸之路的中枢,中亚五国已经成为中国重要的能源供给来源地和投资目的地(见表1)。2014 年,中国与中亚五国的贸易额已由 2001 年的 15.1 亿美元增加至 449.7 亿美元,年均增长 29.8%,高于同期中国贸易总额增速约 12 个百分点;中国对中亚的投资则从 2006 年的 4.5 亿美元增加至 100.9 亿美元,年均增长 47.7%,高于同期中国对外投

---

① 韦宗友:《美国在印太地区的战略调整及其地缘战略影响》,《世界经济与政治》2013 年第 10 期。

② 马六甲海峡是连接印度洋、南中国海和太平洋的最短水上航道,每年通过该海峡的货物和原油分别约占全球贸易的 1/3 和全球石油运输的 1/2(包括日本、韩国和中国 80% 的石油天然气进口)。

③ 王金波:《"一带一路"建设与东盟地区的自由贸易区安排》,社会科学文献出版社 2015 年版,第 51 页。

资增速 11.6 个百分点。另据中国海关统计，2014 年，中国自哈萨克斯坦进口原油 568.6 万吨，约占中国原油进口总量的 1.8%，约占哈萨克斯坦原油出口总量的 8.3%；自土库曼斯坦（1874.3 万吨）、乌兹别克斯坦（178.7 万吨）和哈萨克斯坦（42.2 万吨）合计进口天然气 2095.2 万吨，约占中国天然气进口总量的 41.6%。

表 1　　"一带一路"经济走廊沿线国家或地区石油/天然气分布情况

国家或地区	石油			天然气		
	储量（亿吨）	世界占比（%）	储采比（年）	储量（万亿立方米）	世界占比（%）	储采比（年）
中国	25	1.0	11.9	3.5	1.9	25.7
印度	8	0.3	17.6	1.4	0.7	45.0
马来西亚	5	0.2	15.4	1.1	0.6	16.2
泰国	1	0.04	2.8	0.2	0.1	5.7
越南	6	0.3	33.0	0.6	0.3	60.4
俄罗斯	141	5.9	26.1	32.6	17.4	56.4
哈萨克斯坦	39	1.6	48.3	1.5	0.8	78.2
土库曼斯坦	1	0.04	6.9	17.5	9.3	*
乌兹别克斯坦	1	0.04	24.3	1.1	0.6	19.0
阿曼	7	0.3	15.0	0.7	0.4	24.3
阿联酋	130	5.4	72.2	6.1	3.3	*
科威特	140	5.8	89.0	1.8	1.0	*
卡塔尔	27	1.1	35.5	24.5	13.1	*
沙特阿拉伯	367	15.3	63.6	8.2	4.4	75.4
伊朗	217	9.0	*	34.0	18.2	*
北美	353	13.7	34.0	12.1	6.5	12.8
拉美	512	19.4	*	7.7	4.1	43.8
中东	1097	47.7	77.8	79.8	42.7	*
非洲	171	7.6	42.8	14.2	7.6	69.8
亚太	57	2.5	14.1	15.3	8.2	28.7
世界	2398	100.0	52.5	187.1	100.0	54.1

注：＊储采比超过 100 年。

资料来源：BP, Statistical Review of World Energy 2015。

同样,作为古代海陆丝绸之路的交汇点,中东海湾国家已经成为中国最重要的石油和天然气供给来源地,中国业已成为仅次于日本的海湾第二大石油出口市场。据中国海关统计,2014年,中国从中东海湾国家进口原油约1.61亿吨,约占中国原油进口总量的52.1%;约占海湾国家原油出口总量的18.9%(见表2)。未来10年,随着中国经济的增长,能源资源的供需缺口和外部资源条件约束将会成为制约中国经济持续增长的最大瓶颈之一。考虑到国内资源禀赋和需求之间差距的持续扩大,预计到2020年,中国石油需求将达5.8亿吨,其中2/3依赖进口。[1] 这则意味着中国的石油自给率将从1993年的102%直线下滑到2020年的30%—40%。寻找长期可靠的石油、天然气供应来源因此关乎中国的发展安全。

表2 2014 年中国石油进口情况分析

排名	国家/地区	进口(万吨)	同比(%)	占比(%)	海运占比(%)
1	沙特阿拉伯	4966.2	−7.9	16.1	100.0
2	安哥拉	4065.0	1.6	13.2	100.0
3	俄罗斯	3310.8	35.4	10.7	36.0
4	阿曼	2974.3	16.7	9.6	100.0
5	伊拉克	2858.0	21.6	9.3	100.0
6	伊朗	2746.1	28.1	8.9	100.0
7	委内瑞拉	1478.8	−12.5	4.8	100.0
8	阿联酋	1165.2	13.4	3.8	100.0
9	科威特	1062.0	13.6	3.4	100.0
10	哥伦比亚	988.7	151.0	3.2	100.0
—	中东	16058.0	9.6	52.1	100.0
—	非洲	6804.1	6.2	22.1	100.0
—	拉美	3286.7	19.2	10.7	100.0
—	总计	30835.8	9.3	100.0	90.0

资料来源:根据 WTA,中国海关统计数据计算制成。

---

[1] 中国石油集团经济技术研究院:《2013 年中国油气数据概览》,2013 年版。

相应地，受欧美发达经济体石油供应来源多样化战略和国际石油市场板块化的影响，过去十年，中东国家逐渐失去了欧美第一大石油供应来源的地位，寻找长期稳定的石油出口市场因此成为海湾国家的重大战略关切。而中国经济的迅速增长、亚洲尤其是东亚国家的群体性崛起等，均为海湾国家解决石油天然气出口安全问题提供了重大机遇。[①] 基于此，可以说今天的中阿"一带一路"或中国—中亚—西亚经济走廊已经不仅是一条单纯的贸易通道，更是一条能源通道。能源联系的长期性和双方核心利益即中国的发展安全和海湾国家石油出口安全需求的一致性，将为中国与中东海湾国家共建"一带一路"（经济走廊）带来新的机遇和保障。中国与海湾国家在能源安全这个涉及各自发展的核心利益问题上，实际上处在同一个能源安全相互保障体系中。[②] 当然，中国与中东海湾国家的合作并非仅限于能源贸易。在未来的中国—中亚—西亚经济走廊建设过程中，中国与中东海湾国家有必要以共建"一带一路"为契机，在加快中国—海合会自贸区谈判的同时，继续扩大与中东海湾国家的务实合作，为中阿合作的深化和"能源共生关系"的超越创造条件、奠定基础。[③]

新亚欧大陆桥又名第二亚欧大陆桥，东起中国连云港，西至荷兰鹿特丹港，横贯欧亚大陆（哈萨克斯坦、俄罗斯、白俄罗斯、波兰、德国、荷兰），全长 10900 公里。作为一条国际运输大通道，新亚欧大陆桥东牵亚太经济圈，西系欧洲经济圈，为中国与欧盟、中国与沿线国家合作的深化与升级带来了新的历史机遇。中国和欧盟分别是世界第三和第一大经济体，二者合计约占全球经济总量的 1/3；中欧经贸关系也是世界上规模最大、最具活力的经贸关系之一。据中国海关统计，2014 年，中欧双边贸易达 6169.1 亿美元，约占中国对外贸易总额的 14.3%，约占欧盟对外贸易总额的 13.7%。欧盟依然是中国第一大贸易伙伴和第一大进口市场；中国则是欧盟的第一大出口市场和第二大贸易伙伴。另据商务部统计，截至

---

① 据英国石油公司（BP）最新统计，2014 年，在中东海湾国家 8.5 亿吨的原油出口总量中，只有 22.9% 约 1.95 亿吨原油流向了美国和欧洲；而出口到中国、印度和日本等亚洲国家的原油则高达 4.5 亿吨，约占中东原油出口总量的 52.9%。在中东 1309 亿立方米液化天然气（LNG）的出口总量中，只有 18.1% 约 237 亿立方米流向欧洲；而出口到东亚和印度的 LNG 则高达 884 亿立方米，约占中东 LNG 出口总量的 67.5%。

② 杨光：《中国与海湾国家的战略性经贸关系》，《国际经济评论》2014 年第 3 期。

③ ［黎］纳萨·赛迪：《海湾国家应融入"新丝绸之路"》，孙西辉编译，《中国社会科学报》2014 年第 1410 期。

2014 年底，欧盟对华累计直接投资 950 亿美元，是中国的第四大实际投资来源地；中国对欧盟累计直接投资 542.1 亿美元，约占中国对外直接投资存量的 7.9%。① 双向贸易和投资成为促进中欧各自经济发展和创新的主要动力。目前，中欧双边正在商签双边投资协定（中欧 BIT），同时也在探讨签署自由贸易协定的可能性，旨在为中欧经贸关系的可持续发展创造更加有利的条件，为中欧贸易和相互间投资的可持续增长提供制度性保障。中欧双方完全可以把构建"一带一路"、新亚欧大陆桥与中欧合作相结合，最大限度地发挥中国对外开放战略与欧盟一体化战略、"欧洲 2020 战略"的对接效应。

二 "一带一路"经济走廊的形成机理

作为"一带一路"倡议的有机组成部分，"一带一路"经济走廊首先要做到要素的自由流动。在稀缺条件下实现要素在"一带一路"沿线国家间的有序配置和自由流动不仅有利于中国与"一带一路"沿线国家间要素资源禀赋的价值实现与增值，还可以通过空间聚集的自我强化作用推动"一带一路"沿线空间经济结构的产生和变化，② 进而为"一带一路"沿线要素的集聚和扩散、为"一带一路"由走廊向一体化的超越提供稳定的动力机制。

（一）"一带一路"经济走廊的贸易创造效应

正如"一带一路"倡议将贸易畅通作为重要内容一样，"一带一路"经济走廊首先是一条贸易通道。受益于经济全球化、生产国际化和全球价值链的不断延伸，过去几十年，"一带一路"走廊国家间逐步形成了优势互补的贸易格局，相互间贸易则呈明显的区域化或板块化特征（部分国家对区域外国家的贸易依存度甚至明显高于其对区域内国家或地区的贸易依存度）。其中，中国已经成为新加坡（12.6%）、泰国（11.0%）、蒙古国（87.9%）和伊朗（4.1%）的第一大出口目的地；欧盟已成为印度（15.4%）、巴基

---

① 数据来源于商务部、国家统计局、国家外汇管理局《2014 年度中国对外直接投资统计公报》。

② Masahisa Fujita and Paul Krugman, "The New Economic Geography: Past, Present and Future", in *Papers Regional Science*, Vol. 83, No. 1, 2004, pp. 139 – 164.

斯坦（24.4%）、孟加拉国（74.7%）、柬埔寨（35.8%）、越南（19.6%）、俄罗斯（52.0%）、哈萨克斯坦（39.8%）和土耳其（42.4%）等国的第一大出口目的地；而泰国则成为缅甸（41.7%）的第一大出口目的地。①

　　中国已经成为"一带一路"走廊国家能源、资源的重要出口目的地和工业制成品的重要来源地。中国与"一带一路"走廊国家间的双边贸易额也从2000年的577.9亿美元增加至2014年的8663.9亿美元，年均增长21.3%，高于同期中国对外贸易增长4.2个百分点，高于同期全球贸易增长13.4个百分点；占中国对外贸易总额的比例则由2000年的12.2%上升至2014年的20.1%。与巴基斯坦、老挝、越南、马来西亚、吉尔吉斯斯坦、塔吉克斯坦、乌兹别克斯坦和伊朗等国的贸易结合度也呈明显上升之势（见表3）。随着"一带一路"建设的不断推进，"一带一路"经济走廊的贸易创造效应不仅有助于沿线各国融入全球价值链，拉动经济增长；还可以充分发挥各国的比较优势，提升福利效应。

表3　　　中国与"一带一路"经济走廊国家贸易情况（2014年）

国家或地区	对华出口（亿美元）	自华进口（亿美元）	中国与"一带一路"经济走廊国家贸易结合度		"一带一路"经济走廊国家与中国贸易结合度	
			2000年	2014年	2000年	2014年
巴基斯坦	27.60	132.48	1.65	2.25	1.61	1.08
孟加拉国	7.62	117.93	2.70	2.26	0.10	0.24
印度	164.13	542.37	0.81	0.95	0.94	0.50
缅甸	155.78	93.75	5.59	4.68	2.28	13.66
老挝	17.61	18.48	1.72	4.54	0.58	6.43
柬埔寨	4.81	32.76	2.26	1.97	1.27	0.43
越南	199.28	636.18	2.62	3.45	1.90	1.28
泰国	382.09	343.11	0.97	1.22	1.88	1.62
马来西亚	557.71	462.84	0.84	1.80	1.65	2.30
新加坡	305.35	487.07	1.14	1.08	1.09	0.72
蒙古国	50.72	22.16	4.80	3.43	13.46	8.50

① 数据来源：根据WTA相关数据计算得出。

续表

国家或 地区	对华出口 （亿美元）	自华进口 （亿美元）	中国与"一带一路"经济走廊 国家贸易结合度		"一带一路"经济走廊 国家与中国贸易结合度	
			2000 年	2014 年	2000 年	2014 年
俄罗斯	415.58	536.86	1.33	1.41	1.65	0.81
哈萨克斯坦	96.99	127.18	3.17	2.50	3.27	1.18
吉尔吉斯斯坦	0.46	52.45	5.27	7.41	3.95	0.27
土库曼斯坦	95.16	9.54	0.18	0.75	0.05	5.26
塔吉克斯坦	0.48	24.69	0.27	4.45	0.44	0.43
乌兹别克斯坦	15.96	26.75	0.39	1.56	0.13	1.16
海合会（GCC）	1065.57	686.15	1.15	1.04	1.18	1.00
伊朗	274.65	243.38	1.37	3.87	1.85	2.99
土耳其	37.15	193.10	0.53	0.65	0.14	0.23
欧盟	2172.56	3996.66	0.72	0.54	0.76	0.94

资料来源：根据 UN Comtrade 统计数据库相关数据计算制成。

（二）"一带一路"经济走廊的投资促进效应

作为全球重要的能源和战略资源供应地，"一带一路"经济走廊及其辐射区域在全球投资格局中占据非常重要的位置。受益于全球投资规模的持续增长和外商直接投资的外溢效应（产业结构效应、技术外溢效应、贸易创造效应和制度变迁效应），过去几十年，"一带一路"沿线国家均不同程度地实现了全要素生产率的提高和经济的可持续增长。沿线国家吸引外资从 1981 年的 271.3 亿美元累计增加至 2014 年的 3.9 万亿美元（约占当年全球外商直接投资总量的 14.97%），年均增长 15.73%；对外投资则从 1981 年的 32.1 亿美元累计增加至 2014 年的 2.5 万亿美元（约占全球对外投资存量的 9.68%），年均增长 22.13%。至少就目前而言，除中国和俄罗斯外，"一带一路"走廊沿线大部分国家还是以资本进口为主（见表 4）。

表4   "一带一路"经济走廊核心国家 FDI 概况（2014 年）

	FDI 流量（亿美元）		FDI 存量（亿美元）	
	流入	流出	流入	流出
中国	1285.00	1231.20*	10852.93	8826.42*
巴基斯坦	17.47	1.16	308.92	16.95
孟加拉国	15.27	0.48	93.55	1.30
印度	344.17	98.48	2523.31	1295.78
缅甸	9.46	—	176.52	—
老挝	7.21	0.02	36.30	—
柬埔寨	17.30	0.32	130.35	4.84
越南	92.00	11.50	909.91	74.90
泰国	125.66	76.92	1993.11	657.69
马来西亚	107.99	164.45	1337.67	1356.85
新加坡	675.23	406.60	9123.55	5763.96
蒙古国	5.08	1.03	166.93	3.55
俄罗斯	209.58	564.38	3785.43	4318.65
哈萨克斯坦	95.62	36.24	1292.44	272.00
塔吉克斯坦	2.63	—	18.87	—
乌兹别克斯坦	7.51	—	90.02	—
吉尔吉斯斯坦	2.11	—	35.20	4.27
土库曼斯坦	31.64	—	262.03	—
海合会（GCC）	217.41	294.08	4163.14	2008.35
伊朗	21.05	6.05	430.47	40.96
土耳其	121.46	66.58	1686.45	400.88
合计	3410.85	2888.29	39417.10	23516.78
世界占比（%）	27.77	21.86	15.14	9.68

注：中国对外投资数据来自商务部官方统计，与 UNTED 统计局数据存在些许差异。

资料来源：根据 UNTED，*World Investment Report* 2015 相关数据计算制成。

同期，中国对"一带一路"经济走廊沿线国家的投资也呈不断增长之势。2014 年，中国对"一带一路"经济走廊国家合计投资 207.8 亿美元，约占当年中国对外投资流量的 16.9%；累计投资达 1293.3 亿美元，约占当年中国对外投资存量的 14.7%。沿线国家中，中国与吉尔吉斯斯坦（7.80）、塔吉克斯坦（10.79）、柬埔寨（6.90）、蒙古国（6.29）和缅甸

（6.20）的 FDI 密集度指数要远远高于其他国家，意味着中国与这些国家的投资联系更为密切。相比而言，中国与马来西亚、泰国、土耳其和海合会国家的 FDI 密集度指数要低于沿线其他国家，意味着中国与这些国家相互间投资还有很大的上升空间（见表5）。"一带一路"经济走廊的投资促进效应不仅有利于中国与"一带一路"沿线国家间形成新的生产网络，还会为双边贸易的持续增长注入新的活力。

表5　　中国对"一带一路"经济走廊核心国家直接投资情况（2014 年）

国家或地区	流量（亿美元）	该国吸引外资流量占比（％）	存量（亿美元）	该国吸引外资存量占比（％）	FDI 密集度指数
巴基斯坦	10.14	58.06	37.37	12.10	3.37
孟加拉国	0.25	1.64	1.60	1.71	0.48
印度	3.17	0.92	34.07	1.35	0.38
缅甸	3.43	36.27	39.26	22.24	6.20
老挝	10.27	—	44.91	—	
柬埔寨	4.38	25.33	32.22	24.72	6.90
越南	3.33	3.62	28.66	3.15	0.88
泰国	8.38	6.68	30.79	1.55	0.43
马来西亚	5.21	4.83	17.86	1.33	0.37
新加坡	28.14	4.17	206.40	2.26	0.63
蒙古国	5.03	98.94	37.62	22.54	6.29
俄罗斯	6.34	3.02	86.95	2.30	0.64
哈萨克斯坦	8.11	8.49	69.57	5.38	1.63
塔吉克斯坦	1.07	40.76	7.29	38.63	10.79
乌兹别克斯坦	1.81	24.05	3.92	4.36	1.22
吉尔吉斯斯坦	1.08	51.10	9.81	27.88	7.80
土库曼斯坦	1.95	6.17	4.48	1.71	0.48
海合会（GCC）	11.03	5.07	52.14	1.25	0.35
伊朗	5.93	28.16	34.84	8.09	2.26
土耳其	1.05	0.86	8.82	0.52	0.15
欧盟	97.87	3.80	542.10	0.70	0.19
合计	207.83	—	1293.31	—	—

资料来源：根据商务部《2014 年度中国对外直接投资统计公报》和 UNTED《世界投资报告》相关数据计算制成。

（三）"一带一路"经济走廊的产业聚集效应和空间溢出效应

当前，由跨国公司主导的全球价值链的深度分解和区域生产网络的深度融合正在成为整合全球市场、推动全球价值链治理结构变革的核心力量。未来一个时期，随着要素在"一带一路"经济走廊内的不断聚集和扩散、区域产业配套能力的提升和产业链分工布局的不断优化，"一带一路"走廊国家间产业与产业区段的动态转移不仅会对沿线国家间产业集群的形成与发展起到积极的促进作用，还会为中国与沿线国家间价值链的延伸和产业内贸易的持续增加提供新的动力。基于中国在规模制造方面的优势，生产性服务业和先进制造业的融合正在成为中国实现跨越式升级、提高全要素生产率和国际竞争力的重要路径，而嵌入全球价值链仍将是"一带一路"沿线尤其是经济后进国家产业升级的重要渠道。

基于各自经济发展水平和所处发展阶段的不同，"一带一路"走廊沿线各国均面临着产业升级的路径选择。沿线国家中，泰国、马来西亚、新加坡和越南等东亚区域生产网络成员的制造业和工业化水平要明显高于其他国家（见表6），而中国在规模制造方面的优势则为中国与沿线国家继续参与国际分工，提高自身在全球价值链中的地位创造了新的条件。尤其是对于中国这样一个以规模化制造为基础的全球第一制造业大国而言，先进制造技术和战略性新兴产业的融合才是中国参与全球价值链竞争的独特优势所在，而战略性新兴产业的产业化、规模化和价值链的完善则为中国与"一带一路"沿线国家的经济转型、产业升级和向全球价值链高附加值环节的移动带来了新的契机。

表6　　　中国与"一带一路"经济走廊主要国家服务业和制造业概况

国家或地区	服务业（%）			制造业（%）			
	该国GDP占比	该国总就业占比	该国吸引外资占比	该国GDP占比	高新技术增加值占比	该国出口总额占比	出口技术含量
巴基斯坦	46.5	35.2	74.1	17.0	24.6	81.6	10.4
孟加拉国	51.1	34.3	23.3	19.0	9.5	95.7	2.0
印度	49.5	24.4	—	14.0	40.8	83.1	28.7

续表

国家或地区	服务业（%）			制造业（%）			
	该国 GDP占比	该国就 业占比	该国吸引 外资占比	该国GDP 占比	高新技术增 加值占比	该国出口 总额占比	出口技 术含量
柬埔寨	38.4	26.3	21.3	21.0	0.3	70.2	11.3
越南	41.2	28.8	88.6	23.0	29.8	78.4	47.4
泰国	44.7	33.4	38.0	34.0	40.7	88.0	59.8
马来西亚	40.9	54.8	36.9	25.0	42.1	80.7	58.4
新加坡	75.5	64.1	45.8	26.0	81.2	89.8	69.0
蒙古国	44.2	40.5	—	5.0	6.2	45.2	3.7
俄罗斯	53.5	58.5	14.8	14.0	27.7	41.5	22.8
哈萨克斯坦	53.1	51.3	59.3	11.0	16.2	20.8	33.2
塔吉克斯坦	45.4	27.4	—	12.0	3.0	13.8	66.3
吉尔吉斯斯坦	49.1	43.9	—	8.0	3.5	34.1	18.1
阿联酋	37.9	61.8	29.0	10.0	12.6	10.6	21.2
阿曼	24.0	47.3	26.6	10.0	48.2	18.1	40.3
巴林	43.0	38.6		14.0	22.4	91.0	1.7
卡塔尔	21.6	40.6	14.2	8.0	25.8	9.1	38.8
科威特	24.4	56.1	—	6.0	29.6	30.6	13.4
沙特阿拉伯	24.6	55.3	31.5	11.0	35.9	19.1	35.7
伊朗	39.2	42.5	12.8	10.0	43.9	19.7	31.7
土耳其	56.4	50.6	67.9	18.0	32.7	87.8	40.6
中国	44.6	38.8	36.9	33.0	44.0	96.6	58.3

资料来源：根据 WTO, *Services Profiles* 2015；UNIDO, *Industrial Development Report* 2015 和 UNCTAD 相关数据计算制成。

三　"一带一路"经济走廊的功能演进

正如本文开篇所言，"一带一路"经济走廊是一个从产业集群到贸易投资便利化，再到区域基础设施一体化、区域经济一体化的动态演进过程。未来一个时期，随着"一带一路"（经济走廊）建设的不断推进，

"一带一路"经济走廊的辐射效应、联动效应和一体化框架下的贸易自由化、投资便利化不仅会对沿线国家间价值链的延伸起到积极的促进作用,为沿线尤其是发展中国家经济的内生发展提供新的动力,还会为沿线国家由利用比较优势向创造比较优势、由走廊向一体化的超越提供了一个新的链接范式。正是"一带一路"的开放、多元特征决定了其可以容纳更高层次、更大范围的区域经济一体化和区域基础设施一体化进程。

(一)"一带一路"经济走廊与区域基础设施一体化

基础设施是经济发展的重要前提和基础保障。良好的基础设施尤其是公路、铁路、桥梁、港口、能源、电力和电信等生产性基础设施对于一国经济增长、全要素生产率的提高和人均收入水平的提升起着非常重要的作用。[①] 中国改革开放的实践和发达国家早期的经历均证明,基础设施投资的正溢出效应(如促进经济增长、提高生产效率和资源配置效率、改善公共卫生、增加优质就业、促进产业发展)对经济发展和人均福利水平的提升意义重大。[②] 不过,由于区域(间)基础设施作为国际公共产品具有一定的非排他性和非竞争性特征,容易出现"搭便车"甚至"集体行动困境",从而导致区域或多边金融机构不愿对区域性或区域间基础设施投入过多资金。[③] 以亚洲开发银行为例,1996—2002 年,该行只有 7% 的资金用于区域性或区域间公共产品,而用于受援或贷款国国内公共产品的资金却达 47%。正是区域基础设施的公共产品属性决定了"一带一路"(经济走廊)沿线国家间区域基础设施建设必然会面临资金不足或供应不足的局面(见表 7)。为了避免或解决这种局面,中国与"一带一路"沿线国家有必要在加强跨国合作以满足区域性及区域间基础设施融资需要的同时,进一步探索区域性及区域间国际公共产品(包括基础设施)供给的渠道与方法。

---

① 潘庆中、李稻葵、冯明:《"新开发银行"新在何处——金砖国家开发银行成立的背景》,《国际经济评论》2015 年第 2 期。

② 林毅夫:《新结构经济学——重构发展经济学的框架》,《经济学(季刊)》2011 年第 1 期。

③ 黄河:《公共产品视角下的"一带一路"》,《世界经济与政治》2015 年第 6 期。

表7　　"一带一路"经济走廊核心国家基础设施现状

	国际机场（个）	民用航空（架）	海运（千DWT）	铁路（公里）	公路（公里）	港口（千TEUs）	客运（百万人公里）	货运（百万吨公里）	百人电话用户	百人宽带用户	互联网服务器（个）	金融业市值GDP占比（%）	保险密度（美元/人）
中国	51	965	75676	66298	4106387	174080	3034412	7673607	110	14.4	9602	43.7	235
巴基斯坦	9	52	605	7791	262567	2563	361373	179938	76	1.1	342	19.4	11
孟加拉国	2	21	1475	2835	21269	1571	12421	970	77	1.2	136	13.1	8
印度	20	252	15551	64460	4690342	10653	1090232	1733962	77	1.2	7173	69.0	55
缅甸	3	14	278	—	37785	233	1239	—	50	0.3	26	—	—
柬埔寨	2	12	2174	650	39618	275	477	—	158	0.2	46	—	—
老挝	3	12	—	—	41029	—	3497	320	80	0.2	14	—	—
越南	3	30	7351	2347	160089	8121	101175	40726	153	6.5	1076	21.1	28
泰国	8	144	5070	5327	180053	7702	13179	4985	153	8.2	1581	104.7	323
马来西亚	13	164	9232	2250	155427	21427	90577	5231	163	10.1	2647	156.2	524
新加坡	2	131	115022	—	3412	33516	121046	6336	194	27.8	4498	142.8	3759
蒙古国	2	6	1864	1818	11218	—	4729	13980	113	6.8	83	10.5	—
俄罗斯	42	1532	7221	84249	1094000	3968	451413	2474738	183	17.5	12141	43.4	181
哈萨克斯坦	11	139	153	14319	97155	—	191463	356966	197	12.9	250	11.5	79
乌兹别克斯坦	9	67	—	4192	221372	—	77648	47092	82	1.3	51	4.2	—
沙特阿拉伯	4	116	2626	1412	221372	6742	49609	3694	193	10.4	1417	50.9	277
阿联酋	6	135	984	—	4080	19336	290268	15624	200	11.5	2675	18.3	974
伊朗	18	128	4368	8368	229057	3179	36800	22687	127	9.5	167	25.2	95
土耳其	13	526	8820	9718	370276	7284	362907	216030	111	11.7	4354	39.1	153

资料来源：WTO，*Services Profiles 2015*，https：//www.wto.org/english/res_e/booksp_e/serv_pmofiles15_e.pdf。

与区域多中心理论将区域性或区域间制度建设作为国际公共产品供应的核心条件一样，①"一带一路"沿线国家间的基础设施互联互通也离不开广泛的区域协调、稳定的区域金融市场、良好的基础设施投资环境和有效的融资措施以及公私部门的密切合作。由于"一带一路"走廊沿线多以发展中国家为主且缺乏完善的金融市场（无法实现对基础设施投资期限错配的有效调整和对市场失灵的有效纠正），中国有必要以亚投行和丝路基金为平台，在优先解决本地区基础设施互联互通瓶颈问题的同时，加快构建全方位、多层次、多渠道的区域基础设施一体化新格局（见图1）。作为"一带一路"倡议的优先领域，"一带一路"基础设施互联互通不仅会对沿线国家间区域生产网络的完善和重构、地区统一市场的构建、贸易和生产要素的优化配置起到积极的促进作用，也为沿线国家经济的可持续增长带来了新的机遇。②

需要强调的是，"一带一路"基础设施互联互通是一个广义联通概念，既包括基础设施物理性的硬件联通，也包括在政策与软件上的制度联通。除了融资约束外，目前"一带一路"经济走廊沿线国家间以基础设施、通关便利化、国际运输、物流能力、跟踪与追踪、国内物流成本、运输时间为指标的"跨边界"供应链质量水平及推进互联互通的基础条件还无法满足沿线国家间要素自由流动和一体化的要求（见图2）。这一发展差异或许会导致"一带一路"沿线发达经济体和发展中国家对于基础设施互联互通合作目标及优先领域的理解产生较大分歧，从而影响"一带一路"基础设施互联互通或区域基础设施一体化进程。

在未来的"一带一路"经济走廊和基础设施互联互通建设过程中，中国有必要在积极拓宽融资渠道、加大交通运输关键节点和通道对接方面投

---

① 区域多中心理论认为："区域性或区域间公共产品供给模式的有效运行还需要在更高层面上实施一种具有多重性和差异性的供给体制，以避免管辖界限之间以及集体物品界限之间的大量鸿沟。"参见文森特·奥斯特罗姆《美国公共行政的思想危机》，上海三联书店1999年版，第76页。

② 基础设施互联互通主要通过两个途径来拉动经济增长：一是降低运输成本和生产成本；二是提高市场进入的便利程度。据世界银行测算，对基础设施的投资每增加10%，GDP将增长1个百分点。另据东盟东亚经济研究中心（ERIA）报告，2021—2030年，亚洲基础设施互联互通将使东盟各国GDP累计增加42.08%，东亚各国（"10+6"）GDP累计增加5.87%；而供应链壁垒和非关税措施的削减将使东盟各国GDP累计增加31.19%，东亚各国GDP累计增加7.76%。参见 World Bank, *Can infrastructure investments generate growth?*, http：//www. worldbank. org；ERIA, *The Comprehensive Asia Development Plan 2. 0（CADP 2. 0）*, http：//www. eria. org。

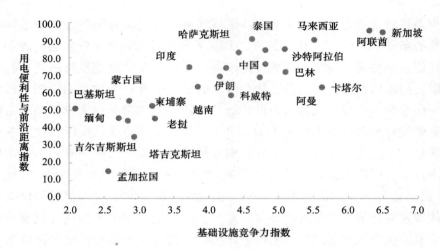

图 1   "一带一路"经济走廊国家基础设施竞争力指数

资料来源：根据 WEF, *The Global Competitiveness Report* 2015—2016 和世界银行 *Doing Business* 2016 相关数据制图。

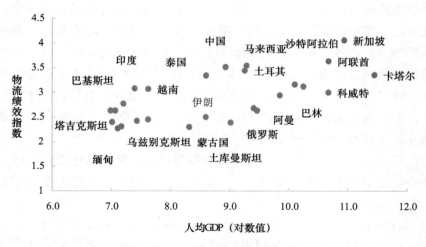

图 2   "一带一路"经济走廊沿线国家物流绩效指数

资料来源：根据世界银行报告 *Connecting to Compete* 2014 和 IMF 相关数制图。

资的同时，适度兼顾沿线发达经济体和发展中经济体在区域基础设施互联互通领域的不同利益诉求。首先在发展中国家急需的物理性基础设施互联互通领域，中国可以在交通运输、电力和通信设施方面优先选择一批重点或节点项目，以提高市场尤其是发展中国家市场和公共服务的可获得性。

而在沿线发达经济体如新加坡和新亚欧大陆桥所在欧盟国家所关心的制度联通方面（如标准一致化、相互认证、海关通关程序、规制融合等），中国应积极倡导和推动沿线国家间基础设施技术框架与标准体系的统一；通过简化政策、体系和程序以扩大、深化和提高"一带一路"沿线国家区域生产网络和"跨边界"供应链的效率。

（二）"一带一路"经济走廊与区域经济一体化

自 2009 年美国重返亚太并将"跨太平洋伙伴关系协定"（TPP）作为亚太经济一体化的最佳标准、最新范式和最优路径以来，亚太区域合作随即进入一个新的框架重构阶段。同期，由"跨大西洋贸易与投资伙伴关系协定"（TTIP）和"服务贸易协定"（TISA）所引领的国际贸易与投资规则的重塑正在成为影响中国和"一带一路"沿线国家发展的新的重大外部因素。中国和"一带一路"沿线国家有必要以构建"一带一路"（经济走廊）为契机，在现有区域贸易安排或自由贸易协定的基础上，[1] 进一步推动中国与"一带一路"沿线国家的贸易自由化和经济一体化建设，为中国与沿线国家经贸关系的可持续发展、相互间贸易和投资的可持续增长提供制度性保障。欧盟和北美区域经济一体化的实践证明，要素的自由流动能够带来国家间经济发展水平的趋同。同样，"一带一路"经济走廊沿线国家间经济差距的缩小、地区内部的平衡发展、国民福利的提高和经济的持续增长能够满足沿线各国共同发展并从"一带一路"（经济走廊）建设中获益的基本愿望。

与 TPP、TTIP 等欧美新贸易投资协定强调标准与规则的统一有所不同，中国与"一带一路"沿线国家的贸易自由化或经济一体化的基础是东亚、亚太有效的国际生产分工体系。如果"一带一路"经济走廊能在现有区域贸易安排或自由贸易协定的基础上对东亚或亚太区域生产网络予以扩展、深化，使沿线国家更为便利地融入全球或区域供应链，将会对中国与"一带一路"沿线国家经济的内生增长和价值链的升级提供新的动力。不过，由于"一带一路"沿线多以发展中国家为主且贸易自由化或一体化水

---

[1] 截至 2015 年年底，"一带一路"沿线国家中，中国已与新加坡、马来西亚、泰国、越南、老挝、缅甸、柬埔寨、巴基斯坦签有自由贸易协定，与印度（RCEP）和海合会的 FTA 谈判、与欧盟的双边投资协定（BIT）谈判也在进行中，旨在为中国与"一带一路"沿线国家经济关系的可持续发展创造更加有利的条件。

平各异（见表8），在未来的"一带一路"经济走廊和一体化建设过程中，中国与沿线国家有必要以提高通关效率作为贸易和投资便利化的突破口，在降低贸易和投资成本的同时，① 进一步提高沿线各国间供应链的连通性，为沿线各国间价值链的延伸和供应链能力的提升创造条件。

表8　　　　　　"一带一路"经济走廊国家贸易投资便利化指标

	关税平均 （%）	服务贸易 限制指数	跨境贸易与前沿 水平距离指数	贸易投资便 利化程度
中国	4.6	36.6	69.13 (96)	4.3 (54)
巴基斯坦	9.2	28.3	38.11 (169)	3.5 (114)
孟加拉国	13.9	44.2	34.86 (172)	3.4 (115)
印度	6.2	65.7	56.45 (133)	3.6 (96)
缅甸	5.6	—	55.05 (140)	3.2 (121)
越南	5.1	41.5	67.15 (99)	4.0 (72)
老挝	10.0	—	64.09 (108)	3.6 (98)
柬埔寨	8.0	23.7	67.63 (98)	3.7 (93)
泰国	6.6	48.2	84.10 (56)	4.2 (57)
马来西亚	4.4	46.1	86.74 (49)	4.8 (25)
新加坡	0.5	—	89.35 (41)	5.9 (1)
蒙古国	5.0	13.7	77.30 (74)	3.0 (130)
俄罗斯	9.1	25.7	37.39 (170)	3.5 (105)
哈萨克斯坦	9.5	17.0	60.39 (122)	3.7 (94)
吉尔吉斯斯坦	3.9	15.2	72.25 (83)	3.5 (109)
乌兹别克斯坦		23.4	44.31 (159)	—
阿联酋	4.7	—	66.27 (101)	5.0 (16)
阿曼	5.2	47.4	79.35 (69)	4.7 (31)
巴林	6.4	50.8	72.06 (85)	5.0 (16)
卡塔尔	4.5	60.1	61.41 (119)	4.9 (19)

---

① 据联合国亚太经社会（ESCAP）研究显示，贸易便利化和通关电子化（无纸化贸易）措施每年将为亚太地区减少310亿美元（20%）的通关费用，而通关效率的提升和通关成本的减少将为该地区带来250亿美元的潜在贸易受益。而据世界经济论坛估计，如果全球供应链壁垒的削减能够达到最佳实践水平的一半，全球GDP预计将增长4.7%，贸易量将增加14.5%，远超取消所有关税所带来的福利收益。转引自王震宇《全球共赢：亚太基础设施与互联互通》，外文出版社2014年版，第9—10页。

续表

	关税平均（%）	服务贸易限制指数	跨境贸易与前沿水平距离指数	贸易投资便利化程度
科威特	4.5	51.8	49.85（149）	4.0（74）
沙特阿拉伯	4.4	42.5	49.62（150）	4.3（48）
伊朗	—	63.3	39.38（167）	3.0（131）
土耳其	5.2	25.0	81.00（62）	4.3（46）

注：括号内为各国世界排名。

资料来源：根据 WTO，*World Tariff Profiles* 2015；WEF，*The Global Competitiveness Report* 2015 – 2016 和 *The Global Enabling Trade Report* 2014；世界银行，*Doing Business* 2016 和服务贸易壁垒数据库相关数据制成。

（三）"一带一路"经济走廊与区域价值链的延伸

需要强调的是，构建"一带一路"并非从零开始，而是现有合作的延伸与升级。首先要处理好与现有合作机制、合作平台的关系。亚洲区域合作格局的变化与复杂性决定了中国在积极参与贸易自由化和经济一体化建设的同时，还要创造性地推动其他形式的经济合作。中国有必要以"一带一路"建设为契机，在现有区域生产网络和价值链的基础上（见表9），继续推动中国与"一带一路"沿线主要贸易伙伴关系由产业间分工向产业内或产品内分工的延伸与升级。

表9　　　　　　　　　"一带一路"经济走廊国家价值链指标

	出口				进口			
	资本品	中间品	消费品	其他	资本品	中间品	消费品	其他
中国	29.9	39.9	28.8	1.4	13.9	77.0	4.2	4.9
巴基斯坦	1.8	40.6	56.2	1.4	11.2	57.7	6.2	24.9
印度	6.3	46.6	27.1	20.0	9.3	85.0	4.4	1.3
缅甸	0.0	76.3	23.7	0.0	18.9	48.3	10.6	22.1
越南	12.6	39.1	46.0	2.3	14.7	67.3	7.9	10.1
柬埔寨	0.5	34.0	65.3	0.2	11.3	59.4	13.3	16.0
泰国	20.4	50.2	21.9	7.5	17.9	72.2	7.9	2.1
马来西亚	12.9	68.1	12.1	6.9	16.6	65.5	8.4	9.5
新加坡	13.2	57.7	9.5	19.6	12.4	57.8	8.7	21.1

续表

	出口				进口			
	资本品	中间品	消费品	其他	资本品	中间品	消费品	其他
俄罗斯	2.3	74.9	2.2	20.6	26.8	39.4	26.7	7.1
哈萨克斯坦	1.0	94.7	0.7	3.6	25.8	47.2	20.5	6.5
吉尔吉斯斯坦	2.2	62.2	27.3	8.3	14.9	34.5	26.0	24.6
巴林	0.7	24.7	3.0	71.6	9.0	72.5	13.4	5.2
阿曼	0.1	90.7	2.1	7.1	13.8	56.6	20.2	9.4
卡塔尔	0.0	91.9	0.0	8.1	—	—	—	—
沙特阿拉伯	0.2	92.0	1.4	6.4	21.3	47.8	22.0	8.9
伊朗	0.5	92.2	6.2	1.1	21.1	63.1	13.9	1.9
土耳其	9.0	51.0	31.3	8.7	17.6	61.3	9.4	11.8

资料来源：World Economic Forum, *The Global Enabling Trade Report* 2014。

当前，服务贸易和投资正在成为新一轮国际贸易与投资谈判的核心内容。以 TPP、TTIP 和 TISA 为代表的欧美新贸易投资协定，"正在引领全球贸易投资新规则、新标准和新范式的制定"。[①] 同时，"由跨国公司主导的全球价值链的深度分解和区域生产网络的深度融合正在成为整合全球市场、推动全球价值链治理结构的核心变量"。[②] 着眼于国际贸易投资规则和全球价值链的最新发展趋势，服务贸易和投资应成为下一步中国与"一带一路"经济走廊国家合作的重要增长点。服务贸易与投资领域的合作不仅有利于中国与沿线国家间形成新的生产网络，也会为中国与"一带一路"沿线国家间产业内或产品内垂直分工的深化和价值链的延伸创造新的条件，为中国与沿线国家参与全球价值链治理、提高自身话语权奠定新的基础。而产业内或产品内垂直分工的深化则将意味着中国与"一带一路"沿线国家间以价值链、区域生产网络为基础的中间品贸易的可持续性。[③] 同时也意味着区域生产网络的完善和地区统一市场的构建或许更应成为"一

① 王金波：《国际贸易投资规则发展趋势与中国的应对》，《国际问题研究》2014 年第 2 期。
② 王金波：《全球价值链的发展趋势与中国的应对》，《国外理论动态》2014 年第 12 期。
③ 有研究表明，中间投入品关税减让所引致的成本节约及多样化优质要素获得效应能够显著促进企业成长。换言之，贸易自由化和投资便利化不仅有利于企业实现规模经济效应，而且还能够在总体上使企业规模变得更加合理。参见盛斌、毛其淋《贸易自由化、企业成长和规模分布》，《世界经济》2015 年第 2 期。

带一路"区域基础设施一体化、区域经济一体化的核心目标。换言之，
"一带一路"经济走廊的经济收益和福利效应应更多地来自非关税壁垒的
削减以及贸易和投资自由化后具有比较优势产业的产出和要素收入的增
加。唯有如此，才能确保"一带一路"经济走廊的吸引力，才能使中国与
"一带一路"沿线国家间的合作保持持续前进的动力。

四 中国构建"一带一路"经济走廊的独特优势

历史上，丝绸之路即是东西方物畅其流的象征，更是东西方文明交流
的通道。今天，同样是在古丝绸之路沿线，中国已经成为全球 120 多个国
家和地区的最大贸易伙伴，70 多个国家和地区的最大出口市场。中国与世
界的贸易额已从 1978 年的 206 亿美元增加至 2014 年的 4.3 万亿美元，占
全球货物贸易的比重则由 1978 年的 0.8% 增加至 2014 年的 11.3%，并于
2013 年首次超越美国成为全球第一货物贸易大国（见图 3）。对外投资则
由 1982 年的 0.4 亿美元增加至 2014 年的 8826.4 亿美元，并于 2014 年首
次成为资本净输出国。[①] 实践证明，对外贸易和投资的持续扩大不仅推动
了中国的现代化，而且也极大地提高了中国与贸易伙伴国的福利水平。

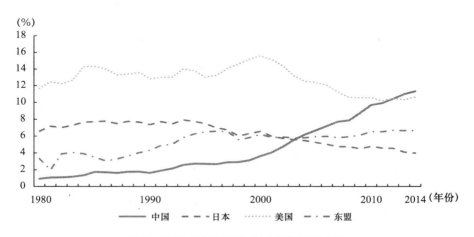

图 3 世界主要经济体全球货物贸易占比

资料来源：根据联合国贸易发展会议数据库（UNCTADSTAT）数据计算制图。

---

① 数据来源：UNCTAD STAT 统计数据库和中国商务部《2014 年度中国对外直接投资统计公报》。

经过 30 多年的改革与开放，中国已经成为全球最具活力的经济体之一。中国的经济总量已由 1980 年的 3065 亿美元增加至 2014 年的 10.07 万亿美元，年均增长 10.8%，高于同期世界经济增速 5.3 个百分点。① 占全球经济总量的比例也由 1980 年的 2.5% 上升至 2014 年的 13.0%，并于 2010 年超过日本成为世界第二大经济体（见图 4）。对全球经济增长的贡献率更是由 1990 年的 2.4% 上升至 2014 年的 27.8%。而同期美国和日本对全球经济增长的贡献率则分别由 1990 年的 19.3% 和 30.5% 下降到 2014 年的 15.3% 和 -0.3%。中国经济的迅速崛起在改变全球经贸和投资格局的同时，也为中国与"一带一路"沿线国家进一步扩大互利共赢合作提供了新的契机。目前，中国经济正处在转型升级的关键阶段。未来一个时期，随着中国经济由效率驱动向创新驱动、由外需拉动向内需驱动的转型与升级，中国在"一带一路"沿线将由地区公共产品的消费者转型为地区公共产品尤其是经济类公共产品（如市场、资本、技术、可贸易品和区域基础设施等）的提供者。② 这一历史性的转变或许才是中国构建"一带一路"（经济走廊）的真正要义所在。

作为全球第一货物贸易大国和第一制造业大国，③ 中国在常规制造业方面的规模优势和在全球价值链贸易中的区位优势及其协同效应一起构成了中国与"一带一路"沿线国家构建经济走廊的独特优势。④ 由于"一带一路"沿线多以发展中国家为主且资源禀赋各异，"一带一路"经济走廊的贸易创造效应、投资促进效应、产业聚集效应和空间溢出效应或许更契合沿线经济后进国家发展阶段的具体需求。"一带一路"经济走廊国家中，既有世界第二大经济体的中国和人均 GDP 世界第三的卡塔尔，亦有人均

---

① 数据来源：根据 UNCAD STAT 统计数据库相关数据计算得出。

② 有学者认为，"亚太地区正浮现一种新的地区公共产品供应的比较优势格局，即中国在经济类公共产品的供应方面拥有优势，而美国则仍主导着对安全类公共产品的供应"。参见张春《国际公共产品的供应竞争及其出路——亚太地区二元格局与中美新型大国关系建构》，《当代亚太》2014 年第 6 期。

③ 据联合国工发组织（UNIDO）报告，2013 年，中国制造业出口 2.33 万亿美元，约占全球制造业出口总额的 16.8%，高于美国的 8.1% 和日本的 5.2%，居世界第一位。参见 UNDIO, *Industrial Development Report* 2016，http：//www. unido. org/。

④ 有学者认为，"中国目前工业制造生产结构相对落后的某些特征，恰恰与'一带一路'沿线经济后进国家大规模开发阶段具体需求具有更高契合度，构成中国与这些国家共建'一带一路'的独特优势条件"。参见卢锋、李昕、李双双等《为什么是中国？——"一带一路"的经济逻辑》，《国际经济评论》2015 年第 3 期。

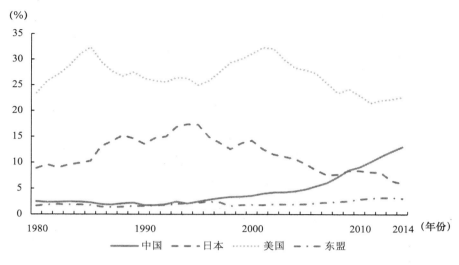

图4　世界主要经济体全球经济总量占比

资料来源：根据联合国贸易发展会议数据库（UNCTADSTAT）数据计算制图。

GDP只有1000多美元的老挝、缅甸、柬埔寨和孟加拉国等联合国定义的最不发达国家；既有竞争力排名世界第二的新加坡，又有居世界第134位的缅甸；既有创新驱动型、效率驱动型和效率驱动型向创新驱动转型国家，又有要素驱动型和要素驱动向效率驱动转型国家（见表10）。正是"一带一路"沿线国家的多样性决定了基于比较优势的国际贸易与投资和基于规模效应、溢出效应的产业或产业区段的国家动态转移能为"一带一路"由走廊到区域经济一体化、区域基础设施一体化发挥巨大的推动作用。

表10　"一带一路"经济走廊沿线国家竞争力及其所处发展阶段

	世界排名	竞争力指数	指数构成			发展阶段
			基础条件	效率水平	创新水平	
新加坡	2	5.6	6.3	5.7	5.1	5
阿联酋	12	5.3	6.2	5.2	4.8	4
卡塔尔	16	5.2	6.1	5.0	5.1	5
马来西亚	20	5.2	5.5	4.9	5.0	4
沙特阿拉伯	24	5.1	5.7	4.6	4.2	2

续表

	世界排名	竞争力指数	指数构成			发展阶段
			基础条件	效率水平	创新水平	
中国	28	4.9	5.3	4.7	4.1	3
泰国	31	4.7	5.0	4.5	3.8	3
科威特	40	4.5	5.2	3.9	3.4	2
巴林	44	4.5	5.3	4.5	3.8	4
土耳其	45	4.5	4.8	4.4	3.9	4
阿曼	46	4.5	5.7	4.3	3.8	4
哈萨克斯坦	50	4.4	4.8	4.3	3.5	4
俄罗斯	53	4.4	4.9	4.5	3.5	4
越南	68	4.2	4.4	4.0	3.4	1
印度	71	4.2	4.2	4.2	3.9	1
塔吉克斯坦	91	3.9	4.2	3.5	3.5	1
老挝	93	3.9	4.1	3.6	3.5	1
柬埔寨	95	3.9	4.1	3.6	3.2	1
蒙古国	98	3.8	4.0	3.8	3.2	2
孟加拉国	109	3.7	3.8	3.6	3.0	1
吉尔吉斯斯坦	108	3.7	3.9	3.6	3.0	1
巴基斯坦	129	3.4	3.3	3.6	3.5	1
缅甸	134	3.2	3.4	3.1	2.6	1

注:发展阶段中 1 表示要素驱动,2 表示从要素驱动向效率驱动转型,3 表示效率驱动,4 表示从效率驱动向创新驱动转型,5 表示创新驱动。

资料来源:根据 WEF, *The Global Competitiveness Report*(2014—2015)相关数据制成。

　　鉴于"一带一路"(经济走廊)建设的长期性、沿线国家的差异性和外部环境的复杂性,争取"早期收获"自然成为"一带一路"(经济走廊)布局和起步阶段的关键。由于"一带一路"(经济走廊)的福利效应是一个逐步释放的过程,早期收获首先必须具有很强的示范效应。考虑到"一带一路"走廊沿线国家众多且以发展中国家为主,一些"敏感度低、可复制、可升级且能够很快产生经济效益"的项目,或许更容易形成早期收获。而在具体的项目建设和工程推进过程中,早期收获还需统筹兼顾所选项目的技术可行性、预期营利性和环境可持续性的平衡。既要考虑项目的技术和资金成本，又要考虑项目所面临的风险、不确定性或社会成本。既要遵循市场规律，又要兼顾项目与"一带一路"战略目标的匹配程度（具体到项目的设计，应兼顾市场盈利与社会责任目标，避免短期行为或竭泽而渔；具体到项目的实施，则应贯彻市场化、国际化和专业化的原则，避免自身特色与各方目标的失衡与错位）。既要着眼于六大经济走廊和海陆互联互通等"一带一路"骨架项目的战略收益，更要着力于贸易自由化和投资便利化、产业园等非战略性项目的经济效应和示范性效应。

　　未来一个时期，随着"一带一路"（经济走廊）建设的不断推进，"一带一路"经济走廊的贸易创造效应、投资促进效应、产业聚集效应、空间溢出效应和一体化框架下的联动效应将会对沿线各国提升（经济）发展水平起到积极的促进作用。在"一带一路"由走廊向区域基础设施一体化、区域经济一体化的动态演进过程中，"中国需要不断细化与沿线国家不同形式的合作，采取差异性策略予以应对；需要区分沿线不同国家或地区的内部制度，将市场细分和受众分析做得更加细致"。① 如何处理好利用比较优势与开发优势的关系、如何处理好经济合作与非经济合作的关系、如何处理好机制化合作与非机制化合作之间的关系等，都将成为中国构建"一带一路"需要予以考量的重要问题。"一带一路"不仅要适应于亚洲发展的多样性，而且其地缘或空间分布应超越区域范围并更具开放性。唯有如此，才能确保"一带一路"的未来发展空间、活力和可持续性。

---

　　① 王金波：《亚投行与全球经济治理体系的完善》，《国外理论动态》2015 年第 12 期。

全球价值链重构背景下中国与
"一带一路"国家国际产能合作[*]

内容提要： 全球价值链重构成为当前世界经济的显著特征，全球价值链重构带来跨国公司全球生产的再布局。全球价值链重构对中国带来的挑战不言而喻，但也为中国企业"走出去"创造了新的战略机遇期。随着中国在国际直接投资方面的全球地位不断提升，对"一带一路"国家有很多的投资和产能合作机会。在此背景下，探索中国对"一带一路"国家的投资潜力以及相关的影响因素，可以为中国的相关经济活动提供理论依据和数据支持，继而选择最佳的投资东道国，制订更有目的性的计划。

未来中国与"一带一路"国家国际产能合作的主要目标是提升在全球价值链中的地位，整合全球资源，培育以设计、研发、营销、服务为核心竞争力的新优势。应继续挖掘"一带一路"国家在投资方面拥有的巨大潜力，提高投资效率，并帮助东道国发挥潜力，打造最高效率的投资环境；优先选择距离近、经济体量大、贸易依存度高的国家；鉴于亚洲和欧洲国家具有明显的差异性，在具体决定投资的国家时，要根据自身的需要做出选择，具体国家具体分析。

全球价值链重构成为当前世界经济的显著特征，全球价值链重构带来跨国公司全球生产的再布局。全球价值链重构对中国带来的挑战不言而喻，但也为中国企业走出去创造了新的战略机遇期。随着中国在国际直接投资方面的全球地位不断提升，对"一带一路"国家有很多的投资和产能合作机会。在此背景下，探索中国对"一带一路"国家的投资潜力以及相

---

　* 桑百川，对外经贸大学国际经济研究院院长、教授，中国社会科学院国家全球战略智库特约研究员。李计广，对外经济贸易大学国际经济研究院研究员。张彩云，商务部研究院实习研究员。李玉梅，对外经济贸易大学国际经济研究院副研究员。赵东麒，对外经济贸易大学国际经济研究院博士研究生。

关的影响因素，可以为中国的相关经济活动提供理论依据和数据支持，继而选择最佳的投资东道国，制订更有目的性的计划。

中国与"一带一路"国家国际产能合作的主要目标是提升在全球价值链中的地位，整合全球资源，培育以设计、研发、营销、服务为核心竞争力的新优势。应继续挖掘"一带一路"国家在投资方面拥有的巨大潜力，提高投资效率，并帮助东道国发挥潜力，打造最高效率的投资环境；优先选择距离近、经济体量大、贸易依存度高的国家；鉴于亚洲和欧洲国家具有明显的差异性，在具体决定投资的国家时，要根据自身的需要做出选择，具体国家具体分析。

一　全球价值链重构及其对中国的影响

（一）全球价值链重构成为当前世界经济的显著特征

1. 跨国公司向全球公司转型是全球价值链形成和重构的基本动因

20 世纪 90 年代以来，在经济全球化浪潮推动下，全球企业界发生了巨大变革，其中最引人注目的是跨国公司向全球公司转型。跨国公司突破传统的国家地理界线，将价值链各个主要环节在全球进行布局，吸纳和整合全球最优质资源，极大增强了企业核心竞争力。大批跨国公司海外资产、海外员工、海外销售额的比重均超过半数，由此伴生着企业价值链延伸到全球，并形成全球价值链。自 2008 年全球金融危机爆发以来，世界经济复苏乏力，跨国公司在需求紧缩的危机中面临更加激烈的竞争，需要进一步降低生产成本，诱发其在全球范围内重新寻找价值洼地，重构全球价值链。

2. 主要国家产业政策调整是全球价值链重构的推动因素

欧美等发达国家提出了再工业化战略，修正制造业过度外包而引起的实体经济产业空心化等问题，对其产业链的全球空间布局进行重组，打破了全球生产体系的原有分工，高端制造业重心向发达国家回流。中、印等新兴经济体为避免在价值链低端被锁定，大力推动产业转型升级，重视科学技术投入和发展，增强核心竞争力，朝着价值链的上游努力。东盟等新兴经济体进一步扩大开放，积极出台优惠政策，承接国际产业转移，加快融入全球价值链加工制造环节。

3. 发达国家主导国际经贸规则变迁旨在在全球价值链重构中占得先机

在为跨国公司主导全球价值链重构开辟的道路中，发达国家谋求国际经贸规则变迁，跨太平洋战略经济伙伴关系协定（TPP）、跨大西洋贸易与投资伙伴协定（TTIP）、国际服务贸易协定（TISA）都致力于建立高水平的贸易、投资自由化规则体系。新的规则旨在强化跨国公司在知识产权、服务贸易、对外投资上的利益，将其具有竞争优势的服务价值链进一步向全球延伸，同时削弱新兴经济体的国际竞争优势。例如，TPP 的绝大多数内容对中国而言并无新意，很多内容在已经签订的协定中有所体现，真正具有挑战性的内容是国有企业的相关条款，这将制约中国国有企业的国际竞争力。因此，新的规则虽不会导致中国被全球价值链边缘化，但会增加中国向价值链上游升级的难度。

4. 全球价值链重构带来跨国公司全球生产的再布局

跨国公司全球产业链和价值链结构逐步从以母国市场为中心的"中心—外围"式离岸生产布局为主，转向以东道国市场为中心的近岸生产布局为主。其典型表现是，随着中国经济快速发展，一方面是各种生产要素价格不断攀升，在生产成本方面的优势逐渐削弱；另一方面是居民购买力增强，已成为世界主要消费市场。在此形势下，跨国公司一面将劳动密集型价值环节向中国周边国家转移，一面扩大满足中国市场需求的投资，这将导致中国在全球价值链上的分工地位发生新的变化。

（二）全球价值链重构给中国带来的挑战与机遇

全球价值链重构给中国带来的挑战不言而喻。从产业层面看，中国面临"高端封锁"与"低端锁定"的双重夹击。跨国公司利用国际经贸规则的主导权不断强化在价值链高端环节的竞争优势，吸引高端制造业回流，加强服务价值链与制造价值链的融合，使得中国等新兴经济体向价值链高端攀升难度增加。同时，在既有的全球价值链上，中国处于低端地位，很多出口产品科技含量和增加值较低，而跨国公司基本固化了产业链各环节的主导权，中国并不具备主导价值链的能力。从企业层面看，中国本土的跨国公司才刚刚出现，距离全球性公司还有很大差距。相较而言，日本当年成为世界第二经济大国的时候，已经有一大批本土全球性公司了。微观基础支撑的缺失，直接影响到中国在全球价值链重构中的话语权。

当然，全球价值链重构也给中国带来了难得的机遇。从外部环境看，全球价值链重构下新的国际经贸规则以投资规则为主要内容，随着投资自由化深入发展，各国在不断增加对跨国投资的保护，这为中国企业走出去创造了新的战略机遇期。从自身条件看，中国总体经济实力增强，一批大型企业集团进入世界500强行列，不断积累着所有权优势、内部化优势和区位优势。高铁、核电、电信设备、工程装备、家电等一些行业生产成本低、技术领先、安全性能可靠，是具备国际优势的产能行业。同时，国家外汇储备规模庞大，具备扩大对外投资的能力和条件，对外投资规模迅速增长。如能有效利用全球价值链重构中国际经贸规则变迁和经济全球化深化的条件，构建和完善开放型经济新体制，主动融入全球价值链，升级在全球价值链中的地位，则可以促进经济结构转型升级。

（三）积极应对全球价值链重构

1. 中国经济结构转型升级的重点是提升在全球价值链中的地位，整合全球资源，培育以设计、研发、营销、服务为核心竞争力的新优势

基于全球价值链发展和重构的现实，中国经济结构转型升级的重点已经不再局限于实现工业化，以及从制造业大国向服务业大国转化，而在于向价值链的高端延伸，在巩固中国制造大国地位的同时，谋求中国设计、中国创造、中国营销和服务。其中，缺乏自主创新能力是制约中国提升价值链地位的主要因素，对此问题要从全球价值链的视角来看待。设计、研发、制造、营销、服务等全球价值链的各环节，不会在一个国家内部实现，必须充分利用全球资源。我们在强调设计研发的自主创新时，离不开在全球价值链中与先进企业合作竞争，在开放中合作创新，引进消化吸收再创新。

2. 推动企业确立全球型发展战略和治理结构

在全球价值链重构中，中国企业面对着全球型公司的激烈竞争，只有建立自己的全球型公司，并顺应全球型公司发展要求变革经营理念，调整公司治理结构，充分利用全球的技术、资本、市场、人才、信息、营销渠道、先进管理经验等优质资源，才能赢得国际竞争。既要依托全球资源，在全球设置采购中心、制造组装中心、研究设计中心、营销中心、服务中心和管理中心，通过价值链若干环节外包，或企业并购，打造全球价值链，又要从中心辐射型管理向全球网络型管理以及全球治理转变，还要从为股东利益服务、实现股东利益最大化向包括股东、全球社会责任和环境责任在内的全面责任转变。

3. 以服务贸易自由化促进生产性服务业发展，加快打造服务价值链

全球价值链发展和重构不仅发生在生产领域，而且更广泛地拓展到服务领域。在全球价值链形成和重构中，全球服务分工网络体系发展迅猛，服务渗透到生产的每一环节，整合和协调着全球化生产的各个环节。中国提升在全球价值链上的地位，离不开构建全球服务价值链。从制造业开放的经验看，推进服务业开放和服务贸易自由化不仅有助于通过利用国际高效优质的服务，提升中国制造业在全球价值链中的竞争力，而且有助于中国服务资源进入国际市场，参与整合全球价值链，在国际服务贸易发展中获益。

4. 进一步解放思想，反对贸易和投资保护主义，改变仅在国家内部发展本土企业和本土产业的思维观念，推动中国企业融入全球价值链

一方面，坚定不移地实施欢迎跨国公司投资的政策，在与跨国公司的竞合中推动中国企业提升在全球价值链中的地位。改善营商环境，加强反垄断、反腐败、保护知识产权的力度，创造所有类型企业平等、公平的制度条件，继续推进行政管理体制改革和投融资体制改革，对外商投资全面实行准入前国民待遇和负面清单的管理模式，简化行政审批手续，扩大市场准入，吸引全球价值链中的各环节落地，在与跨国公司合作和竞争中提升中国企业的价值链水平；另一方面，财政、税收、金融、保险等部门通力协作，支持企业"走出去"，在全球市场配置资源，向价值链高端迈进。

5. 改革国际贸易统计方法，鼓励企业追求出口增加值

现行的国际贸易统计关注进出口商品的总值，不能反映全球价值链和贸易增加值的情况，扭曲了真实的贸易流向和国际竞争力水平。中国应加强与国际组织的合作，积极参与国际贸易统计规则的制定，寻求以贸易增加值核算弥补传统贸易统计体系的缺陷，并引导企业摒弃简单追求出口额扩大，转而关注在全球价值链中的地位，提高贸易增加值。

二　中国对"一带一路"国家直接投资现状分析

（一）中国对外直接投资整体状况

目前，由于受各国经济需求和贸易等因素影响，世界经济仍然复苏缓慢，其中外国直接投资的流量在 2014 年下降幅度达到了 16%，在这种背景下，中国依然保持一枝独秀，随着中国"一带一路"战略逐步进入建设阶段，这为中国对外投资提供了新动力，使得中国的对外直接投资连续 12 年保持增长，在 2014 年同比增长 14.2%，总量高达 1231.2 亿美元，创下

历史新的最高值，这些变化可以通过图1看到。在2014年取得这些进步的同时，也实现了中国双向直接投资结构更加合理化的目标。全球占比方面，中国2014年的OFDI占当年全球流量的9.1%，占全球存量的3.4%，流量连续三年排行全球第三名，存量则上升三位，位居世界第八名。

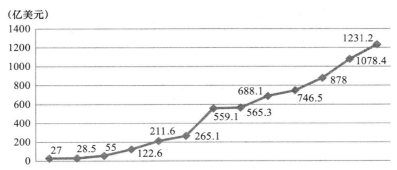

（亿美元）

图1　2002—2014年中国OFDI流量

数据来源：商务部。

1. 流量方面

第一，中国对外直接投资（OFDI）与中国吸收外国投资（FDI）的差距缩小到53.8，使得双向投资趋近平衡，同时实现2002—2014年12年连续增长，年平均增长速度高达37.5%。

第二，传统的采矿业金额大幅下降，并购行业呈现多样化，第三产业尤其受到青睐。并购方面，14年的十大并购目的地依次为秘鲁、美国、中国香港、澳大利亚、加拿大、意大利、开曼群岛、德国、法国、荷兰；产业方面，2014年中国在第一产业领域投入15.9亿美元（占比1.3%），在第二产业投入311.1亿美元（占比25.3%），在第三产业投入904.2亿美元（占比73.4%）。其中在第三产业的投入主要集中在租赁、商业服务、批发零售和金融业，同时对房地产、信息传输、软件和信息技术服务业的投资增长十分迅速。

第三，债务工具比重明显下降，股权和收益再投资的比例达到八成。

第四，发达经济体是主要的投资流向目的地，尤其对欧盟、美国和澳大利亚的投资都创造了历史新高。流向方面，2014年，中国对发达国家投资实现同比增长 72.3%，达到 238.3 亿美元。当年流量的 79.3% 是对发展中国家的投资，数额为 976.8 亿美元，与上一年相比增长了 6.5%。另外，对转型经济体的投资与 2013 年相比下降 29.1%，仅有 16.1 亿美元。尤其是对俄罗斯的投资下降比例攀升至 38%，但是对土库曼斯坦、白俄罗斯、塔吉克斯坦和乌兹别克斯坦的投资都增长较快。

第五，流向高度集中。2014 年对中国香港、开曼群岛、英属维尔京群岛和卢森堡这四个地区的 OFDI 跟 2013 年相比增长 10%，总计 842.07 亿美元，占到了全年对外直接投资总流量的 68.4%，主要投资方向仍然是以这些地区比较有优势的商业服务为主。

第六，从大洲上看，除非洲和拉美出现下降外，对亚洲、欧洲、北美洲和大洋洲的投资增幅都超过 10%，尤其是分布在欧洲和北美的投资流量同比增长超过 80%。

第七，从国内省份来看，前三位依次是广东、北京和上海。

通过与主要国家投资流量对比可以发现，中国香港由于其独特的地位和优势，在全球流量中位列第二位，仅次于美国，中国紧随其后位列第三名，但是美国的投资流量处于绝对领先的地位，超过中国和中国香港的总和，充分显示了美国经济的强大。从中也可以看到尽管中国投资发展迅速，但与美国的差距仍旧巨大，未来仍具有广阔的发展空间。

2. 存量方面

第一，2014 年末的存量达到 8826.4 亿美元，是 2003 年末时水平的近 30 倍。但是仅相当于同期美国存量的 14%、日本的 74%，与发达国家相比差距仍旧比较大。

第二，地区上，中国 OFDI 的近乎七成都集中在亚洲地区，紧随其后是拉丁美洲和欧洲。去向上，存量的 82.5% 都投向了发展中国家，发达国家占 15.3%，对转型经济体的投资存量占 2.2%，仅为 192.21 亿美元。

第三，行业上，依然集中于传统的租赁和商务服务、金融、采矿、批发零售等部门。目前，第三产业成为主要目标，占到了 75%，其余的几乎都是第二产业，第一产业的比例仅 1%。

第四，国企占比 53.6%，仍然是中国对外直接投资的主体。此外，有限责任公司占到 33.2%，股份有限公司占 7.7%，但是非国有企业在存量中的比例保持逐年增加的趋势。

第五，国内投资的主要省份依然是偏向于中东部沿海省份，广东、北京和上海分列前三。

根据图2，在全球范围内，美国的对外直接投资在存量上具有的优势地位甚至远在其流量优势之上。在存量方面，由于中国发展起步较晚，所以尽管经过这些年的迅猛发展，存量仍然仅排到第八位，与欧日等国的强大底蕴相比略显单薄。存量是一个长期的积累过程，当下中国仍然处在对外投资蓬勃发展的上升周期中，考虑到近期的国际经济局势和中国经济状况，相信中国会在未来实现全球对外投资存量的强大积累。

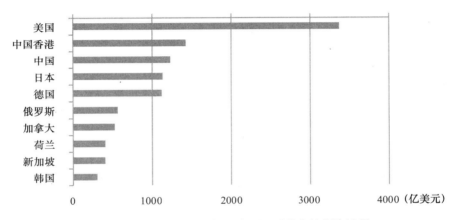

图2　2014年全球主要国家（地区）对外直接投资流量

数据来源：2014年中国对外直接投资统计公报。

（二）中国对"一带一路"国家直接投资的分析

存量方面，首先，根据表1数据分析，在2005—2014年，中国对"一带一路"国家的投资保持稳定增长，对"一带一路"国家的投资存量总量从2005年的339191万美元提高到2014年的9251586万美元，增长26倍，可见在这10年中中国对"一带一路"国家的投资力度。

其次，截至2014年年底，"一带一路"国家中投资存量最高的前五位依次是新加坡、俄罗斯、哈萨克斯坦、印度尼西亚、老挝。从区域分布来看，投资重点依然是亚洲国家。

最后，通过观察图3可以发现，中国对"一带一路"国家的投资存量在过去10年中，始终保持平稳高速的增长趋势，没有大幅的波动，显示出对外部经济波动一定的抵抗力。

表1 　　　　　　2005—2014 年中国对"一带一路"国家直接投资存量　单位：万美元

序号	地区	国家	2005	2006	2007	2008	2009	2010	2011	2012	2013	2014
1	欧洲	阿尔巴尼亚	50	51	51	51	435	443	443	443	703	703
2	亚洲	阿富汗	48	67	77	11469	18132	16859	46513	48274	48742	51849
3	亚洲	阿联酋	14453	14463	23431	37599	44029	76429	117450	133678	151457	233345
4	亚洲	阿曼	653	3387	3717	1422	797	2111	2938	3335	17473	18972
5	欧洲	阿塞拜疆	265	1092	1019	953	1200	1238	3006	3168	3834	5521
6	非洲	埃及	3980	10043	13160	13135	28507	33672	40317	45919	51113	65711
7	欧洲	爱沙尼亚	126	126	126	126	750	750	750	350	350	350
8	亚洲	巴基斯坦	18884	14824	106819	132799	145809	182801	216299	223361	234309	373682
9	亚洲	巴勒斯坦			0					2	4	4
10	亚洲	巴林	199	27	75	87	87	87	102	680	146	376
11	欧洲	白俄罗斯	30	32	29	239	449	2371	2907	7747	11590	25752
12	欧洲	保加利亚	299	474	474	474	231	1860	7256	12674	14985	
13	欧洲	波黑	355	351	351	351	592	598	601	607	613	613
14	欧洲	波兰	1239	8718	9893	10993	12030	14031	20126	20811	25704	32935
15	亚洲	东帝汶	10	45	45	45	745	745	745	745	905	1578
16	欧洲	俄罗斯联邦	46557	92976	142151	183828	222037	278756	376364	488849	758161	869463
17	亚洲	菲律宾	1935	2185	4304	8673	14259	38734	49427	59314	69238	75994
18	欧洲	格鲁吉亚	2220	3211	4293	6586	7533	13017	10935	17808	33075	54564
19	亚洲	哈萨克斯坦	24524	27624	60993	140230	151621	159054	285845	625139	695669	754107
20	欧洲	黑山			34	33	32	32	32	32	32	32
21	亚洲	吉尔吉斯斯坦	4510	12476	13975	14681	28372	39432	52505	66219	88582	98419
22	亚洲	柬埔寨	7684	10366	16811	39066	63326	112977	175744	231768	284857	322228
23	欧洲	捷克	143	1467	1964	3243	4934	5233	6683	20245	20458	24269
24	亚洲	卡塔尔	270	848	3979	4979	3628	7705	13018	22066	25402	35387
25	亚洲	科威特	123	631	51	296	588	5087	9286	8284	8939	34591
26	欧洲	克罗地亚	80	80	784	784	810	813	818	863	831	1187
27	欧洲	拉脱维亚	161	231	57	57	54	54	54	54	54	54
28	亚洲	老挝	3287	9607	30222	30519	53567	84575	127620	192784	277092	449099
29	亚洲	黎巴嫩	17	44	44	44	157	201	201	301	369	378

续表

序号	地区	国家	2005	2006	2007	2008	2009	2010	2011	2012	2013	2014
30	欧洲	立陶宛	396	398	393	393	393	393	393	697	1248	1248
31	欧洲	罗马尼亚	3943	6563	7288	8566	9334	12495	12583	16109	14513	19137
32	亚洲	马来西亚	18686	19696	27463	36120	47989	70880	79762	102613	166818	178563
33	欧洲	马其顿	20	20	20	20	20	20	20	26	209	211
34	亚洲	蒙古国	13065	31467	59217	89556	124166	143552	188662	295403	335396	376246
35	亚洲	孟加拉国	3297	3966	4330	4814	6030	6758	7668	11725	15868	16024
36	亚洲	缅甸	2359	16312	26177	49971	92988	194675	218152	309372	356968	392557
37	欧洲	摩尔多瓦	81	80	78	78	78	78	78	211	387	387
38	亚洲	尼泊尔	299	359	866	867	1413	1594	2480	3358	7531	13834
39	欧洲	塞尔维亚			200	200	268	484	505	647	1854	2971
40	亚洲	塞浦路斯	106	106	136	136	136	136	9090	9495	17126	10717
41	亚洲	沙特阿拉伯	5845	27284	40403	62068	71089	76056	88314	120586	174706	198743
42	亚洲	斯里兰卡	1543	846	774	1678	1581	7274	16258	17858	29265	36391
43	欧洲	斯洛伐克	10	10	510	510	936	982	2578	8601	8277	12779
44	欧洲	斯洛文尼亚	17	142	140	140	500	500	500	500	500	500
45	亚洲	塔吉克斯坦	2279	3028	9899	22717	16279	19163	21674	47612	59941	72896
46	亚洲	泰国	21918	23267	37862	43716	44788	108000	130726	212693	247243	307947
47	亚洲	土耳其	423	1038	1199	2236	38617	40363	40648	50251	64231	88181
48	亚洲	土库曼斯坦	25	16	142	8813	20797	65848	27648	28777	25323	44760
49	亚洲	文莱	195	190	438	651	1737	4566	6613	6635	7212	6955
50	欧洲	乌克兰	278	654	1351	1592	2079	2229	2929	3314	5198	6341
51	亚洲	乌兹别克斯坦	1198	1497	3082	7764	8522	8300	15647	14618	19782	39209
52	欧洲	希腊	37	36	38	168	168	423	463	598	11979	12085
53	亚洲	新加坡	32549	46801	144393	333477	485732	606910	1060269	1238333	1475070	2063995
54	欧洲	匈牙利	281	5365	7817	8875	9741	46570	47535	50741	53235	55635
55	亚洲	叙利亚	376	1681	555	438	849	1661	1483	1446	641	1455
56	欧洲	亚美尼亚	126	130	125	125	132	132	132	132	751	751
57	亚洲	也门	7777	6376	10723	14054	14930	18466	19145	22130	54911	55507
58	亚洲	伊拉克	43487	43618	2245	2079	2258	48345	60591	75432	31706	37584
59	亚洲	伊朗	5610	11059	12235	9427	21780	71516	135156	207046	285120	348415
60	亚洲	以色列	633	865	1087	987	1137	2187	2388	3846	3405	8665

续表

序号	地区	国家	2005	2006	2007	2008	2009	2010	2011	2012	2013	2014
61	亚洲	印度	1463	2583	12014	22202	22127	47980	65738	116910	244698	340721
62	亚洲	印度尼西亚	14096	22551	67948	54333	79906	115044	168791	309804	465665	679350
63	亚洲	约旦	1750	1106	1195	1032	1054	1263	1281	2254	2343	3098
64	亚洲	越南	22921	25363	39699	52173	72850	98660	129066	160438	216672	286565
		合计	339191	519919	960971	1484738	2007115	2903168	4132951	5685731	7230479	9251586

数据来源：中国商务部。

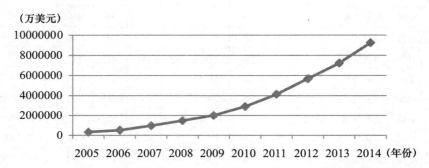

图 3　2005—2014 年中国对"一带一路"国家直接投资存量趋势

数据来源：中国商务部。

从流量角度，首先，根据表 2，中国对"一带一路"国家持续增大投资力度，投资流量从 2005 年的 66649 万美元增长到 2014 年的 1361018 万美元，实现了近 20 倍的增长。

其次，中国对"一带一路"国家的投资流量在不同国家和年份上有巨大的差异性，甚至有的年份会出现投资净流出的情况。以 2014 年为例，流量前五位的国家依次是新加坡、印度尼西亚、老挝、巴基斯坦、泰国，投资流量也依然是偏重于亚洲国家。

最后，根据图 4 分析，与中国对"一带一路"国家对外直接投资存量表现出来的稳定增长不同，中国的对外直接投资流量更容易受到国际经济形势和国家环境变化的影响，呈现出极大的波动性，尤其是继 2006—2008 年的高速增长之后，受到 2008 年金融危机大环境的影响，2009 年中国对外直接投资流量总量几乎停滞，经过调整增速才有所恢复。2012—2013 年受全球宏观经济普遍低迷的拖累，也再次出现了比较明显的流量下滑。但除此之外的大部分年份投资流量还是保持增长的。

表2　　　　2005—2014 年中国对"一带一路"国家直接投资流量　单位：万美元

序号	地区	国家	2005	2006	2007	2008	2009	2010	2011	2012	2013	2014
1	欧洲	阿尔巴尼亚		1				8			56	
2	亚洲	阿富汗		25	10	11391	1639	191	29554	1761	− 122	2792
3	亚洲	阿联酋	2605	2812	4915	12738	8890	34883	31458	10511	29458	70534
4	亚洲	阿曼	522	2668	259	− 2295	− 624	1103	951	337	− 74	1516
5	欧洲	阿塞拜疆		394	− 115	− 66	173	37	1768	34	− 443	1683
6	非洲	埃及	1331	885	2498	1457	13386	5165	6645	11941	2322	16287
7	亚洲	巴基斯坦	434	− 6207	91063	26537	7675	33135	33328	8893	16357	101426
8	亚洲	巴林	7	− 192		12				508	− 534	
9	欧洲	白俄罗斯				210	210	1922	867	4350	2718	6372
10	欧洲	保加利亚	172				− 243	1629	5390	5417	2069	2042
11	欧洲	波黑					151	6	4	6		
12	欧洲	波兰	13		1175	1070	1037	1674	4866	750	1834	4417
13	亚洲	东帝汶									160	973
14	欧洲	俄罗斯联邦	20333	45211	47761	39523	34822	56772	71581	78462	102225	63356
15	亚洲	菲律宾	451	930	450	3369	4024	24409	26719	7490	5440	22495
16	欧洲	格鲁吉亚		994	821	1000	778	4057	80	6874	10962	22435
17	亚洲	哈萨克斯坦	9498	4600	27992	49643	6681	3606	58160	299599	81149	− 4007
18	亚洲	吉尔吉斯斯坦	1374	2764	1499	706	13691	8247	14507	16140	20339	10783
19	亚洲	柬埔寨	519	981	6445	20464	21583	46651	56602	55966	49933	43827
20	欧洲	捷克		915	497	1279	1560	211	884	1802	1784	246
21	亚洲	卡塔尔		352	981	1000	− 374	1114	3859	8446	8747	3579
22	亚洲	科威特		406	− 625	244	292	2286	4200	− 1188	− 59	16191
23	欧洲	克罗地亚			121		26	3	5	5		355
24	欧洲	拉脱维亚			− 174		− 3					
25	亚洲	老挝	2058	4804	15435	8700	20324	31355	45852	80882	78148	102690
26	亚洲	黎巴嫩						42			68	9
27	欧洲	罗马尼亚	287	963	680	1198	529	1084	30	2541	217	4225
28	亚洲	马来西亚	5672	751	− 3282	3443	5378	16354	9513	19904	61638	52134

续表

序号	地区	国家	2005	2006	2007	2008	2009	2010	2011	2012	2013	2014
29	亚洲	蒙古国	5234	8239	19627	23861	27654	19386	45104	90403	38879	50261
30	亚洲	孟加拉国	18	531	364	450	1075	724	1032	3303	4137	2502
31	亚洲	缅甸	1154	1264	9231	23253	37670	87561	21782	74896	47533	34313
32	欧洲	塞尔维亚						210	21	210	1150	1169
33	亚洲	塞浦路斯			35				8954	348	7634	
34	亚洲	沙特阿拉伯	2145	11720	11796	8839	9023	3648	12256	15367	47882	18430
35	亚洲	斯里兰卡	3	25	-152	904	-140	2821	8123	1675	7177	8511
36	欧洲	斯洛伐克					26	46	594	219	33	4566
37	亚洲	塔吉克斯坦	77	698	6793	2658	1667	1542	2210	23411	7233	10720
38	亚洲	泰国	477	1584	7641	4547	4977	69987	23011	47860	75519	83946
39	亚洲	土耳其	24	115	161	910	29326	782	1350	10895	17855	10497
40	亚洲	土库曼斯坦		-4	128	8674	11968	45051	-38304	1234	-3243	19515
41	亚洲	文莱	150		118	182	581	1653	2011	99	852	-328
42	欧洲	乌克兰	206	187	565	241	3	150	77	207	1014	472
43	亚洲	乌兹别克斯坦	9	111	1315	3937	493	-463	8825	-2679	4417	18059
44	欧洲	希腊			3	12			43	88	190	
45	亚洲	新加坡	2033	13215	39773	155095	141425	111850	326896	151875	203267	281363
46	欧洲	匈牙利	65	37	863	215	821	37010	1161	4140	2567	3402
47	亚洲	叙利亚	20	13	-1126	-117	343	812	-208	-607	-805	955
48	亚洲	也门	3516	761	4347	1881	164	3149	-912	1407	33125	596
49	亚洲	伊拉克		35	36	-166	179	4814	12244	14840	2002	8286
50	亚洲	伊朗	1160	6578	1142	-3453	12483	51100	61556	70214	74527	59286
51	亚洲	以色列	600	100	222	-100		1050	201	1158	189	5258
52	亚洲	印度	1120	561	2202	10188	-2488	4761	18008	27681	14857	31718
53	亚洲	印度尼西亚	1184	5694	9909	17398	22609	20131	59219	136129	156338	127198
54	亚洲	约旦	101	-618	60	-163	11	7	18	983	77	674
55	亚洲	越南	2077	4352	11088	11984	11239	30513	18919	34943	48050	33289
		合计	66649	119255	324547	452853	452714	774239	1001014	1331730	1266848	1361018

数据来源:中国商务部。

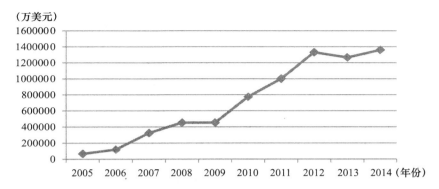

图4　2005—2014年中国对"一带一路"国家直接投资流量趋势

数据来源：中国商务部。

三　中国对"一带一路"国家投资潜力分析：基于随机前沿模型

（一）随机前沿模型简介

随机前沿模型是用来对效率等方面进行分析的模型。其中，前沿面是类似于"帕累托最优"的一种理想状态，如果采用生产前沿的分析，那前沿面就是投入因素在最佳组合情况下达到的最优产出，用来衡量技术效率的大小。这里的效率代表既定的投入下使得产出得到增加的能力，或者指在保持既定的产出下减少投入的能力。[①] SFA（Stochastic Frontier Analysis，随机前沿分析）的模型使用的是多投入单产出的生产函数，特色在于将总的误差项区分定位为技术无效率和统计误差两个部分，度量在 T 个时期中，N 个决策的技术效率，既考虑了随机扰动的影响，又采取参数的函数形式来反映结果，直接明了，所以适合用来对中国 OFDI 影响因素进行研究，[②] 也是本文打算采用的方法。

本文选择使用随机前沿分析来分析中国对"一带一路"国家2005—2014年进行的直接投资效率，研究选用东道国 GDP、地理距离、对外贸易依存度、经济自由度、公民话语权、政治稳定性、政府效率、监管质量、

---

①　Battese, G. E. & Coelli, T. J., "A Model of Technical Inefficiency Effects in Stochastic Frontier Production for Panel Data", Empirical Economics, Vol. 20, 1995, pp. 325 - 332.

②　李计广、李彦莉：《中国对欧盟直接投资潜力及其影响因素——基于随机前沿模型的估计》，《国际商务》（对外经济贸易大学学报）2015年第5期。

法律制度、抑制腐败十个相关因素的影响，进而探寻其中的投资潜力。

(二) 变量选择

首先，对于随机前沿面的模型建立，因变量的选择上，由于目标是研究中国的投资潜力，所以选择的代表变量是中国对"一带一路"国家 i 的对外直接投资存量。之所以没有选择流量因素，是因为根据前文中的相关数据和分析，中国的投资流量波动幅度比较大，其中的影响因素太复杂，难以剔除自变量直接相关性，建立明确的函数关系，而中国投资存量的历史数据是平稳的，更容易观测，所以将存量数据作为 SFA 模型的因变量。

在自变量的选择上，GDP 表示国内生产总值，用来衡量一个国家的经济体量大小，GDP 比较高的国家，经济规模也比较大，往往意味着比较有投资潜力，符合市场导向驱动。期望结果符号为正（+）。

无论是对贸易还是投资方面的研究，在实证中都需要考虑两个国家之间地理距离的影响，根据引力模型的解释，地理距离作为两国交往的天然屏障，是最重要的因素之一，往往距离越近，经济联系越密切，反之亦然，所以期望结果符号为负（-）。

对外贸易依存度指一国的进出口贸易总额占国内生产总值的比重，反映了一个国家经济对外部的依赖程度大小，也可以衡量国家对外开放的程度，因为直接投资往往更偏好这类国家，同样符合市场导向的驱动，陈恩和王方方在 2011 年的研究验证了这个解释，所以期望结果符号为正（+）。

经济自由度指数用来衡量政府对经济的干涉程度，是综合了财产权、免于腐败、财务自由、政府开支、商业自由、劳动力自由、货币自由、贸易自由、投资自由和金融自由十项因素后的加权总体指标，分数越高表示经济自由度越高，这样的国家往往更繁荣，对直接投资有更强的吸引力，期望结果符号为正（+）。

其次，对于技术非效率模型中变量的构建，选取了 WGI 衡量政府治理的六个维度：公民话语权和问责制、政治稳定和无动乱、政府效率、监管质量、法律制度、抑制腐败，预期这六个变量对效率都是正相关的。[1]

---

[1] 陈松、刘海云：《东道国治理水平对中国对外直接投资区位选择的影响——基于面板数据模型的实证研究》，《经济与管理研究》2012 年第 6 期，第 71—78 页；蒋冠宏、蒋殿春：《中国对发展中国家的投资——东道国制度重要吗》，《管理世界》2012 年第 11 期；鲁明泓：《制度因素与国际直接投资区位分布：一项实证研究》，《经济研究》1999 年第 7 期；王恕立、向姣姣：《制度质量、投资动机与中国对外直接投资的区位选择》，《财经研究》2015 年第 5 期。

（三）建立模型

在模型建立时，首先，面临一步回归法和两阶段估计的区分，按照前文分析，两阶段估计在第二阶段的算法与第一阶段的假设冲突，因此本文选择更为合理的一步回归法。其次，由于采用了面板数据，结合本文目标的情况，选择根据 Battese&Coelli（1995）的模型 $y_{it} = \beta X_{it} + (v_{it} - \mu_{it})$ 建立 SFA 模型。最后，需要确立随机前沿分析的函数，函数分为成本函数和生产函数，适用本文的是生产函数（对应多种投入一种产出的情况）。生产函数又有不同的形式，常用的是 C—D 生产函数和超越对数函数，前者比较常用，而且就本文而言更适合取自然对数的形式，所以设立随机前沿面模型：

$$ln\ Y_{it} = \beta_0 + \beta_1 ln\ G_{it} + \beta_2 ln\ D_{it} + \beta_3 lnO_{it} + \beta_4 ln\ E_{it} + v_{it} - \mu_{it} \qquad (1)$$

其中 $TE_{it} = exp(-\mu_{it})$，β_0 是截距项，TE_{it} 表示第 i 个"一带一路"国家第 t 年的技术无效率数值。其他模型的说明具体见表 3、表 4、表 5。

表3   **变量表述与数据来源**

简称	变量名称	单位或刻度	数据来源
Y	直接投资存量	万美元	中国商务部
G	国内生产总值	万美元	世界发展指标（WDI）
D	地理距离	km	法国智库国际经济研究中心（CEPII）
O	贸易依存度	0—2	世界发展指标（WDI）
E	经济自由度	0—100	美国传统基金会（Heritage foundation）
Voice	公民话语权和问责制		
Political	政治稳定、无动乱		
Government	政府效率	−2.5 – 2.5	世界银行政府指数（WGI）
Regulatory	监管质量		
Law	法律制度		
Corruption	对腐败的控制		

表4   随机前沿面模型参数说明

Y_{it}	中国在 t 时期对"一带一路"国家 i 的 OFDI 存量
G_{it}	t 时期时,以现价美元计算的"一带一路"国家 i 的国内生产总值
D_{it}	t 时期时,中国北京与"一带一路"国家 i 的地理距离
O_{it}	t 时期时,"一带一路"国家 i 的贸易依存度,即(进口额 + 出口额)/国内生产总值
E_{it}	t 时期时,"一带一路"国家 i 的经济自由度指数,衡量经济环境的变量
v_{it}	随机误差项,服从正态分布 $N(0, \sigma^2)$,独立于技术无效率项
μ_{it}	代表技术非效率项,服从截断正态分布

技术无效率函数模型:

$$\mu_{it} = \delta_0 + \delta_1 Voice_{it} + \delta_2 Political_{it} + \delta_3 Government_{it} + \delta_4 Regulatory_{it} + \delta_5 Law_{it} + \delta_6 Corruption_{it} + \omega_{it} \tag{2}$$

其中 δ_0 表示待估计的常数。δ_1,δ_2,$\cdots$,δ_6 表示相关变量的系数。

表5   技术非效率模型的参数说明

Voice	公民话语权和问责制(Voice and Accountability)
Political	政治稳定和无动乱(Political Stability No Violence)
Government	政府效率(Government Effectiveness)
Regulatory	监管质量(Regulatory Quality)
Law	法律制度(Rule of Law)
Corruption	抑制腐败(Control of Corruption)
ω_{it}	随机误差,服从正态分布

$$\gamma = \sigma_\mu^2 / (\sigma_\nu^2 + \sigma_\mu^2) \tag{3}$$
$$\sigma^2 = \sigma_\nu^2 + \sigma_\mu^2 \tag{4}$$

通过 γ 的大小判断所设立的模型是否具有合理性。具体而言,若是 γ 接近 1,说明 σ_μ^2 和 $\sigma_\nu^2 + \sigma_\mu^2$ 大小几乎相同,即 σ_ν 接近 0,说明随机误差项 v_{it} 的影响非常小,而技术非效率 μ_{it} 起主导影响,此种情况下,我们设立的随机前沿模型是合理的。若是 γ 接近 0,则表示结果相反,随机误差项对结果造成了明显的干扰,面对这种情况,应当放弃使用随机前沿模型,转而选择普通最小二乘法。

（四）模型结果分析

Frontier 4.1 是一款基于 DOS 操作的软件，专门用于随机前沿分析，由新英格兰大学的 Tim Coelli 教授编写完成，它可以用最大似然法估计随机前沿成本模型和随机前沿生产模型，完成各种形式的随机前沿分析，最初是用来估计 Battese 和 Coelli（1988，1992，1995）设立的随机前沿模型，[①]也是本文所采用的计量软件。建立模型后，我们会将相关数据导入软件 Frontier 4.1，得到最终的分析结果。

亚洲国家最终系数结果及分析见表 6、表 7。

表6   "一带一路"亚洲国家最终系数估计

	系数	coefficient	standard-error	t-ratio
前沿函数	beta 0	3.75	4.09	0.92
	beta 1	0.66	0.09	7.69
	beta 2	− 2.00	0.34	− 5.89
	beta 3	0.16	0.30	0.54
	beta 4	3.34	1.06	3.16
技术无效率函数	delta 0	− 0.03	0.98	− 0.03
	delta 1	1.39	0.43	3.25
	delta 2	− 2.48	0.67	− 3.72
	delta 3	− 7.86	2.62	− 2.99
	delta 4	3.71	1.72	2.16
	delta 5	9.12	1.92	4.76
	delta 6	− 0.22	0.98	− 0.22
σ^2	sigma-squared	4.30	0.64	6.77
γ	gamma	0.69	0.08	8.55
	log likelihood function = − 493.22			
	LR test of the one − sided error = 109.63			

[①] Battese, G. E., & Corra, G. S., "Estimation of a Production Frontier Model: With Application to the Pastoral Zone off Eastern Australia", Australia Journal of Agricultural Economics, Vol. 21, No. 3, 1977, pp. 169 – 179; Battese, G. E., & Coelli, T. J., "Frontier production functions, technical efficiency and panel data with application to paddy farmers in India", Journal of Productivity Analysis, Vol. 3, No. 1/2, June 1992, pp. 153 – 169; Battese, G. E. & Coelli, T. J., "A Model of Technical Inefficiency Effects in Stochastic Frontier Production for Panel Data", Empirical Economics, Vol. 20, 1995, pp. 325 – 332.

根据软件 Frontier 4.1 的结果显示,LR = 109.63,从而通过 5% 的显著性检验,且 LR 服从混合卡方分布,证明了确实存在技术非效率。得到结果 $\gamma = 0.69$,接近 1,根据式(3)和(4),表明 σ_v 接近于 0,意味着统计误差对结果带来的干扰比较小,是可以忽略的,意味着在所有的影响因素中,技术非效率的干扰是最主要的,在所有的无效率中,人为可以控制的比例相当高,蕴含着巨大的潜力。因此,本文分析问题所采用的 SFA 方法是合理可行的,结果是可信的。代入式(1)、(2)分别得到的最终函数如下:

$$ln\,Y_{it} = 3.75 + 0.66 ln\,G_{it} - 2 ln\,D_{it} + 0.16\,lnO_{it} + 3.34 ln\,E_{it} + v_{it} - \mu_{it} \tag{5}$$

$$\mu_{it} = -0.03 + 1.39\,Voice_{it} - 2.48\,Political_{it} - 7.86\,Government_{it} + 3.71\,Regulatory_{it} + 9.12\,Law_{it} - 0.22\,Corruption_{it} + \omega_{it} \tag{6}$$

表7 "一带一路"亚洲国家系数结果的显著性分析

	系数	变量	估计值	显著性结果 (5%,$|t|>2$)	系数解释
前沿函数	β_1	GDP 的系数	0.66	$t=7.69$,$|t|>2$,显著	表示中国对"一带一路"国家直接投资存量与"一带一路"国家 i 的 GDP 之间的弹性。即东道国 i 的 GDP 增长 1%,则中国对其的直接投资存量提高 0.66%
	β_2	DIST(地理距离)系数	-2	$t=-5.89$,$|t|>2$,显著	表示中国对"一带一路"国家 i 的直接投资存量与两国之间的距离的弹性关系
	β_3	OPEN(贸易依存度)的系数	0.16	$t=0.54$,$|t|<2$,不显著	表示中国对"一带一路"国家 i 的直接投资存量与"一带一路"国家 i 的贸易依存度之间的关系。即"一带一路"国家 i 的贸易依存度每增加 1%,则中国对其的 OFDI 存量增加 0.16%
	β_4	ECONFR(经济自由度)的系数	3.34	$t=3.16$,$|t|>2$,显著	表示中国对"一带一路"国家 i 的直接投资存量与东道国 i 的经济自由度的弹性关系

续表

	系数	变量	估计值	显著性结果 （5%，｜t｜>2）	系数解释
技术无效率函数	δ_1	VOICE（公民话语权和问责制）的系数	1.39	t=3.25， ｜t｜>2，显著	表示"一带一路"国家i的公民话语权和问责制水平对技术非效率存在正面影响，即对中国对i国的投资效率呈现负面促进作用
	δ_2	POL（政治稳定、无动乱）的系数	−2.48	t=−3.72， ｜t｜>2，显著	表示"一带一路"国家i的政治稳定状况对技术非效率存在负面影响，即对中国的投资效率起到正面抑制作用
	δ_3	GOVT（政府效率）的系数	−7.86	t=−2.99， ｜t｜>2，显著	表示"一带一路"国家i的政府办事效率水平对技术非效率起到负面影响，即对中国的投资效率起到正向促进作用
技术无效率函数	δ_4	REGULA-TION（监管）的系数	3.71	t=2.16， ｜t｜>2，显著	表示"一带一路"国家i的监管水平对技术非效率存在正面影响，即意味着对中国的投资效率起到的是抑制的效果
	δ_5	RULE（法律制度）的系数	9.12	t=4.76， ｜t｜>2，显著	表示"一带一路"国家i的法律制度构建水平对技术非效率起到正面影响，这也意味着"一带一路"国家法律制度的改善不利于提高中国的投资效率
	δ_6	CONTROL（抑制腐败）的系数	−0.22	t=−0.22， ｜t｜<2，不显著	表示"一带一路"国家i抑制腐败力度对技术非效率起到负面影响，也就意味着"一带一路"加大打击腐败力度有利于提高中国对其直接投资的效率

前沿函数模型中，β_1、β_2、β_4都通过了显著性检验，β_3没有通过检验，说明GDP、地理距离和经济自由度对中国投资效率影响都比较大，贸易依存度因素的影响力比较有限。影响力强度依次是东道国的经济自由度、地理距离、GDP、贸易依存度。经济自由度表示没有壁垒，可以进入东道国市场进行经济活动，这是最基本的条件；投资效率往往与两国地理

距离是负相关的,表明天然的地理屏障阻碍了投资的自由流动;而 GDP 意味着经济体量大的国家往往蕴含更多的机会,是投资的重要目的地;由于研究的是投资问题,所以贸易依存度的直接影响力被相对削弱。

技术无效率函数中,结果显示 δ1、δ2、δ3、δ4、δ5 是显著的,表明公民话语权和问责制、政治稳定无动乱、政府效率、监管、法律制度对中国投资效率有明显的影响。δ6 是不显著的,表明抑制腐败虽然会对中国的投资效率产生影响,但影响不是特别明显。影响力从高到低依次是法律制度、政府效率、监管、政治稳定无动乱、公民话语权和问责制、抑制腐败。

在之前的预期中,我们认为 δ1、δ2、δ3、δ4、δ5、δ6 这六项系数都会是负数,结果只有 δ2、δ3、δ6 是负数,符合预期,即投资目标国家的政治稳定无动乱、政府效率、抑制腐败三个方面的水平与中国投资效率是正相关的。δ1、δ4、δ5 三项得到的结果是正数,表明公民话语权和问责制、监管、法律制度与中国的投资效率是负相关的,与我们的预期完全相反。

关于 δ1 公民话语权和问责制、δ4 监管、δ5 法律制度的反预期结论,从两方面看,一方面,东道国本身制度的不完善极大地削弱了问责制和法律制度等因素的影响力,在这些方面空余出来的影响力空间会由腐败等成本更低、效率更高的行为天然补位,中国善于利用这些机会;另一方面,中国的部分投资会选择监管和法律不严的国家作为目标,方便自己逃脱监管,谋取私利。

1. 亚洲国家技术效率分析

(1) 从国家的角度分析 2005—2014 年这 10 年的变化趋向。

在 2005 年,中国对所选 27 个"一带一路"亚洲经济体的对外直接投资效率相对较高的依次是老挝、哈萨克斯坦、吉尔吉斯斯坦、柬埔寨、乌兹别克斯坦、越南、伊朗。2014 年,效率较高的国家是伊朗、老挝、乌兹别克斯坦、柬埔寨、哈萨克斯坦和越南,效率最高的几乎还是 2005 年的那些国家。但是,在 2014 年,投资效率普遍得到了提升,具备了较高的投资效率(见表 8)。

另外,通过对比可以看到(见图 5),没有国家的投资效率出现下降,除巴基斯坦效率不变外都有不同幅度的增长。其中在土耳其、科威特、希腊、塞浦路斯、印度等国家的效率实现了从几乎为 0 到 0.3 或 0.4 水平的接近。在 2014 年,除巴林外,中国对"一带一路"的亚洲国家维持较高的投资效率。可见在此 10 年期间,随着中国经济各方面的高速发展,中国

表8 2005—2014 年"一带一路"亚洲国家技术效率

地区	序列	国家	2005	2006	2007	2008	2009	2010	2011	2012	2013	2014
东亚	1	蒙古国	0.45	0.49	0.51	0.52	0.47	0.55	0.50	0.53	0.59	0.65
东南亚	2	新加坡	0.08	0.24	0.43	0.54	0.54	0.50	0.49	0.45	0.45	0.41
	3	马来西亚	0.46	0.51	0.54	0.58	0.52	0.55	0.50	0.51	0.60	0.54
	4	印度尼西亚	0.47	0.48	0.59	0.58	0.61	0.65	0.63	0.67	0.70	0.70
	5	泰国	0.17	0.26	0.31	0.27	0.30	0.36	0.41	0.43	0.41	0.57
	6	老挝	0.70	0.76	0.78	0.77	0.79	0.79	0.81	0.80	0.81	0.85
	7	柬埔寨	0.63	0.67	0.68	0.71	0.73	0.75	0.77	0.77	0.77	0.80
	8	越南	0.62	0.67	0.66	0.67	0.70	0.72	0.72	0.73	0.73	0.73
	9	菲律宾	0.08	0.07	0.15	0.21	0.27	0.43	0.49	0.51	0.46	0.48
西亚	10	伊朗	0.61	0.72	0.74	0.71	0.75	0.80	0.81	0.81	0.82	0.86
	11	土耳其	0.03	0.05	0.06	0.06	0.30	0.28	0.30	0.34	0.34	0.42
	12	沙特阿拉伯	0.09	0.29	0.34	0.36	0.40	0.42	0.32	0.46	0.53	0.61
	13	阿曼	0.12	0.28	0.22	0.07	0.07	0.11	0.11	0.09	0.23	0.25
	14	阿联酋	0.45	0.58	0.62	0.57	0.67	0.69	0.69	0.69	0.66	0.71
	15	卡塔尔	0.05	0.11	0.24	0.21	0.24	0.29	0.35	0.30	0.38	0.43
	16	科威特	0.01	0.03	0.01	0.01	0.03	0.10	0.12	0.15	0.16	0.47
	17	巴林	0.02	0.01	0.01	0.01	0.01	0.01	0.01	0.05	0.01	0.03
	18	希腊	0.00	0.00	0.00	0.00	0.00	0.01	0.02	0.02	0.19	0.29
	19	塞浦路斯	0.01	0.01	0.02	0.01	0.01	0.01	0.31	0.28	0.44	0.24
	20	埃及	0.23	0.41	0.46	0.36	0.46	0.40	0.44	0.39	0.48	0.58
南亚	21	印度	0.01	0.02	0.06	0.08	0.08	0.17	0.20	0.23	0.31	0.35
	22	巴基斯坦	0.58	0.44	0.60	0.57	0.48	0.46	0.52	0.56	0.55	0.58
	23	孟加拉	0.29	0.29	0.36	0.33	0.26	0.27	0.21	0.38	0.34	0.38
	24	尼泊尔	0.08	0.05	0.11	0.11	0.19	0.28	0.33	0.28	0.42	0.54
中亚	25	哈萨克斯坦	0.66	0.70	0.72	0.74	0.74	0.72	0.68	0.73	0.72	0.79
	26	乌兹别克斯坦	0.62	0.64	0.63	0.71	0.79	0.80	0.83	0.80	0.79	0.83
	27	吉尔吉斯斯坦	0.66	0.71	0.72	0.74	0.73	0.76	0.75	0.75	0.75	0.71
		平均值	0.30	0.35	0.39	0.39	0.41	0.44	0.46	0.47	0.51	0.55

mean efficiency ＝ 0.43

对这些"一带一路"国家的投资潜力也得到了不错的释放。

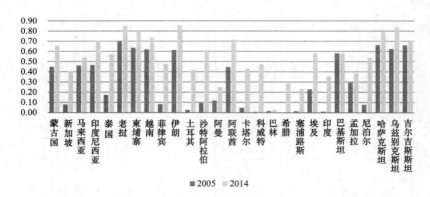

图 5　2005 年和 2014 年中国对"一带一路"亚洲国家直接投资效率

（2）平均效率分析。

中国在这 10 年中对"一带一路"国家投资效率进步明显，从图 6 中可以看到中国对"一带一路"亚洲国家的投资效率比较平均，集中在0.4—0.8。

图 6 形象地描绘出中国投资效率随着时间变化的演变过程。在 2005—2014 年，中国对 27 个"一带一路"国家直接投资的平均效率水平从 0.30 提高到 0.55，除 2007—2008 年因为金融危机的影响仅仅维持不变外，其他年份都实现了稳定的增长。

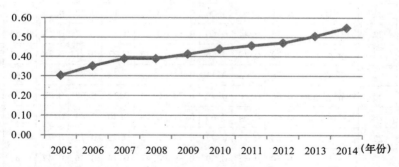

图 6　2005—2014 年中国对"一带一路"国家平均直接投资效率分布

2. 欧洲国家最终系数结果及分析

根据软件分析结果，LR = 61.71，通过 5% 的显著性检验。$\gamma = 0.55$，表明统计误差对结果带来的干扰比较小，技术非效率的干扰在所有因素中起主要影响，可以通过人为改进提高效率，激发投资潜力（见表 9、表 10）。得到最终函数如下：

$$ln\,Y_{it} = 24.17 + 1.53\,ln\,G_{it} - 4\,ln\,D_{it} + 2.07\,lnO_{it} - 1.06\,ln\,E_{it} + v_{it} - \mu_{it} \tag{7}$$

$$\mu_{it} = -1.76 + 4.22\,Voice_{it} - 2.52\,Political_{it} + 4.99\,Government_{it} + 0.3\,Regulatory_{it} - 3.72\,Law_{it} + 0.36\,Corruption_{it} + \omega_{it} \tag{8}$$

表 9　　　　　　　　　　　"一带一路" 欧洲国家最终系数估计

	系数	coefficient	standard-error	t-ratio
前沿函数	beta 0	24.17	4.05	5.97
	beta 1	1.53	0.05	29.06
	beta 2	−4.00	0.51	−7.85
	beta 3	2.07	0.35	5.91
	beta 4	−1.06	0.81	−1.31
技术无效率函数	delta 0	−1.76	0.70	−2.51
	delta 1	4.22	1.45	2.92
	delta 2	−2.52	0.74	−3.41
	delta 3	4.99	1.10	4.55
	delta 4	0.30	0.80	0.37
	delta 5	−3.72	1.03	−3.60
	delta 6	0.36	0.69	0.53
σ^2	sigma-squared	1.62	0.33	4.91
γ	gamma	0.55	0.09	6.06
	log likelihood function = −253.99			
	LR test of the one – sided error = 61.71			

表 10　　　　　　　"一带一路"欧洲国家系数结果的显著性分析

	系数	变量	估计值	显著性结果 (5%，∣t∣>2)	系数解释
前沿函数	β_1	是 GDP 的系数	1.53	t=29.06， ∣t∣>2，显著	表示中国对"一带一路"国家直接投资存量与"一带一路"国家 i 的 GDP 之间的弹性。即东道国 i 的 GDP 增长 1%，则中国对其的直接投资存量提高 1.53%
	β_2	是 DIST（地理距离）系数	−4	t=−7.85， ∣t∣>2，显著	表示中国对"一带一路"国家 i 的直接投资存量与两国之间的距离的弹性关系
	β_3	是 OPEN（贸易依存度）的系数	2.07	t=5.91， ∣t∣>2，显著	即"一带一路"国家的贸易依存度每增加 1%，则中国对其的 OFDI 存量增加 2.07%
	β_4	是 ECONFR（经济自由度）的系数	−1.06	t=−1.31， ∣t∣<2，不显著	表示中国对"一带一路"国家 i 的直接投资存量与东道国 i 的经济自由度的弹性关系
技术无效率函数	δ_1	是 VOICE（公民话语权和问责制）的系数	4.22	t=2.92， ∣t∣>2，显著	表示"一带一路"国家 i 的公民话语权和问责制水平对技术非效率存在正面影响，即对中国对 i 国的投资效率呈现负面促进作用
	δ_2	是 POL（政治稳定、无动乱）的系数	−2.52	t=−3.41， ∣t∣>2，显著	表示"一带一路"国家 i 的政治稳定状况对技术非效率存在负面影响，即对中国的投资效率起到正面促进作用
	δ_3	是 GOVT（政府效率）的系数	4.99	t=4.55， ∣t∣>2，显著	表示"一带一路"国家 i 的政府办事效率水平对技术非效率起到正面影响，即对中国的投资效率起副作用
	δ_4	是 REGULATION（监管）的系数	0.3	t=0.37， ∣t∣<2，不显著	表示"一带一路"国家 i 的监管水平对技术非效率存在正面影响，即意味着对中国的投资效率起到的是抑制的效果
	δ_5	是 RULE（法律制度）的系数	−3.72	t=−3.6， ∣t∣>2，显著	表示"一带一路"国家 i 的法律制度构建水平对技术非效率起到负面影响，这也意味着一带一路国家法律制度的改善有利于提高中国的投资效率
	δ_6	是 CONTROL（抑制腐败）的系数	0.36	t=0.53， ∣t∣<2，不显著	表示"一带一路"国家 i 抑制腐败力度对技术非效率起到负面影响，也就意味着"一带一路"加大打击腐败力度有利于提高中国对其直接投资的效率

前沿函数中，GDP、距离、贸易依存度都通过了显著性检测，只有经济自由度是不显著的。对于"一带一路"上的欧洲国家来说，影响因素从强到弱依次是地理距离、贸易依存度、GDP、经济自由度。其中，除了距离因素与投资效率负相关外，其余三个因素都对提高投资效率起到积极的影响作用。

技术无效率函数中，除监管和抑制腐败外其他四个因素都表现出显著性。六个因素的影响力依次为政府效率、公民话语权和问责制、法律制度、政治稳定无动乱、抑制腐败、监管。其中，政治稳定无动乱、法律制度与投资效率正相关，公民话语权和问责制、政府效率、监管、抑制腐败四个因素与投资效率负相关。

3. 欧洲国家技术效率分析

（1）从国家的角度分析 2005—2014 年这 10 年的变化趋向。

欧洲国家的投资效率有明显的两极分化现象，在这 10 年中，阿塞拜疆、亚美尼亚、摩尔多瓦、阿尔巴尼亚、罗马尼亚的投资效率一直保持比较高的水平，没有明显变化，而波兰、立陶宛、爱沙尼亚、斯洛文尼亚等国家则徘徊在低效率水平区间。中国对欧洲大多数国家的投资效率都得到提高，最明显的是匈牙利，另外有摩尔多瓦、立陶宛、拉脱维亚 3 个国家的投资效率不升反降（见表 11、图 7）。

表 11 　　　　　2005—2014 年"一带一路"欧洲国家技术效率

地区	序号	国家	2005	2006	2007	2008	2009	2010	2011	2012	2013	2014
独联体	1	俄罗斯	0.56	0.75	0.74	0.73	0.81	0.81	0.79	0.82	0.83	0.81
	2	阿塞拜疆	0.80	0.85	0.86	0.87	0.87	0.88	0.88	0.88	0.88	0.88
	3	亚美尼亚	0.85	0.84	0.87	0.86	0.86	0.85	0.81	0.79	0.85	0.85
	4	摩尔多瓦	0.86	0.84	0.85	0.83	0.78	0.77	0.75	0.82	0.81	0.81

续表

地区	序号	国家	2005	2006	2007	2008	2009	2010	2011	2012	2013	2014
中东欧	5	波兰	0.09	0.25	0.28	0.29	0.34	0.30	0.39	0.35	0.37	0.25
	6	立陶宛	0.21	0.27	0.23	0.21	0.22	0.17	0.15	0.16	0.22	0.15
	7	爱沙尼亚	0.09	0.08	0.08	0.05	0.22	0.16	0.12	0.10	0.12	0.12
	8	拉脱维亚	0.38	0.31	0.17	0.11	0.13	0.11	0.07	0.07	0.06	0.05
	9	捷克	0.04	0.10	0.14	0.13	0.24	0.24	0.29	0.49	0.48	0.42
	10	斯洛伐克	0.01	0.01	0.08	0.07	0.11	0.13	0.16	0.29	0.30	0.28
	11	匈牙利	0.06	0.29	0.31	0.32	0.34	0.59	0.60	0.62	0.64	0.71
	12	斯洛文尼亚	0.04	0.09	0.08	0.06	0.14	0.15	0.16	0.18	0.16	0.15
	13	克罗地亚	0.14	0.10	0.37	0.31	0.39	0.42	0.43	0.37	0.38	0.42
	14	阿尔巴尼亚	0.68	0.61	0.56	0.52	0.75	0.76	0.71	0.77	0.80	0.82
	15	罗马尼亚	0.69	0.67	0.70	0.72	0.82	0.79	0.79	0.80	0.76	0.73
	16	保加利亚	0.23	0.47	0.31	0.33	0.23	0.53	0.65	0.73	0.71	0.73
	17	马其顿	0.41	0.21	0.25	0.20	0.36	0.33	0.37	0.28	0.37	0.68	0.76
平均值			0.36	0.40	0.40	0.39	0.45	0.47	0.47	0.51	0.53	0.53	

mean efficiency = 0.45

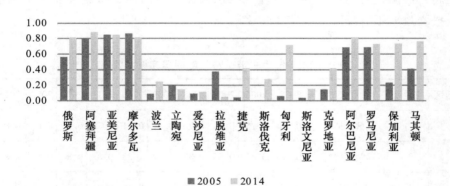

图7　2005年和2014年中国对"一带一路"欧洲国家直接投资效率

（2）平均效率分析。

首先，在2005—2014年，中国对17个"一带一路"欧洲国家的平均投资效率从0.36增长到0.53，虽然有所增长，但比较缓慢。

其次，中国在"一带一路"欧洲国家的平均投资效率不是稳定增长的，而是有一定的波段性特征，有 2005—2008 年、2008—2011 年、2011—2014 年三个阶段（见图 8）。

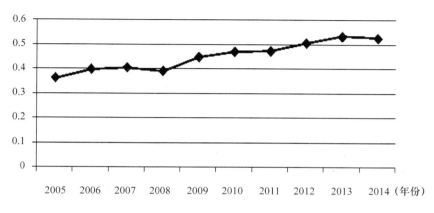

图 8　2005—2014 年中国对"一带一路"国家平均直接投资效率分布

4. "一带一路"亚、欧国家的差异性分析

首先，就前沿函数的显著性因素来说，GDP、地理距离都是显著的。不同之处是，对于亚洲国家，贸易依存度不显著，经济自由度显著；而对欧洲国家这两项因素的显著性却相反。

GDP、地理距离、贸易依存度三项因素对亚、欧国家的影响方向相同，但经济自由度对亚洲国家是正相关，对欧洲国家却是负相关。

其次，在技术无效率函数的显著性上，公民话语权和问责制、政治稳定无动乱、政府效率、法律制度、抑制腐败五项因素对亚、欧国家都是显著的，区别在于亚洲国家的监管是显著的，而欧洲国家的监管因素是不显著的。

公民话语权和问责制、政治稳定无动乱、监管三项因素对亚、欧国家的影响方向相同。在亚洲国家，政府效率和抑制腐败会促进投资效率的提高，法律制度会抑制投资效率的提高，在欧洲国家，政府效率、抑制腐败、法律制度的影响则完全相反。

通过上述分析，可以发现亚、欧国家在地理、资源禀赋、经济状况、国家制度等方面具有的不同特征，造成了在中国投资效率问题上的差异。因此在实际投资过程中要根据不同的国情做出特定的分析。

（五） 主要结论

在对对外直接投资方面的国内外相关文献进行梳理的基础上，为了分析中国对"一带一路"国家的对外直接投资情况，我们设立了10个指标：东道国GDP、地理距离、对外贸易依存度、经济自由度、公民话语权、政治稳定性、政府效率、监管质量、法律制度、抑制腐败，设立随机前沿模型，利用Frontier 4.1软件对2005—2014年的数据进行处理，从指标系数和各个国家的效率两个方面做出分析，并得到如下结论。

第一，根据随机前沿模型的分析结果，在中国对"一带一路"国家的直接投资效率中，确实存在技术效率方面的差异，统计误差的影响比较小，而技术非效率扰动具有比较大的影响。意味着本文的研究结果是可信的，具有使用价值。

第二，在所选择的10个影响因素中，中国对"一带一路"国家的投资效率与目标国家的国内生产总值、贸易依存度、政治稳定和无动乱3个变量都是正相关的，利于充分发挥潜力；与地理距离、公民话语权和问责制、监管质量3个变量都是负相关的，不利于投资潜力的提高。除这6项因素外，经济自由度、政府效率、法律制度、抑制腐败4项因素在亚洲、欧洲国家呈现出完全相反的影响力。

第三，到2014年，中国对"一带一路"国家的整体投资效率水平和平均值都比较可观，意味着这些国家已经具有极大的投资效率，潜力得到较好实现。结合各个国家的状况和时间轴分析，在2005—2014年的10年中，中国对各个国家的投资效率水平普遍得到了巨幅的提高，潜力得到了一定程度的释放，而且仍然处于上升通道中，中国应该保持这种发展趋势，根据实际情况审时度势地调整战略，维持并进一步挖掘对外直接投资方面蕴含的巨大潜力。

第四，尽管对"一带一路"国家投资效率水平得到普遍提高，但是仍然缺少高投资效率国家，效率超过0.8的只有8个国家，说明"一带一路"国家仍然具有巨大的投资潜力等待挖掘。

四 加强与"一带一路"国家国际产能合作的有关建议

中国在国际直接投资方面的全球地位不断得到提升，在"一带一路"

背景下对外联系只会越发紧密，同时，随着自身的发展，"一带一路"国家也出现了很多的投资机会。面对这种必然的产能合作趋势，探索中国对"一带一路"国家这个特定群体的投资潜力以及相关的影响因素，可以为中国的相关经济活动提供理论依据和数据支持，通过实证分析相关投资潜力的大小和影响因素的显著性程度，选择最佳的投资东道国，制订更有目的性的计划。

第一，中国应该继续挖掘"一带一路"国家在投资方面拥有的巨大潜力，提高投资效率。中国的"一带一路"战略途经 60 多个国家和地区，"一带一路"尤其注重对基础设施和投资贸易的建设。截至 2015 年底，中国已经投资建设了 50 多个境外经贸合作区，承包工程超过 3000 个，企业对相关国家的直接投资额同比增长约 20%，相信随着中国"一带一路"战略的逐步展开和实行，相关投资会持续增加。中国应当抓住这次机会，通过建立更加密切的经济联系改善相关国家的投资环境，将其中的巨大潜力转化为实际利益。

第二，目标国家的国内生产总值、贸易依存度、政治稳定和无动乱 3 个因素与中国的直接投资效率是成正比的，地理距离、公民话语权和问责制、监管质量 3 项因素与效率是负相关的。根据这个结论，中国企业的投资应当优先选择距离近、经济体量大、贸易依存度高的国家。亚洲和欧洲国家在很多方面具有明显的差异性，因此在具体决定投资的国家时，建议中国的企业要根据自身的需要做出选择，具体国家具体分析。

第三，帮助东道国发挥潜力，打造最高效率的投资环境。面对投资效率 0.8 以上国家缺少的现象，应当具体国家具体分析。一方面普遍较高水平的投资环境为中国提供了大量的对外直接投资机会，总能找到适合企业情况的国家；另一方面，我们应当持续关注东道国情况，保持与当地政府的密切关系，根据投资中出现的问题向他们提出合理的建议或解决方案，帮助他们迅速建立完善的投资环境。

第四，在分析中出现了公民话语权和问责制、监管质量、政治稳定和无动乱的结果不符合预期的情况，说明了中国对风险和漏洞的偏好，这是中国自身的独特性和当地环境两方面因素相互作用的结果。首先，虽然政府间的政治因素能够弥补政治风险，但对跨国公司在实际中的投资行为来说，风险仍然是实际存在的，尤其是类似于乌克兰这种处于武装动乱的国家，局势瞬息万变，常常超出预料，所以还是建议中国不要刻意追求高风险的政治动荡国家，投资需谨慎。中国趋向于选择监管质量低的国家，可能是逃避监管、刻意追求利益的结果。但这种漏洞不会长久存在，东道国的监管环境会得到改善，因此这种取巧的直接投资很难得到稳定的回报，还会对中国企业总体的形象造成负面影响。其次，针对监管质量，建议中国投资方严格规范自身的行为，提倡正规经营投资，不要刻意利用己方在逃避监管方面的相对优势，更不要与东道国的法律规章相冲突。

"一带一路"与海外产业园区建设[*]

内容提要： 自 20 世纪 70 年代开始，产业园区在世界各地迅速发展，现在已经成为经济发展的重要空间形式。在区域竞争日趋激烈的今天，产业集群已成为提升区域竞争力的重要途径，产业园区通过优化经济发展的软环境和硬环境，制定一系列优惠政策，吸引和鼓励大量企业进驻和发展，这为形成产业集群和发挥产业集群效应准备了条件。近年来"一带一路"沿线国家积极推动产业园区发展，如印度尼西亚、越南、俄罗斯、哈萨克斯坦、白俄罗斯等国家将产业园区建设作为经济发展的重要工具和平台。各国政府通过财政激励政策，为配套工业项目提供资金、土地和税收优惠，并为所在地区基础设施项目提供资金支持，鼓励建设有利于配套工业发展的专业性园区，以产业聚集效应带动全国经济的均衡发展，这为中国企业"走出去"提供了难得的机遇。国际产能合作是推进"一带一路"建设的优先领域，是新条件下共建"一带一路"的重要支撑；而境外产业园区作为实施中国企业"走出去"战略的一项重要载体和平台，能够大幅降低"走出去"企业境外投资经营的风险和筹建成本，推进企业的国际化发展。目前中国境外产业园区建设存在一些问题与不足，许多发展中国家基础设施不完善，极大地影响了产业园区的发展；境外产业园区建设面临较大的政策性风险，融资困难使园区建设面临较大的资金压力；园区规划不合理，产业定位不明确，企业协调机制凸显不足。"一带一路"倡议从顶层设计和规划走向落地实施，为扩展境外产业园区建设带来了更多机遇，中国企业在进一步推进境外产业园区发展时，应主动结合国家发展战略，促进产业园区发展与"一带一路"倡议相融合；境外产业园区规划设计和开发建设标准要从实际出发，找准主导产业建设集群式产业园区；创

---

* 张中元，中国社会科学院亚太与全球战略研究院副研究员，中国社会科学院国家全球战略智库特约研究员。

新企业融资方式，保证项目融资顺利实施；此外要重视软实力的作用，促进产业园区建设、经营的本土化。

自20世纪70年代开始，产业园区在世界各地迅速发展，现在已经成为经济发展的重要空间形式。在区域竞争日趋激烈的今天，产业集群已成为提升区域竞争力的重要途径，产业园区通过优化经济发展的软环境和硬环境，制定一系列优惠政策，吸引和鼓励大量企业进驻和发展，这为形成产业集群和发挥产业集群效应准备了条件。近年来"一带一路"沿线国家积极推动产业园区发展，如印度尼西亚、越南、俄罗斯、哈萨克斯坦、白俄罗斯等国家将产业园区建设作为经济发展的重要工具和平台。各国政府通过财政激励政策，为配套工业项目提供资金、土地和税收优惠，并为所在地区基础设施项目提供资金支持，鼓励建设有利于配套工业发展的专业性园区，以产业聚集效应带动全国经济的均衡发展，这为中国企业"走出去"提供了难得的机遇。国际产能合作是推进"一带一路"建设的优先领域，是新条件下共建"一带一路"的重要支撑；而境外产业园区作为实施中国企业"走出去"战略的一项重要载体和平台，能够大幅降低"走出去"企业境外投资经营的风险和筹建成本，推进企业的国际化发展。目前中国境外产业园区建设存在一些问题与不足，许多发展中国家基础设施不完善，极大地影响了产业园区的发展；境外产业园区建设面临较大的政策性风险，融资困难使园区建设面临较大的资金压力；园区规划不合理，产业定位不明确，企业协调机制凸显不足。"一带一路"倡议从顶层设计和规划走向落地实施，为扩展境外产业园区建设带来了更多机遇，中国企业在进一步推进境外产业园区发展时，应主动结合国家发展战略，促进产业园区发展与"一带一路"倡议相融合；境外产业园区规划设计和开发建设标准要从实际出发，找准主导产业建设集群式产业园区；创新企业融资方式，保证项目融资顺利实施；此外要重视软实力的作用，促进产业园区建设、经营的本土化。

一　基于聚集效应的产业园区发展策略

（一）产业园区的发展历程

自20世纪70年代开始，产业园区在世界各地迅速发展，现在已经成为经济发展的重要空间形式。产业园区是一个较为宽泛的概念，目前还没有统一的定义，有的以"园"（Parks）命名，如工业园（Industrial Parks）、商业园（Business Parks）、科学研究园（Science and Research Parks）、生物工艺园（Bio - technology Parks）、创新园（Creative Parks）等；有的以"区"（Zones）命名而被称为特别经济区（Special Economic Zone，SEZ），特别经济区主要包括自由贸易区（Free Trade Zones，FTZ）、出口加工区（Export Processing Zones，EPZ）、自由区（Free Zones，FZ）、产业地产（Industrial Estates，IE）、自由港（Free ports）、城市企业区（Urban Enterprise Zones）等。① 在中国的研究中采用了"园区"这一集合名词，除包括了上述各种"园"和"区"的内涵之外，还有各种新的类型，如总部基地、产业转移园区等。本文也采用产业园区的称谓，其对象主要包括工业园区、经济技术开发区、特色产业园区、产业地产、经济贸易合作区、边境经济合作区等。

产业园区是第二次世界大战后一些发达国家为加快经济发展、改善城市布局结构所采取的一种重要的企业地理集中的建设方式。发达国家 20 世纪 50 年代中期之后的城市郊区产业地产开发是与解决城市内问题、信息技术的出现和高速公路的发展相伴而生的；而从 20 世纪末开始的发展中国家出口加工区建设则是随着新国际分工的深入、产业转移而产生的（见表1）。

表1　　　　产业园区在发达国家、发展中国家的发展特征

国家	发达国家	发展中国家
名称	工业园区、企业区、科学园、免税区	出口加工区、保税区、经济技术开发区、高新技术产业开发区
设立背景	内城问题：工业对城市中心造成的压力和环境污染	国内生产力不足、缺乏资金、人才和技术
条件	高速公路出现和信息技术发展，城市郊区化	新国际分工、产业转移，城市化
特征	为企业提供绿色空间和基础设施、创新平台，使企业获得外部经济和创新氛围，并减少环境污染	为企业提供基础设施、优惠政策和制度环境，使企业获得降低成本的外部经济

① Dilip Khanderao Patil, 2013, Special Economic Zones in India, *Golden Research Thoughts*, 3 (1), pp. 1 - 4.

由于各经济体的发展阶段具有很大的差异性，其产业园区建设的演化过程中涉及多种发展目标，这些目标包括了促进出口，吸引外资，建立全球化的制造、物流和服务。从全球产业园区建设的发展历史来看，可将产业园划分为三个阶段。

第一阶段为"飞地型"产业园区（enclave‐type zones）。"飞地型"产业园区通过吸引外商直接投资，致力于提升就业和劳动技能，在创造就业和外汇收入方面发挥了重要作用。例如柬埔寨的一些产业园区仍为传统的出口加工区，规模较小，但低廉的劳动力成本吸引了企业入驻，企业雇用的所有工人几乎都集中在服装、电子、电器产品和家具等低技术行业。同样孟加拉国工人的工资大约每月只有 30 美元，在孟加拉国出口加工区，几乎所有的工人也都集中在服装业等低技术的小产业园区。产业园区的发展提升了经济体的产品的多样化，增强了园区经济与国内经济的联系。例如，马来西亚和泰国先从组装进口开始，逐步提升在国内和全球市场上销售自己品牌商品的数量，最终在国内和全球市场销售自己的品牌商品。

产业园区发展到第二阶段，园区的发展主要受益于跨国企业日益复杂的离岸经营活动，随着发达经济体技术的溢出，园区企业能够采用更先进的技术，进而促进了园区内企业的能力建设和技能的积累。如马来西亚在 1987 年采用新的产业战略，将出口加工区作为增长极，加工区内企业更多地采用国内的外商投资企业和合资企业的中间产品，进而加强了区内企业与国内经济的一体化程度。跨国企业也为了提高员工的技能和技术专长进行投资，如让马来西亚本地人主管主要的管理和技术岗位，跨国企业对技术工人和管理人员的需求直接促成了 1989 年在 Bayan Lepas 自由工业区（Bayan Lepas Free Industrial Zone）创建槟城技能发展中心（Penang Skills Development Centre）。

在技术更先进的第三阶段，产业园区通过引入某些改革（如劳动力市场和服务业部门）、提高生产率、促进创新、加强技能开发等方式来促进其对全国的影响，而且越来越多的经济体将产业园区视为促进区域合作和一体化的政策工具，这些反过来又会对园区的进一步技术升级和溢出发挥重要影响。因此，第一阶段产业园区的最重要贡献是创造就业和外汇储备，第二阶段产业园区有助于人力资本的升级和出口多元化，第三阶段产业园区则在技术进步、技术转移和技术溢出方面有重要贡献。总体而言，产业园区的收益在不同阶段和不同的地区或国家之间是有差异的。

　　根据产业园区产权的不同，可将产业园区区分为纯公共的、私人的，或是公共部门和私营部门共同拥有（见表2）。在一个国家或地区，产业园区主要是通过政府主导力量干预形成或通过市场机制自发形成的产业集群区域。在20世纪70年代，产业园区建设多由公共部门主导，政府部门负责融资规划、出台管理规定、提供激励措施、与投资者合作、经营园区地产（包括建筑、租金和设施维护）。但到20世纪80年代末至90年代末，这种产业园区建设模式承担着越来越大的压力，首先政府需要承担建立、运营产业园区的全部成本，这给政府财政预算带来了很大的压力，而且一些产业园区经营不善或失败促使各国政府寻求私人部门参与，从而使私人拥有、开发和经营的产业园区逐步增加，在20世纪80年代，发展中国家和转型经济体中私营的产业园区低于25%，而到2007年则达到了62%。①

表2　　　　　　　　　　　不同类型产业园区的演进

经济体	按与本地、全球经济的联系划分				按产权划分		
	飞地型	全球价值链	后勤服务	边境合作区	公共部门（%）	私人部门（%）	总计
孟加拉	★				11	89	8
柬埔寨	★			★	100	0	14
印度	★	★	★		74	26	615
哈萨克斯坦	★		★	★	0	100	10
马来西亚	★	★		★	23	77	530
缅甸	★			★	–	–	3
巴基斯坦	★				0	100	7
菲律宾	★	★			92	8	460
中国	★	★	★	★	12	88	1515
韩国	★	★	★		10	90	102
斯里兰卡	★				6	94	14
泰国	★	★		★	84	16	110
越南	★	★			89	11	411

　　资料来源：Asian Development Bank，2015，Asian economic integration report 2015：How can special economic zones catalyze economic development?

---

　　① FIAS，2008，Special Economic Zones：Performance，Lessons Learned，andImplications for Zone Development，Washington，D. C. .

私营产业园区开发迅速发展的另一个重要原因是私人开发商能够获得盈利,在 20 世纪 80 年代的加勒比海和中美洲以及 90 年代的东南亚(主要是泰国和菲律宾)第一次私营产业园区开发浪潮中,私营产业园区开发都没有太多的前期计划,也没有得到政府支持,但私营产业园区经营效率高,在快速响应、满足企业对公共基础设施及配套设施和其他服务的需求方面,其效率超过了政府。如在菲律宾和越南,私营产业园区开发商建设了外部基础设施(道路接入和公用事业连接),此外还承担了现场基础设施(内部道路、公用设施设备、厂房等)的融资及建设。

自 20 世纪 90 年代以来,创新的公私伙伴关系(PPP)模糊了严格的公共和私人产业园区的严格界限。合作和分工,而不是竞争已成为首选的模式,政府参与公私伙伴关系主要承担以下职责:提供场外基础设施和公共设施(如设施联通、道路),激励私人资本对场内基础设施的投资;出台完善的土地使用或所有权的法律法规以及规划土地利用,然后由政府出租给私人进行产业园区开发;对 BOT(Build-Operate-Transfer)、BOO(Build-Own-Operate)等场内、场外基础设施建设项目提供政府担保和/或财务支持。近年来公私伙伴关系的出现加速了产业园区的发展,由政府提供公共基础设施、土地和融资、低政治化的管理结构和优越商业模式,结合了私营部门能力而创造出来的潜在协同效应,使得基于 PPP 的产业园区如雨后春笋般地迅速发展。如 1992 年菲律宾苏比克湾(Subic Bay)项目是一个基于公共和私人投资的第一大产业园区,它成为其他产业园区的模板,其大面积的产业园区结合了传统制造与服务、居住生活、日常应用设施、旅游与环境保护等。

(二) 产业集群对园区企业绩效的影响

在区域竞争日趋激烈的今天,产业集群已成为提高区域竞争力的重要途径,产业集群在空间上的表现形式是相关产业和支撑机构在地理上的集中,产业园区通过优化经济发展的软环境和硬环境,制定一系列优惠政策,吸引和鼓励大量企业进驻和发展,这为形成产业集群和发挥产业集群效应准备了条件。从单一园区的发展阶段来看,在发展初期,园区处于空间聚集阶段,政府提供优惠政策,企业通过投资进入园区,产业类别多样,以劳动密集型产业为主,产业之间关联性不强。随着园区纵向垂直聚集和横向水平聚集的发展，园区在此阶段依然将产业作为关注的重点，而较少关注园区的商业和生活等方面的配套。在园区的快速发展阶段，园区经济开始向区域经济过渡，大批优秀人才进入，园区管理开始关注人才，园区有意识地建设使人安居的城市功能设施。最后园区通过复合产业发展，融入产业、商务、居住、服务业等更多的城市功能，达到多元融合阶段。

随着经济体内制度上实行更深层次的开放，政府开始倾向于让产业园区发挥更大作用，从出口导向的"飞地"型园区开始向更注重上下游联系、能对其他经济活动产生技术溢出的园区发展。如韩国政府为发展国内产业园区，不仅通过提供园区场所降低企业运营成本，而且还鼓励园区内企业在经营活动中构建供应链。[1] 产业园区通过各种优惠政策吸引产业关联的大量企业入驻园区，把分散的企业集中到园区，让企业在摆脱狭窄产业化空间束缚的同时提高了区域的产业联系度，下游企业可以在更大程度上有效利用上游企业的产出，有效利用资源，降低企业部分成本，在此基础上通过产业关联衍生出具有分工协作关系的关联企业，为区域产业结构的升级创造良好的条件。在园区发展的更高阶段，经济体可利用成功的园区政策、制度经验促进进一步的经济开放，实现经济活动的垂直专业化融入。综观国内外工业园区的发展，一些成功的产业园区都是专业化特征明显、产业链分工发达的园区，入驻园区内的企业之间存在紧密的产业联系，形成了产业集群形态。[2]

产业园区内企业间通过专业化分工与协作形成了内部的协同效应和自强化机制，在园区内企业"扎堆抱团"使企业在外部经济、集体效率方面具有优势，能够极大地提升产业竞争力。[3] 产业集群企业之间建立在各种正式与非正式联系上的技术交流与合作促进了园区企业的技术创新。园区内集群扩大了企业、员工、管理、设备供应商、科研机构和营销公司之间的合作，提高了园区内企业的资源整合能力，[4] 这种互动式的学习有助于

① Kim, Jong-il, 2015, Lessons for South Asia from the Industrial ClusterDevelopment Experience of the Republic of Korea, ADB South Asia Working Paper Series.

② 喻春光、刘友金：《产业集聚、产业集群与工业园区发展战略》，《经济社会体制比较》2008 年第 6 期。

③ Eigenhüller, Lutz, Nicole Litzel, and Stefan Fuchs, 2015, Who with whom：Co-operation activities in a cluster region, *Papers in Regional Science*, 94（3），pp. 469 – 497.

④ Schiavone, Francesco, Antonio Meles, Vincenzo Verdoliva, and Manlio Del Giudice, 2014, Does location in ascience park really matter for firms' intellectual capital performance?, *Journal of Intellectual Capital*, 15（4），pp. 497 – 515.

提高生产效率，能够迅速地将市场需求信息或者新技术转化成产品或服务并推向市场，从而实现生产力的快速发展。形成产业集群还可以吸引跨国企业投资，带来潜在的垂直溢出效应，跨国企业利用其在信息技术、咨询专家和物流组织方面的优势，为入园企业提供创新解决方案、削减成本、创造外部经济活动等方式，支持产业集群的发展。

一些研究还发现，企业之间的非正式联系也对集群企业技术创新有着不可忽视的影响。刘炜等人[①]发现衍生企业能够从母体企业获得一些产品信息、技术发展趋势、人才来源等编码类技术信息与知识；人才流动形成的非正式联系使得技术人员在交流的过程中，很方便地传递一些重要的技术诀窍等隐含类技术知识；这两者对企业技术创新的影响主要体现在技术信息与知识的传递上，而在长期合作中建立在信任基础上的非正式联系对于集群企业技术创新影响的关键在于形成一种技术上的共同理解和认识，这种技术创新上的共同理解和认识能够大大地提高企业之间技术合作的默契程度，能够提高企业之间技术合作的成功率。此外，园区还可以作为发展诸如物流、绿色技术等新产品和新服务的试验区，成为融入区域一体化的手段，能够促进企业更好地融入全球价值链。

园区内的企业之间相互竞争、合作，进而实现知识、信息的共享，促进了企业的集约化进程，形成专业信息、专业人才、资本等要素的聚集，降低了信息搜寻成本。[②] 龙小宁等人[③]利用企业级数据验证产业集群对企业融资的影响，结果发现由于金融体系和法制体系的不完善，中小企业往往融资困难，产业集群方式减少了这些制度因素的约束，在集群发展程度高的地区，企业之间的相互信任随着集群的推进而不断增加，企业除了使用银行贷款外，还可以很方便地通过降低应收账款或增加应付账款来满足对资产的需求，从而降低了企业的贷款成本，融资约束对企业发展的限制也有所降低。

---

① 刘炜、李郇、欧俏珊:《产业集群的非正式联系及其对技术创新的影响——以顺德家电产业集群为例》，《地理研究》2013 年第 3 期。

② Campanella, Francesco, Maria Rosaria Della Peruta and Manlio Del Giudice, 2014, Creating conditions forinnovative performance of science parks in Europe. How manage the intellectual capital for converting-knowledge into organizational action, *Journal of Intellectual Capital*, 15 (4), pp. 576 – 596.

③ 龙小宁、张晶、张晓波:《产业集群对企业履约和融资环境的影响》，《经济学（季刊）》2015 年第 4 期。

（三）产业园区建设中的集群战略

产业园区是一个国家或地区政府根据自身经济发展阶段和经济发展的要求，通过行政的、市场的手段，集聚各种生产要素，特别是将土地细分后交由企业进行开发，然后再供一些企业共同使用，产业园区区域内具有完备的基础设施和良好的社会环境，企业进入产业园区不仅可以共享基础设施和各类服务，还可能因配套企业或合作企业的地理邻近而降低物流成本甚至交易成本。尤其对中小企业来说，进入优良的产业园区有利于发挥集体效益，享受创新的制度安排。同时产业集约化程度高、特色鲜明、企业之间具有明显的产业关联，是促进区域经济发展的一种有效方式。

按功能分，产业园区可分为混合型产业园区与专业型产业园区。混合型产业园区由于其初创期和发展期相对较短，为便于吸引企业而降低对入园企业类型限制性条件，因此园区内产业种类繁多，产业之间关联度不高，入园企业档次参差不齐、稳定性较差，难以培育成竞争力较强的集群产业。有些产业园区进入成熟期后依然不稳定，甚至可能很快进入衰落期，因此混合型园区生命周期相对较短、竞争力和可持续发展的潜力相对较低。专业型产业园区一般是同类型产业或关联度较强的上、下游产业，企业关联度较强，配套产业链较完善，能够有效降低企业生产运营成本，容易得到产业集群的支持，其发展潜力可达到较高的水平；再加上专业型园区的稳定性较好，能够长时期处在成熟期，横向生命周期长度较长。

产业园区发展初始的主导力量往往是政府，产业园区是依靠政府推动和市场力量共同作用而形成的加快产业发展的新型组织。从各个国家和地区建设发展产业园区的初衷来看，产业园区的建设和发展都是以发展经济为目标的。为了鼓励企业入驻产业园区开展生产经营活动，加快园区的建设发展，国家和地方政府为园区制定了大量的优惠政策，因此产业园区内的企业可以享受到价格相对低廉的基础设施和政府转移支出给企业带来的利润，如园区内的企业可以以相对较低的价格使用标准化厂房等政府提供的公共产品，获取一定的税费减免等优惠政策。尽管大部分园区对其内的企业实施土地优惠、税费减免等政策，但是从全局来看，收益远远大于支出。

产业园区的发展有赖于园内企业的产业关联性或者业务关联所形成的协同效应，产业园区发展的目标定位应是构建产业集群。但从园区的发展来看，企业在地理位置上的集中和公共物品的共享并不必然产生聚集效应，仅仅是企业在地理位置上的集中，还只是产业集聚，未必能形成产业集群。发挥产业集群带来的协同效应需要以产业集群为导向引导企业入园，促进园区内企业建立密切配合、专业分工与协作完善的网络体系。企业间的协同效应是在一定支撑条件下产生的，[①] 产业园区要发挥企业市场优势、成本优势、创新优势、扩张优势等方面的产业集群效应，还必须具备一些条件，如形成产业配套，产业之间有着密切的物质和技术联系。单纯靠优惠政策吸引和扶持一批所谓高新技术企业或者龙头企业难以达到发展产业园区的目的，优惠政策主要引导对产业集群发展有重要影响的公共物品或准公共物品的投资，如加强基础设施建设、建立和完善各种服务体系。针对产业配套弱的现状，可以引导大中型企业或企业集团主导构建一批具有紧密分工与协作关系的关联企业，促进产业内部分工和建立相互依存的产业联系。[②]

在满足企业集群对基础硬件设施的需求基础上，还要重视硬件设施背后的制度文化等软环境建设。

首先要加快各种为促使集群效应产生而建立的机构和制度，如为资金流动服务的金融机构，为劳动力流动服务的人才交流中心，为加强同业人员交流合作而成立的行业协会、俱乐部，以及为区内各种创新主体服务的法律事务所、会计师事务所和其他中介服务机构。[③]

其次要加强园区文化创新平台建设。一个成功的产业园区需要一种与入园企业的特征相容并互相促进的创新文化来支撑。重视园区内企业信任与合作文化的建立，可以促使信息和资源迅速整合，有利于企业降低成本和风险。

二 "一带一路"沿线国家产业园区发展现状及政策

本节选取有代表性的"一带一路"沿线国家，介绍其产业园区建设状

---

① Salvador, Elisa, IlariaMariotti, andFabrizioConicella, 2013, Science park or innovation cluster? Similarities and differences in physicaland virtual firms' agglomeration phenomena, *InternationalJournal of Entrepreneurial Behavior & Research*, 19（6）, pp. 656 – 674.

② 喻春光、刘友金：《产业集聚、产业集群与工业园区发展战略》，《经济社会体制比较》2008 年第 6 期。

③ 张秀娥、何山：《产业集聚与产业园区建设的链式共生模式》，《科技进步与对策》2009 年第 23 期。

况，主要包括"一路"沿线国家印度尼西亚、越南；"一带"沿线国家俄罗斯、哈萨克斯坦、白俄罗斯。

（一）印度尼西亚

1989 年以前印度尼西亚政府积极推动产业园区发展，并在雅加达、泗水、棉兰、三宝垄等大城市建立了一批工业园区。但最近 20 多年来印度尼西亚政府对开发工业园区的参与程度越来越低，印度尼西亚政府在发展工业园区过程中，尤其是在征用土地中没有发挥积极的作用。2013 年印度尼西亚可用于建设工业园区的工业用地面积仅为 7911.98 公顷，印度尼西亚政府拥有工业用地面积仅占全国工业用地的 6%；与之相比，日本（85%）、新加坡（85%）、马来西亚（78%）、泰国（48%）、菲律宾（30%）等国政府占比则高得多。印度尼西亚目前大部分工业用地为私人所有，工业用地供应没有增加，由于土地、劳动力等价格不断上涨，目前印度尼西亚大雅加达地区的工业园区，如卡拉璜（Karawang）和普尔瓦卡塔（Purwakarta）等，已逐渐丧失与其他国家工业园区的竞争力。根据日本贸易振兴会（JETRO）数据，2012 年西爪哇省的贝卡西（Bekasi）和卡拉璜的工业用地价格已高达 191 美元/平方米，远高于菲律宾马尼拉的 52—102 美元/平方米和泰国曼谷的 119 美元/平方米，这两个工业园区的月租金也高达 19.1 美元/平方米，远高于马尼拉的 2—6 美元/平方米和曼谷的 6.95 美元/平方米。

印度尼西亚园区的投资主体主要为私营企业，印度尼西亚政府对产业园区的投入仍远低于其他东盟国家，印度尼西亚绝大部分（94%）的工业园区掌握在私人手中，目前印度尼西亚政府控制的园区仅占 6%，而马来西亚和泰国政府投资的工业园区分别占本国的 78% 和 48%。[①] 印度尼西亚工业园区发展模式更倾向于内向型，企业在追逐利润的同时却无法像政府一样肩负均衡经济发展和推动周边基础设施建设的任务，使得印度尼西亚工业园区对外国投资者的吸引力大打折扣。印度尼西亚工业部为此订立了目标，以更为积极的姿态直接参与工业园区投资，通过国有企业参与等途径扩大政府对工业园区的占有比重，提高工业园区竞争力；同时还推动地方政府成立相关地方企业进行工业用地收购开发，其中一个成功的例子是

①　驻印度尼西亚经商参处：《印尼工业园区仍以民间资本为主导》，《印尼商业报》2013 年 4 月 2 日。

西巴布亚省的索隆县政府成功征用了 6000 公顷的土地用于建设工业园区，并吸引了数个产业领域的企业入园发展。

2014 年印度尼西亚政府计划加速发展爪哇岛以外地区的工业园区，以通过产业聚集效应带动欠发达地区工业发展，推动印度尼西亚经济整体均衡发展。印度尼西亚 74 个工业园区中的 55 个建在爪哇岛，爪哇岛工业园占地达 2.3 万公顷，占印度尼西亚全国工业园区的 75%。印度尼西亚政府希望通过建设工业园区和发展道路、电力等基础设施等方式帮助爪哇岛以外地区吸引投资，同时提高印度尼西亚工业园区的竞争力。印度尼西亚政府计划未来 20 年内，在爪哇岛以外地区建立 36 个工业园区，投资数十亿美元带动当地基础设施发展，使之成为本地区的工业中心。[1] 近 5 年内（2014—2019 年），为促进各地区平衡发展吸引国内外投资，工业部将集中精力开发建设 13 个工业园区。[2] 工业园区的建设均依托当地的资源优势，打造各具特色的上下游产业链。印度尼西亚政府将为工业园区和科技园区建设提供财政激励政策，并为所在地区的港口、高速公路、铁路等基础设施项目提供资金支持。[3] 2014 年佐科总统要求政府部门减少非必要开支，降低燃油补贴，从企业社会责任基金中拨款建设信息科技工业园，每个园区耗资 100 亿盾（约合 83 万美元），计划 2015 年兴建 100 个科技园区，到 2019 年将达到 500 个。[4] 科技园区具体功能将根据当地特点确定，如城市科技园将以工业为主，乡镇园区将以农业为导向。

（二）越南

越南一直重视产业园区建设，2011 年越南政府出台第 12 号决定，鼓励发展机械制造、电子信息、汽车生产和组装、纺织服装和鞋类等配套工业，以提升产业竞争力。政府将为配套工业项目提供资金、土地和税收优

---

① 驻印度尼西亚经商参处：《印尼政府加速发展爪哇岛外工业园区》，2014 年 7 月 23 日。

② 这 13 个工业园区分别为西巴布亚省的 TelukBintuni 工业区，重点发展石化产业；北马鲁古省的 Halmahera Timur 工业区，重点发展镍冶炼产业；北苏拉威西省的 Bitung 工业区；中苏拉威西省的 Palu 和 Morowali 工业区；东南苏拉威西省的 Konawe 工业区；南苏拉威西省的 Bantaeng 工业区；南加里曼丹省的 BatuLicin 工业区；西加里曼丹省的 Ketapan 和 Landak 工业区；北苏门答腊省的 Kuala Tanjung 和 SeiMangke 工业区；楠榜省的 Tanggamus 工业区。

③ 驻印度尼西亚经商参处：《印尼工业部将重点发展 13 个工业园区》，2014 年 11 月 13 日。

④ 驻印度尼西亚经商参处：《印尼政府计划实施经济改革大力兴建综合产业园区》，2014 年 11 月 27 日。

惠。同时政府鼓励建设有利于配套工业发展的专业性工业区，以吸引国外配套企业在园区内投资，发挥产业集聚效应。越南注重工业园区和经济区的区域联结性，进一步发挥各地区和地方在吸引外资方面的优势，如基础设施达标且较为配套，装设废物与排水处理系统，公共设备及服务工程较为完善等；此外在国家财政预算资金方面，越南政府对各工业园区和经济区投资发展区内外基础设施项目给予优惠政策。越南政府出台工业园区企业的所得税政策，补充了系列优惠条款，并于 2014 年 1 月 1 日开始生效。这些措施促进了外资企业在越工业园区的建设，如从 2007 年开始韩国三星集团对越投资 35 亿美元，在北宁省和太原省兴建两个产业园区；同时LG 集团也正在与越南政府协商，将在海防市投资 15 亿美元兴建产业园区。① 为吸引日本在工业领域的投资，2014 年越南政府指示在海防市、巴地—头顿市成立 2 个优先吸引日本企业投资的工业园区。②

2015 年越南签订 TPP 协定后，纺织业作为越南主力出口行业，外资企业纷纷加大在越投资，如韩国晓星公司（Hyosung）在同奈省投资 6.6 亿美元、中国香港鲁泰纺织品公司（Luthai Textile）在西宁省投资 1.7 亿美元、台湾远东集团投资纱线生产项目、韩国投资 Pankoa 项目、斯里兰卡 Hirdaramani 集团投资 7000 万美元的项目等。上述项目规模都较大，不仅生产成衣，而且生产纺织原辅料，以满足 TPP "从纱开始"的规定。TPP 签订不仅促使国外纺织企业加大对越投资，而且催生了不少新纺织工业园区。③ 据越南计划投资部资料显示，2013 年前，越南只有 3 个纺织工业园区，总面积 331 公顷（184 公顷的同奈仁泽工业园区，121 公顷的兴安 Pho Noi 工业区，26 公顷的平阳平安工业区）；而从 2014 年初至今，新增了 5 个纺织工业园区，总面积达 1910 公顷，包括 600 公顷的南定黎明（Rang Dong）纺织工业区、660 公顷的广宁海河（Hai Ha）天虹工业园区、175 公顷的广南三升（Tam Thang）工业区、75 公顷的同奈仁泽工业园区下属的韩国纺织工业园区、400 公顷的承天—顺化纺织产业辅助工业园区。上述工业园区形成了从纱线、印染和原辅料的生产链。

---

① 驻越南经商参处：《韩国对越投资向高科技领域倾斜》，2013 年 5 月 22 日。
② 驻越南经商参处：《越拟建设 2 个面向日资的工业园区》，《越南经济时报》2014 年 1 月 30 日。
③ 驻越南经商参处：《越南完成 TPP 谈判后纺织工业园区大量增加》，2015 年 11 月 19 日。

（三）俄罗斯

2005 年俄罗斯颁布了《经济特区法》，开始了新一轮的特区建设，截至 2012 年年底，俄罗斯共批准设立经济特区 26 个，其中工业生产型经济特区 5 个①，技术推广型特区 4 个，旅游休闲型特区 14 个，港口型特区 3 个。2012 年 11 月，俄总理梅德韦杰夫签署关于建立创新发展型经济特区的政府令，根据政府令，创新发展型经济特区将设在鞑靼斯坦共和国，旨在发展信息技术并建立具有世界级竞争能力的创新城市。

2013 年俄政府提出远东开发新主张②，俄主要意图是想借助亚太国家力量拉动远东经济增长，未来发展以非能源产业为主，促进对亚太地区市场的出口（主要出口食品、化工产品和电力）。普京总统发表的 2013 年国情咨文中指出③，振兴远东和西伯利亚地区将是贯穿俄 21 世纪的国家优先发展方向，俄东部地区发展转为面向亚太国家，为俄今后开展积极的外交政策提供基础。俄计划对远东开发采取非常规优惠措施，如将远东地区新投资项目享受税收优惠（如利润税和其他税种）政策推广至东西伯利亚地区，包括克拉斯诺亚尔斯克边疆区和哈卡西亚共和国。

由于远东以外的亚太地区投资环境好，俄总理梅德韦杰夫强调开发远东地区需要吸引战略投资者，改善基础设施，培养专业人才，创建新工作岗位。针对远东开发资金不足、人才匮乏等问题，俄拟成立专门的吸引投资和出口扶持署、人力资源发展署，以及协调落实国家规划的远东开发公司。在远东开发资金来源方面，俄联邦政府改革现有远东开发投融资机制；为便于统一协调和管理，将地区发展部、财政部和经济发展部有关远东开发职权统一划归远东发展部，包括协调遴选和落实远东地区优先投资项目、分配基建资金补贴、评估地方政府工作效率、参与制定远东地区城建规划和经济特区管理等。

俄还拟借鉴中国、美国和日本等国的成功经验，确定以经济特区为主

---

① 驻俄罗斯联邦经商参处：《对俄投资指南》，2014 年 12 月 5 日，http：//ru. mofcom. gov. cn/article/ddgk/ddfg/201412/20141200822824. shtml。

② 驻俄罗斯联邦经商参处：《俄提出远东开发新主张》，2013 年 11 月 1 日，http：//ru. mofcom. gov. cn/article/jmxw/201311/20131100374108. shtml。

③ 驻俄罗斯联邦经商参处：《普京总统发表 2013 国情咨文》，2013 年 12 月 13 日，http：//ru. mofcom. gov. cn/article/jmxw/201312/20131200423851. shtml。

导的开发模式，在远东和东西伯利亚地区推广建设经济特区、产业园、科技园。在区域内新成立的企业可免除前 5 年的利润税、矿产开采税（石油天然气开采除外）、土地税、财产税，享受优惠的保险费率，并在建筑许可、电网接入、海关通关等方面享受便利。2014 年俄政府确定 14 个跨越式社会经济发展区并提交普京总统批准（见表 3），普京在视察远东时提出远东开发三大任务：一是提高远东地区交通运输便利化水平，加紧对西伯利亚大铁路和贝阿铁路进行现代化改造；二是扩大吸引国内外对远东地区投资，主要投资能源资源开发、农业、建筑、交通等传统及新兴现代化产业；三是建立跨越式社会经济开发区，重点发展面向亚太市场的出口导向型产业。① 2016 年俄工贸部长曼图罗夫表示，至 2020 年俄罗斯至少建设 50 个工业园和 20 个高新技术产业园区。俄联邦政府在 2016 年拨款 43.48 亿卢布（按现行汇率计算约合 5503 万美元），用于支持并补贴俄地方发展工业园区基础设施建设。②

表 3 俄罗斯远东社会经济发展区

地区	园区名称	产业定位
勘察加边疆区	勘察加发展区	港口工业
雅库特共和国	玄武岩新技术发展区	玄武岩纤维、玄武岩混合材料
	北方世界发展区	珠宝钻石生产
滨海边疆区	纳捷日金斯克发展区	运输物流、食品、建材
	俄罗斯岛发展区	科研、创新、教育、旅游休闲
	扎鲁比诺发展区	工业物流及相关工业服务
	东方石化公司发展区	石化工业及相关服务
	米哈伊洛夫发展区	农工产业
哈巴罗夫斯克边疆区	拉基特诺耶发展区	农业、加工
	瓦尼诺—苏维埃港发展区	港口工业、物流

① 驻俄罗斯联邦经商参处：《普京提出远东开发三大任务》，2014 年 9 月 2 日，http：//ru. mofcom. gov. cn/article/jmxw/201409/20140900718453. shtml。
② 驻俄罗斯联邦经商参处：《至 2020 年俄罗斯至少建设 50 个工业园》，2016 年 3 月 2 日，http：//ru. mofcom. gov. cn/article/jmxw/201603/20160301266295. shtml。

续表

地区	园区名称	产业定位
阿穆尔州	阿穆尔共青城发展区	造船、航空制造
	叶卡捷林诺斯拉夫卡发展区	农工产业
	别罗戈尔斯克发展区	农工产业
犹太自治州	斯米多维奇斯克发展区	农工产业

资料来源:驻俄罗斯联邦经商参处:《俄确定 14 个远东跨越式社会经济发展区》,2014 年 8 月 7 日,http://ru.mofcom.gov.cn/article/jmxw/201408/20140800688683.html。

(四) 哈萨克斯坦

2011 年哈萨克斯坦政府颁布了《哈萨克斯坦经济特区法》,对经济特区的性质及入驻特区享有的各项优惠待遇给予较为明确的规定,增加了可在私人土地上建立经济特区、吸引经验丰富的管理人员管理经济特区,以及对经济特区基础设施建设给予财政拨款的相关规定,为投资者加入经济特区创造了更加便利的条件。目前哈萨克斯坦有 10 个经济特区[①],总体而言,哈经济特区可以分为三种:第一种具有明确功能和发展模式,拥有专业的管理运作,例如阿斯塔纳—新城、国家工业石化技术园经济特区、塔拉兹化学工业园;第二种目前已经获得一定发展,但仍可进一步挖掘潜力,如阿克套海港、萨雷阿尔卡工业园、巴甫洛达尔工业园、霍尔果斯—东大门工业园、布拉拜工业园等;第三种尚未取得有效的发展成效,投资积极性较低,如位于南哈州的昂图斯季克经济特区。哈萨克斯坦经济特区尽管近年来有所发展,但发展成果远远低于哈政府预期,经济特区进一步发展亟须解决基础设施、项目质量以及管理效率问题。

除经济特区以外,目前哈萨克斯坦有 5 个工业园区,政府推出的《商业路线图》框架下还将在南哈州、克孜勒奥尔达州和阿拉木图州再建立 12 个类似工业区。哈国经济特区走专业化和集群化的道路,生产高附加值产

---

① 分别是布拉拜经济特区(旅游)、巴甫洛达尔经济特区(石化)、国家工业石化技术园经济特区(石化)、阿斯塔纳—新城经济特区(建筑、工业)、阿克套海港经济特区(物流、交通)、萨雷阿尔卡经济特区(冶金、金属加工)、昂图斯季克经济特区(纺织)、塔拉兹化学园经济特区(化工)、创新科技经济特区(IT 创新)、霍尔果斯—东大门经济特区(贸易、物流)。

品，而工业园区的目标将是发展中小型企业和保障居民就业。在制定《商业路线图》第四次修正案时，针对中小企业增加了相应的倾斜性内容，而对大型企业则提出缴纳基础设施费以及创造就业机会数量等附加的准入条件。工业园区内的投资项目都可在《商业路线图》框架下获得培训、服务、贷款和担保利率补贴等支持。

（五）白俄罗斯

白俄罗斯现有 6 个自由经济区①，白俄罗斯建立自由经济区的目的是吸引外资及先进技术，促进产品出口，保证区域经济快速发展。在 6 个自由经济区中，莫吉廖夫自由经济区对白宏观经济指标贡献较大，其工业生产总值、销售收入、货物出口额（包括每个从业人员所创造的工业产值、收入和出口额）、对外货物贸易顺差等各项指标都位于 6 个自由经济区首位。

三 中国境外产业园区建设

国际产能合作是推进"一带一路"建设的优先领域，是新条件下共建"一带一路"的重要支撑；而境外产业作为实施中国企业"走出去"战略的一项重要载体和平台，能够大幅降低"走出去"企业境外投资经营的风险和筹建成本，推进企业的国际化发展。

（一）中国境外产业园区发展概况：以境外经贸合作区为例

随着中国国内制造业综合成本的上升，以及企业开拓国际市场的需求，中国制造业走出去成为必然趋势，中国企业借助境外产业以抱团的方式集体走出去能够抵御和排除风险，提升了企业对外直接投资的竞争力，增强了企业境外投资成功的概率。从单兵作战到以产业园区的形式在海外集体办厂，中国企业经历了"走出去"的战略升级。以浙江省企业为例。据统计，浙江省企业主导参与建设的 6 个海外园区中有 5 个位于中国"一带一路"沿线国家，2014 年 6 个海外产业园区建设投资累计达 6.18 亿美

---

① 明斯克自由经济区、布列斯特自由经济区、戈梅利—拉顿自由经济区、莫吉廖夫自由经济区、格罗德诺投资自由经济区、维捷布斯克自由经济区。

元,吸引入园浙江企业投资达 15.2 亿美元,年带动出口额达 11.07 亿美元;以并购形式实现境外投资项目 70 个,并购额达 11.14 亿美元。截至 2014 年年底,商务部重点统计的 16 家规模相对较大的园区已经完成投资总额超过 100 亿元人民币,入驻企业超过 400 家,为当地创造就业岗位超过 4 万个。

经贸合作区为国内企业提供了体验国际市场的环境和培养国际经营经验的机会。按照中国商务部给出的境外经济贸易合作区业务定义,该合作区是指在中华人民共和国境内(不含香港、澳门和台湾地区)注册、具有独立法人资格的中资控股企业,通过在境外设立的中资控股的独立法人机构,投资建设的基础设施完备、主导产业明确、公共服务功能健全、具有集聚和辐射效应的产业园区。商务部在 2006 年公布了《境外中国经济贸易合作区的基本要求和申办程序》,宣布建立 50 个"国家级境外经贸合作区",鼓励企业在境外建设或参与建设各类经济贸易合作区,如开发区、工业园区、物流园区、自由贸易区、自由港、工业新城以及经济特区等,为中国企业对外投资搭建平台,提供经济可靠的海外发展场所,形成贴近市场的产业链和产业集群,降低企业投资成本和经营风险。2006—2007 年经过商务部两批招标投建,最终获得商务部批准建设的国家级境外经济贸易合作区 19 个,分布在赞比亚、泰国、柬埔寨、俄罗斯、韩国、马来西亚等东南亚、非洲及欧美等地,主要以发展中国家为主。① 经过 10 年多的稳步推进,这些境外经贸合作区均取得了阶段性进展,但从总体上看,由于受所在国政治、经济、文化以及法律等因素影响,中国境外经贸合作区建设进展缓慢,只有少数境外经贸合作区建设取得了实质性进展,其他多数境外经贸合作区建设还处于拆迁、平整土地或建设厂房等阶段。②

国内企业在国家统筹指导下建设境外经贸合作区,中国政府为参与园区建设的投资企业提供政策性贷款,但园区必须通过每年一度的考核,如果连续三次未能通过,则跌出名单,需要经过下一次申请考核,通过后才能重新被列入。到 2012 年中国企业已在 13 个国家开工建设了 16 个合作区,其中 9 家园区通过中国商务部和财政部确认考核。从 2014 年开始,

---

① 洪联英、张云:《我国境外经贸合作区建设与企业"走出去"战略》,《国际经贸探索》2011 年第 3 期。

② 路红艳:《中国境外经贸合作区发展的经验启示》,《对外经贸》2013 年第 10 期。

商务部开始执行新的管理办法，不再通过中标确定园区，建区企业可据此自查申报，通过年度考核，即可被确认为"国家级境外经贸合作区"。到2015年年底，共有13家园区通过考核进入国家级境外经贸合作区名单（见表4）。

表4　　　　　　　　　通过考核的国家级境外经贸合作区

园区名称	主导产业	园区成果
柬埔寨西哈努克港经济特区	纺织服装、五金机械、轻工家电	截至2014年5月实际投资1.51亿美元；目前入区企业85家
泰国罗勇工业区	汽配、机械、建材、家电和电子等	计划投资2亿美元，截至2014年5月实际投资1.96亿美元；入区企业51家
越南龙江工业园	电子、机械、轻工、建材、生物制药、农林产品加工、橡胶、新材料、人造纤维等	计划投资1亿美元，截至2014年5月实际投资4169万美元；入区企业17家
巴基斯坦海尔—鲁巴经济区	家电、汽车、纺织、建材、化工等	计划投资1.29亿美元，截至2014年5月吸引11项中国项目
赞比亚中国经济贸易合作区	金属冶炼、现代物流、商贸服务业、加工制造业、房地产业	到2015年，经贸合作区基础设施投资累计超过1.4亿美元，已有28家企业入驻，吸引投资近14亿美元，实际完成投资超过12亿美元
埃及苏伊士经贸合作区	纺织服装、石油装备、高低压电器、新型建材、精细化工等	计划投资4.6亿美元，截至2014年5月累计投资9066万美元；入区企业51家
尼日利亚莱基自由贸易区	高端制造业、产业装配业、现代物流业、城市服务业、房地产业	截至2015年10月，43家企业正式签署投资协议，投产运营，实际完成投资1.37亿美元，此外有63家企业办理了营业执照或签署了投资意向书，协议投资总额约6亿美元
俄罗斯乌苏里斯克经贸合作区	轻工、机电（家电、电子）、木业等产业；以及制鞋、服装、皮具、家电、电子、家居、建材、食品、汽配等产品	合作区计划引进60家企业，项目总投资20亿元人民币，目前基础设施建设完成投资10亿元人民币，合作区已入驻国内企业30户

续表

园区名称	主导产业	园区成果
俄罗斯中俄托木斯克木材工贸合作区	加工符合国际标准的板材、胶合板、密度板等各类木制品	项目规划年采伐木材450万立方米,以满足国内外市场需求
埃塞俄比亚东方工业园	适合埃塞俄比亚及非洲市场需求的纺织、皮革、农产品加工、冶金、建材、机电产业	工业园已全面正式对外招商,计划在3年内引进80家企业,目前已入园20多家企业
中俄(滨海边疆区)农业产业合作区	建立境外粮食战略储备基地,带动国内农机出口和劳务输出	已入驻企业6家,带动9家国有农场进入合作区从事农业种植
俄罗斯龙跃林业经贸合作区	合作开发俄罗斯林木资源,近期以林木采伐、粗加工、运回国内深加工为主,远期向内外互动的跨国林业产业集群发展	已吸引国内14家企业入驻,2014年年产值超过20亿元人民币,创造税收2亿多人民币
匈牙利中欧商贸物流园	商品展示、运输、仓储、集散、配送、信息处理、流通加工等功能	园区总投资2.64亿美元,目前已经引入包括商贸、物流行业在内的134家企业入驻并生产运营,区内从业人数约650人

资料来源:笔者根据商务部网站及各境外经贸合作区网站整理。

中国高层领导人也非常重视产业园区的建设,出访期间参观重要的园区几乎成为惯例。随着"一带一路"国家战略从顶层设计和规划走向落地实施,集体"走出去"正成为中国企业海外发展的一种模式,中国企业"走出去"建立园区也迎来一个新的高峰。以辽宁省为例,2015年沿"一带"方向推进俄罗斯巴什科尔托斯坦石化工业园、中俄尼古拉商贸物流保税园区、哈萨克斯坦远大建材产业园等5个海外工业园区建设;沿"一路"方向重点推进印度尼西亚辽宁镍铁工业园、印度特变电综合产业园、纳米比亚黄海汽车组装物流园3个境外工业园区建设。境外开发区建设从最初只是国内个别"走出去"企业的市场自发行为,到了2006年这一"出海"趋势升格为国家级行动,中国海外产业园区建设步伐日益加快,发展的速度和幅度都超出了人们的想象。

（二）中国境外产业园区为"走出去"企业产能合作带来的优势

国际产能合作是推进"一带一路"建设的优先领域，推进国际产能合作，加快装备制造业"走出去"，是新条件下共建"一带一路"的重要支撑，有助于推动资源自由流动和市场贯通融合，与全球经济深度融合，实现优势互补、合作共赢，是应对当前世界经济发展和资源配置不平衡现状的有效途径。国际产能合作内容丰富、形式多样，目前境外产业园区建设是首选，中国境外产业园区的建设能够大幅降低"走出去"企业境外投资经营的风险和筹建成本，推进企业的国际化发展。

表5列示了几家有代表性的境外产业园区能为"走出去"企业提供的优惠政策或服务。境外产业园区的开发企业与国外政府达成协议后，东道国政府通常会出台相应的优惠政策，重点会在税收、土地、金融、基础设施配套、出入境等方面提供便利，企业审批手续简单，使商务投资环境呈良性化发展。2011年9月中国、白俄罗斯两国签署了合作建设中白工业园的协定，成为中白间最大的经济技术合作项目，2012年6月白俄罗斯签署总统令，以最高立法的形式规定了入园企业在税收、土地等多方面所享有的优惠政策，为入园企业减轻成本压力提供了有力的保证。2015年5月中旬习近平主席访问白俄罗斯期间提出要把中白工业园建设作为合作重点，发挥政府间协调机制作用，谋划好园区未来发展，将园区项目打造成丝绸之路经济带上的明珠和双方互利合作的典范。其中最受关注的是"十免十减半"政策，即对入园企业十年免征所得税、不动产税及土地税，之后十年减半征税。入园企业进口设备及配件时，可以享受免除进口关税和进口环节增值税的待遇，股东利润也可自由汇出。

园区企业入驻除了能享受税收优惠外，园区还能为企业提供全方位投资配套设施及服务，绝大多数境外经贸合作区还建立了一站式服务中心，这对于办事效率极低的发展中国家来说是一个真正的"特区"。如柬埔寨西哈努克港经济特区从2014年起特别设有"一站式"服务中心，柬埔寨海关、劳动、税收等部门官员入驻其中，为入区企业办理各种手续。罗勇工业园从考察人员落地接机到企业注册、工业用地许可证、地契、厂房建筑许可证、验收许可证、开工证等都由工业园负责，后期企业遇到其他问题，园区要出面协调。单个企业在海外建厂显然很难享受到这样的待遇，优惠的税收政策和优质的配套服务大大降低了企业的运营成本。

表5　　　　　　　　　　　入驻国家级境外经贸合作区的优势

	优惠税收政策	配套服务
柬埔寨西哈努克港经济特区	用于生产的机械设备、建筑材料、零配件、原材料等的进口免税;企业可获6—9年的所得税免税期,免税期过后所得税税率为20%;生产设备、建筑材料等增值税率为0;服务于出口市场的原材料产业增值税率为0,服务于内销市场的原材料产业增值税率为10%。	"一站式"行政服务窗口正式入驻,为入区企业提供投资申请、登记注册、报关、商检、核发原产地证明等服务;以优惠的价格租赁或出售土地及标准厂房。
泰中罗勇工业区	自投资之日起8年内免缴企业所得税;继免税期过后另予5年期限减半缴付企业所得税;自投资之日起8年免缴进口机器关税;自投资之日起5年内为外销目的,进口原材料免缴关税。	园区与泰国工业区管理局(IEAT)签约合作,园区客户可享受泰国工业区管理局提供的园内"一站式"服务,以及园区提供的包括BOI证书、法律政策咨询、员工培训等服务;企业在入驻以及后期运营过程中享受园区提供的全中文服务。
赞比亚中国经济贸易合作区	企业自开始经营之日起五年内免征企业所得税;第六年到第八年,企业所得税按应纳税额的50%征收;第九年和第十年,企业所得税按应纳税额的75%征收;自企业首次宣布红利之日起,五年内免缴红利部分的所得税;对于入区企业的原材料、资本性货物、机器设备,5年内免征进口关税;对多功能经济区的开发者或投资者进口的资本性货物、机器设备免征增值税。	经贸合作区在赞比亚和中国设立了多个投资服务机构,为投资者提供"一站式"全方位服务,如受托或协助办理企业注册阶段的各种手续,如公司登记、银行开户、税务登记、环境影响评估、规划设计审批、进口设备清关;受托或协助办理生产经营过程中需要的各种执照和许可证的申请事宜;协助投资者融资贷款等。

资料来源:笔者根据各境外经贸合作区网站整理。

国内企业可以通过境外产业园区以较小的代价进入国际市场,有效地规避国际贸易壁垒,减少贸易摩擦。目前中国制造业中有相当一部分行业的生产能力已严重过剩,国内市场严重饱和,通过境外产业园区可以把国内的企业引资到海外,国内的部分产能过剩且具有一定比较优势的产业可以转移到有需求的国家,不仅可以充分利用当地廉价的劳动力成本、土地成本等有利条件,还可以改变产品的原产地,绕过一些贸易壁垒进入发达国家市场,规避了贸易摩擦。如一些被欧美进行反倾销调查的产品(如钢铁、汽配、小家电等)从中国传统途径出口有障碍,而受欧美等国家认可的、具有完全市场经济地位的"一带一路"沿线国家(如泰国)可以成为中国企业出口的避风港,据介绍,有一半以上的中国企业受以上动机的激励进入泰中罗勇工业区。柬埔寨也是尚未遭遇发达国家"双反"等贸易壁垒阻碍的国家，且可享受欧美等发达国家给予的特殊贸易优惠政策及额外的关税减免优惠，欧盟新的普惠制也向柬埔寨放宽了条件，其中欧盟不限制布料的来源，柬埔寨使用任何国家产制的布料生产成衣产品都可享受免关税优惠进入欧盟市场。

境外产业园区能够充分利用地理上的集中性，变企业低效分散式的投资为高效集群式入驻方式，园区通过集聚效应促进区域内主导企业与相关配套企业的合作，形成一个完整的产业链条，有利于形成产业集群，发挥规模效应。柬埔寨工业化水平较低，为加快推进工业化发展进程，柬埔寨政府出台了《2015—2025 工业发展战略》，其中重要的内容是吸引外资企业投资西哈努克省的轻、重工业，将其开发成未来全国最重要的工业区。建设西哈努克港经济特区契合了柬埔寨的工业发展战略，是两国产能合作、产业互补的良好平台，西哈努克港经济特区地理位置优越，贸易环境宽松，加上柬埔寨劳动力成本低廉（最低工资标准为每月 140 美元），使其基本上具备了承接产能合作的有利条件。

（三）中国境外产业园区建设存在的问题与不足

第一，境外产业园区建设面临的政策性风险较大。境外产业园区的开发主体是企业，面临的挑战和风险要远远大于国内的经济开发区，虽然当地政府给了很多优惠政策，对东道国当地经济社会发展以及对中国和东道国之间的经贸合作具有非常大的促进作用，但有些国家还没有像中国那样把经济特区作为国家发展战略，经济特区缺少法律地位以及各相关部门的认同。如 2007 年 2 月赞比亚批准中国经贸合作区成为当地第一个多功能经济区，在多功能经济区内的获批项目可以享受税收、进出口等方面的优惠；但赞比亚实行多党制，这些优惠政策持续的时间存在不确定性，优惠政策或法律法规存在一定的变动风险，在实践中新任政府很可能出于政治需求否认前任政府给予外国投资者的各种优惠，[①] 这都对产业园区建设带来风险。一些沿线国家新移民政策执行后，国内劳务输出难度增大，影响了园区内企业正常生产计划的落实，争取劳务指标的工作也成了产业园区

---

① 乔慧娟：《论我国境外经贸合作区的风险防范问题——以赞比亚中国经贸合作区为视角》，《商业时代》2014 年第 15 期。

入区企业和招商企业落户的瓶颈。此外物质进口通关难，审批工程项目程序复杂、手续烦琐、办事效率低等问题都加大了境外产业园区建设发展的难度。

第二，完善的基础设施条件是产业园区发展的基本保证，许多发展中国家基础设施不完善，极大地影响了产业园区的发展。如受到中国领导人特别关注的埃塞俄比亚东方工业园，距最近的吉布提港800多公里，运输条件差、运输成本高，而中国援建的铁路和高速公路2016年前后才能完成，该园区原本计划引进80家企业，最后缩减到十几家。此外，园区内各种配套基础设施建设也给企业入驻带来很大影响，如入驻泰中罗勇工业园的一些企业就因园区公共交通不便，物资采购困难；尼日利亚莱基工业园因水、电、气配套问题而阻碍了一些企业的入区，最终自己投资兴建电厂、拓展道路、疏通河道。据商务部驻越经商参处介绍，2014年越南全国各工业园区的平均入驻比率仅为60%，具有较为完善基础设施系统的越南—新加坡工业园区、升龙工业园区、阿马塔（Amata）工业园区等园区的入驻比率较高；而基础设施差的工业园入驻率仅为30%左右。外国投资商投资兴建的工业园区入驻率高于越南投资兴建的工业园区，其原因是越南投资的工业园区和经济区在规划方面存在连接性不强、不能发挥当地特有优势等问题。

第三，融资困难使园区建设面临较大的资金压力。产业园区开发前期投入较大，固定资产等沉没成本较高，东道国多为经济比较落后的发展中国家，其金融环境较为落后，融资渠道、融资工具有限，且贷款成本较高，投资建设主体面临较大的资金压力和投资风险。与国内产业园区相比，境外产业园区建设更多的是企业行为，政策性投入力度要远小于国内产业园区，因此境外园区建设资金以企业自筹为主。而中国国内银行与国际连接渠道并不全面，政策性银行和商业银行的境外分支机构能力不足，对境外资产难以承认，银行全球授信体系不完善，企业境外投资形成的资产不能作为抵押担保在境内贷款，使企业面临融资难问题而影响着园区的后续发展。

第四，园区规划不合理，产业定位不明确，企业协调机制凸显不足。由于园区前期规划建设存在一定盲目性和重复建设现象，使得园区企业入驻数量与计划有一定差距。如俄罗斯乌苏里斯克经贸合作区计划共引进60家中国企业，其中第一期2006年8月至2008年，计划引进18家；

第二期 2009—2010 年，计划引进 26 家；第三期 2011 年，计划引进 16 家。但到 2008 年年底，合作区已入驻企业 7 家，仅完成第一阶段目标计划的 38.9%。被商务部评为"目前总体情况最好的工业园"的泰中罗勇工业园，计划共引进中国企业 50 家，其中第一阶段 2007—2009 年，计划引进 25 家；第二阶段 2010 年，计划引进 15 家；第三阶段 2012 年，计划引进 10 家。到 2009 年 10 月，园区共入驻企业 17 家，完成第一阶段目标计划的 68%。目前产业园区建设中存在产业选择趋同、范围过杂以及未来发展规划不明确等现象，除了少数专业化园区外，绝大多数园区的产业选择范围几乎涵盖所有行业，都将自身定位成一个集制造、商贸、物流、服务、休闲等于一体化的综合性、多功能园区，明显缺乏自身特色和行业优势，也没有反映出东道国的国情和实际需求，其最终的结果就是园区服务设施的浪费。加上园区入园企业来源地不一，企业性质不一，投资产业类型不一，企业之间没有形成有效的联系与合作关系，企业只是简单地在地理空间上的聚集，牵头企业如何组织协调这些企业，以及能否担当起抱团企业的有效调控者，仍然面临诸多挑战。

四　促进境外产业园区建设的政策建议

(一) 促进境外经贸合作区融入"一带一路"发展倡议

目前中国境外产业园区建设还处于起步探索阶段，还没有可以照搬的成熟建设模式，各产业园区所在国家不同，面临的具体情况也都不同，因而需要解决不同的难题，其发展模式是否行得通还需要时间来检验。"一带一路"倡议从顶层设计和规划走向落地实施，为扩展境外产业园区建设带来了更多机遇，作为中国"一带一路"倡议的一部分，境外产业园区正成为中国企业参与"一带一路"建设的重要平台、重塑国际产业发展的合作模式，中国企业在进一步推进境外产业园区发展时，应主动结合国家发展战略，促进产业园区发展与"一带一路"倡议相融合。

第一，利用"一带一路"倡议中的政策沟通，建立健全政府间合作沟通机制，全方位、多层次争取尽可能多的政策优惠。境外产业园区建设需要中国政府和东道国政府之间的协作，加强与东道国政府沟通才能推动当地政府尽快完善合作区内金融、货贷与清关代理等公共服务条件，进一步明确对入区企业优惠政策实施细则，积极争取更优惠的经济特区政策。如2015 年中巴成立投资和工业合作联合工作组，专司在中巴经济走廊项下设立工业园区和特殊经济区，并制定了 12 条设立规则，确保园区生产活力。根据巴基斯坦特殊经济区法，经济区建设方和入区企业将享受进口设备免税和 10 年期所得税免除政策。

第二，中国政府要执行好服务和扶持的职能，帮助园区建设企业了解和熟悉东道国的有关情况和环境，为企业的投资决策提供指导和必要的建议。"一带一路"沿线境外产业园区所在东道国大都为欠发达国家，其经济环境、基础设施环境、制度环境、信用环境等都存在一些缺陷，这些问题都会在一定程度上给投资增加风险。因此一旦投资企业的合法权益在东道国被侵害，应该发挥政府强大的作用，通过各种方式维护企业的正当权益。

第三，发挥中国对外援助职能，加强对产业园区所在地区的援助，完善产业园区内基础设施系统建设。中国对外援助中很大一部分是援建受援国的基础设施，如道路、电信等，因此要积极发挥中国对外援助职能，加强对产业园区所在地区的交通、水电、通信等经济基础设施进行援助，便利中国企业的对外投资。

第四，提供融资服务支持，提高产业园区建设融资能力。中国对外贸易正在由商品输出转向资本输出转型与升级的阶段，而产业园区是资本输出的新模式，产业园区的发展壮大会加快人民币国际化步伐，通过完善双边金融合作机制，可以拓展跨境贸易人民币结算业务，降低贸易和投资的汇率风险和结算成本，为园区建设提供融资平台。2013 年 12 月，商务部、国家开发银行联合印发《商务部国家开发银行关于支持境外经济贸易合作区建设发展有关问题的通知》，支持境外经贸合作区建设，国家开发银行明确了合作区优先融资的基本条件，针对合作区的特点和需求，对合作区提供融资服务，更好地发挥金融支持国内企业"走出去"的作用，积极、有序地推动合作区建设。

（二）园区准确定位，形成海外产业链优势

第一，园区规划设计和开发建设标准要从实际出发，量力而行。产业园区具有"初期投资大、直接回收慢"的投资特点，因此在经济欠发达、基础设施不完善的国家和地区建设产业园区，其标准和投资规模一定要根

据开发企业的实力、两国政府的支持力度以及产业园区本身开发建设的盈利能力，确定合理、务实、可持续发展的开发建设标准，积极探索产业园区可持续发展的途径和模式。从境外产业园区的功能和作用这一根本点上抓住"集群式产业园区"的特点，先发展产业、招商引资、创造就业，而后才是配套服务、商贸住宅等功能，最后发展成为有城市生活功能的综合性园区或新城。实际中切忌把规划标准制定得过高，增加开发企业的投资负担，实际上拖延了园区的建设。

第二，立足集群经济，找准主导产业建设集群式产业园区。海外产业园区的建设要适应全球化新形势，将园区建设置身于全球资源链中，抓住中国产业转移、梯度发展的时机，依靠传统比较优势向更多发展综合竞争优势转换，依托创新驱动代替投资驱动，结合地区特点及资源优势，找准主导产业发展特色经济，坚持以产业集群为导向引导企业入园，逐步建立新型的产业集群模式，实现集群转移带动下的产业转型升级，通过产业的提升带动产业集群水平的提高，从而推动海外园区经济的深入发展。这需要中国海外产业园区通过产业链条延伸，形成基于比较优势的特色产业化企业集群，以价值链条为基础建立完善的专业分工协作机制，建立以市场选择主导产业为主的产业集群发展体系。

第三，创新企业融资方式，依据各方的利益，通过严格的法律合同合理分担责任和风险，从而保证项目融资顺利实施。2014年4月商务部举办境外经贸合作区实施企业与部分国内金融机构对接会，探讨以"外保外贷"形式解决合作区实施企业在合作区建设中的融资瓶颈问题。2015年中国银行（泰国）与泰中罗勇工业园开发有限公司签署了《战略合作备忘录》，推出双方专门为入园企业共同新创、量身定制的金融产品"产融通"：入园企业在购置土地阶段时，只需支付土地款的30%—55%，罗勇工业园随后向银行出具回购协议，银行贷款支付土地款尾款的45%—70%部分，企业入园各种手续会同步办理，不影响入园企业的正常经营活动。"产融通"在开始阶段就可以为入园"走出来"中资企业提供信贷支持，为"走出去"中资企业带来实实在在的金融支持，为入园企业解决融资难题。

第四，重视软实力的作用，促进产业园区建设、经营的本土化。法律、政策、文化、民俗等这些环境差异是海外产业园区所面对的共同问题。在"一带一路"加强国别文化、教育、卫生、宗教等方面的交流和合作的影响下，境外产业园区首先要对运营管理思路进行因地制宜的调整，规范入区企业经营，注重环境保护和可持续发展，维护劳工合法权益；加强对入区企业的系统培训，使其充分了解东道国的风俗习惯、法律制度等。首先，如柬埔寨西哈努克港经济特区就协助企业招工，推荐具有语言特长的管理人才及员工；开办西港特区培训中心，为入区企业员工提供语言及技能培训。其次，国外生产和经营必须得到本地的支持和帮助才能成功运行，所以做好本土化工作也至关重要。要促进境外产业园区可持续发展，必须加强当地人才培养和开发，加大对产业园区所在地的人力资源援助，一方面可以化解受援国当地居民对产业园区的误解，改善当地不利的社会环境，另一方面还可以增加本地可用人才。

合作篇

"一带一路"倡议与亚洲一体化 [*]

内容提要："一带一路"是中国崛起进入关键时期所提出的重要倡议，其建设目标和原则已经在习近平主席的多次谈话中得到清晰阐述，即本着"共商、共建、共享"的原则，与有关国家实现"政策沟通、设施联通、贸易畅通、资金融通和民心相通"的合作格局。换句话说，中国希望通过"一带一路"建设，与亚洲国家打造全新的一体化局面，实现共同繁荣，迈向命运共同体。然而到目前为止，遵循西方一体化模式的亚洲区域合作却表现出明显的"飞地"特征，推动亚洲一体化需要在"一带一路"建设中塑造符合亚洲实际的一体化模式。无论"一带一路"是作为中国崛起的引擎，还是作为亚洲腾飞的翅膀，都需依靠沿线各国的积极参与和互动才能真正推动亚洲一体化迈向深入。这就需要一种使亚洲国家愿意参与、能够参与的一体化制度平台。本文认为，从构建亚洲新型区域合作模式高度推动互联互通建设、搭建具有亚洲特色的一体化平台，在"一带一路"建设中实现亚洲一体化和共同繁荣，既是"一带一路"建设应该追求的目标，也将是中国对亚洲政治经济格局最重要的重塑。

"一带一路"是中国崛起进入关键时期所提出的重要倡议，其建设目标和原则已经在习近平主席的多次谈话中得到清晰阐述，即本着"共商、共建、共享"的原则，与有关国家实现"政策沟通、设施联通、贸易畅通、资金融通和民心相通"的合作格局。换句话说，中国希望通过"一带一路"建设，与亚洲国家打造全新的一体化局面，实现共同繁荣，迈向命运共同体。然而到目前为止，遵循西方一体化模式的亚洲区域合作却表现

---

* 王玉主，中国社会科学院亚太与全球战略研究院研究员、区域合作研究室主任、博士生导师，中国社会科学院国家全球战略智库特约研究员，中国亚太学会秘书长，中国社会科学院亚太经合组织与东亚合作中心主任。

出明显的"飞地"特征，推动亚洲一体化，需要在"一带一路"建设中塑造符合亚洲实际的一体化模式。因为无论"一带一路"是作为中国崛起的引擎，还是作为亚洲腾飞的翅膀，都需依靠沿线各国的积极参与和互动才能真正推动亚洲一体化迈向深入。这就需要一种使亚洲国家愿意参与、能够参与的一体化制度平台。

本研究认为，从构建亚洲新型区域合作模式高度推动互联互通建设、搭建具有亚洲特色的一体化平台，在"一带一路"建设中实现亚洲一体化和共同繁荣，既是"一带一路"建设应该追求的目标，也将是中国对亚洲政治经济格局最重要的重塑。本部分接下来将重点分析亚洲区域合作的现状及其存在的问题，探讨在"一带一路"建设过程中构建亚洲区域合作新模式的必要性和可能路径。

一 "一带一路"倡议的亚洲一体化诉求

随着中国经济力量的崛起，中国学者中开始出现东亚"二元结构"的说法，西方也有学者开始讲述"两个亚洲的故事"，认为中国因为经济规模的迅速扩张而成为经济亚洲的主导力量。① 实际上，如果说中国对亚洲经济有了一定的影响力，那也主要还是在东亚，而且这种影响力的上升还引起了美国的注意。② 美国的亚洲再平衡战略的目标就是维护其在东亚的利益，换句话说，美国要通过这个战略维护东亚在政治、经济、安全等方面从属于美国这个权力中心，这对亚洲一体化显然没有什么积极意义。亚洲需要自己的合作战略来推动亚洲的一体化，增进地区人民的福祉。

亚洲的事当然只能靠亚洲自己来做。2013 年 9 月 7 日，中国国家主席习近平在哈萨克斯坦纳扎尔巴耶夫大学发表演讲时表示，为了使各国经济联系更加紧密、相互合作更加深入、发展空间更加广阔，可以利用创新的合作模式，共同建设"丝绸之路经济带"，以点带面，从线到片，逐步形成区域大合作。2013 年 10 月，国家主席习近平在出访印度尼西亚时表示，中国愿与东盟国家加强海上合作，共同建设"21 世纪海上丝绸之路"。这

---

① Evan Feigenbaum and Robert Manning, " Tale of Two Asias", *Foreign Policy Blogging*, December 4, 2012.

② 朱锋：《中美战略竞争与东亚安全秩序的未来》，《世界经济与政治》2013 年第 3 期。

两个倡议被合称为"一带一路"。作为亚洲的经济大国，如果要成为亚洲真正的经济主导力量，就必须从推动亚洲经济一体化做起，中国的"一带一路"倡议追求的正是亚洲的共同繁荣。

(一) "一带一路"是中国追求亚洲一体化的战略

对于"一带一路"这个被认为是"我国扩大和深化对外开放，构建开放发展新格局，践行合作共赢理念的大战略"，[①] 中国政府并没有作非常清晰的阐释。[②] 因此自倡议提出后，各界对"21世纪海上丝绸之路""丝绸之路经济带"进行了视角各异的解释。在关注中国崛起与周边关系的研究中，有的把"一带一路"看作中国经略周边战略的主动步骤，[③] 有的把"一带一路"当成应对复杂的周边地缘政治、地缘经济格局的被动对策。[④] 而对于那些关注中国崛起与国际秩序的学者来说，"一带一路"代表着中国经济外交战略性调整或方向性变化，[⑤] 中国应通过"一带一路"落实一种基于中国国家定位的经济外交新战略，即在现有国际经济秩序框架下接受美国领导者地位的同时，寻求改革现行国际体系。[⑥] 与呼吁把"21世纪海上丝绸之路"作为财富向权力转移的一项经济外交手段相比，[⑦] 这种建议显得更为自省。综观前述对"一带一路"战略的阐释，我们会发现他们都把中国与其他各方（周边国家或者现行国际秩序）摆在相互对立的位置上，是一种"我"与"他"对抗的思维范式，而不是设计"一带一路"首先应该遵循的在合作中共赢的合作思维。

当然，"一带一路"建设的目标，不会仅仅是利他主义的"促进沿线

---

① 张蕴岭：《聚焦一带一路大战略》，《大陆桥视野》2014年8月上半月刊。
② 王毅外长曾指出，中国提出建设"21世纪海上丝绸之路"，是在新形势下本着"和平、友谊、合作、发展"的精神，通过与有关国家开展海上互联互通、海洋经济等各领域的务实合作，实现和谐相处、互利共赢和共同发展（见王成洋《我国"海上丝绸之路"构想开始落地》，《金融时报》2014年2月15日）。但作为一项合作倡议的发起者，中国给出的这种阐释还是过于笼统，可操作性不够强。
③ 谷源洋：《大国汇集亚洲与中国"经略周边"——"21世纪海上丝绸之路"建设》，《亚非纵横》2014年第5期。
④ 毛汉英：《中国周边地缘政治与地缘经济格局和对策》，《地理科学进展》2014年第3期。
⑤ 徐进、杜哲远：《反思中国外交政策研究中的思维定势》，《国际政治科学》2014年第3期。
⑥ 黄益平：《中国经济外交新战略下的"一带一路"》，《国际经济评论》2015年第1期。
⑦ 张晓通：《中国经济外交理论构建：一项初步的尝试》，《外交评论》2013年第6期。

国家经济发展、社会稳定、区域和谐和文化融合",① 虽然会有从中国崛起这一诉求衍生出来的诸如构筑和平崛起的战略依托带之类的考虑,② 甚至也包括"为地区和平与发展、建立新的区域治理机制与体系作谋划"③ 这样的区域性抱负,但必须清楚认识的是,只有积极推动亚洲一体化,在合作进程中建设共同繁荣的亚洲,"一带一路"才能真正重塑亚洲政治经济格局。④ 从这个意义上讲,"一带一路"是建立在时代发展需要基础上的中国追求亚洲一体化的战略。这一战略虽然是基于中国的单边倡议,但却不是自利的,它包括三个层次的需求,即中国新一轮改革开放的需要,推进亚洲区域合作的需要,以及促进世界和平发展的需要。⑤ 这使"一带一路"与美国提出的亚洲再平衡战略明显不同。美国的亚洲再平衡战略是在中国经济快速崛起、在东亚的影响力不断上升的背景下平衡中国,以维护美国利益。⑥ 从本质上说,美国的亚洲再平衡战略是要维护东亚在政治、经济和安全上从属美国这一冷战后形成的地区秩序,是维护不平衡秩序的战略。美国推动建设的 TPP 虽然也寻求贡献于世界经济发展,但却把掌握"下一代贸易规则"的制定权作为重要目标。⑦ 与美国这种制衡性的、基于秩序考虑的亚洲再平衡战略不同,"一带一路"最直接的追求目标是提高亚洲内部的一体化水平,实现亚洲经济的均衡增长,是从合作出发的,基于亚洲经济发展考虑的战略。当然,如果"一带一路"战略能够成功地改变亚洲内部经济发展不平衡局面,塑造一个一体化的亚洲,同样将对亚太地区国际秩序产生重大影响。

---

① 鞠华莹、李光辉:《建设 21 世纪海上丝绸之路的思考》,《国际经济合作》2014 年第 9 期。

② 俞正樑认为"21 世纪海上丝绸之路"的一个重要作用就是构筑周边战略依托带。见俞正樑《双轮驱动、全球拓展——2013 年中国新外交》,《国际观察》2013 年第 2 期。

③ 何亚非:《如何建立"新型大国关系"》,《领导文萃》2014 年 9 月(下)。

④ 黄翱:《"一带一路",中国主动塑造亚洲政治经济新格局》,《东方早报》2014 年 5 月 19 日。这种说法有可能过度解释了"一带一路"的意图,但"一带一路"建设确实将对亚洲产生深远的影响。目前,随着中国总体实力的提升,有关中国要重塑地区秩序的说法越来越多。例如蔡鹏鸿《中国周边外交重塑地区秩序》,《社会观察》2015 年第 1 期。

⑤ 张业遂:《建设"一带一路"打造中国对外开放的"升级版"》,《中国发展观察》中国发展高层论坛 2014 专号。

⑥ 陈寒溪:《重塑地区安全秩序:美国战略东移与中国的应对》,载黄凤志、刘雪莲主编《东北亚地区政治与安全报告》,社会科学文献出版社 2013 年版。

⑦ 李向阳:《跨太平洋伙伴关系协定:中国崛起过程中的重大挑战》,《国际经济评论》2012 年第 2 期。

（二）亚洲需要平衡内部经济

历史地看，中国的经济重心随着航海事业的发展逐步从西向东移动，通过草原丝绸之路与亚洲内陆的联系也转向通过海洋丝绸之路与南亚、西亚的联系。近代，特别是改革开放以来，这种趋势更加明显。这也是整个亚洲的问题。冷战期间以及冷战后，东亚国家先后走上了快速成长的道路，创造了东亚奇迹。① 但中南半岛、南亚以及内陆亚洲的发展步伐却明显缓慢，造成东西发展的日益不均衡。均衡增长、包容性增长等概念是过去 10 多年中 APEC 合作的重要内容之一，所关注的正是区域内部发展严重不均衡这个现实。经济发展不均衡是亚洲面临的严峻挑战，而亚洲的这个问题还表现出多层次性。

1. 亚洲国家内部发展差距问题

中国作为一个大国，在这方面的问题非常突出。几十年改革开放虽然使中国总体经济规模迅速扩大，但内部发展差距的积累也同样惊人。一是东西部发展的不均衡，表现为西部发展严重落后于东部。② 表现在人均GDP 上，最高的天津超过甘肃的 4 倍（见表 1）。二是对外关系的不均衡，同样是东部与外部世界联系密切，西部则相对隔绝。

表 1　　　　　　　　　　**2015 年中国部分省市人均 GDP**　　　　　　单位：美元

天津	北京	上海	江苏	浙江	山西	西藏	贵州	云南	甘肃
17509	17142	16527	14145	12503	5636	5190	4808	4673	4209

资料来源：国家统计局。

2. 次区域内部各国之间发展差距巨大

无论在东北亚、东南亚、南亚、中亚还是西亚，都存在内部国与国发展差距悬殊的例子。以开展内部合作接近 50 年的东南亚为例，虽然长期把消除内部发展差距作为目标，但如以人均 GDP 的绝对值来衡量，东南亚内部的差距不是缩小了，而是扩大了（见表 2）。

---

① 战后东亚经济的突出表现，引发了很多研究和争论。1997 年金融危机后，克鲁格曼曾批评东亚的经济奇迹不过是个神话。参见林毅夫、任若恩《东亚经济增长模式相关争论的再探讨》，《经济研究》2007 年第 8 期。

② 张蕴岭：《如何认识"一带一路"的大战略设计》，《世界知识》2015 年第 2 期。

表2   2009—2014年东盟成员人均GDP变化   单位：美元

年份	文莱	柬埔寨	印度尼西亚	老挝	马来西亚	缅甸	菲律宾	新加坡	泰国	越南
2009	28454	735	2359	913	7216	538	1829	38577	3947	1232
2014	41720	1193	4698	1641	12180	1190	2781	52849	6508	1783

资料来源：东盟统计之宏观经济指标。http://www.asean.org/component/zoo/item/macroeconomic-indicators。

3. 各次区域之间发展也很不均衡，区域一体化水平也不相同

亚洲经济发展不均衡在一定程度上是低水平经济一体化，特别是亚洲"飞地"式区域一体化的结果，但反过来也会影响亚洲经济一体化的深入。东亚地区从战后初期就在日本的带动下形成了有效的生产网络，创造了"东亚奇迹"。而南亚地区尽管近年来印度经济一直保持较高增速，但整个地区的经济发展总体水平仍然偏低。此外，受战乱和恐怖主义的影响，西亚一些国家的经济遭到很大破坏，面临很大困难。从亚洲的未来和亚洲人民的福祉角度看，亚洲经济需要再平衡。而"一带一路"这一战略性倡议之所以受到各方关注，关键在于它所指向的正是亚洲各国共同关注的问题。

总的来说，尽管在中国崛起的背景下，人们对"一带一路"有着各种各样的解读，但在深层的意志里，中国希望借助"一带一路"为亚洲腾飞插上两只有力的翅膀，带动整个地区实现梦想。这是一种建立在相互依赖基础上的共赢信念。崛起不仅提升了中国的综合实力，同时也使中国与周边、与亚洲、与世界的相互依赖大大提升。一方面，当"世界工厂"把中国制造源源不断地输往世界每一个角落的时候，中国让世界感受到了它的存在，但在内部经济发展不平衡、产业升级面临严峻挑战[①]等事实面前，也加重了中国对外部的依赖和对振兴亚洲经济的需要；另一方面，虽然进入"新常态"，但中国经济仍维持较高增速，至少对亚洲来说是一个积极因素。毕竟，未来5年10万亿美元的进口预期，对很多仍依靠出口导向的发展中经济体的意义是不言而喻的。

---

① 中国产业升级被认为面临三大难题。见黄先海、诸竹君《新产业革命背景下中国产业升级的路径选择》，《国际经济评论》2015年第1期。

二 亚洲一体化需要新型合作模式

"一带一路"对亚洲一体化的追求，反映了亚洲的需求和中国立足亚洲、繁荣亚洲的大国战略抱负。实践中，"一带一路"的战略目标只有在推动亚洲一体化和共同繁荣的进程中才能逐步实现，中国的影响力也将在这个过程中逐步发挥。如果更深入地探讨亚洲区域一体化实践，就会发现我们还没有找到一条适合亚洲一体化的道路，或者说适合亚洲各国实际情况的区域合作制度平台。到目前为止我们所采取的以重新规划、消除制度壁垒为主的自由贸易区建设，是西欧国家在推进区域合作过程中从地区实际出发形成的一体化战略，并不是完全适应全球每个角落的区域一体化战略。实践中千差万别的区域一体化协议文本以及五花八门的原产地规则设计，已经证明了自由贸易区作为一体化战略所遭遇的水土不服。因此，在外部经济对亚洲国家的吸引力无法消除的情况下，"一带一路"建设应从探讨培育新型区域合作模式入手寻求亚洲一体化的突破。

（一）亚洲一体化的两种模式

亚洲的经济一体化有两种不同的动力源：内部次区域合作及其扩展和外部的一体化进程的吸纳。前者主要是东盟的自贸区建设及其扩展，后者主要是美国主导的 APEC 及后来的 TPP。这是两个目标不同的进程，但都选择从推动贸易投资自由化、便利化入手，以自贸区建设的形式推动地区一体化。

1. 东盟的"轴—辐"式自贸区

东盟在冷战时期就开始推动特惠贸易安排，从最初保证经济安全逐步发展到促进内部贸易。1992 年东盟开始推动自由贸易区建设，其直接动力是扩大区内市场，应对北美自贸区（NAFTA）建设的成分很大。[①] 东盟各国在参与东亚雁型模式形成的地区生产网络进程中，都采取了出口导向发展模式，对外部市场，尤其是欧美等最终消费市场依赖性很强。冷战结束后美国推动建设北美自由贸易区，形成排他性区域安排。也就是说，与欧

---

① 有观点认为，东盟的发展全靠不断出现的各种挑战的激励。John Ravenhill，"Economic Cooperation in Southeast Asia: Changing Incentives"，*Asian Survey*，Vol. 35（1995），Issue 9，pp. 850 – 866.

洲和北美同样的是，东亚选择的一体化道路也是从拆除主权国家给自由贸易设置的人为障碍开始，自然也期待着自由贸易区能够逐步发展成更高级别的共同体，东盟从 2002 年开始的共同体建设已经证明了这个逻辑的存在。

但在推动内部合作过程中，东盟发现无法像欧洲那样推动一体化建设。成员国之间巨大的差异性使东盟不得不采取一种建立在协调一致基础上的"东盟方式"建设自贸区。这自然使东盟的自贸区建设进程放缓，被批评为只看重维护进程，而不重视合作进展。① 对此，东盟前任秘书长塞韦里诺先生以东南亚不是西欧作为回应。② 应该承认，对东南亚现实的这种认识是一种很重要的自省，但它将"东盟方式"这种带有巨大妥协性的安排推向亚太的导向确实是个遗憾。③ 在内部关税已经大幅降低，但区内贸易份额没有任何显著提升的情况下，如果东盟把自信转向质疑自己所采纳的自由贸易区战略，进而寻求一种适合东南亚现实的一体化制度，本可以对亚洲合作做出更大贡献。

实践中，东盟选择一方面把东盟自贸区向东北亚拓展，逐步形成了以东盟为中心的"轴一辐"式自贸区结构，以弥补内部市场建设上的不足；另一方面提出建设目标要求更高的经济共同体，试图以成员国之间的"同行压力"迫使各成员加快一体化步伐，提升东盟在这个结构中的轴心地位。但正如我们已经看到的，东盟从自身利益需求出发采取的大国平衡战略，强化了东盟对地区合作"中心地位"的敏感维护，导致东盟最终选择把自贸区安排向亚洲外部扩展，形成了开放性的地区全面经济伙伴关系。④

2. 美国主导的选择性吸收一体化

美国一直自认为是太平洋国家，其在东亚的经济和战略利益使其深度卷入这一地区的事物。冷战结束后，美国参与到澳大利亚等国家倡导的 APEC 合作中，并逐步把部分东亚经济体吸收到这个推动贸易投资自由化

① Jones David martin and Smith, Michael, "Making Process, Not Progress: ASEAN and the Evolving East Asian Regional Order", *International Security*, Vol. 32 (2007), No. 1, pp. 148 - 184.

② ［菲律宾］鲁道夫·塞韦里诺：《东南亚共同体建设探源》，王玉主等译，社会科学文献出版社 2012 年版。

③ 东南亚国家对源自西欧的自由贸易区安排不适应产生的"东盟方式"，被认为是可以向外推广的成功模式。见 Acharya, Amitav, "Ideas, Identity, and Institution - Building: From the 'ASEAN Way' to the 'Asia - Pacific Way'?", *The Pacific Review*, Vol. 10, No. 3, 1997, pp. 328 - 333.

④ 王玉主：《RCEP 倡议与东盟"中心地位"》，《国际问题研究》2013 年第 5 期。

和便利化的进程中。① 1994 年 APEC 提出茂物目标，各成员国开始认真推动亚太地区的贸易投资自由化和便利化。"9·11"事件发生后，APEC 开始探讨非经济议题，但地区贸易自由化仍取得了很大成就：1989 年 APEC 成员的平均关税在 18% 左右，到 2013 年已经下降到 6% 左右。在亚太一体化的制度性安排方面，APEC 却没有取得有效进展。2006 年提出的亚太自由贸易区（FTAAP）没有得到 APEC 各方的认真推动，此后美国对建设 FTAAP 的态度发生了一些变化，不再认真对待茂物目标确定的 APEC 发达经济体到 2010 年率先实现贸易投资自由化，而是自 2009 年起转向推动建设 TPP。TPP 以建设白金标准的亚太自贸区为目标，再次对 APEC 范围内的亚太经济体选择性吸收。② 目前，12 个成员已经完成了 TPP 谈判。

（二）亚洲一体化现状及存在的问题

1. "飞地"式的亚洲一体化

早期丝绸之路的开发使亚洲很早就走上了一体化进程。但诸如澜沧江、怒江等水域，以及中国西南部的高原、亚洲腹地的沙漠等天然障碍的阻隔造成亚洲地缘上的分离，亚洲内部的一体化因此进展缓慢。近代以来，亚洲很多国家都被西方征服而成为殖民地，不同殖民者对自己的领地内部做过一定程度的整合，但这些努力并没有推动亚洲的一体化，而是加重了不同殖民地之间的隔阂。在经历了冷战的意识形态分割后，亚洲终于从后冷战时期开始纳入全球化和区域一体化的正常轨道。③

这是一个亚洲各经济体依靠自身的资源禀赋、从参与多边安排起步、逐步融入全球和地区生产网络的进程。在这个进程中，依靠人力资源优势的出口导向型亚洲经济体逐步发展成为制造业基地，而那些依靠能源出口实现富裕的亚洲经济体则成为世界经济的能源基地。当多边进程停滞、区

---

① 美国对 APEC 成员的选择倾向还是很清晰的。例如，因为反对缅甸军政府，美国当时没有吸收缅甸加入 APEC，其实，美国也一直反对东盟吸收缅甸。

② 美国为 TPP 设定了很高的准入门槛，使很多 APEC 成员无法参与到 TPP 谈判中。同时 TPP 的选择性还表现在它对中国的排斥性上。相关论述参见李罗莎《TPP 的影响与中国的战略选择》，《全球化》2014 年第 3 期。

③ 东盟在冷战时期就已经开始了内部合作，但真正迈开一体化步伐还是从冷战结束后开始的，而其在合作中形成的"东盟方式"则带着殖民分割留下的明显印记。

域化成为潮流时,① 亚洲国家开始顺承各自在全球生产网络中的分工展开横向的一体化。东盟自1992年开始建设东盟自由贸易区,海湾阿拉伯国家合作委员会自2002年开始建设共同市场,南亚区域合作联盟于2004年提出建设南亚自由贸易区,2012年中日韩自由贸易区启动谈判。但这些自贸区要么相对封闭,以推动次区域一体化为目标,要么选择向亚洲以外发展,例如东盟自贸区通过向东北亚扩展显示了开放性,但最终走向的地区全面经济伙伴关系却是向太平洋发展。更为重要的是,亚洲的区域性安排为外部的市场或投资所吸引,都以联系外部发达国家为导向,因此这些区域性一体化努力对亚洲一体化来说都显示出很强的"飞地"效应,没有形成横向联合并推动亚洲内部一体化,② 相反在逐步强化与全球生产网络的关系中,加重了亚洲经济的离散性。

2. 亚洲区域合作"飞地"化的原因

亚洲区域合作出现的"飞地"化现象,反映的首先是第二次世界大战以来形成的世界经济结构对亚洲经济的影响。冷战时期,世界经济形成了美苏两大集团对抗的局面,亚洲国家分属这两个阵营,在经济上自然也就与这两个阵营的中心——美国和苏联建立了更加紧密的联系。冷战结束后,苏联作为国际政治权力的一极消失了,但在经济上仍对中亚国家施加影响。③ 东亚很多经济体则在参与亚太地区产业分工过程中深化了与美国的联系。因此区域一体化的抱负不是整合亚洲,而是提升与外部经济的联系能力。这也从另一方面说明,美国及西欧作为第二次世界大战后形成的世界经济核心,虽然在后冷战时期通过多边安排推动世界经济一体化的能力大大降低,但对区域一体化的影响依然很强。

外部力量的影响造成亚洲区域合作"飞地"化,也反映出另一个事实,即亚洲没有形成足够的内部凝聚力,无论是日本还是中国都没能成为

---

① 多边慢、区域快已经逐渐成为当前国际经济一体化的常态。见高虎城《把握世界大势、提高开放水平——学习贯彻习近平总书记系列重要讲话的体会》,《求是》2015年第2期。

② 东亚在冷战结束后就出现了推动自身一体化的努力,但无论是早期的东亚经济集团(EAEG),还是后来的东亚自由贸易区(EAFTA),都无果而终。目前很多东亚经济体则在是否应该或者是否能够加入TPP问题上纠结。

③ 俄罗斯推俄白哈关税同盟,并坚持优先建设欧亚联盟建设实际上也影响着中亚国家与亚洲其他国家的合作。有关欧亚联盟问题可参见欧阳向英《欧亚联盟——后苏联空间俄罗斯发展前景》,《俄罗斯中亚东欧研究》2012年第4期。

亚洲区域一体化的主导力量。虽说"国内的资源匮乏成就了日本的远大抱负",① 但日本的努力只是背靠美国整合东亚。因此以日本为首的雁型模式把东亚经济体先后变成了发达国家的制造业基地,加深了东亚一体化的"飞地"色彩。而同样作为亚洲大国的中国,虽然自改革开放以来取得了巨大的成就,GDP 已经超过 10 万亿美元,但按人均 GDP 计算中国还远不是个富国。中国只是"世界工厂"而不是"世界市场"的事实或许使中国不能像美国那样影响亚洲一体化,但中国缺少的更可能是大国责任的担当和对亚洲一体化局势的判断。中国的自贸区战略长期以来是以市场和投资为导向的,希望通过服务经济增长为中国崛起做贡献。然而现实中,中国如果不能发挥大国作用,通过推动亚洲一体化带动集体繁荣而争取亚洲认同,那中国的崛起就是没有稳定根基的。此外,中国在区域合作中过分看重东北亚合作的进展,特别是中日合作上的突破。确实,以东北亚合作为基础推动亚洲一体化是最优的,但政治因素使这种路径实现的可能微乎其微。而在长期执迷于东亚之后回望亚洲的"一带一路"战略,虽为次优,但可能是中国从自身努力开始打破亚洲"飞地"性一体化局面的起点。

3. 亚洲一体化模式的缺点

亚洲一体化的两种不同路径,都是按照建设自贸区的逻辑展开的。② 对于亚洲来说,这种一体化存在的明显问题是没有形成以整合亚洲为目标的努力。这个问题比较容易理解:作为一群在出口市场和直接投资方面都对外部有很大依赖性的国家间组织,东盟推动内部合作除了在出口受到威胁时希望建设内部市场外,还有提升东盟作为独立的经济单元参与全球经济的要求。指导东盟处理与外部关系的"大国平衡"理论使其注重加强自身的一体化,以便能够形成以东盟为中心的区域经济结构。对"东盟中心地位"的追求使其把一体化努力推向那些东盟认为在经济、政治上具有重要性的亚太乃至全球大国,而不是推动亚洲一体化。

美国从早期通过 APEC 吸纳东亚经济体开始,就把推动跨太平洋的经济合作安排置于东亚的自身合作之上。到 2009 年推动 TPP,美国对东亚合作已经从冷战结束初期的粗暴干预转变为直接竞争。由于美国到目前为止

---

① 张蕴岭、[美]傅高义:《理解变化中的亚洲与中国》,《国际经济评论》2015 年第 1 期。
② 从贸易自由化向经济一体化发展被认为是趋势。参见张幼文《20 世纪世界经济一体化历程》,《学术月刊》1996 年第 4 期。

仍然维持的全球霸主地位，TPP又号称以制定"下一代贸易规则"为目标。对很多东亚经济体来说，一方面是加入TPP与美国经济实现一体化的诱惑，另一方面则是不加入TPP面临未来"下一代贸易规则"的威胁，自然就形成了东亚国家追随美国的局面。但美国推动与东亚的合作是为了维护自身的安全和经济利益，并不十分关心亚洲的一体化进程，美国主导的亚太合作当然不可能成为亚洲一体化的平台。

除了目标上的非亚洲性，目前的一体化模式还存在不适应亚洲现实的问题。但这个问题一直被亚洲一体化的"飞地"特点掩盖着，没有受到关注，在实践中没有形成整合亚洲的努力，在亚洲一体化的逻辑上就形成了一种错觉，即亚洲的一体化面临的问题仅仅是因为缺少主导者整合亚洲的意志，而模式上可以依靠复制当下流行的一体化道路。

自由贸易区建设的经济学理论基础认为，主权国家设置的关税等障碍，提高了国际贸易成本，因此自由贸易区建设的首要目标是削减关税，推动贸易自由化。同时，主权国家对国际贸易的监管会影响国际贸易的交易时间，提高交易的时间成本，因此自由贸易区建设还有一个目标是消除各类非关税壁垒，实现国际贸易的便利化。这些努力的目的是促进自贸区参与者之间的经济一体化而带来福利改进。然而我们知道，影响贸易自由的除了制度障碍，还有与基础设施建设相联系的物理障碍，以及与国际关系相联系的人文障碍。例如，早期中国联通西方的丝绸之路，所突破的并不是制度，而是阻碍文明之间交流的遥远路途和险恶环境。而冷战后东西两个阵营之间经济联系的建立，主要是国际关系的改善。可见，西欧选择从推动自由贸易开始建设一体化，是把一体化福利的预期建立在西欧各国经济发展水平差距不大、基础设施建设已基本克服物理障碍、各国之间关系基本稳定的前提之下的。

实践中，无论是美国的TPP战略还是东盟的互联互通建设，都代表着对于自贸区战略的某种反思。美国希望深化亚太地区的经济自由化，因此按照更加开放的要求，TPP建设把目光转向边界后问题。TPP关注的仍然是制度建设，但显然对此前自贸区建设紧紧关注边界上的措施不满。东盟在从自贸区向共同体迈进的过程中忽然开始关注基础设施等领域的互联互通，则是看到了深化内部合作面临的联通缺失，而开始关注一体化的基础条件。东盟的实践说明，从经济自由化向一体化的迈进有一定的连续性，但仅靠自由化的制度安排也很难实现。

(三) 亚洲一体化需要模式创新

美国和东盟主导的一体化，目的都是把亚洲的部分经济体带入西方主导的经济全球化进程，在合作模式上自然顺承西方流行的从自贸区入手的一体化。但要真正形成以实现亚洲再平衡为目标的亚洲一体化，则新的合作模式必须注重如下两个方面。

1. 以实现亚洲一体化为目标的一体化战略

过去几十年中，世界经济一体化程度大大加深，推动一体化的力量主要来自发达国家并具有某种目标导向。[①] 也就是说，虽然很多学者都认为区域一体化与全球一体化是相向而行的进程，[②] 区域一体化并不会完全自发产生，亚洲一体化的"飞地"化正是在亚洲内部没有整合力量出现时，区域一体化在市场力量作用下追随区外经济中心的结果；但这种进程不会自动带来亚洲的一体化，相反会使亚洲经济受到分化。亚洲地缘政治和地缘经济以及其与世界经济之间互动关系的现状说明，亚洲一体化不能靠市场的力量独立推动，而只能是以整合亚洲为目标的战略的结果。在这方面，中国提出"一带一路"战略，基本明确了推动亚洲一体化、建设繁荣亚洲的目标，将会改变此前亚洲在市场力量作用下缺少这类战略的局面。

2. 符合亚洲现实的一体化模式

目前亚洲存在美国和东盟主导的一体化模式，它们主要采取的制度手段，重点都在自由化和便利化上。东盟在提出建设经济共同体目标后，进展并不很顺利，中期评估显示东盟经济共同体无法在 2015 年年底完成当初设定的目标。[③] 因此既可以把在共同体建设紧要关头出台的《东盟互联互通总体规划》看作东盟对一体化建设基础条件的补课，也可以认为东盟

---

① 在中国经济初迎全球化浪潮时，曾有很多关于全球化动力问题的讨论。如王逸洲《关于全球化的几个问题》，《哲学动态》1994 年第 6 期；唐仕伍：《"全球一体化"的神话，发展中国家的陷阱》，《世界经济与政治》1998 年第 12 期。

② 李晓、张显吉：《世界经济一体化与世界经济区域集团化刍议》，《世界经济》1994 年第 4 期。

③ ERIA："Mid - Term Review of the Implementation of AEC Blueprint：Executive Summary"，October 2012.

把互联互通建设纳入共同体建设是在实质上改变着此前的一体化模式。[1]无论东盟出于怎样的考虑，都反映了一个现实：在贫富差异巨大、基础设施建设水平参差不齐的亚洲，只靠消除制约一体化的主观性的制度障碍，而不解决基础设施建设等领域的客观性的物理障碍，无法实现真正的一体化。也就是说，亚洲的一体化模式应该是主观一体化与客观一体化同时推进的过程，既消除制度障碍又解决物理障碍。因此，当下受热议的互联互通不应仅被看作亚洲一体化的引擎，[2]而应该被看作符合亚洲实际的新型一体化模式的雏形，是中国应该在"一带一路"战略推进中倡导和完善的亚洲新型合作模式。

三　互联互通与亚洲一体化

互联互通是当前区域合作领域的重要议题，中国的"一带一路"战略也把互联互通作为核心建设内容之一。2010年，东盟发布了《东盟互联互通总体规划》，作为推动东盟共同体建设的重要手段。此后，东盟的互联互通开始向"10＋1"、"10＋3"扩展，并得到地区各国的认可和支持。2013年，作为东道国的印度尼西亚把互联互通概念引入APEC合作进程，在之后的北京APEC峰会上互联互通继续被作为三个重要的优先领域之一。

互联互通对东亚区域合作的重要性已经引起关注，[3]其在经济、外交等诸领域的作用受到重视。[4]互联互通受到追捧的基础原因在于其推动地区经济一体化、增进地区福利的能力。其经济的一体化效应主要表现在两个方面，即互联互通的规模经济效应和贸易创造效应。

---

[1]　东盟很早就开始关注内部的贫富差距问题，消除贫富差距也被历届领导人会议所重视。1995年出台的《东盟一体化倡议》针对的正是内部的贫富分化。但消除贫富差距一直被东盟作为一体化的目标，而不是条件。

[2]　有学者认为互联互通是亚洲一体化的引擎。见田丰、任琳《中印关系视角下东亚互联互通的推进与完善》，《人民论坛》2014年12月（上）。

[3]　专家们开始呼吁东亚加强互联互通建设，如隆国强《亚洲经济体应加速推进互联互通》，《博鳌观察》2013年10月。

[4]　例如，马孆的文章就认为中国东盟之间的互联互通对双边关系的各领域都有重要意义（马孆：《中国和东盟互联互通的意义、成就及前景——纪念中国—东盟建立对话关系20周年》，《国际展望》2011年第2期）；而高志刚的研究则认为能源与贸易互联互通同丝绸之路经济带建设关系密切（高志刚：《"丝绸之路经济带"框架下中国（新疆）与周边国家能源与贸易互联互通研究构想》，《开发研究》2014年第1期）。

（一）互联互通的规模经济效应

制度性区域合作的目标是通过拆除各国设置的关税等藩篱，把原本相互分割的民族国家建立成为"单一的市场和生产基地"，[①] 从而使在这个区域内从事生产经营活动的企业能够实现更大的规模经济。一些大公司采取的跨国性企业内分工、地区生产网络的兴起都是追求规模经济的结果，也是推动互联互通建设的动力。第二次世界大战结束以来，世界经济在 WTO 等多边机制的推动下，在全球化的道路上取得了重大成就。到目前为止，全球主要的经济体都已经加入 WTO 中，多边贸易、投资规则在世界范围内被广泛接受。但同时，世界的多元化及伴随着它的多样化要求也催生了区域经济一体化。组建或加入区域性自由贸易安排来促进国际贸易、投资和经济增长成为一种潮流。[②] 根据世界贸易组织的统计，截至 2013 年上半年，全球实施中的区域贸易协定数量达到了 380 多个。这些区域性的合作安排，比 WTO 达成了更深入的合作协议，使主权国家对国际贸易、投资等活动的约束大大降低。但人们发现，制度性藩篱的拆除并不会自动消除经济一体化面临的自然障碍。相反，制度性合作协议的确立凸显了对于基础设施互联互通的需求。物理上快捷便利连在一起的区域才能更好地发挥制度安排的优势，区域合作的规模经济效应也才能真正发挥。这个问题在经济发展极具多样性的东亚尤为突出，"东亚的多样性是这个地区的力量，它为地区贸易、投资和经济增长提供了机会"。"但如果没有互联互通，多样性只能带来不平等而不是繁荣"。[③] 亚洲开发银行 2009 年的研究显示，2010—2020 年亚洲国家的基础设施总投资需求大约在 8 万亿美元，其中68％为新建项目需求，32％为基础设施维护、重建的需求，每年的平均基础设施投资需求大约 7300 亿美元，[④] 基础设施互联互通的需求压力很大。

以东盟地区为例，2002 年东盟自由贸易区建成之际，东盟六个老成员2002 年平均关税已经降低到 0％—5％，传统的关税已经不再是其区内贸

---

① 单一市场和生产基地是东盟经济共同体建设的主要目标之一。

② 佟家栋、张焦伟、曹吉云：《FTA 外商直接投资效应的实证研究》，《南开学报》（哲学社会科学版）2010 年第 2 期。

③ ADB and ADBI："*Infrastructure for a Seamless Asia*"，Tokyo：Asian Development Bank Institute，2009，p. 1.

④ Ibid.，p. 167.

易的主要障碍。但东盟是一个多样性很强的区域,各国经济发展水平相差巨大,基础设施发展水平也存在天壤之别。发达的港口城市国家新加坡内部已经拥有四通八达的现代化地铁网,其港口、机场则联通世界主要经济中心。而老挝全国到目前为止还没有一条像样的铁路。在这样的情况下,即使突破了制度障碍,落后的基础设施也仍然阻碍着地区市场的形成。或许这是东盟在推动自贸区、投资区乃至经济共同体建设后,开始关注地区互联互通建设的原因。其实,对物理联通水平落后影响区域合作安排效果的观察和研究并不少,例如泰国学者对中泰落实中国东盟自贸区早期收获计划的研究显示,交通运输的极度不便实际上使早期收获计划对泰国北部果农失去意义。① 从这个意义上讲,互联互通实际上拓展了传统区域合作概念,即为了实现规模经济,除了需要逐步拆除影响经济自由化的制度障碍,还要解决影响自由化的自然障碍;否则,区域合作的规模经济效应就不可能完全释放出来。

与规模经济概念相联系的,是互联互通的投资促进作用。20 世纪 70 年代以来跨国直接投资的兴起,主要原因是世界经济的互联互通进展太慢,进入消费市场直接从事生产可以避开关税、非关税等国际贸易壁垒,同时也可以利用投资地区人力资本、自然资源方面的禀赋优势。正因如此,区域性的互联互通因其在塑造地区单一市场方面的能力,对于跨国公司会产生更大的吸引力。这是因为规模经济可以使其产品价格下降,无论在区内销售还是出口到区外都更具竞争力。

(二) 互联互通的贸易创造效应

从需求角度来说,互联互通可以发挥一种贸易创造效应。这种效应主要表现在互联互通的深化可以让更多的人融入经济全球化、区域化进程,扩大消费人群;通过降低物流成本扩大消费规模,或把更多产品变为可贸易产品,从而促进国际贸易发展。贸易就其本质来说是基于互补性的交换活动,对于产品来说,互补性的表现无非两种情况:你无我有、你有我廉。在这两种情况下,都存在是否可贸易以及贸易规模的问题。互联互通的贸易创造效应是与物理联通、制度联通和人与人的联通都密切相关的一

---

① 笔者在 2009 年访问泰国清迈时,清迈大学经济学系的学者同我们交流时谈到的研究结果。当时泰北与中国交通不便,船运水果逆流而上要一个星期。

个过程，它们都具有改变产品可贸易性和扩展贸易规模的功能。

1. 基础设施互联互通可改变产品的可贸易性和贸易规模

基础设施互联互通所形成的新的交通运输路线或方式，制度互联互通带来的贸易投资自由化、便利化会在很大程度上降低贸易的时间、物流和关税等成本，从而改变产品的可贸易性和贸易规模。中国古代丝绸之路之所以繁荣，主要是因为互通有无。对于你无我有的产品，需求的动力一直存在，但当物流成本极高时，贸易后的产品价格也极高，成为只有极少数人能消费的奢侈品，有些产品则因为运输时间问题可能无法贸易。古代中国运到欧洲的丝绸和世界各地进入中国的香料都是价格昂贵的奢侈品，而牛奶、啤酒、新鲜水果等在现代科技和物流技术出现之前根本无法进入长距离国际贸易。这种影响在当今的经济生活中仍然存在。对中国的物流成本研究显示，物流费用会影响价格水平，进而影响最终消费。① 如果通过互联互通建设把运输、通关、配送等中间环节的时间缩短、成本降低，则会形成更大的消费群体，扩大贸易规模。例如，荔枝是大家都喜爱的水果，却不容易保存，但随着航空、高速铁路等运输工具的出现以及冷链物流技术的发明，② 荔枝成为价格低廉的可贸易产品。

2. 互联互通对于存在价格互补性的产品有类似的创造效应

斯密的《国富论》全面分析了建立在比较优势基础上的分工和专业化生产对生产效率提高和国际贸易的促进。但斯密对比较优势的分析是静态的，没有考虑实际分工的形成对于比较优势的程度要求。在现实生活中，两个国家在某种产品上的比较优势所造成的价格差异，一定要超过这种产品进入对方消费者手中的中间环节成本，分工才可能在这两个国家之间出现。换句话说，产品从一国生产者到另一国消费者这一过程所产生的成本是比较优势产生国际分工的临界值。决定这个临界值的正是物理联通水平决定的运输等成本，制度联通所决定的通关、金融等成本。随着互联互通程度的加深，这个临界值会逐步降低，一些新的分工会出现，进而创造新的国际贸易。那些已经存在的分工产品价格则会下降，吸引更多的消费人群，扩大贸易规模。

---

① 张莉莉、陆凤彬：《物流成本对产出和价格水平的影响——基于 FAVAR 模型》，《系统工程理论与实践》2014 年第 8 期。

② 冷链物流、防腐剂的使用、无菌包装等新技术的发明是扩大贸易规模的重要力量，但其作用部分也是通过克服互联互通障碍实现的。

3. 人与人的互联互通也具有贸易创造效应

在人们的交往过程中，彼此在语言交流、文化教育、宗教信仰、生活习俗，乃至世界观等众多领域都会产生互动和融合，并因此产生贸易。比如，随着英语作为国际语言被接受，非英语国家开始学习英语，并因此产生对英文书籍、报刊、音像资料的需求。随着文化交流的加深，亚洲人、非洲人开始接受西方文明，人们开始穿西装，喝咖啡、葡萄酒，开汽车，而这些无一不在创造着国际贸易。而对奢侈品牌的全球认知，大大提升了奢侈品国际贸易，人们对健康生活的追求则促进了高端瓶装水的国际贸易。

总的来说，互联互通从供给和需求两个方面影响着国际贸易，当然也就对地区经济一体化发挥影响，并产生积极的福利效应。世界银行的研究认为，如果 APEC 落后经济体能够通过贸易便利化措施提高港口效率、标准协调电子商务等领域的服务水平，APEC 内部贸易将会增加 2800 亿美元，相当于全部贸易额的 10%。2002 年的研究进一步显示，APEC 内部交易成本如果降低 5%，整个地区的 GDP 将会提高 0.9%，等于 1540 亿美元的收入增加。这种福利效应是互联互通战略发挥其他作用的重要基础，也是其受到各方青睐的原因。

四 在"一带一路"建设中塑造亚洲新型一体化模式

"一带一路"倡议是中国周边战略构建的重要组成部分，[①] 对发展长期以来处于不平衡状态的亚洲经济来说，"一带一路"将通过一体化建设来推动亚洲走向共同繁荣。互联互通是"一带一路"建设的核心内容之一。[②]习近平主席提出的"五通"，即政策沟通、道路联通、贸易畅通、货币流通、民心相通，拓展了东盟界定的互联互通的内涵，也体现了中国"一带一路"建设对互联互通的重视以及对一体化亚洲美好前景的期待。作为亚洲最大的经济体，中国提出面向亚洲大陆的"一带一路"战略，解决了亚洲经济"飞地"性一体化的一个问题，即缺少以整合亚洲为目标的合作战略的问题。然而，"一带一路"战略的成功展开还要解决"一带一路"建

---

① 黄仁伟：《建设周边互联互通网络的环境分析》，《战略决策研究》2014 年第 5 期。
② 高祖贵：《中国周边战略新构建》，求是网，2015 年 2 月 4 日。

设如何实现亚洲一体化的问题，这又与亚洲的一体化模式问题密切相关。

（一）"一带一路"与一体化模式问题

"一带一路"的视野是超越亚洲的，但它不会越过亚洲。这一点决定了它与古代丝绸之路的差异。因为丝绸之路连接的是中国与其他经济繁荣地区，主要从事的是奢侈品的互通有无。[1] 因此漫长的路途只是为把中国的丝绸等产品送往最终消费者手中，虽然沿途地区也逐步参与到丝绸之路的经济活动中，但却基本是丝路繁荣的副产品。"一带一路"的目标就是要与沿途地区加强合作，而不再仅仅把他们作为通道，而是一个主动与沿途地区建设一体化的战略。如何实现一体化，"一带一路"倡议本身并没有涉及，但从各方的解读来看，基本思路还是希望沿袭传统的一体化模式，主要表现是对互联互通和自贸区建设的强调。[2] 但这些思路对"一带一路"建设来说都有一定的不适用问题。

东盟的一体化建设路径，是在共同体建设的关键时刻开始互联互通建设，以解决内部一体化面临的物理障碍。东盟的这种做法也暴露了从自贸区建设开始的一体化模式在亚洲面临的问题。不过，东盟的经验似乎说明，这种模式也不是完全不可行。其实，这只是东盟发展的特殊性造成的错觉。我们知道，东盟的成立不是自然一体化力量的结果，而是在第二次世界大战后东南亚特殊的地缘政治环境下走上合作道路的。[3] 对"一带一路"来说，目前只有中国—东盟以及中国—巴基斯坦之间存在类似东盟的情况。所以，中国东盟之间就可以采取这种做法，通过协商制定一个"中国东盟互联互通规划"来提升一体化要求的基础设施等方面的建设。规划中的中巴经济走廊应该就属于这种做法。

对于那些还没有建立自贸区安排的地方，互联互通建设如何切入似乎就成了问题。当然可以先建立自贸区，只是自贸区建设是一个双边互动的过程，有时候并不容易。例如，中国和印度之间的自贸区已经研究了很长时间，但没有取得很有效的进展。没有谁会认为印度会为了"一带一路"

---

① 陈炎：《略论海上"丝绸之路"》，《历史研究》1982 年第 3 期。

② 已经有学者开始呼吁沿"一带一路"建设高标准自由贸易区。例如申现杰、肖金成《国际区域经济合作新形势与我国"一带一路"合作战略》，《宏观经济研究》2014 年第 11 期。

③ 东盟的发展可参考王玉主《东盟 40 年——区域经济合作的动力机制》，社会科学文献出版社 2011 年版。

建设而与中国签署自贸区协议。这样一来，至少东盟的这种补课模式对亚洲一体化来说不是一种普遍有效的模式。

（二）构建互联互通一体化模式

"一带一路"战略目标的实现依靠亚洲一体化建设，而要实现亚洲一体化，则必须在"一带一路"建设进程中建构起一种适合亚洲实际的一体化模式。"一带一路"虽然是中国提出的战略，但必须得到沿线所有国家的支持和参与才能够成功。① 这就要求新的一体化模式能够把"一带一路"从中国的战略转化为亚洲的一体化进程，中国将继续是这一进程的重要推动者，而不再是唯一负责任者。

从互联互通出发构建新的一体化模式应该是亚洲一体化的一条出路。互联互通所包含的物理联通、制度联通和人与人的联通几乎包含了一体化建设的所有领域，自由贸易区建设应该属于其中制度联通的范畴。而互联互通的福利效应除了制度联通之外，物理联通和人与人的联通也会创造福利。这就从理论上避开了从自贸区建设开始的一体化模式在亚洲的不适应性问题。

具体到"一带一路"建设，互联互通一体化模式的构建应该从协商制定互联互通规划开始，即分别组织"21 世纪海上丝绸之路"和丝绸之路经济带沿线国家，协商制定《21 世纪海上丝绸之路互联互通总体规划》和《丝绸之路经济带互联互通总体规划》，从物理联通、制度联通和人与人的联通三个方面制定合作的目标和项目，确定不同国家的优先合作领域。任何双边、小多边甚至单边的项目，都将作为"一带一路"项目，而作为区域一体化项目，其资金来源可以是国家自筹、使用"丝路基金"、向亚洲基础设施银行贷款，也可以考虑从亚洲开发银行、世界银行以及国际私人投资机构融资。

五　结语

"一带一路"战略是中国经济发展到一定阶段后，从立足亚洲角度出发提出的加强与周边国家合作的倡议，但从其推动亚洲经济共同繁荣的潜

---

① 中方强调"一带一路"是各方共同参与的"交响乐"，而不是中方一家的"独奏曲"。

在能力角度看,"一带一路"是中国版的亚洲再平衡战略,其成功实施将会改变亚洲经济长期不平衡的局面。"一带一路"战略推动亚洲实现共同繁荣的基础在于推动亚洲经济走上一体化。从自贸区建设开始的传统的一体化模式并不适应内部经济发展水平差异巨大、地缘上分散隔绝的亚洲,因此亚洲的一体化需要模式创新,互联互通一体化模式是亚洲一体化的一条出路。互联互通一体化模式对"一带一路"战略的意义在于,它将会把"一带一路"转化为亚洲的一体化战略,进而使中国摆脱崛起背景下各方对"一带一路"战略的猜疑,集中精力推动"一带一路"建设,推进亚洲经济的共同繁荣。

"一带一路"与 TPP[*]

内容提要：尽管目前 TPP 可能陷入搁浅，但是以 TPP 为代表的新一轮全球贸易体系重构并未停止，而作为区域合作的前沿地带，亚太地区仍面临着区域合作制度碎片化的风险。新的时期，亚太区域经济合作在区域架构、地缘政治、区域生产网络等方面发生的重大变化既是挑战也是机遇，作为亚太地区最大的发展中国家和区域合作的深度参与者，中国需要积极面对和战略预判，从而能动地参与地区环境的塑造，推动完善和进一步构建包容性的国际经济治理体系。

2016 年 2 月 4 日，来自美国、澳大利亚、文莱、加拿大、智利、日本、马来西亚、墨西哥、新西兰、秘鲁、新加坡和越南全部 12 国正式签署跨太平洋伙伴关系协定（TPP）基础协议。此后，如果 2018 年 2 月前，TPP 至少获得了 6 个国家的国会通过，且这些国家的 GDP 总量占全部 TPP 的 85% 或以上，那么占全球经济总量约 40% 且代表了"21 世纪"贸易规则的 TPP 将正式生效。在 TPP 的刺激下，"区域全面经济伙伴关系协定"（RCEP）谈判也进入了加速阶段，后者表示力争在 2016 年完成谈判。尽管特朗普当选美国总统，TPP 可能在陷入低潮，中短期内美国可能将主要通过双边谈判的形式对外商签贸易协定，但是从制度构建上看，TPP 的出现标志着亚太区域经济合作进入新的阶段，全球贸易体系重构将持续进行。新的时期，亚太区域经济合作在区域架构、地缘政治、区域生产网络等方面发生的重大变化既是挑战也是机遇，作为亚太地区最大的发展中国

* 沈铭辉，中国社会科学院亚太与全球战略研究院研究员，新兴经济体研究室主任，中国社会科学院亚太经合组织与东亚合作研究中心秘书长；中国社会科学院国家全球战略智库特约研究员。

家和区域合作的深度参与者，中国需要积极面对和战略预判，从而能动地参与地区环境的塑造，推动完善和进一步构建包容性的国际经济治理体系。

一 TPP 标志着新一轮全球贸易体系重构

根据美国贸易代表办公室公布的信息，TPP 包括初始条款和一般定义、货物贸易、纺织和服装、原产地规则、海关管理和贸易便利化、卫生和植物检疫、技术性贸易壁垒、贸易救济、投资、跨境服务贸易、金融服务、商务人员短期流动、电信、电子商务、政府采购、竞争政策、国有企业和制定性垄断企业、知识产权、劳工、环境、合作和能力建设、竞争力和商业便利、发展、中小企业、监管一致性、透明度和反腐败、行政与制度安排、争端解决、例外、最终条款等全部 30 个章节（见表 1）。

表 1   TPP 内容概览

议题	边界内措施	TPP 条款内容	对发展中国家的挑战
货物贸易	否	10 年左右削减 99% 以上的关税；调整海关估价办法；设置敏感产品目录等	敏感产品目录；关税减让时间安排
服务贸易	是	要求国民待遇和最惠国待遇；资金自由转移和支付；透明度要求；禁止业绩要求等	外资股权限制；业绩条款
技术壁垒	是	要求实行世界贸易组织相关规定；推动技术标准、规则的相互认可；建立合作机制	
竞争政策	是	采取措施抵制反竞争行为；确保国有企业不得接受"非商业性"支持；要求实施国民待遇	竞争政策落后的国家或国有企业较多的国家将面临显著的改革要求
知识产权	是	要求签署相关国际条约；确保对侵权行为严格执行惩罚；反盗版和仿造	药品专利；版权保护期
投资	是	国民待遇和最惠国待遇；禁止业绩条款；确保自由和及时的资金转移；争端解决	开放部门和所有权限制；投资者—国家争端解决机制

续表

议题	边界内措施	TPP 条款内容	对发展中国家的挑战
政府采购	是	国民待遇;符合世界贸易组织规则;明确原产地规则;透明度要求等	不少国家尚未加入 WTO 政府采购协议;开放省级政府采购争议大
检验检疫标准	是	确保对人、动物、植物合适的保护;建立合作委员会;食品安全规则	
争端解决	否	设立争端解决专家组程序;确定惩罚机制;国际仲裁	具体规则的解释仍有争议
原产地规则	否	确定原产地的规则;微量条款;例外等	累积制度;"纱线前沿"的原产地规则
贸易救济	否	暂时、双边的保障措施及其适用限制	临时保障措施
海关措施	否	透明度和提高监管水平	
人员短期流动	否	加速实施商务人员短期流动	
机制建设	否	建立监管实施委员会	
金融服务	是	国民待遇和最惠国待遇;约束对机构和交易的限制措施;允许跨境交易;争端解决	敏感部门开放
电子商务	是	确保信息跨境自由流动;禁止电子商务关税;确保信息保密	源代码;网络自由与网络安全
电信服务	是	取消投资限制;对电信网络的自由、非歧视接入;相互认可等	
农业	否	关税配额;限制出口补贴;规范出口税和出口限制;限制保障措施	特殊敏感农产品的保障
劳工条款	是	签署国际劳工组织公约;确保国内法与国际标准一致等	接受 ILO 五大标准
环境	是	建立环境保护法规;补偿机制;确保公众参与;鼓励技术合作;设立联合委员会	接受多边环境协定;渔业补贴以及森林环境保护等
透明度和反腐败	是	及时有效地公告和评议贸易投资规则;确保利益相关方的正当程序法律权利;加强公职人员反腐败	法规的及时有效公布和接受评议

续表

议题	边界内措施	TPP 条款内容	对发展中国家的挑战
规制一致性	是	国民待遇;透明、开放的政策环境	
中小企业	是	支持中小企业的联合战略;能力建设	
竞争力与商业便利	是	贸易投资、海关清关、检验检疫等方面合作;提高贸易相关规则的透明度;建立联合工作组	
发展	是	设立发展委员会,协调经济增长、女性就业和教育、研发、科技等合作	
合作和能力建设	是	设立合作委员会,以明晰以及评估那些有合作潜力以及能够进行能力建设的领域	

资料来源:Peter A. Petri, Michael G. Plummer and Fan Zhai, "The Trans-Pacific Partnership and A-sia-Pacific Integration:A Quantitative Assessment", East-West Center Working Papers, Economics Series, No. 119, October 24, 2011, pp. 9 – 11. 以及 USTR, Summary of the Trans-Pacific Partnership Agreement, https: //ustr. gov/about-us/policy-offices/press-office/press-releases/2015/october/summary-trans-pacific-partnership。

　　事实上,TPP 与亚太地区甚至全球范围的多数 FTA 有所不同,TPP 货物贸易市场准入谈判仅占 TPP 谈判的很小部分,相比之下 TPP 真正的竞争力来源于其高标准的贸易规则模板,即所谓的"21 世纪条款"。[①] 具体而言,TPP 的特征为:①全面覆盖自由贸易协定谈判领域,除了货物贸易外,还包括服务贸易、投资、科技等领域;②不仅关税削减,还涉及非关税壁垒、国内规制等边界内(behind-the-border)措施;③涉及一些非传统自由贸易协定条款,如劳工条款、环境条款以及发展中小企业、国有企业

----

① Peter A. Petri and Michael G. Plummer, "The Trans-Pacific Partnership and Asia-Pacific Integration:Policy Implications", *PIIE Policy Brief*, No. 12 – 16, June 2012, pp. 2 – 3.

等横向条款。① 如果采用 Horn、Mavroidis and Sapir② 的分类，TPP 条款中投资、跨境服务贸易、金融服务、商务人员短期流动、电信、电子商务、竞争政策、知识产权、劳工、环境、合作和能力建设、竞争力和商业便利、发展、中小企业、规则一致性、透明度和反腐败都属于 WTO-X 条款，即贸易新议题。值得一提的是，TPP 包含的贸易议题绝大部分是边界内议题，例如竞争政策、劳工、环境、知识产权等，这些议题占全部议题比重高达 70%，且无不涉及国内法规或政策的调整。

以 TPP 为代表的贸易新规则确实体现了发达国家对外通过 FTA 进行"国际造法"的战略意图，即贸易新议题体现了发达国家谈判签署 FTA 的政治性。也就是说，发达国家特别是发达大国往往并不在意特定发展中国家的市场准入，发达国家更在意的是获得国际贸易规则的制定权，这体现为发达国家更倾向于制度输出。以美国而言，伴随着欧盟、日本甚至新兴经济体的崛起，美国的相对实力和对全球贸易体系的控制力在衰减，为了继续维持其全球利益，美国不得不在小范围区域经济合作中通过其不对称的经济优势，以自身的市场准入作为交换条件，制定并迫使 FTA 谈判对象接受有利于维护美国国际竞争力的贸易规则，进而增强全球贸易谈判中美国贸易议题的支持率，同时利用以美国为中心的贸易集团作为谈判策略工具，威胁其他贸易集团如果不接受多边贸易谈判中的美国主张，美国将用区域合作取代多边贸易谈判。

如此，迫于美国及其贸易集团所代表的巨大市场，美国有顺序的谈判往往都会成功，例如美国通过将美国—加拿大 FTA 扩大成为北美自贸区，把知识产权、服务贸易和投资等当时的贸易新议题推广至北美自贸区的范围内（见表 2）。与此同时，美国政府提出"开创美洲事业倡议"，希望将北美自贸区扩大至美洲自贸区，并在乌拉圭回合谈判问题上与南美国家保持合作；③ 同时，美国也在亚太地区积极参与 1993 年召开的首届亚太经合组织领导人峰会，强烈推动自由贸易与投资，并推动该峰会对乌拉圭回合

---

① Peter A. Petri, et al. , "The Trans-Pacific Partnership and Asia-Pacific Integration", *Paper Presented at CNCPEC Seminar "TPP and Its Implications for Regional Economic Cooperation"*, Beijing, China, December 8 – 9, 2011.

② Horn, H. , Mavroidis, P. C. and Sapir, A. , "Beyond the WTO? an anatomy of EU and US preferential trade agreements", The World Economy, No. 11, 2010, pp. 1565 – 1588.

③ 徐世澄：《评布什的"开创美洲事业倡议"》，《拉丁美洲研究》1990 年第 6 期。

表示支持。① 通过上述双边自由贸易协定等区域经济合作行为，美国以增强的贸易集团压力最终撬动了乌拉圭回合谈判，并成功地将包括知识产权、服务贸易、投资等在内的贸易新规则推广至多边贸易体系。上述美国的区域经济合作路径，即通过区域经济合作形成贸易集团，进而扩大美国在多边贸易谈判中的筹码，最终获得国际经贸规则制定过程中的主导权，这一将自由贸易协定内的规则推广为多边贸易规则的过程亦被称为有顺序的谈判（Sequential negotiation）。正如美国学者、经济学家 Jeffery Schott 指出的，"美国一直在用双边主义作为胡萝卜和棍子来推进贸易自由化的进程。在'关贸总协定'的谈判取得结果之前，双边主义既被用来补多边体制之'漏'，又被用来为'关贸总协定'的新一轮更为广泛的多边谈判建立样板"。②

表2　　　　　　　　　　　　　有顺序的贸易谈判

议题	美国—以色列 FTA	美国—加拿大 FTA	北美自贸区	乌拉圭回合	美国—约旦 FTA	美国—新加坡 FTA	多哈回合
知识产权	第4条针对知识产权提供了连续的最惠国待遇和国民待遇	第2004条规定针对该领域在乌拉圭回合中协调立场	第6部分把国民待遇扩展到知识产权，并制定了具体的纪律	在与贸易有关的知识产权协议（TRIPs）中制定具体的纪律	第4条确立国民待遇原则，并制定了具体的纪律	第18章把国民待遇扩展到知识产权，并制定了具体的纪律	拓展了地理标志制度等
服务	与非约束性服务贸易宣言相伴随	第14章把国民待遇扩展到服务领域；对金融服务有专门的章节	第12章把国民待遇扩展到服务领域；对金融和电信服务有专门章节	贸易总协定把最惠国待遇扩展到服务领域	第3条把国民待遇扩展到服务领域；并制定了纪律	第8章把国民待遇扩展到服务领域；对金融和电信服务有专门章节	将服务贸易总协定（GATS）下保障措施、政府采购、补贴等规则纳入多边谈判

---

① 参见 John Ravenhill, *APEC and the Construction of Pacific Rim Regionalism* Cambridge：Cambridge University Press, 2002, pp. 93 – 94。

② 转引自周茂荣《论"美加自由贸易协定"对美国经济的影响》，《美国研究》1992 年第 2 期。

续表

议题	美国—以色列 FTA	美国—加拿大 FTA	北美自贸区	乌拉圭回合	美国—约旦 FTA	美国—新加坡 FTA	多哈回合
投资	阐明早期的一个双边条约限制使用与出口相关的绩效要求	第16章提供了国民待遇;禁止绩效要求;确立了没收、争端解决等领域的规则	第11章提供了最惠国待遇和国民待遇;禁止绩效要求;确立了没收、争端解决等领域的规则	与贸易有关的投资措施协议(TRIMs)章节只禁止某些绩效要求	(无对应条款)	第15章提供了最惠国待遇和国民待遇;禁止绩效要求;确立了没收、争端解决等领域的规则	成立工作组研究透明度、非歧视性、发展、保障条款、咨询、争端解决等领域规则(2004年该议题未进入谈判)
环境条款	(无对应条款)	(无对应条款)	在自贸协定中的某些条款得到了1993年北美环境合作协定的补充	(无对应条款)	第5条确立环境法等相关纪律	第18章制定了环境法等具体纪律	就环境产品和服务展开谈判;设立贸易与环境委员会
劳工条款	(无对应条款)	(无对应条款)	在自贸协定中的某些条款得到了1993年北美劳工合作协定的补充	(无对应条款)	第6条确立遵守国际劳工组织"工作基本原则和权利宣言及后续"等纪律	第17章在国际劳工组织宣言基础上制定了纪律和合作机制	(无对应条款)
竞争政策	(无对应条款)	(无对应条款)	第15章确立了垄断和国有企业(尤其是在能源部门)的纪律	(无对应条款)	(无对应条款)	第12章确立了反竞争行为、垄断和国有企业的纪律	成立工作组研究透明度、非歧视性、卡特尔、合作、能力建设等领域规则(2004年该议题未进入谈判)
电子商务	(无对应条款)	(无对应条款)	(无对应条款)	(无对应条款)	第7条确立了相关纪律	第14章确立了相关纪律	理事会设立工作方案研究电子商务

续表

议题	美国—以色列 FTA	美国—加拿大 FTA	北美自贸区	乌拉圭回合	美国—约旦 FTA	美国—新加坡 FTA	多哈回合
政府采购	第 15 条以双边条约确立了部分纪律	第 13 章确立了部分纪律	第 15 章确立国民待遇及相关纪律	（无对应条款；政府采购协议独立于乌拉圭回合谈判）	第 10 条约定待约旦加入政府采购协议后再行谈判	第 13 章确立相关纪律	成立工作组仅研究透明度原则（2004 年该议题未进入谈判）

资料来源：Craig Van Grasstek, US Plans for a New WTO Round: Negotiating More Agreements with Less Authority, The World Economy, Vol. 23, No. 5, 2000, pp. 673 – 700；以及笔者根据美国贸易代表办公室网站和世界贸易组织网站的相关信息归纳整理。

二 区域内制度碎片化现象可能持续恶化

TPP 的出现改变了亚太地区各经济体在区域经济合作上的格局和博弈，原本纠结于东亚合作"东亚自由贸易区"（EAFTA，即"10 + 3"自贸区）和"东亚紧密经济伙伴关系协定"（CEPEA，即"10 + 6"自贸区）两个方案之争的中国和日本不得不面对来自外部的重大挑战。鉴于 TPP 带来的冲击，对中国来说，保持东亚合作发展的势头比东亚合作方案之争更重要。加之，随着经济实力的增强，中国对侧重服务贸易和投资的 CEPEA 也变得更有信心。对日本来说，CEPEA 符合日本的经济利益，而且进一步推动东亚合作可以作为日本加入 TPP 的谈判砝码。基于此，2011 年 8 月中日两国在"10 + 6"经济部长会议上共同提出设立货物贸易、服务贸易、投资自由化工作组，弥合了两国在东亚合作方案上的分歧，为 RCEP 的最终出炉奠定了基础。[1]

长期以来，作为亚洲区域经济合作重要推动力，东盟推动亚洲区域合作进程的首要目标是有助于东盟共同体建设，即以外部的一体化进程推动自身的一体化进程。从这个角度来看，辐射状的"东盟 + 1"结构最符合东盟的利益，任何统合的大区域机制（亚洲统一市场）都会对东盟的地位形成挑战。[2] 这是因为，"东盟 + 1"网络不仅使东盟获得了"轮轴"地位，有助于东盟更好地吸引外资，而且竞争所带来的自我实现机制会吸引

---

① 唐国强：《亚太与东亚区域经济一体化形势与建议》，世界知识出版社 2013 年版，第 13 页。

② 张蕴岭：《东亚合作需要新思维》，《中国经济周刊》2010 年第 1 期。

其他国家与东盟签署 FTA,① 进而有助于其"大国平衡"战略的实现。事实上,无论在"东盟＋3"还是"东盟＋6"方案中,东盟的地位都会因 FTA 参与方的增多而被边缘化,而不对"东盟＋3"和"东盟＋6"方案作价值判断,继续维持中日在东亚合作中的竞争局面无疑有利于东盟保住东亚合作的中心地位。② 但是伴随着新加坡、文莱、马来西亚、越南等东盟部分成员加入 TPP,TPP 对东盟在区域经济合作中的完整性和"中心地位"造成了损害,东盟面临被分裂和在区域合作中影响力下降的风险。③ 因此,在 TPP 的刺激下,奉行"大国平衡"战略的东盟不得不发起 RCEP 倡议,希望通过整合 5 个"10＋1"自贸区继续维护通过经济联系构筑起的"轴—辐"结构,以保证地区安全和寻求经济利益;④ 并通过以东盟作为一个整体参与 RCEP 的方式,减轻 TPP 对东盟完整性造成的冲击。

值得注意的是,当美国将越南、马来西亚纳入 TPP,即 TPP 实现了第一次扩容后,东盟就采取了一系列行动为 RCEP 的启动做准备,如成立 RCEP 工作组、通过《RCEP 谈判的指导原则与目标》等。2012 年 10 月,美国对 TPP 实现了第二次扩容,将加拿大、墨西哥等国纳入 TPP;同年 11 月东亚峰会期间,东盟则发表了《启动"区域全面经济伙伴关系协定"谈判的联合声明》,RCEP 进程正式启动,这被认为是对 TPP 的一种应激反应。⑤ 随后,日本于 2013 年 3 月宣布加入 TPP 谈判,TPP 实现了第三次扩容后,RCEP 第一轮谈判随之于 2013 年 5 月在文莱举行(见表 3)。

表 3　　　　　　　　　　亚太地区合作机制多米诺竞争

年份	亚洲轨道	跨太平洋轨道
2006	"10＋3"和"10＋6"自贸区 I 期可行性研究报告完成	APEC 内接受并提倡先前被漠视的亚太自贸区(FTAAP)

①　李向阳:《区域经济合作中的小国战略》,《当代亚太》2008 年第 3 期。

②　Takashi Terada, "The origin of ASEAN ＋6 and Japan's Initiatives: China's Rise and the Agent-Structure Analysis", Global Institute for Asian Regional Integration (GIARI) Working Paper 2009-E-3, 2009, p. 13.

③　JianminJin, "China's Concerns Regarding TPP No More Than Empty Worries", Fujitsu Research Institute, January 11, 2012. http://www.fujitsu.com/jp/group/fri/en/column/message/2012/2012 – 01 – 11. html.

④　李向阳:《区域经济合作中的小国战略》,《当代亚太》2008 年第 3 期。

⑤　孙溯源:《美国 TPP 战略的三重效应》,《当代亚太》2013 年第 3 期。

续表

年份	亚洲轨道	跨太平洋轨道
2008	"10＋3"和"10＋6"自贸区Ⅱ期可行性研究报告出炉	美国宣布加入 P4 投资条款谈判
2009	中日韩领导人达成尽快启动中日韩自由贸易区官产学联合研究的共识	美国宣布加入 TPP 谈判
2010	中日韩自由贸易区官产学联合研究启动	马来西亚、越南加入 TPP 谈判
2011	东盟提出建立 RCEP 倡议	建立欧美就业与增长高级工作组
2012	中日韩自由贸易协定谈判启动	加拿大、墨西哥加入 TPP 谈判
2013	RCEP 开始正式谈判	日本加入 TPP 谈判 TTIP 正式进入谈判阶段

资料来源：笔者自制。

上述一系列区域合作机制互动在时间安排上的"巧合"绝非真正意义上的巧合，TPP 的出现强化了区域内外经济体关于区域合作机制的博弈，以 TPP 为代表的域外因素与以 RCEP 为代表的亚洲贸易集团引发的区域内 FTA 竞争标志着亚太区域经济合作已经进入了新的阶段。值得注意的是，RCEP 是全球范围内继欧盟之后出现的又一巨型自贸区，它的出现对美国在全球贸易体系中的地位造成了重大挑战，这是美国推动 TPP 之初始料未及的，因此美国不得不通过进一步扩容强化 TPP 加以应对，甚至为了协调、强化在多边贸易谈判中的立场，还提出"跨大西洋贸易投资伙伴关系协定"（TTIP）倡议与 TPP 相呼应。

可以预见，伴随着 TPP 基础协议的签署，无论 TPP 未来发展如何，亚太区域合作中的域外与域内国家博弈将长期存在。从这个角度，无论未来是美国—日本双边自贸区或者 TPP，都会刺激不同经济体持续对外谈判 FTA，因此，亚太地区区域合作制度碎片化现象将不可避免地继续恶化。

三 地区贸易制度裂痕扭曲了经济效率

理论上，亚洲轨道或者跨太平洋轨道的亚太区域合作也许都可能成为最终走向多边主义的"垫脚石"，但是现实中却并不简单。正如"绊脚石"理论所阐述的那样，TPP 或者美国—日本双边自贸区等以域外国家为主导的贸易制度安排将亚太地区的主要最终商品消费市场美国与该地区最大的商品出口国中国分割开，将人为地打乱原本基于比较优势决定的商业活动，干扰长期以来运转良好的东亚生产网络，本地区的投资和贸易活动都将遭受一定程度的扭曲和影响。而且，原本亚太地区业已复杂的"意大利面条碗"效应可能会因为制度裂痕而更加恶化。更重要的是，如果这种贸易制度裂痕引发了政治博弈，进而影响了地区的发展环境，那么传统的经济学分析框架可能就不再能够完全解释这个问题了。现阶段，我们仍将该问题视为纯经济议题进行分析。

长期以来，广大亚洲经济体的经济起飞和崛起，究其原因，大多都是通过非互惠式的主动开放，削减关税和国内规制，实行友好的外资政策，加强港口、交通等基础设施建设，以及简化通关手续等国内政策，为贸易提供便利并吸引外资，[①] 不断削减关税壁垒和改善投资环境，吸引包括美国投资在内的外资进入，发展出口导向的外向型经济，并成功地实现了经济起飞和发展。这一过程中，美国既充当了亚洲各经济体吸收外国资本的重要来源甚至主要来源，又充当亚洲出口商品的主要最终消费市场，客观地说，美国对亚洲经济起飞发挥了非常重要的作用。尽管伴随着日本、亚洲四小龙等经济体的经济崛起，美国资本在亚洲生产链条上的重要性有所下降，但是直至今日，美国仍然为亚洲提供着最重要的国际公共产品——商品最终消费市场。具体而言，亚洲开发银行对亚洲的出口进行分解分析发现（见图 1），约 71.1% 的出口商品最终流向欧美等域外市场，仅美国一国就消费了全部最终需求的 23.9%。与此同时，虽然东亚生产网络使得亚洲经济体之间的经济联系日益紧密，并使得区域内贸易比重稳步提高至 45.5% 强，然而其中约 60% 的贸易为中间品贸易，全部亚洲地区的最终需求仅占该地区出口的 28.9%。[②]

从这个意义上来说，美国的贸易赤字可以说是美国向国际社会提供的一种公共产品，其他地区的生产经营活动通过以美国为销售市场而得以支撑，美国事实上是为国外经济体充当了一种"最后买家"的角色。[③] 可见，

---

① Nathalie Aminian, K. C. Fung and Francis Ng, "Integration of Markets vs. Integration by Agreements", The World Bank Policy Research Working Paper 4546, 2008, pp. 2 – 3.

② Asian Development Bank, Institutions for Regional Integration: Toward an Asian Economic Community, MandaluyongCity: Asian Development Bank, 2010, p. 33.

③ 郭定平主编:《东亚共同体建设的理论与实践》，复旦大学出版社 2008 年版，第 283—284 页。

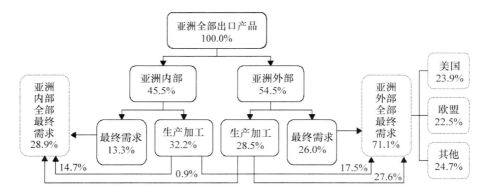

图 1　亚洲出口产品分解

资料来源：Asian Development Bank，Institutions for Regional Integration：Toward an Asian Economic Community，Mandaluyong City：Asian Development Bank，2010，p. 33。

亚洲出口的产品分解表明，美国为亚洲的经济发展提供了消费市场这一最为重要的区域性公共产品。只要美国仍然是亚洲的主要贸易伙伴和最终消费市场，或者说东亚最重要的公共产品——最终消费市场仍主要由美国等域外大国提供，那么亚洲经济与美国经济的"脱钩"便无从说起。长期以来，亚洲经济体受到经济体量、经济发展阶段和出口导向发展模式的限制而没有形成以消费需求为主的经济结构。尽管以生产合作为主的区域生产网络很早就自发地形成了，但是以消费合作为主的亚洲区域经济合作却长期进展缓慢。事实上，长期以来东亚合作"10 + 3"和"10 + 6"两个方案之争表面上是区内国家对亚洲区域经济合作方向缺乏共识，或者体现了中、日两国对东亚合作主导权之争，但是从深层经济角度考虑，其根本原因在于中国和日本都不是亚洲出口商品的最终消费市场，上述两个国家分别仅构成了约10%的最终消费需求，远低于美国市场的消费水平，鉴于国际贸易领域，一国对国际经济规则的影响力取决于该国向世界提供出口市场的能力，[①] 因此中国或者日本都难以独自推动排他性（排除美国）的亚洲区域经济合作的发展，亚洲区域经济合作难以摆脱美国的影响。

　　长期以来，由于亚洲地区的自贸区盛行，造成了相当程度的负面影响，即由于复杂的、多重自由贸易协定网络，造成不同的降税安排、不同

---

① 李向阳：《新区域主义与大国战略》，《国际经济评论》2003 年第 4 期。

产品/不同自由贸易协定间关税优惠幅度不同,以及复杂的原产地规则和规章制度等,造成所谓的"意大利面条碗"效应。① 经验表明,"意大利面条碗"效应与企业对自由贸易协定优惠关税的利用率不高之间高度相关。所谓 FTA 出口利用率大致分为两种:一种是指 FTA 缔约一方的出口商利用该 FTA 规定的优惠税率所涉及的商品出口额占当年对该贸易伙伴的出口总额的比例,该比例称为 FTA 出口特惠利用率;另一种是 FTA 利用率,即 FTA 出口覆盖率,是指利用了 FTA 优惠的出口企业数占所有拥有相同目标市场的出口企业总数的比例。实际操作中,FTA 出口特惠利用率采用原产地证书发放单位年度发放所有相关原产地证书涉及的出口额加以计算;更多时候,为了方便和及时而采用问卷调查的形式,对企业进行抽样调查,这时就是 FTA 出口覆盖率。无论采用哪种方式,根据这一比例的高低,都可以大致衡量各种 FTA 的利用水平,并进行横向国际比较或纵向时间序列的比较。进口利用率的定义同理得知。若无特别说明,本文的FTA 利用率一般指出口覆盖率。例如,2006 年日本企业 FTA 利用率为5.1%;2007 年日本企业 FTA 利用率为 11.9%;2008 年日本企业 FTA 利用率为 18.9%。② 2008 年新加坡企业 FTA 利用率为 18.7%;2008 年韩国企业 FTA 利用率为 20.8%;亚洲开发银行研究所(ADBI)基于中国、日本、韩国、新加坡、泰国、菲律宾 6 国全部 841 家企业样本,得到 FTA 平均利用率为 28% 左右。③ 这些自贸区利用率低的原因主要有企业不熟悉自贸区、用惠成本高等,由于当时样本本身的限制,并未观测到是否由于这些自贸区并未涉及美国等主要最终消费市场的缘故。

随后,数据仍表明排除美国的亚洲自由贸易安排的利用率并不高。一方面,各国企业不断提高对自贸区的利用,各自贸区利用率确实存在一定程度的提高;另一方面,包括美国的自贸区确实利用率较高。以韩国为例,2013 年韩国—东盟自贸区的利用率为 36.4%,韩国—印度自贸区的出口利用率为 43.2%,而韩国—美国自贸区的利用率则高达 77.0%;

① Masahiro Kawai and GaneshanWignaraja, "The Asian 'Noodle Bowl': Is It Serious for Business?", *ADBI Working Paper Series* No. 136, April 2009, pp. 6 – 9.

② 参见 JETRO, *Survey on International Operations of Japanese Firms*(FY2008), 2009, p. 21。以及 Takahashi & Urata, "On the Use of FTAs by Japanese Firms: Further Evidence", *RIETI Discussion Paper Series 09-E-028*, 2009, p. 3。

③ Masahiro Kawai and GaneshanWignaraja, "Free Trade Agreements in East Asia: A Way toward Trade Liberalization?", *ADB Briefs*, No. 1, June 2010, p. 5.

2015 年尽管韩国—东盟自贸区的利用率提高为 40.3%，韩国—印度自贸区的利用率提高至 62.1%，但韩国—美国自贸区的利用率仍遥遥领先，高达 78.8%。① 再以日本企业为例，2014 年在泰国从事生产经营活动的日资企业对泰国—日本自贸区的出口利用率为 33.2%，同期越南日企的东盟自贸区利用率为 34.4%，中国日企的中国—东盟自贸区利用率为 32.8%，印度日企的印度—东盟自贸区利用率为 26.4%，② 相比之下，TPP 的预期利用率超过 50%，③ 远高于其他自贸区利用率水平。可见，长期以来亚洲地区签署实施的自贸区利用率普遍偏低的最重要原因在于自贸区谈判对象大多不是其主要贸易伙伴，一旦这些国家与美国签署实施自贸区后，其自贸区利用率就会有较大幅度提高。事实上，排除美国和包含美国的不同自贸区在利用率上的较大差距，表明了亚洲经济对美国市场的依赖程度较高，排除美国的亚洲贸易安排经济效用相对有限。

　　另外，以 TPP 为代表的跨太平洋轨道贸易机制排除中国的做法经济收益有限且并不明智。这种排除中国的地区架构扭曲了本地区原本运转良好的经贸活动，作为东亚生产网络重要组成部分的中国被排除在外，导致基于自然分工的区域和全球价值链被打乱，扭曲了要素配置，提高了区域内生产成本和交易成本，生产者福利和消费者福利都受到了负面影响。对美国而言，没有中国参加的 TPP 福利收益非常有限，仅能使美国的 GDP 提高 0.12%—0.53%，④ 而如果将中国纳入 TPP 不仅美国的 GDP 将提高约 1.6%的水平，而且全球范围的经济收益也将从最初的 2234 亿美元大幅提高至 19080 亿美元，约占全球 GDP 水平的 1.8%。⑤

　　考虑到中国的中产阶级越来越成为消费主力，中国作为全球消费市场的重要性越来越显著。例如，美林银行预测，2016 年中国的中产阶级人数

　　① Kang M. J.：《亚太地区经济整合讨论现状和启示》，《当代世界经济》2015 年第 25 期。

　　② JETRO, Survey of Japanese-Affiliated Firms in Asia and Oceania（FY2014 Survey），2014，pp. 59 - 60.

　　③ JETRO, TPP gaining attention：Results of JETRO's 2015 Survey on Business Conditions of Japanese Companies in the US and Canada, https：//www. jetro. go. jp/en/news/releases/2015/4e32ded65283c4d8. html.

　　④ 沈铭辉：《美国的区域合作战略：区域还是全球？——美国推动 TPP 的行为逻辑》，《当代亚太》2013 年第 6 期。

　　⑤ Peter A. Petri and Ali Abdul-Raheem, Can RCEP and the TPP be pathways to FTAAP? 2014，p. 21. http：//ssrn. com/abstract = 2513893.

将会增加到 3.5 亿人。麦肯锡公司则根据不同的定义，预测 2025 年中国的中产阶级将达到 5.2 亿—6 亿人。中国国家统计局的一项研究根据人均每天支出 16—132 美元（2005 年购买力平价衡量），预测 2020 年中国的城市中产阶级将占全部人口的 45%。[①] 另据测算，2009 年中国的中产阶级消费支出为 0.86 万亿美元（2005 年购买力平价衡量），仅占全球中产阶级消费支出的 4%。如果中国在随后的 10 年可以维持 7% 的人均收入增长率，那么 2020 年，中国的中产阶级占总人口比重将达到 44% 左右，中国的中产阶级消费支出将达到 4.5 万亿美元，占全球中产阶级消费支出的 13%，排名世界第一。而 2030 年中国中产阶级占总人口比重甚至可以达到 74%，其消费支出将高达 12.8 万亿美元。[②] 因此，静态来看，任何排除中国的贸易安排都无异于放弃了巨大的中国市场；动态来看，中国为了规避贸易转移效应等负面影响，将被迫与其他经济体谈判签署自贸区，那么排除中国的成本将进一步提高。可见，从经济角度看，跨太平洋轨道贸易机制排除中国的贸易安排并非明智的做法。

四　亚太自贸区有助于弥合制度裂痕

当前，亚太地区面临贸易机制碎片化现象继续恶化的局面，单纯排除美国或者排除中国的贸易安排不仅经济收益有限，更有可能引发后续贸易政策博弈甚至政治博弈。对于亚太地区而言，全球范围内达成多边贸易谈判是弥合制度裂痕的最优选择，这不仅能够保证亚太地区商品最终消费市场和商品出口国之间的自由衔接，而且能够在最大程度上提高全球福利的同时不损害任何第三方的贸易利益。然而鉴于 WTO 多哈回合谈判困难重重，寄希望于中短期内完成该谈判并不现实，亚太自贸区也许是更现实的次优选择。

亚太自贸区并不是一个新事物，早在 2004 年加拿大代表在 APEC 第一次工商咨询理事会上就提出了该倡议，但是包括美国、东亚国家等在内的多数国家并未重视该倡议。尽管美国于 2006 年 APEC 河内峰会上，推动领

---

① 林重庚、迈克尔·斯宾塞：《中国经济中长期发展和转型：国际视角的思考和建议》，中信出版社 2011 年版，第 40—41 页。

② HomiKharas and Geoffrey Gertz, the New Global Middle Class: A Cross-Over from West to East, 2010, pp. 6-7. http://www.brookings.edu/~/media/files/rc/papers/2010/03_ china_ middle_ class_ kharas/03_ china_ middle_ class_ kharas.pdf.

导人研究将亚太自贸区作为该地区的长期愿景，然而时至 2010 年 APEC 横滨会议，亚太自贸区仍被视为长期目标。现有信息表明，以 TPP 为代表的跨太平洋轨道合作机制与以 RCEP 为代表的亚洲轨道合作机制各自强调的内容完全不同（见表 4），跨太平洋轨道合作机制更多地强调了"边界后"议题，旨在解决阻碍服务贸易、投资等贸易障碍；而跨太平洋轨道合作机制更多地强调了货物贸易和贸易便利化，旨在优化区域供应链，仅从条款来看，美国等国对亚洲轨道合作机制兴趣有限，而中国、印度等国在加入美国版本的自贸区上有相当难度。因此，推动亚太自贸区建设，不仅可以避免任何经济体后期申请加入上述两种机制而需要强制性接受既有条款的历史负担，而且亚太自贸区有望取得较大的福利收益。根据测算，即使一个开放水平适中的亚太自贸区，其全球福利总收益也有望达到 19217 亿美元，更重要的是地区内大国美国 GDP 将提高 1.6%，中国 GDP 将提高 3.9%，其他亚太国家也将纷纷受益。[1] 毫无疑问，从经济角度看，亚太自贸区最符合亚太国家的整体利益，不仅有助于亚太区域经济合作的深化，而且可以防止本地区贸易机制碎片化现象持续恶化。

表 4　　　　　　　　　　　TPP 与 RCEP 涉及贸易议题比较

	TPP	TTIP	RCEP	WTO
货物贸易	√	√	√	√
贸易救济，补贴	√	√	√	√
贸易便利化	√	√	√	√
技术性贸易壁垒（TBT）	√	√	√	√
卫生和植物卫生措施（SPS）	√	√	√	√
跨境服务贸易	√	√	√	√
投资	√	√	√	△2
知识产权	√	√	√	√
竞争政策、国有企业	√	√	√	
电子商务	√	√	△1	

---

[1]　Peter A. Petri, Michael G. Plummer and Fan Zhai. The TPP, China and the FTAAP: The Case for Convergence, in Tang Guoqiang and Peter A. Petri (eds), New Directions in Asia-Pacific Economic Integration, Honolulu: East-West Center, 2014, pp. 84 - 85.

续表

	TPP	TTIP	RCEP	WTO
政府采购	√	√		△3
环境	√	√		
劳工	√	√		
争端解决机制	√	√	√	√
横向议题	√	√		
标准统一、相互认证		√		

注:"√"表示有;"△1"表示体现在其他章节;"△2"表示在 TRIM 协议谈判;"△3"表示在政府采购诸边协议谈判。

资料来源:日本贸易振兴机构:《世界贸易投资报告》2015 年版,第 44 页。

亚太自贸区还有助于解决本地区内错综复杂的"意大利面条碗"效应。截至 2016 年,全部亚太国家和地区已实施 140 个自贸区,已签署待实施 11 个,另有 69 个已签署框架协议或正在进行谈判,亚太经济体累计参与的自贸区高达 220 个,另有 67 个自贸区处于研究阶段。相比 2000 年本地区全部 55 个自贸区,亚太地区的区域经济合作进程发展迅速。由于这些自贸区对外都有贸易歧视性,多重的自贸区引发了所谓的"意大利面条碗"效应。①尽管 TPP 旨在解决亚太地区日益复杂的"意大利面条碗"效应,但并未实现简单有效的原产地规则,包括"纺织前沿"在内的复杂原产地规则限制了 TPP 在优化全球价值链上发挥作用。而 RCEP 受限于预期敏感产品目录长、开放水平有限、降税过程比较复杂等制约,在解决"意大利面条碗"效应问题上作用可能也比较有限。从这个角度看,由于亚太自贸区包括了美国、中国、日本、韩国、部分重要东盟国家以及中国香港、中国台湾等重要地区经济体,如果该自贸区能够全面覆盖货物贸易并实现高水平开放,实施简单有效的原产地规则,那么未来地区内贸易所面临的"意大利面条碗"效应将得到终极解决。

事实上,美国学者伯格斯滕在其研究中早已明确指出,亚太自贸区倡议有助于达成多个目标:①亚太自贸区有助于亚太地区的整合,进而防止分裂。②亚太自贸区能够整合亚太地区众多的自贸区协议,有利于降低

---

① 沈铭辉:《应对"意大利面条碗"效应——兼论东盟在东亚合作中的作用》,《亚太经济》2011 年第 2 期。

"意大利面条碗"效应所引发的贸易成本。③通过亚太自贸区，可以迫使欧盟、巴西等贸易集团重新重视 WTO 谈判；即使多哈回合破产，该倡议仍能作为"方案 B"维持亚太地区的贸易自由化进程。④实施亚太自贸区倡议有助于复兴 APEC。可见，亚太自贸区作为克服地区分裂的次优路径是有国际共识的，正是在此共识基础上，2014 年 APEC 北京峰会提出了《APEC 推动实现 FTAAP 北京路线图》，APEC 不仅设立了关于推动亚太自贸区的"主席之友会议"，并由中国和美国担任双主席；另外还启动了亚太自贸区联合战略研究，目前 APEC 经济体积极参加了相关的研究工作，该工作有望于 2016 年结束。

五 "一带一路"进一步降低贸易成本

事实上，国际贸易不仅受到关税、非关税壁垒甚至"边界内"措施等政策法规成本的影响，还受到运输时间、运费等运输成本，信息沟通成本、合同履行成本、汇率成本以及当地批发零售等一系列广义贸易成本的影响。① 从这个角度说，TPP、RCEP 甚至亚太自贸区仅仅解决了关税、非关税壁垒等影响国际贸易的部分障碍，而对其他广义贸易成本涉及很少或基本未触及。相关研究表明，基础设施建设通过影响广义贸易成本，进而影响商品价格，最终能够影响商品需求和国际贸易水平。例如，通信、运费、保险费以及物流服务等直接货币成本受基础设施质量和相关服务的影响；运输时间受到地理因素和基础设施条件的影响；基础设施条件越差，货物受损的风险及其由此产生的保险成本越高；缺乏交通运输和通信服务将导致较高的机会成本，从而限制市场准入和贸易机会。②

亚太地区不少国家的基础设施发展落后，不仅远低于基础设施发展水平最高的德国，也低于世界平均水平。其中，阿富汗、吉尔吉斯斯坦、不丹、土库曼斯坦、蒙古国、老挝、乌兹别克斯坦、亚美尼亚、阿塞拜疆、塔吉克斯坦、尼泊尔以及哈萨克斯坦等 12 个内陆国家的地理位置非常不利于开展互联互通。大部分内陆国家距离最近的港口有 700—1000 公里，

---

① James E. Anderson and Eric van Wincoop. "Trade Costs", Journal ofEconomic Literature, 2004, No. 42, pp. 691 – 751.

② Nordas, H. K. and R. Piermartini. "Infrastructure and Trade", World Trade Organization Staff Working Paper ERSD-2004-04. Washington, DC: World Bank, 2004.

其中吉尔吉斯斯坦、乌兹别克斯坦、塔吉克斯坦、哈萨克斯坦甚至距离海洋3000多公里。① 一般而言,相同距离下,陆运的运输成本是海运的7倍,正是由于地理条件和基础设施发展的局限,大部分亚洲内陆国家的商品运输成本高昂,使得这些商品丧失了国际竞争力,难以进入国际市场。在此极端案例中,影响一国国际贸易能力的主要制约因素,已经不再是关税或非关税壁垒,而是交通运输基础设施(见表5)。

表5 国际基础设施指数

国家或地区	基础设施指数	国家或地区	基础设施指数
德国	4.32	柬埔寨	2.38
新加坡	4.28	哈萨克斯坦	2.23
美国	4.18	斯里兰卡	2.59
日本	4.16	俄罗斯	2.26
中国香港	3.97	尼泊尔	2.11
澳大利亚	4.00	孟加拉国	2.36
中国台湾	3.64	塔吉克斯坦	2.71
韩国	3.79	阿塞拜疆	2.38
新西兰	3.67	亚美尼亚	2.01
马来西亚	3.56	乌兹别克斯坦	2.21
中国	3.67	老挝	2.29
泰国	3.40	蒙古国	2.06
越南	3.11	土库曼斯坦	2.18
印度尼西亚	2.92	不丹	2.14
印度	2.88	缅甸	2.05
菲律宾	2.60	吉尔吉斯斯坦	1.82
巴基斯坦	2.67	阿富汗	2.58

注:分值范围在1—5,1为最低分。

资料来源:The World Bank, The Logistics Performance Index and Its Indicators, In Connecting to Compete:Trade Logistics in the Global Economy, Washington, DC:World Bank, 2014, pp. 47 – 50。

---

① UNESCAP. "Trade Facilitation in Selected Landlocked Countries in Asia", Studies in Trade and Investment No. 58, Trade and Investment Division(TID) UNESCAP Reference No. ST/ESCAP/2437, 2007.

不少国际机构都对亚太地区的基础设施需求进行过研究，包括联合国亚太经济社会委员会、世界银行等机构都已发布过相关研究报告，其中亚洲开发银行研究院对亚太地区 30 个发展中经济体在 2010—2020 年的基础设施（交通运输、电力、电信、供水和环卫设施）需求进行了比较全面的评估（见表 6）。① 该研究表明，2010—2020 年，亚太地区基础设施总需求约为 8 万亿美元，其中新增能力占 68%，维护和更新现有基础设施占 32%，年均基础设施投资需求约为 7300 亿美元。具体而言，能源基础设施需求占 51%，交通运输基础设施需求占 31%。分地区看，东亚和太平洋岛的需求总计 4.67 万亿美元，南亚为 2.87 万亿美元，中亚为 0.46 万亿美元。

表 6　　　　　　2010—2020 年亚洲国家基础设施投资需求（2008 年）

单位：百万美元

部门	新增能力	维护和更新	总计
能源（电力）	3176437	912202	4088639
电信	325353	730304	1055657
移动电话	181763	509151	690914
固定电话	143590	221153	364743
运输	1761666	704457	2466123
机场	6533	4728	11261
港口	50275	25416	75691
铁路	2692	35947	38639
公路	1702166	638366	2340532
供水和环卫设备	155493	225797	381290
环卫设备	107925	119573	227498
供水	47568	106224	153792
总计	7661461	4233318	11894779

资料来源：亚洲开发银行研究院：《亚洲基础设施建设》，社会科学文献出版社 2012 年版，第112 页。

———————

① 沈铭辉：《亚太地区基础设施投资 PPP 合作模式：中国的角色》，《国际经济合作》2015 年第 3 期。

正是意识到了基础设施建设和互联互通在提高亚太地区贸易水平中的重要性，APEC 加强了全方位基础设施和互联互通建设。2013 年 APEC 制定了《APEC 互联互通框架》和《APEC 基础设施建设和投资多年期计划》两项战略规划文件，初步明确了 APEC 互联互通合作的原则指针和行动纲领。此外，APEC 还实施了《APEC 供应链联通性框架行动计划》，力争于 2015 年实现在时间、成本和不确定性方面将亚太地区的供应链绩效改善 10% 的目标。2014 年，APEC 又积极推进制定了《APEC 互联互通蓝图》，旨在构建基础设施、制度和人文交往三位一体，涵盖整个亚太地区的全方位、多层次的复合型互联互通格局。① 与此同时，全球层面上，20 国集团组织成立为期 4 年的全球基础设施中心，首次将基础设施投资提高到全球治理的高度。

目前，包括 TPP 在内的贸易安排对解决基础设施建设鞭长莫及，但是中国通过提出以基础设施互联互通为核心的"一带一路"倡议，积极参与全球范围内的基础设施建设，为亚太地区和全球提供了极为重要的公共产品。② 例如，2008 年 1 月首次运行的北京—汉堡集装箱快速铁路，仅用 15 天就完成了 1 万多公里的行程，而如果使用海运，则需要约 30 天。作为"一带一路"重要组成部分的亚欧铁路和以中泰、中老铁路为代表的泛亚铁路网，将极大地缩短亚洲内陆国家的货运路程，降低了贸易成本。研究表明，包括哈萨克斯坦、蒙古国、吉尔吉斯斯坦、老挝等内陆国家将极大地受益于基础设施改善，这些国家贸易成本每降低 10%，其出口将增加 20%。③ "一带一路"将极大地解放沿线落后国家，特别是内陆国家的贸易参与能力，通过降低贸易成本，将帮助落后国家大幅提高参与全球化的能力和水平，带动这些国家进一步参与区域经济一体化并实现经济发展。

亚太地区甚至全球范围的基础建设需求旺盛，世界银行估计发展中国家年均基础设施投资需求达到了 1 亿—1.5 万亿美元，但是当前，多数国家面临财政约束，劳动密集型的基础设施建设项目多数为短期项目，很难

---

① 刘晨阳：《APEC 与互联互通》，《中国经济周刊》2014 年第 Z2 期。

② 徐惠喜：《全球基础设施建设迎来发展新机遇》，http：//intl. ce. cn/specials/zxgjzh/201501/09/t20150109_ 4301994. shtml。

③ Venables, A. J. , "Shifts in Economic Geography and Their Causes", Federal Reserve Bank of Kansas City, Economic Review, 2006, No. 4, http：//www. kc. frb. org/PUBLICAT/ECONREV/PDF/4q06vena. pdf.

有效保证未来巨大的基础设施需求，实际基础设施投资却仅达到 50% 的水平，基础设施供需缺口巨大。而私人部门受限于基础设施初期投入大、风险高、回收期长以及银行贷款难等制约，无法获得长期贷款。在这种环境下，不少国家面临着中长期基础设施投资不足的问题。由于国家公共财政与私人资本各自遇到障碍，公私合作模式（PPP）成为基础设施投资领域的重要融资方式。世界银行数据显示，2014 年发展中国家在能源、运输、水处理以及卫生部门中私人参与的投资项目比 2013 年增长了 6%，达到 1075 亿美元。2014 年虽然资金到位的项目只有 239 项，并且创下自 2004 年以来的最少项目数，但其涉及金额仍达到历年来第四高位水平（见图 2）。

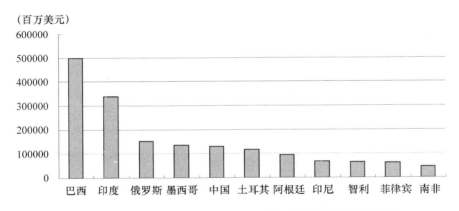

（百万美元）

图 2　1990—2014 年私人参与基础设施投资的十大新兴经济体

资料来源：世界银行数据库。

从区域角度来看，拉丁美洲地区是近些年私人参与基础设施投资最多的地区。2010 年以来拉丁美洲地区的基础设施投资急剧上升，2014 年其投资规模达到 691 亿美元。1995—2014 年，拉丁美洲地区私人参与最多的基础设施投资项目是电信领域和电力领域，其中电信投资占这一期间该地区所有项目的 41%，涉及投资额高达 3640 亿美元。在项目类型方面，绿地投资项目占整个投资额的比重为 46%，占整个项目数的 57%。

相比之下，亚太地区私人参与基础设施投资较少。分国别来看，巴西是私人参与基础设施投资最多的国家，2014 年该国占全球私人基础设施投资的比重高达 41%，涉及投资额达到 442 亿美元。2014 年私人参与基础设施投资额最高的前五位新兴经济体分别是巴西、土耳其、秘鲁、哥伦比亚和印度。这五个国家的投资额达到 780 亿美元，占整个发展中国家当年私人参与基础设施投资额的 73%。但即使包括印度在内，整个亚太地区也仍面临着巨大的基础设施投资需求缺口。

长期以来，世界银行、亚洲开发银行等多边发展机构主要致力于全球和区域范围内的减贫，投向亚洲基础设施建设的资金非常有限，例如亚洲开发银行 2014 年仅提供全部 229.3 亿美元贷款，即使将世界银行、发达国家发展援助（ODA）等都考虑在内，亚洲基础设施建设资金缺口依然很大，现有的世界银行、亚洲开发银行等国际多边机构都无法满足这样庞大的资金需求。也正是在这样的困境和需求之下，为构筑基础设施所必需的资金池，中国一方面出资 400 亿美元成立丝路基金为"一带一路"倡议提供基础设施建设资金，另一方面积极倡议发起亚洲基础设施投资银行。亚洲基础设施投资银行作为一种创新的多边投融资平台，可以促进本地区充裕的储蓄资金直接注入亚洲内部基础设施投资，不仅可以为亚洲经济社会发展提供高效而可靠的中长期金融支持，有利于夯实基础设施建设，还将提高亚洲资本的利用效率，促进区域内互联互通建设。通过丝路基金和亚洲基础设施投资银行，中国为"一带一路"倡议提供了良好的建设资金保障，也为全球基础设施建设做出了自己的贡献。

然而亚洲基础设施投资银行的成立触动了美国和日本的神经，刺激起两国激烈的政治行动，美国明确表示了对亚洲基础设施投资银行的两个担忧：一是这是一个试图使亚洲开发银行边缘化的机构；二是在清廉政府和环境标准方面，由中国主导的亚洲基础设施投资银行可能会执行不如世界银行严谨的放贷标准。[①] 因此中国刚提出计划设立亚洲基础设施投资银行时，美国就开始劝说各盟友抵制这个新机构。美国和日本私底下极力游说韩国和澳大利亚不要加入，认为成立亚洲基础设施投资银行是中国政府牵头的多项倡议之一，这些倡议以削弱美国在亚洲的存在为目的。[②] 事实上，历史上美国对其他国家主导的多边机制也曾多有阻挠，1966 年日本在成立亚洲开发银行时，美国也曾表达了同样强烈的反对态度，日本最后说服了美国的交换条件是让美国和日本在亚行有平起平坐的地位。与此类似，随

[①] ［英］吉迪恩·拉赫曼：《美国盟友倒向亚投行的启示》，FT 中文网，http：//www. ftchinese. com/story/001061100。

[②] ［日］船桥洋一：《美日不应抵制亚投行》，FT 中文网，http：//www. ftchinese. com/story/001059615。

着中国承诺向世界银行和亚洲开发银行增资等，美国也承诺不再抵制亚洲基础设施投资银行。① 这表明，提供开放的、包容的公共产品可能更容易获得国际认可，一个不被美国反对的国际机构有望在基础设施建设和全球经济治理中发挥更显著的作用。另外，全球基础设施供需缺口巨大，仅靠中国甚至亚洲都难以满足上述巨额融资需求，美国作为全球经济第一大国，它的参与和配合十分必要。

六　完善和构建包容性国际经济治理体系

当前，全球贸易体系面临着新一轮的重构，无论未来 TPP 发展前景如何，以 TPP 为代表的国际新规则很难阻挡，这些新规则对中国的参与和经济发展形成诸多挑战，但是也提供了新的机遇。中国应该利用新一轮规则重构的过程，加快国内经济体制的改革，以加大开放作为推动改革的压力和动力；积极寻求参与的平台，参与和影响新规则制定，在新的一轮经济竞争中取得主动，为经济发展方式转型和可持续发展提供新的环境。

首先，大力推动 G20 基础设施合作框架。

目前，20 国集团成立了全球基础设施中心，世界银行也成立了全球基础设施基金，但是全球层面的基础设施开发方面基本采取低水平的自下而上和以市场为导向的方式，缺乏自上而下、市场扩张以及引入需求的机制建设作为补充。全球基础设施合作需要构建一个共同的愿景，一个各国领导人的共同承诺，一种包容性的紧密伙伴关系。从这个角度来看，如果2016 年的 G20 中国杭州峰会能够推动 G20 基础设施合作从目前进展稍显缓慢的全球基础设施投资中心以及内容有待细化的"全球基础设施倡议"进一步向具体的、可执行的路线图和行动计划方向发展，将显著提高成员国尤其是新兴经济体和发展中国家的基础设施水平。与此同时，G20 各国不仅要积极与多边开发机构例如亚洲开发银行、亚洲基础设施投资银行、世界银行等展开合作，充分收集和了解各地区互联互通项目信息，而且有必要更加积极地参与和推动全球基础设施对话或论坛，与各国就地区互联互通项目进行沟通。

---

① 沈铭辉、张中元：《亚投行：利益共同体导向的全球经济治理探索》，《亚太经济》2016年第 2 期。

推动包括基础设施 PPP 项目在内的全球基础设施投资合作，毫无疑问会涉及各国的投资法律问题，外来基础设施投资者在东道国缺少严格的法律保护，面临较大的政治和法律风险是全球基础设施投资不足的重要原因。虽然各国已颁布实施众多投资保护协定，但其力度远不及投资协定，影响力较为有限。如果 G20 可以率先推动达成多边或者区域投资协定，将为全球基础设施建设提供重要的制度保障。具体而言，G20 层面的区域或全球多边投资协定，需着重协调或简化 G20 各国基础设施投资法律、规章制度和程序，进一步放松目前基础设施项目建设中工程设备边境管制、外汇管制以及简化工程人员签证程序等问题，建立规范的争端解决机制以有效解决基础设施投资产生的争议。

全球范围内的基础设施投资基金目前仍处于单打独斗的局面。尽管2014 年世界银行与资产管理和私人股本公司、养老金、保险基金以及商业银行联手成立了"全球基础设施基金"，但客观来看，全球层面的基础设施投资基金尚未实现有效沟通和对接。另外，目前不少区域性基础设施发展基金在使用上非常困难，不仅面临层层审批，而且有些基金只是拥有名义账户，实际资金并未到位。要想真正推动基础设施合作，就必须简化目前的投资基金使用程序。因此，一方面，G20 要推动成立多边发展机构协调机制，定期沟通、交换包括亚洲开发银行、世界银行和其他开发类金融机构的基础设施项目贷款资金，及时发布多边开发机构的基础设施优先资助项目，为企业提供便利；另一方面，要努力推动基础设施投资基金使用便利化方面的国际合作，积极探索并实现基础设施项目贷款安全性和审批程序效率性之间的平衡。

以 APEC 为例，近年的 APEC 青岛宣言重申了欢迎通过 PPP 推进基础设施投资的公私对话机制，并鼓励政府当局与私人部门一起寻求 APEC 基础设施 PPP 项目的发展之道。目前，G20 层面的全球基础设施合作重点集中在全球基础设施投资中心，但该中心的建设进展比较缓慢，因此可以考虑建立 G20 或全球基础设施 PPP 项目论坛，帮助协调和整合现有全球基础设施建设规划。论坛将集合包括 G20 国家在内的全球主要基础设施合作利益相关者，就 G20 或全球基础设施行动计划达成共识，确定优先次序，制定关于监管和法律事项的统一规则，甚至可以探索基础设施建设行业的定价和市场运营模式，并通过提高运营效率增加投资回报率，不断提高民间资本参与投资建设的积极性。①

　　作为全球基础设施合作框架的重要支柱，多边投资协定成为下阶段中国和美国合作推动的重点领域。包括亚太地区在内的全球基础设施投资不足的重要原因之一就是外来基础设施投资在东道国没有严格的法律保护，使得投资的政治法律风险较大，多边投资协定不仅有助于降低这方面的风险，明确东道国对外来投资的基础设施建设项目的保护方式和具体的危机处理手段。同时，通过投资协定中简化政策、体系和程序，解决目前基础设施项目建设中工程设备边境管制、外汇管制以及工程人员签证等问题。更重要的是，在基础设施合作后，多边投资协定将使得中国海外投资得到制度保障，有利于中国企业进一步向国际产能合作迈进。

　　其次，积极推动亚太自贸区建设。

　　亚太自贸区是亚太区域经济合作发展的重要方向，当前亚太地区已经出现了以 TPP 为代表的跨太平洋轨道和以 RCEP 为代表的亚洲版轨道，TPP 和 RCEP 都构成了最终通向亚太自贸区的路径。但是，不同的路径意味着不同程度的自由化水平和不同的福利水平，也面临着不同程度的挑战。从这个意义上说，一个既服务亚太地区贸易投资开放、有助于实现可持续发展目标，又能满足亚太地区多样性特征和需求，具有现实可行性的亚太自贸区，对于亚太地区的经济发展与和平稳定具有十分重要的现实意义。

　　在 TPP 已经签署基础协议的背景下，亚太自贸区显然不可能仅限于 RCEP 的低水平，如果是这样，美国势必不会接受。但是，亚太自贸区也很难完全采用 TPP 的高标准模板，否则不仅未参加 TPP 的国家难以参加亚太自贸区，也会对包括中国在内的发展中经济体造成较为明显的冲击。从这个角度说，亚太自贸区的开放程度宜介于 RCEP 和 TPP 的开放水平之间。如何构建一个高水平的、包容的亚太自贸区将考验中国和美国的决心和智慧。一个比较现实的设想是，将亚太自贸区货物贸易自由化水平定在95%左右，而其他的贸易新规则或新议题的要求水平可以区别对待，比如一般性贸易新议题，可以考虑接受 TPP 的水平；知识产权、劳工条款等有所保留议题，则可以考虑接受 TPP 的50%水平为宜；至于敏感议题应严格

---

① 沈铭辉：《G20 国家基础设施投资：现状、挑战及其合作战略》，《天津社会科学》2016年第 2 期。

设立例外。

再次，稳步推进中美双边投资协定（BIT）谈判。

2014 年初美国贸易谈判代表就指出，中国需要先解决中美 BIT 谈判，再讨论 TPP 的问题。短期内，BIT 可以视为解决中美双边经贸问题、应对 TPP 负面影响的工具；长期内，BIT 将充当中美合作推动亚太自贸区的基础。2012 年 BIT 范本与 TPP 的投资条款内容基本相同，主要包括了准入前国民待遇、准入前最惠国待遇以及业绩条款等投资自由化条款；以及高水平的投资保护条款；还涉及其他贸易协定较少涉及的环境条款和劳工条款等。从条款全面性而言，BIT 较 TPP 投资条款更为全面，BIT2012 范本内容超出了 TPP 投资条款内容，例如透明度、不减损、公布投资法规与决议、基本安全、信息披露、金融服务、税收等条款，TPP 投资条款均未涉及；而且在特定条款上，BIT 自由化水平强于 TPP。可以说，如果一国与美国完成 BIT 谈判，那么该经济体就充分满足了 TPP 投资条款的相关要求，即缔结 BIT 是参加 TPP 投资条款的充分条件。

就目前来看，短期内完成中美 BIT 谈判仍有一定挑战。具体而言，从中国对外自由贸易协定谈判实践看，其投资条款方面与亚洲其他国家相比存在明显落后，落后的主要方面是：①未开放准入前国民待遇；②未明确规范业绩条款；③有限使用负面清单方式等。如果中国要完成中美 BIT 谈判，那么除了需要解决上述三方面的问题，还需完成环境、劳工、金融服务、国有企业等方面的谈判。当然，与东盟、新西兰等国的双边 FTA 中，中国已经开始采用了负面清单方式；中国也已经在上海自由贸易试验区中采用负面清单和准入前国民待遇，而且中国同意在中美 BIT 谈判中就准入前国民待遇和负面清单问题进行谈判，双方已经就负面清单进行了交换，并取得了长足的进步，这为中美 BIT 下阶段谈判取得成功奠定了一定基础。

当然，必须认识到中美 BIT 谈判是一个系统工程，它绝不仅是一个投资协定谈判，其涉及的内容远远超过了过去中国与其他多个国家签署的投资保障协定。基于 BIT2012 范本的中美 BIT 谈判从内容上来看，除了不用考虑货物贸易市场准入，中美 BIT 完全可以说是一个缩减版的中美自由贸易谈判，因此中美 BIT 谈判挑战不小。考虑到中国与加拿大谈判签署双边投资协定耗时 18 年，中美 BIT 谈判也许会更加漫长。当然这一过程将主要取决于中国未来的改革进程，中美 BIT 越早谈成，将越早对中美两国的经济发展发挥积极影响，也将尽早成为奠定亚太自贸区的基本模板。

最后，深入参与多边贸易谈判。

全球贸易体系正经历自乌拉圭回合谈判以来最大的一轮重构。短期内，由于目前 WTO 各成员国的最惠国关税平均水平已经较低，无论发达国家开放其敏感产业部门，还是发展中国家为获得发达国家市场准入而接受其边界内措施改革的代价都较大，因此 WTO 达成一揽子协议的可能性较低。中期内，伴随多边贸易谈判一定程度上的停滞，各国将继续寻求区域经济合作作为推动经贸发展的手段，未来全球贸易投资格局亦将变得更加多元化。

具体而言，如果未来 TPP 甚至 TTIP 顺利完成谈判并得以实施，发达国家集团在多边贸易体系内的整体实力和谈判地位将得到提高，美国有可能推动 TPP 内的部分规则成为新一轮多边贸易谈判的模板。从规则上来看，多哈回合谈判未能推动的议题，如政府采购、竞争政策（包括国有企业）、部分投资规则等新议题将有可能入围新一轮多边贸易谈判，而服务贸易、环境、知识产权等超 WTO 议题也可能得到进一步深化。如果 TPP、TTIP 未能成功实施，或者 WTO 的决策机制未能实现改革，以美国为代表的发达国家将有可能按照部门开放的思路，对投资、服务贸易等内容独立发起谈判，形成多边性质的协定，例如服务贸易协定（TiSA）、多边投资协定（MAI）、多边环境协定（MEAs），等等。这样，最终 WTO 将继续维持其处理货物贸易问题的多边机制，TiSA 和 MAI 等将可能上升为类似于政府采购协议和信息技术协议等 WTO 框架下的诸边协议。无论哪种情景，关于服务贸易、投资条款、电子商务、竞争政策等贸易新议题或标准都有可能逐步上升为全球规则，客观来看，这一趋势是不可阻挡的。

鉴于中国、印度等新兴经济体尚有众多未开放部门，特别是服务贸易、政府采购、电子商务等巨大的潜在市场，从经济角度看，以 TPP 为代表的跨太平洋轨道合作机制不可能一直将中国、印度等新型大国排除在新一轮的规则重构之外。但是从谈判策略角度，相对以中国和印度为代表的新兴贸易集团，美国在 TPP 甚至在亚太自贸区内形成的贸易集团的相对实力和谈判压力仍不够强大。从美国区域经济合作战略角度，只有在全球层面与欧盟结成更强大的贸易集团，美国才可能在多边贸易谈判中成功推动国际新规则。从中国角度看，中国经济的潜在增长率进入下行通道，为了更好地应对中国经济面临的困难和挑战，中国需要以更高水平的对外开放为中国企业开拓国际新市场，为中国经济发展提供新动力。具体而言，中国应加快实施自由贸易区战略，以 RCEP 等亚洲区域经济合作为基础推动中国新一轮对外开放，积极扩大服务业开放，加快包括投资条款、竞争政策、知识产权、电子商务等新议题谈判，以更高质量的对外开放参与国际经济规则制定、争取全球经济治理制度性权力，在新一轮的国际规则制定中发出更多中国声音、注入更多中国元素。可以断言，多边贸易体系将在以中国为代表的新兴经济体集团与以美国为代表的传统发达国家集团的博弈基础上，得到一定程度的复兴（而不是衰落），因此中国应该在多边贸易体系的复兴中抢占先机、赢得主动。

对于中国而言，区域经济合作和多边贸易体系都是推动经济发展的工具。中国目前仍处于制造业为主的国际分工阶段，货物贸易仍是中国国际贸易的主体，这一特征决定了中国离不开多边贸易体系。以 WTO 为代表的多边贸易体系仍是迄今为止容纳成员最多、优惠关税（MFN）使用率最高、争端解决机制拥有全球效力的贸易安排，尽管中国可以通过区域经济合作获得新的市场准入机会，但是中长期内中国的国际分工地位决定了WTO 仍然是中国主要的利益所在。鉴于中美之间达成双边自由贸易协定的难度很大（除了缺乏政治互信外，双边谈判涉及部门利益远超过其他任何自由贸易协定），WTO 可能是目前为止能够较为舒适地容纳中美两个大国的贸易谈判平台，因此中国在利用区域经济合作获得新的市场准入机会和扩大对外开放的过程中，维护和推动多边贸易体系发展仍然是中国的重要利益所在，中长期内中国有必要同时积极推进区域经济合作和多边贸易体系。

理论上，以 TPP 为代表的跨太平洋合作机制和"一带一路"倡议分别代表了不同类型的国际公共产品。具体而言，TPP 表明美国仍然是全球最终消费市场，而"一带一路"倡议则表明中国愿意且有能力参与全球基础设施建设。虽然这两个合作架构都有其存在的意义，但是如果能够在 TPP 和"一带一路"倡议之间构建更具包容性的合作机制，那么亚太地区甚至全球经济有望获得更大的发展动力。其实，中国与美国之间的经济相互依赖程度很高，已经达到了"一荣俱荣、一损俱损"的局面。回看历史，信息技术协定扩围谈判（ITA2）、APEC 环境产品清单谈判均以中美合作为基础方能成功完成，2014 年启动的 WTO 框架下环境产品协定谈判也在中美合作下顺利进展，可见中美合作能够极为有效地推动多边贸易谈判。如果按照这个逻辑，以中美双边投资协定为基础，合作推动亚太自贸区和多边贸易谈判，以及包容性的全球基础设施合作框架是完全可行的，包容性的国际治理体系将成为未来中国与美国合作的新亮点。

"一带一路"倡议下中国的欧亚一体化
战略与大西洋主义[*]

内容提要： 本文考察中国的"一带一路"倡议与欧亚经济和政治一体化的前景。在欧洲，中国倡导的发展主义导向型战略与美国主导的安全驱动型战略并存。本文对这两种战略进行比较，并分析其对欧洲未来发展模式的影响。本文认为，"一带一路"倡议下中国的欧亚一体化战略为长期处于大西洋主义主导下的欧洲提供了一种替代性选择。"一带一路"倡议从发展主义的角度进行制度设计，促进了多极化的发展、相互信任的增强和地区经济的繁荣，有助于消减安全疑虑，形成以发展为导向的跨区域合作新模式，并最终削弱大西洋联盟。由于大西洋联盟在物质资源和观念认同方面仍有坚实的基础，"一带一路"倡议下的中国欧亚一体化战略实施将会遇到诸多困难和挑战。

欧亚主义的理念自提出至今已有近百年的历史。欧亚主义源起于 19 世纪 20 年代俄罗斯布尔什维克革命时期，在当时俄罗斯的各种社会思潮中，欧亚主义以一种介于"西方派"和"斯拉夫派"之间的面貌出现，对俄罗斯这一横跨欧亚大陆国家的角色提出了独到的见解，认为"俄罗斯既非欧洲国家，也非亚洲国家，而是处于欧亚之间，是连接欧亚文明的桥梁"。冷战期间，苏联倡导的欧亚主义遭到了美国和西欧倡导的大西洋主义的对抗。20 世纪 50 年代，美苏核力量相对平衡，这为双方分别在大西洋主义和欧亚主义指导下的势力范围争夺增添了军事色彩。最终，苏联解

---

* 刘昌明，山东大学政治学与公共管理学院教授、博士生导师、国际政治系主任；兼任中国国际关系学会常务理事，中国亚洲太平洋学会理事，山东省国际政治和国际共运学会副会长、秘书长；山东大学环境整治研究所所长，山东大学亚太研究所大国关系研究中心主任等职；中国社会科学院国家全球战略智库特约研究员。姚仕帆，山东大学政治学博士后科研流动站在站博士后研究人员。

体滞缓了欧亚主义的发展，因为俄罗斯尚无实力使欧亚主义的理念重焕生机，欧亚主义也难以再对后苏联时代的周边国家产生吸引力。① 与之形成鲜明对比的是，冷战结束后，大西洋主义在维护北大西洋公约组织的合法性方面并未遭遇过多的质疑和挑战，如今的欧洲仍处于大西洋主义的框架安排之下。

尽管历史上苏联倡导的欧亚主义失去了其合法性和吸引力，但近年来中国提出的囊括欧亚在内的发展主义模式在国际舞台上引起越来越多的关注。随着经济实力的增长，中国正尝试构建新的全球治理模式和话语体系，这种模式不仅仅关注程式化的互动，更强调全方位和多元化的联系。在所有以发展为导向的倡议中，"一带一路"倡议强调欧亚之间的陆海连通，迄今已初见成效。作为一个突出包容性发展的综合型倡议或战略，"一带一路"力图打造一个涵盖从交通、通信到金融、教育等领域的全方位合作体系。20 世纪俄罗斯倡导的欧亚主义，正是由于忽视了经济因素，并且缺乏强有力的国家经济实力作支撑，导致这一理念难以在实践中推进，并最终在与美国倡导的大西洋主义抗衡中日渐式微。因此，强调欧亚基础设施建设和陆海连通等经济要素正是"一带一路"与 20 世纪苏联欧亚主义的最大区别。

本文考察中国的"一带一路"倡议及欧亚政治和经济一体化的前景，对中国的发展导向型战略与美国的安全导向型战略进行比较，分析两种发展模式对欧洲的影响。在当前欧亚政治、经济的背景下，"一带一路"倡议从发展主义的角度进行框架制度设计，促进了世界多极化的发展、相互信任的增强和经济的繁荣，有助于安全疑虑的消减和新发展主义范式的形成，这将为欧洲提供一个新的模式选择，并削弱第二次世界大战后欧洲一直奉行以安全为导向的大西洋主义。当然，由于大西洋联盟仍有坚实的物质和观念基础，随着"一带一路"倡议的推进和多边互动的深入，中国的欧亚主义战略将会遇到多种困难和挑战。

---

① 当然，苏联解体后，俄罗斯仍然主导成立了欧亚经济联盟（EEU）和集体安全条约组织（CSTO），但这两个组织的成员国仅限于苏联的地缘政治范围。目前欧亚经济联盟的成员国包括俄罗斯、白俄罗斯、哈萨克斯坦、吉尔吉斯斯坦、亚美尼亚五国；集体安全条约组织成员包括俄罗斯、哈萨克斯坦、亚美尼亚、吉尔吉斯斯坦、塔吉克斯坦、乌兹别克斯坦六国。

一 "一带一路"倡议与欧亚一体化

"一带一路"倡议是一个跨越欧亚大陆的连通型倡议。作为当今世界最综合全面的发展倡议,它表达了中国在全球治理方面的愿景,即在全球治理中建立以发展为导向的范式,促进共同繁荣,加强互联互通,增进普通民众之间的交流互动。[①] 为此,从 2014 年开始,中国与"一带一路"沿线国家展开了密集的外交互动,尝试探索可能的合作领域并寻求利益交汇点。同时,"一带一路"又是一个海陆并举的双向倡议,包括"丝绸之路经济带"和"21 世纪海上丝绸之路"两部分,陆上和海上的连通相辅相成。"丝绸之路经济带"从中国沿海地区延伸至中亚、中东和欧洲,是对历史上陆上交通网络的扩展。"21 世纪海上丝绸之路"发端于太平洋和印度洋,经由阿拉伯、地中海地区,最终延伸至北欧。由于"丝绸之路经济带"和"21 世纪海上丝绸之路"在地理范围上的延伸取决于政治、经济、社会等多种因素和沿线相关国家对这一倡议的回应,因此很难在地图上对其进行精确的标注,但毫无疑义,"一带一路"都延伸至欧洲中心地区,并以欧洲为"一带一路"的另一端,欧洲是这一倡议的重点地区。

"新常态"是中国经济转型的发展趋向,陆上和海上丝绸之路倡议的提出标志着中国外交在"新常态"下的重大转变。[②] "一带一路"倡议代表了中国在其经济实力和外交能力不断提升的基础上,对新型国际关系的见解和设想。这一点从中国拒绝美国提出的建立中美共同领导全球事务的 G2 集团中可以体现。在"新常态"下,中国所倡导的全球治理以多极化和多边机制为基础,[③] 而聚焦于欧亚合作的"一带一路"倡议也是"新常

---

① "Silk Road strategy attracts overseas countries," Xinhua, January 25, 2015. 参见 http://www. china. org. cn/china/2015 – 01/24/content_ 34648046. htm; Zhang Lulu, "China's Belt and Road Initiative fleshed out," March 29, 2015。参见 http://www. china. org. cn/business/2015 – 03/29/content_ 35185058. htm; "'Belt and road' blueprint boosts practical cooperation," China Daily, March 29, 2015。参见 http://usa. chinadaily. com. cn/business/2015 – 03/29/content_ 19943807. htm。

② "Xi's 'new normal' theory," Xinhua, 09 November, 2014. 参见 http://news. cnr. cn/special/apec/guoji/201411/t20141109_ 516754084. shtml。

③ "Chinese premier rejects allegation of China, U. S. monopolizing world affairs in future," Embassy of the People's Republic of China in the United States of America, May 20, 2009. 参见 http://www. china-embassy. org/eng/gyzg/t563620. htm。

态"的重要构成要素。

（一）"丝绸之路经济带"与欧亚一体化

建设"丝绸之路经济带"的目标是打造政治互信、经济融合、文化包容的利益共同体、责任共同体和命运共同体。① 丝绸之路覆盖亚洲、欧洲、非洲的广大地区，必将促进地区连通，打造陆上经济合作走廊和海上合作平台，有助于各个国家之间的政策沟通，扩大利益汇合点，探索互利共赢的合作领域。尽管"一带一路"倡议重点关注贸易和发展，但并不忽视文化的融合和人文交流。② "一带一路"倡议的目标一是加强中国和外部世界的联系，寻求和探索新的发展和合作的契机；③ 二是为中国的铁路、核能源等基础设施建设的投资寻找新的机遇，促进中国对欧亚乃至更远地区市场的出口。因此，李克强总理在 2015 年第十届亚欧会议召开时强调，亚欧大陆迫切需要互联互通，加快构建亚欧统一市场，中国愿与地区国家一道构建亚欧大陆基础设施互联互通网络，深化区域合作，促进各国发展。④

为推进这一横跨欧亚大陆的经济倡议，中国已做好了长期的准备。据估计，中国的全球投资在未来 10 年内将会达到 2 万亿美元，这一数额远远超出了美国对其西方伙伴国的投资计划。⑤ 与这一投资潜力相匹配的是，中国也计划借助丝绸之路的整合机制推进人民币国际化的进程。⑥ 与"一带一路"沿线国家签订的货币互换协议有利于减少全球贸易对美元作为储

---

① "China sketches out priorities of 'Belt and Road' initiatives," The State Council of People's Republic of China, February 2, 2015. 参见 http：//english. gov. cn/state_ council/vice_ premiers/2015/02/02/content_ 281475048990884. htm。

② "China's 2015 diplomacy focuses on 'Belt and Road,'" China Daily, 2015 – 03 – 08. 参见 http：//www. chinadaily. com. cn/china/2015twosession/2015 – 03/08/content_ 19750295. htm。

③ "China's 2015 diplomacy focuses on 'Belt and Road,'" China Daily, 2015 – 03 – 08. 参见 http：//www. chinadaily. com. cn/china/2015twosession/2015 – 03/08/content_ 19750295. htm。

④ "Premier Li's Proposals at ASEM Summit," Beijing Review, October 23, 2014. 参见 http：//www. bjreview. com. cn/Cover_ Stories_ Series_ 2014/2014 – 10/20/content_ 645888. htm. 或《李克强在第十届亚欧首脑会议第一次全会上的发言（全文）》。参见 http：//news. xinhuanet. com/world/2014 – 10/17/c_ 1112858858. htm。

⑤ Paul Coyer, "China's Expanding Reach And Growing Influence In Central & Eastern Europe," Forbes, Aug. 2, 2015. 参见 http：//www. forbes. com/sites/paulcoyer/2015/08/02/chinas-expanding-reach-and-growing-influence-in-central-eastern-europe/。

⑥ 引自 "News Analysis：Profound regional impact from China's Silk Road initiatives," Xinhua, November 19, 2014. 参见 http：//news. xinhuanet. com/english/china/2014 – 11/19/c_ 133800737. htm。

备货币的依赖，促进人民币国际化。因此，"一带一路"倡议提出以来，中国签订的货币互换协议也迅速增加。①

除了发起"一带一路"倡议并着手建立一系列的支持机制外，中国也积极寻求建立与俄罗斯的合作，并将其与欧亚一体化机制相对接。近年来，针对俄罗斯关于"丝绸之路经济带"的建设可能会削弱其在中亚和东欧影响力的疑虑和担忧，中国积极推动与俄罗斯的欧亚经济联盟对接，以消除双方由此产生的不信任。② 因此，在 2015 年的亚洲博鳌论坛上，俄罗斯总理梅德韦杰夫表示，俄罗斯主导的欧亚经济联盟愿与"一带一路"进行对接合作。在同年晚些时候举行的习普会上，中俄双方在莫斯科发表《中华人民共和国与俄罗斯联邦关于丝绸之路经济带建设和欧亚经济联盟建设对接合作的联合声明》，双方在"推进丝绸之路经济带建设和欧亚经济联盟建设相对接"、"开辟共同经济空间"、"推进由中俄共同主导的欧亚一体化进程"等方面达成了共识。③ 中俄之间的相互理解与战略对接为中国推进其欧亚战略消除了障碍，促进了"一带一路"倡议与俄罗斯欧亚经济联盟的对接。④ 在"一带一路"倡议下，中国将优先稳固和发展对欧经济关系。为了推进这一倡议的实施，中国将中俄关系作为欧亚外交的支点。中国充分认识到俄罗斯的重要战略意义，并通过将俄罗斯融入"一带一路"的方式，打消俄罗斯的疑虑。⑤ 截至目前，双方已采取多项措施进行战略对接，加快跨境基础设施建设，包括签订俄罗斯远东地区协同发展协议，进行俄罗斯西伯利亚铁路与中国铁路的连接，建立欧亚运输新通

① "Yuan SDR call reflects future hopes, current use," Bloomberg Brief December 1, 2015. 参见 http://www. bloomberg. com/professional/blog/yuan-sdr-call-reflects-future-hopes-current-use/。

② Peter Ferdinand, "Sunset, Sunrise: China and Russia Construct a New Relationship," International Affairs (Royal Institute of International Affairs 1944), Vol. 83, No. 5 (Sep. 2007), pp. 841 – 867; Vladimir Shlapentokh, "Russia, China, and the Far East: Old Geopolitics or a New Peaceful Cooperation?" Communist and Post-Communist Studies Vol. 28, No. 3, 1995, pp. 307 – 318.

③ Alexander Gabuev, "Post-Soviet States Jostle For Role in China's New Silk Road Project," Russia Insider, August 17, 2015. 参见 http://russia-insider. com/en/post-soviet-states-jostle-role-one-belt-one-road-initiative/ri9224 > 。 或《中华人民共和国与俄罗斯联邦关于丝绸之路经济带建设和欧亚经济联盟建设对接合作的联合声明》。参见 http://cpc. people. com. cn/n/2015/0509/c64387 – 26973627. html。

④ Gennady Chufrin, "Eurasian Economic Union: Undergoing A Durability Test," Russian Analytical Digest, No. 170, (7 July 2015), p. 5.

⑤ Zhang Xiaotong and MarlenBelgibayev, "China's Eurasian Pivot," The Asan Forum, December 01, 2014. 参见 http://www. theasanforum. org/chinas-eurasian-pivot/。

道，加速人员和货物的流动，加强与传统上属于俄罗斯势力范围的中亚和欧洲地区的制度协调，最终深化和拓展能源领域的合作。①

"一带一路"主要包括五条路线，分别为中国经中亚、俄罗斯至欧洲；中国至东南亚、南亚、印度洋；中国经中亚至中东；中国经南海、印度洋至欧洲；经南海至南太平洋。② 在所有的路线中，新亚欧大陆桥经济走廊（欧亚北部经济走廊）是建设重点。这主要是基于以下两方面的原因：第一，中国十分关注与西欧市场的融合；第二，由于中俄不断深化的战略伙伴关系和上海合作组织、欧洲经济组织等地区机制的建立，才使中亚和俄罗斯的地缘政治优势凸显。新亚欧大陆桥经济走廊从中国东部省份江苏省出发，途经哈萨克斯坦、俄罗斯、白俄罗斯、波兰、德国，最终抵达荷兰的鹿特丹，全长超过 1.1 万公里。这一经济走廊由多条国际化铁路交通干线构成。包括从重庆市到德国杜伊斯堡、从武汉到捷克的梅尔尼克和帕尔杜比采、从成都到波兰的罗兹、从郑州到德国汉堡等多条货运铁路。③ 随着中欧贸易关系的深入发展，这些铁路也得到了高频的使用。例如，2013年开通的"蓉欧快铁"从成都青白江发车，经过 14 天运行到达波兰罗兹市，全程 9826 公里。在过去的两年半时间里，该列车已经运行 180 趟。计划在 2016 年蓉欧快铁的覆盖范围将继续向外延伸和辐射，并建设德国汉堡和荷兰蒂尔堡等欧洲分拨中心。④ 同样在 2013 年开通的郑州至欧洲国际铁路货运专列，也是"一带一路"计划的项目之一，全程 1 万多公里，途经哈萨克斯坦、俄罗斯、白俄罗斯和波兰后到达德国汉堡。近期，从江西南昌到荷兰鹿特丹的赣欧国际货运铁路也已经通车。截至 2015 年 11月，已有 20 条中欧国际铁路陆续开通。⑤

---

① Li Lifan and Wang Chengzhi, Energy Cooperation Between China and Russia: "Uncertainty and Prospectof Development," Russian Analytical Digest, No. 163, (24 February 2015), p. 13; "Beijing, Moscow agree to integrate China's Belt initiative with Russia's Eurasian vision," Xinhua, May 8, 2015. 参见 http://news. xinhuanet. com/english/2015-05/08/c_134222767. htm。

② "What is Belt and Road Initiative," Hong Kong Trade Development Council. 参见 http://beltandroad. hktdc. com/en/about-the-belt-and-road-initiative/about-the-belt-and-road-initiative. aspx。

③ "What is Belt and Road Initiative," Hong Kong Trade Development Council. 参见 http://beltandroad. hktdc. com/en/about-the-belt-and-road-initiative/about-the-belt-and-road-initiative. aspx。

④ "China-Europe Fast Rail Brings Mutual Benefit," Xinhua, January 2, 2016. 参见 http://china. org. cn/business/2016-01/02/content_37443571. htm。

⑤ Wang Wen and Shi Baoyin, "Hamburg rail link to see more freight traffic," China Daily, December 11, 2015. 参见 http://europe. chinadaily. com. cn/business/2015-12/11/content_22688147. htm。

（二）"21 世纪海上丝绸之路"与欧亚一体化

"21 世纪海上丝绸之路"的目标是利用沿海港口，途经南海、印度洋连通中国与欧洲和南太平洋。在这一倡议的推动下，新的港口和航线将会促进货物、技术和人口的流动，创造新的发展机会。[①] 海上丝绸之路的主要功能之一就是通过港口网络布局连通亚洲与欧洲，加强相互之间的经济、社会和非传统安全等领域的联系，促进区域和城市合作。"一带一路"建设并非中国"一家独奏"，而是沿线国家的"合唱"。只有相关各方积极参与，才能促进项目的顺利实施。[②]

亚欧海上航线是海上丝绸之路规划的组成部分之一。比雷埃夫斯港作为希腊的主要进出口通道，具有得天独厚的地理优势，是欧洲、非洲和亚洲海运航线的交汇点，将希腊的比雷埃夫斯港建设成为主要的贸易中心是亚欧海上航线建设的重要一环。[③] 除了希腊的比雷埃夫斯，中国还在 21 世纪海上丝绸之路的沿线国家投资了多个海上连通项目，如比利时、荷兰、马耳他、波兰以及欧亚海上走廊的斯里兰卡、巴基斯坦和埃及。[④] 值得注意的是，海上航线的发展促进了从港口到内陆的铁路和公路建设，因此也为陆上的连通提供了动力。[⑤]

[①] Marzia De Giuli, "News Analysis: China's Belt and Road Initiatives to be growth driver for Europe: Italian experts," Xinhuanet, December 24, 2014. 参见 http: //news. xinhuanet. com/english/europe/europe/2014 - 12/23/c_ 133874588. htm。

[②] Liu Cigui, "Reflections on Maritime Partnership: Building the 21st Century Maritime Silk Road," China Institute of International Studies, Sep 15, 2014. http: //www. ciis. org. cn/english/2014 - 09/15/content_ 7231376. htm; 参见新华网网评《"一带一路"建设不是中国一家的独奏而是沿线国家的合唱》, http: //news. xinhuanet. com/comments/2016 - 01/14/c_ 1117776651. htm。

[③] "File: Gross weight of seaborne goods handled in all ports, 1997 - 2013 (in million tonnes)," Eurostat. 参见 http: //ec. europa. eu/eurostat/statistics-explained/index. php/File: Gross_ weight_ of_ seaborne_ goods_ handled_ in_ all_ ports, 1997 - 2013_ (in_ million_ tonnes). png > (Accessed 2. 23. 2016); Piraeus becomes China's gateway to Europe, Railway Pro, February 22, 2016。参见http: //www. railwaypro. com/wp/piraeus-becomes-chinas-gateway-to-europe/。

[④] 更详细的分析参见 "Frans-Paul van der PuttenMinkeMeijnders", China, Europe and the Maritime Silk Road, Clingendael Report, March 2015, pp. 15 - 16。参见 http: //www. clingendael. nl/sites/default/files/China% 20Europe% 20and% 20the% 20Maritime% 20Silk% 20Road. pdf。

[⑤] 更详细的分析参见 "Frans-Paul van der PuttenMinkeMeijnders", China, Europe and the Maritime Silk Road, Clingendael Report, March 2015, pp. 15 - 16, p. 28。

（三）亚投行、丝路基金与欧洲复兴开发银行

"一带一路"是一个建立在多边机制框架下的综合倡议，该倡议秉承"共商、共享、共建"的原则，反映了中国建立一个全球市场机制的长远战略目标。随着计划的推进，现有合作机制不能完全满足需要，新的机制将会不断建立。为此，中国提出建立亚洲基础设施投资发展银行（亚投行）和丝绸之路基金（丝路基金）两个重要的区域融资合作机制。亚投行成立于2014年10月，是一个政府间性质的区域多边开发机构，它不以市场为导向，不以追求利润为目的，是一个致力于促进成员国共同利益的国际金融组织。亚投行的建立遵循国际政治经济的基本原理，即区域内的贸易和资本流动以及正式机制的建立有助于促进合作，解决争端。丝绸之路基金的基础资本金共400亿美元，该基金主要致力于为"一带一路"沿线项目提供投资和金融支持。这两个机制和"一带一路"相互支撑、相互呼应，并将得到能源发展基金①、中国—东盟投资合作基金、中国—中东欧投资合作基金②等一系列机制的支持。

目前，国内外学术界对亚投行已经开展了较为广泛和深入的研究，这从侧面反映出这一机构的重要性和国际社会对它的热情。③ 亚投行的决策机制和股权分配设计既保证了投票权的平均分配又保证了项目执行的快速和高效，如中国是亚投行的第一大股东，但其规则设计将使中国与其他成员国合作决策。尽管中国将亚投行定位为对现有以国际货币基金组织和世界银行为代表的全球金融机制的补充，但有分析家认为，美国早期对亚投行的消极态度和拒绝加入亚投行的声明，被欧洲一些国家理解为美国对中国规范性权力上升的担忧。④

---

① 能源发展基金成立于2015年，拥有200亿美元的基础资金，致力于为"一带一路"沿线国家的能源基础设施建设提供支持。

② 中国—中东欧投资合作基金成立于2014年，基础资金30亿美元，致力于为中东欧国家提供金融支持，促进相互之间的合作。

③ 例子参见 Andrew Sheng and Xiao Geng, "The AIIB and Global Governance", Project Syndicate, April 27, 2015。参见 http://www.project-syndicate.org/commentary/aiib-china-global-leadership-by-andrew-sheng-and-geng-xiao-2015 – 04？barrier = true#AKBOkXAF8pJTIAzD. 99 >；Alicia Garcia-Herrero and Carlos Casanova, "The AIIB: a little competition never hurts anyone", BBVA Research, 14 April 2015, https://www.bbvaresearch.com/wp-content/uploads/2015/04/20150413_AIIB_v41.pdf.

④ Andrew Sheng & Xiao Geng, The AIIB and Global Governance, Swissinfo, May 13, 2015. 参见 http://www.swissinfo.ch/eng/politics/opinion_the-aiib-and-global-governance/41426336。

欧洲国家对加入亚投行表现出了浓厚的兴趣。截至目前，已有 20 个欧洲国家加入亚投行，欧洲成为除亚洲之外加入亚投行成员国数量最多的地区。这一现象在深层次上反映了欧洲国家对广泛的多边合作机制的企盼，这与欧洲在第二次世界大战后独特的历史经历有关。中国的多边主义模式与美国第二次世界大战后在亚太地区的双边主义（轴与辐条模式）形成对比，亚投行代表了亚洲政治经济多边主义的发展方向，也是将这一模式通过一个包容—发展的框架扩展至欧亚地区的尝试。亚投行和欧洲复兴开发银行已经积极展开对话，寻求更加广泛的合作领域，这一点也被解读为中欧之间加强制度性协调的信号，而这必将削减美国在该地区的利益。①

二 中国的欧亚一体化战略与美国的大西洋主义

第二次世界大战后建立起来的大西洋联盟在本质上是以安全协调为目标机制，其经济方面的制度安排被认为是安全领域的延伸。② 冷战后，北大西洋公约组织继续存在，并在大西洋联盟中发挥支柱作用，这表明欧洲国家所设想的"没有美国军事力量存在的欧洲"在现实中是不可能出现的。③ 尽管目前建立跨大西洋自由贸易区的谈判持续进行，但人们仍会关注美欧之间社会经济联系的程度和前景，对于美欧关系而言，这些经济和社会领域的机制安排仅仅是第二位的，是对军事领域合作的完善和加强。④

1989 年冷战的结束标志着新大西洋主义的兴起。冷战结束和苏联解体虽然没有对传统的大西洋联盟关系带来根本性的冲击，但还是引起了一定的调整。⑤ 在整个 20 世纪 90 年代，欧亚地缘政治环境和地缘战略都发生

---

① EBRD President calls for strong cooperation with AIIB, EBRD Press Office, 27 June, 2015. 参见 http：//www. ebrd. com/news/2015/ebrd-president-calls-for-strong-cooperation-with-aiib. html。

② Francois Heisbourg, "The European-US Alliance：Valedictory Reflections on Continental Drift in the Post-Cold WarEra," International Affairs（Royal Institute of International Affairs 1944）, Vol. 68, No. 4（Oct. 1992）, p. 669.

③ Robert J. Art, "Why Western Europe Needs the United States and NATO," Political Science Quarterly, Vol. 111, No. 1（Spring, 1996）, p. 6.

④ Francois Heisbourg, "The European-US Alliance：Valedictory Reflections on Continental Drift in the Post-Cold WarEra," International Affairs（Royal Institute of International Affairs 1944）, Vol. 68, No. 4（Oct. 1992）, p. 670.

⑤ Helene Sjursen, "On the Identity of NATO," International Affairs（Royal Institute of International Affairs 1944）, Vol. 80, No. 4, The Transatlantic Relationship（Jul. , 2004）, p. 691.

了变化，大西洋联盟不得不为这一组织的继续存在寻找依据，在政治和经济上对联盟进行重新定位。① 在政治方面，冷战结束后的北约更加关注联盟的稳定和前华约国家加入的问题；在军事方面，北约在组织结构和战略上都需要彻底的转变。经过激烈的内部讨论，北约对其合作领域进行了调整，并使用一些新的概念和术语，如用"风险"和"不稳定"来代替"威胁"。如今，经过重构的北约致力于应对成员国传统安全和非传统安全的挑战，这些挑战也使欧洲国家在大西洋地区的联系更加紧密。②

与大西洋主义不同的是，在冷战时期，虽然俄罗斯的欧亚主义在内涵上也有进一步的发展，但是这种发展主要是吸收了民族主义的成分，而不是增进地区政治经济一体化的趋向。包容性的缺乏导致俄罗斯倡导的欧亚主义无力与大西洋主义抗衡。③ 俄罗斯欧亚主义的失败在很大程度上是因为其只关注领土和文化因素，忽视了经济的发展。④ 到苏联解体时，这一理念已经既没有任何物质性的权力支持，也没有观念上的吸引力，不能为成员国提供任何实质性的帮助。⑤ 与俄罗斯传统的欧亚主义有所不同，在"一带一路"框架下推进的欧亚一体化战略是建立在中国的全方位外交和强大的经济实力及基础设施（交通、通信、物流等）建设能力基础上的。因此，中国倡导的欧亚主义摆脱了之前民族主义和领土等因素，并融入欧亚一体化的内涵，这足以使未来的欧亚政治能够与以安全为导向的大西洋主义相抗衡。⑥

尽管面临着大西洋联盟的地缘政治压力，但近几十年来，中国在欧亚地区的实力仍得以迅速扩展。这种扩展既可以被视为中国国家经济实力发

---

① Francois Heisbourg, "The European-US Alliance: Valedictory Reflections on Continental Drift in the Post-Cold WarEra," International Affairs (Royal Institute of International Affairs 1944), Vol. 68, No. 4 (Oct. 1992), p. 665.

② Paul Cornish, "European Security: The End of Architecture and the New NATO," International Affairs (Royal Institute of International Affairs 1944), Vol. 72, No. 4, The Americas: European Security (Oct., 1996), p. 768.

③ Dmitry V. Shlapentokh, "Eurasianism: Past and Present," *Communist and Post-Communist Studies* 30. No. 2, p. 148.

④ 关于苏联解体后欧亚主义的分析参见 Dmitri Trenin, *The End of Eurasia: Russia on the Border Between Geopolitics and Globalization*, Carnegie Moscow Center, 2001, pp. 283 – 287。

⑤ Abbott Gleason, "Eurasia: What is it? Is it?" *Journal of Eurasian Studies* 1, 2010, p. 29.

⑥ David Kerr, "The New Eurasianism: The Rise of Geopolitics in Russia's Foreign Policy," Europe-Asia Studies, Vol. 47, No. 6 (Sep. 1995), p. 980.

展的自然延伸,也可以被视为对地区地缘政治因素变化的回应。在这个意义上说,中国的发展既是历史的需要也是历史发展的机遇。① 欧亚地区为中国实施其经济和政治战略提供了不受美国牵制的空间。尽管中国在关注欧亚地区的同时并不会忽视其东部沿海地区,但在欧亚地区的扩展不仅可以巩固中国在全球无可取代的经济地位,并且能够在大西洋地区对美国造成压力。

日益增长的经济和政治影响力使中国能够在欧亚一体化进程中发挥实质性的影响。政治上,中国已经着手构建与"一带一路"沿线国家的深层次合作,这使中国能够推动建立如亚投行和丝路基金等全球性机制,并吸引世界的关注和参与;在经济上,由于逐渐积累起来的专家资源和物流能力,中国不仅拥有实施重大基础设施建设项目的技术实力,并且有足够的金融实力为这些耗资巨大的项目提供资金支持。简单地说,中国之所以推行这一涵盖区域范围广泛的欧亚一体化战略,是因为其有充足的物质实力支撑这一战略的实施。这一点可以与美国倡导但并未成型的"新丝绸之路计划"形成对比。美国于2011年提出"新丝绸之路"计划,试图连通阿富汗、印度、巴基斯坦与中亚的苏联国家,以此达到连通中亚与东南亚的目标,并建立自由贸易区。② 然而,这一计划的地缘战略构想不仅不切实际,而且缺乏包容性③,相关主体缺乏支持和推进这一计划的政治实力特别是经济实力。④

以欧亚为中心的发展战略也将为中国带来一系列潜在的收益。

第一,这一战略有助于中国应对美国"重返亚太"和"亚太再平衡"的压力。⑤ 由于国际社会普遍认为美国在亚太地区战略的全面调整主要是针对中国、牵制中国影响力的扩展,因此这一点对中国来说具有至关重要

① Abbott Gleason, "Eurasia: What is it? Is it?" *Journal of Eurasian Studies* 1, 2010, p. 32.

② YounkyooKima and Fabio Indeob, "The new great game in Central Asia post 2014: The US 'New Silk Road' strategy and Sino-Russian rivalry," *Communist and Post-Communist Studies*, Volume 46, Issue 2, June 2013, p. 278.

③ Gao Fei and Li Junyang, "China's Diplomacy in the Era of Xi Jinping: Inheritance and Innovation," in Interpretation on New Philosophy of Chinese Diplomacy, compiled by State Council Information Office of the PRC, (Beijing: China Intercontinental Press, July 2014), p. 149.

④ Zhang Xiaotong and MarlenBelgibayev, "China's Eurasian Pivot," The Asan Forum, December 01, 2014. 参见 http://www.theasanforum.org/chinas-eurasian-pivot/。

⑤ US's rebalance strategy was debated in details at Global Asia, Vol. 7, No. 4, Winter 2012. Expert views can be reached at < https://www.globalasia.org/issue/the-us-pivot-to-asia/ >.

的意义。① 显然，正如在亚太地区一样，西欧也同样处于美国战后的安全安排之下，这些早已建成的机制安排绝不会允许中国轻易进入西欧地区。事实上，与亚太地区相比，中国在西欧地区可能更难取得战略突破。但是，广大中亚地区处于通往东欧和西欧的走廊地带，并不受到美国军事力量的影响，也因此被认为是中国重返欧亚的起点地区。在这一地区，中国更容易将其计划向西推进，并应对美国在中国东部地区的地缘政治压力，使美国投入更多的时间和资源来保持其对欧洲的控制。② 因此，就像目前南中国海地区的情况一样，欧亚战略不仅会使美国卷入亚太地区，还会增加中美两国在相关地区的直接交涉。

第二，"一带一路"框架下的欧亚战略也是中国向国际社会展现中国外交政策理念的一次实践。在过去 40 年中，中国的外交政策已经从僵化、意识形态主导的社会连带主义转向注重实用、包容的发展主义。③ 随着这一政策的转变，中国外交更提倡不干涉、共同发展等包容性理念。尽管近年来中国的军事实力不断上升，但其外交政策的重心已经转向发展与合作，其推动的欧亚一体化进程展现了中国关于地区和全球治理的全新理念。

中国的经济实力为其发展导向型的战略提供了支撑。在过去 10 年中，中国在国际贸易和投资中所占的份额越来越大。例如，2010 年，中国的GDP 超过日本成为世界第二大经济体。2014 年，中国成为全球最大的贸易伙伴国。2006 年，美国是 127 个国家的最大贸易伙伴，而中国只有 70 个；但到 2014 年中国已经成为 124 个国家的最大贸易伙伴，远超美国的 76个。④ 此外，中国基础设施项目的质量和稳定性也给世界一个"以发展为导向"的崛起国的形象。因此，中国的经济成就已经证明了其在基础设施

---

① "中国实力向东部太平洋地区的扩展遭到以美国为首的联盟体系的阻碍，但是中国西向的路线并不受到美国的干预，中国可以在亚洲大陆地区获取市场和资源，并实现影响力的扩展。"参见 Dmitri Trenin, "From Greater Europe to Greater Asia? The Sino-Russian Entente," The Carnegie Moscow Center , 2015, p. 7。

② Zhang Xiaotong and MarlenBelgibayev, "China's Eurasian Pivot," The Asan Forum, December 1, 2014. 参见 http：//www. theasanforum. org/chinas-eurasian-pivot/。

③ Joseph Y. S. Cheng and Zhang Wankun, "Patterns and Dynamics of China's International Strategic Behaviour," Journal of Contemporary China, 11 (31), May 2002, pp. 235 – 260。

④ China overtakes US as world's largest trading country, RT News, 11 Feb, 2013. 参见 https：//www. rt. com/business/china-us-largest-trading-country-908/。

建设和先进的物流体系建设方面的能力。中国通过建设高速铁路网络加强连通与合作，促进经济发展的理念，已经可以作为一个外交工具被使用。① 经济和技术的领先对中国欧亚政策的实施起到了积极的推动作用。

第三，以发展为导向的欧亚战略凸显了美国"安全化"的大西洋主义和中国"经济化"的欧亚主义之间的结构性差异，这种差异既体现在物质上，也体现在观念上。大西洋主义注重安全，以安全促进共同发展；中国倡导的欧亚主义注重发展，以发展保障共同安全。这种结构性的差异，除了带来贸易路线和发展倡议等物质性的区别外，还会导致相关国家对于全球治理最佳模式认知的逐渐改变。国际社会对亚投行的热情可以看作是欧亚地区这一理念转变的信号，而西欧国家无疑是这种理念转变的主体。

许多国家积极加入中国主导的"一带一路"倡议很大程度上是由于其非军事化的特征。中、美主导的两种模式的差异为欧洲的选择提供了较大的空间，减少了之前美欧安全承诺对欧洲的牵制。也就是说，中国发展主义模式和美国安全主义模式的差异，使得欧洲在与中国接近时，可以避免使美国认为自身的影响力正在下降。此外，中国反复强调"一带一路"倡议的"民间性"和这一倡议对现有机制的补充作用，对这一点也有助益。美国曾明确拒绝其同盟伙伴加入亚投行，现在也仍会对欧洲转向中国倡导的机制安排表示忧虑，并且认为如果中国这样固执地构建新的全球经济机制，一定会对现有机制造成冲击。② 但到目前为止，由于中国一直强调其倡议的包容性，美国的担忧并没有引起欧洲国家的太大重视。③

既然中美两种模式在许多方面存在差异，那么与美国主导的大西洋主义相比，中国的欧亚一体化是一个与之共生的模式还是一个潜在的"替代性选择"呢？共生是指中国模式以发展为导向，美国模式以安全为导向，由于关注焦点的不同，两种模式在观念上可以共存；替代性特征是指，由于结构性差异的存在，美国在欧洲主导的模式最终将不得不被中国模式所取代。最终结果究竟是共存还是取代，我们还不得而知，只有中国通过促

---

① Premier road show：Li takes CEE leaders on high-speed train ride, China Daily, 25 November, 2015. 参见 http：//www. chinadaily. com. cn/world/2015liattendsASEAN/2015 – 11/25/content_ 2251 7637_ 4. htm。

② "US should write laws of global economy, not China-Obama," RT News, 17 Apr, 2015. 参见 http://www. rt. com/business/250497-obama-economy-china-trade/。

③ "AIIB complementary to ADB, World Bank：China's Finance Minister," People's Daily, March 21, 2015. 参见 http：//en. people. cn/business/n/2015/0321/c90778 – 8866727. html > 。

进交通和基础设施建设，改变欧洲决策者和民众的观念，持续深入地推动欧亚一体化进程，将欧洲以安全为导向的思维模式转变为以发展为导向的模式，最终形成制度化的"欧亚反单边主义"时，① 才能明确两种模式是相伴而生还是相互取代。

其实，欧洲对模式选择的转变已经初露端倪。中国在中亚和欧洲发起的建设项目受到了广泛的欢迎，例如"一带一路"与俄罗斯主导的欧洲经济联盟的对接合作；中欧关于欧洲复兴开发银行、亚投行、丝路基金合作的早期对话；东欧地区大量的交通建设项目倡议；中俄高铁项目合作；中国与中亚、中国与西欧的高铁建设合作等都已提上日程。这些都表明了中国倡导的发展主义模式得到了认可。中国模式既为欧洲带来了新的选择，也为欧洲带来了力量，因为它提供了展现"放大效应"的机会，在欧洲经济持续衰退时，中国的丝绸之路倡议可以有助于欧盟增强政治和经济实力，为其提供应对经济问题的解决之道。② 因此，从纯经济的角度看，中国主导的发展政策仍是欧洲的理性选择，这也赋予中国主导的新欧亚秩序一种内生的力量。

最后，中国与欧亚之间更好的连通、更多的投资和贸易也可以进一步增强中国的国力。"一带一路"倡议和实施有助于中国调动和转移其过剩的产能，促进商品和货物更快捷、更低成本的运输，深化中国与沿线国家的双边经济关系。此外，中国作为欧亚绝大多数国家最大贸易伙伴国，便利了直接使用人民币和贸易国货币进行结算，削弱了美元作为储备货币的地位。总之，更加快捷和便利的连通将有助于中国国内经济发展的转型，为中国未来经济发展提供新的动力。

三　中国欧亚一体化战略的挑战与前景

中国主导的欧亚经济合作发展模式并不会立即削弱美国在欧洲的影响力。正如冷战结束后北约仍然继续扩张所表明的一样，美国会继续拓展其政治影响力，以确使欧洲相信它们需要美国持续的安全保护，这也意味着

---

① LanxinXiang, "Washington's Misguided China Policy", Survival 43 (3), (2001), p. 22.

② "Silk Road to Link Asia to Europe, Strengthen Continental Powers", Sputnik News, 18. 05. 2015. 参见 http://sputniknews.com/business/20150518/1022284412.html。

美国主导的大西洋安全框架在欧洲仍将发挥重要作用。

苏联的解体并没有彻底改变大西洋联盟成员国的冷战思维，在美俄关系破冰、短暂修好之后，地缘战略互信缺失又重新占据俄罗斯与大西洋关系的中心。欧洲对俄罗斯的能源依赖以及目前的乌克兰、叙利亚危机也表明，欧洲在安全方面仍有很多不确定的因素，仍然需要美国的保护。与此同时，中国在"一带一路"框架下推进的欧亚一体化战略主要以经济发展和相互合作为主要内容，建立的相关机制都服务于两大目标：连通与发展。面对欧洲的地缘政治纷争，中国主张制裁性措施无法解决安全问题，各地区的综合发展才是根本解决之道。在中国倡导的欧亚安全框架下，与其说是安全化的经济，不如说是安全被经济化了。因此，欧洲的安全仍然由美国主导，并且也没有其他国家可以提供取代美国的选择。

可以预见，随着"一带一路"倡议在欧亚大陆的推进，中国必将面临诸多困难和挑战，这些挑战除了与"一带一路"自身相关的风险之外，因复杂的地缘政治环境所导致的挑战也会更加突出。

首先，挑战将来自"一带一路"沿线国家经济发展水平的参差不齐及其复杂的国内政治环境。对于中国来说，多边的机制设计很难协调各国国家利益和优先目标的差异，因此，与相关国家和国际组织构建积极的互动关系就显得至关重要。例如，由于俄罗斯与欧盟就乌克兰局势产生了冲突，俄罗斯可能会建议欧洲经济联盟的成员国暂缓中国至欧洲的高铁项目建设。另外，"一带一路"沿线国家的内部问题，如腐败和管理低效等，也会对合作项目的成功和成效产生重要影响。

其次，更重要的挑战将来自美国的战略竞争和对中国的遏制。一些学者担忧美国试图如"重返亚太"一样，也要实施"重返亚欧"战略，以对中国的"一带一路"倡议进行牵制。但笔者认为，美国在欧亚大陆难以实施类似其在亚太地区的战略再平衡政策。第一，重返亚太在很大程度上依赖于美国在东北亚和东南亚已经建成的安全机制，这些机制涵盖日本、韩国、新加坡和菲律宾等国家。如今，美国试图在欧亚地区实施类似的再平衡战略，为中国设置障碍。但美国在中亚和东欧地区很难找到愿意接受其大量军事存在的盟友。这些地区的国家并不接受美国在欧亚地区实行类似于"重返亚太"这样的具有扩张型的政策。特别是，当考虑到中国日益增长的经济实力及其对地区的影响时，这些国家会对美国的行为更加反感。第二，遏制中国向欧亚地区扩展的战略会需要地面军队的部署，这对美国来说也是一个十分艰巨的任务。在国际公海水域和空间上，美国可以在国际"共有物"（res communis）规则的掩护下任意调动其军事资源，而不需要其他主权国家的同意，但如果想要在欧亚地区进行军事部署，美国就必须分别协调区域内的每个国家。美国关闭在吉尔吉斯斯坦的玛纳斯军事基地就是一个很好的例证。① 第三，值得注意的是，美国的重返亚太战略被视为一种"再平衡"，这意味着美国并不会全面增加军事开支，而是对其在全球的军事力量分布进行重新部署，调整中东和欧洲的军事力量，将更多的注意力放在亚太地区。但是，要想在欧洲地区遏制中国，就会需要额外的军事开支，这是美国当前的财物状况所不能允许的。②

因此，超出现有北约框架的直接的军事遏制，并不能有效地阻止中国在欧亚地区的扩展和"一带一路"倡议的推进，那么美国还能采取哪些其他策略呢？笔者认为，美国可能会在中国外交最擅长的经济领域着手。除了反对其欧洲伙伴国加入中国主导的经济机制之外，美国也寻求加强自身与欧洲国家的经济和贸易关系。如美国将加快推进"跨大西洋贸易与投资伙伴协议"（TTIP）谈判，以图与中国倡导欧亚一体化战略进行竞争。正如奥巴马总统向国会发表年度国情咨文演说时所阐明的，美国要牢牢把握住贸易规则的制定权，这表明美国的政策制定者已经意识到，一个缺乏足够经济支撑的军事联盟是十分脆弱的。美国在欧洲积极推进 TTIP 谈判进程已经清楚地表明了其战略调整的趋向。因此，就像利用 TPP 来应对中国在亚太地区的经济实力扩张一样，美国在欧洲将会继续推动 TTIP 的谈判和签署，在经贸领域对中国进行牵制。

另外，美国也可能会在"一带一路"沿线地区利用社会和政治问题来阻碍中国的连通项目和基础设施建设项目的顺利实施。特别是那些处在欧亚东北走廊的国家将会成为美国战略关注的重点对象。俄罗斯将成为一个潜在的目标，例如，俄罗斯在乌克兰危机和克里米亚危机受到的制裁将对国家的经济和战略产生较大影响。一方面，与欧洲的关系恶化，将促使俄罗斯深化与中国的战略伙伴关系；另一方面，危机破坏了俄欧关系，也使

---

① Joshua Kucera, U. S. Formally Closes Its Kyrgyzstan Air Base, Eurasianet, June 3, 2014. 参见 http：//www. eurasianet. org/node/68430。

② U. S. Net International Investment Position：End of the Third Quarter of 2015, Bureau of Economic Analysis, US Department of Commerce, December 29, 2015. 参见 http：//bea. gov/newsreleases/international/intinv/intinvnewsrelease. htm。

俄罗斯丧失了作为联结欧亚的枢纽的地缘优势。在这样的地缘政治背景下，美国会继续在东欧和中亚地区与俄罗斯对抗，中国以发展为导向的建设和努力可能会被忽视和干扰。

四　结论

如果中国的"一带一路"倡议获得更多的支持并取得更显著的成果，新欧亚主义有别于传统欧亚主义的独特性将会更加凸显。在经济上，"一带一路"倡议会促进欧亚地区甚至更广阔范围内的连通和经济的繁荣，并且由于中国一直倡导不侵犯、不干涉内政等外交原则，经济的繁荣也会促进各国之间政治友好关系的建立。从长远来看，中国在"一带一路"框架下倡导欧亚一体化战略方兴未艾，必将削弱美国在欧洲地区围绕大西洋主义建立的机制，为欧洲国家提供了除大西洋主义之外的另一替代性选择。

由于欧洲地区与第二次世界大战后建立的安全机制紧密相关，并且对于这些机制的维持非常关键，因此，欧洲也是整个中国欧亚一体化战略的最核心地区。正如许多国家积极加入亚投行一样，欧洲国家也会继续对中国的"一带一路"倡议抱以参与和支持的态度。这样一来，它便可以在中国以发展为导向的模式和美国以安全为导向的模式中进行权衡和选择。只要中国能证明其模式是包容性的、发展性的，欧洲国家一定会冲破美国的阻力和压力，融入中国倡导的机制。因此，与其说欧洲是在两种模式中进行选择，不如说他们是在寻求一种平衡，在保持与美国的安全合作的同时，也谋求建立同中国的经济发展合作。如果"一带一路"倡议能将欧洲政策制定者引向这样的二元战略，这本身就可视为中国外交政策的成就。

正如荷兰国际关系研究所发布的《中国、欧洲和海上丝绸之路》报告中所指出的，"只要中国保持现有的发展速度和方向，在未来十年内，中国与欧亚之间将会形成一个以中国为中心的、一体化程度更高的经济空间"。① 在广大欧亚政治版图上，中国的经济驱动型战略具有广阔的发展空间。随着中国的连通建设和发展项目建设成效日益显现，中国模式与美国模式之间的结构性差异也会越来越明显。特别是，如果"一带一路"与欧

---

① "Frans-Paul van der PuttenMinkeMeijnders", China, Europe and the Maritime Silk Road, Clingendael Report, March 2015, p. 33.

洲经济联盟和欧洲复兴开发银行实现成功对接，欧亚将实现从中国到中亚进而深入东欧、西欧的更深层次的制度协调。因此，除了关注"一带一路"面临的现有的和潜在的问题与挑战，中国须不断改进现有的机制框架，并将其理论化、制度化，在此基础上，探索中国独到的全球治理理念与方式。

世界工业化进程与"一带一路"的全球未来发展意义 *

内容提要： 工业文明是迄今为止人类所创造出来的最优秀的文明成果之一，从来不会将来也不会停滞在某个阶段、某个国家。从工业文明的历史进程来看，只要当今世界仍存在诸多不发达国家，工业文明也就有其前行的必要和可能。

大国是世界工业化进程中的主导国家，甚至对世界工业化进程起着决定性的作用，在将工业文明向世界非工业化国家推进的历史进程中，也最终完成了自身在世界经济体系中的转型与升级。

"丝绸之路经济带"和"21世纪海上丝绸之路"（以下简称"一带一路"）是新兴大国——中国在世界范围内推进工业化进程的首次自觉行为。在中国崛起之前，没有任何证据表明工业化进程可以在世界范围内得以实现。中国工业化道路的成功无疑为世界众多人口享有工业化成果增添了信心和动力。今天中国提出的"一带一路"倡议必将引领新一轮世界工业化浪潮，成为世界工业化进程中的重大实践，与此同时，中国也将最终实现自身崛起的大目标。

"丝绸之路经济带"和"21世纪海上丝绸之路"（以下简称"一带一路"）是新兴大国——中国在世界范围内推进工业化进程的首次自觉行为。在中国崛起之前，没有任何证据表明工业化进程可以在世界范围内得以实现。中国工业化道路的成功无疑为世界众多人口享有工业化成果增添了信心和动力。今天中国提出的"一带一路"倡议必将引领新一轮世界工业化浪潮，成为世界工业化进程中的重大实践，与此同时，中国也将最终实现自身崛起的大目标。

* 赵江林，中国社会科学院亚太与全球战略研究院研究员、国际经济关系室主任、博士生导师，中国社会科学院国家全球战略智库研究员。

迄今为止国内外对工业化理论的研究鲜有从大国视角来展开的。英国作为当时"日不落"的大国对世界工业文明的推进尚未启动，更多的是为本国实现工业化不断从外部进行"索取"，因而不可能从大国角度来论述工业化进程。后来的西方工业化理论学者以及来自发展中国家的学者也主要是基于工业化现象来对工业化进行描述的。一般的研究或者从技术角度对世界工业化进程进行阶段性划分，[①] 或者从增长的角度来总结一国经济发展的共性特征，[②] 也有的从制度经济学角度来探究工业化的起源，从世界整体角度来明确各国在世界分工体系中的地位作用以及相互之间的关系。[③] 来自社会主义国家的工业化探索者限于当时的历史条件，也主要致力于本国的工业化进程研究。[④] 因此，较少有文献讨论大国对世界工业化进程的影响，更多的是局限在一国工业化内部。本文拟从大国角度对世界工业化进程进行重新划分，以此追寻大国在推进世界工业文明中的历史作用以及今天中国所承担的历史责任。

探讨大国在世界工业化进程中的主导作用具有如下的现实意义：一是大国所具有的先进性，即先进理念、先进技术和资金实力往往成为世界工业化进程的领路人；[⑤] 二是大国因其经济实力往往对他国的工业化进程具有决定性的影响；三是大国所具有的外溢性[⑥]，即大国所具有的内在潜力

---

① 经济史学家对世界工业化的阶段特征有两种较典型的分期法。一种是技术分期法，将世界工业化进程划分为三个阶段；另一种是经济周期分期法，按照由技术革命决定的经济波动长周期的表现将世界工业化进程划分为五个基本阶段。参见金碚《世界工业化历史中的中国改革开放30 年》，《财贸经济》2008 年第11 期；闫海潮《第三次工业革命四题》，《科技管理研究》2015年第2 期；黄群慧《中国的工业化进程：阶段、特征与前景》，《经济与管理》2013 年第7 期；韩毅《论工业现代化的世界历史进程》，《中国社会科学院研究生院学报》2007 年第1 期；高军峰《工业化及其发展阶段研究成果综述》，《阴山学刊》2012 年第3 期。

② 钱纳里和塞尔奎因（1986）以人均GDP 收入来划分不同的工业化和经济增长阶段。库兹涅茨就是按工业结构和劳动力结构来划分工业化阶段。德国经济学家霍夫曼在1931 年出版的《工业化的阶段和类型》一书中，提出了霍夫曼系数，用于划分工业化阶段。罗斯托在1960 年所著的《从起飞进入持续增长的经济学》中，把社会经济增长划分为六个依次推进的历史阶段：传统社会阶段、准备起飞阶段、起飞阶段、向成熟推进阶段、高额消费阶段、追求生活质量阶段。

③ ［美］沃勒斯坦：《现代世界体系》（第一、二、三卷），尤来寅等译，高等教育出版社1998 年版。张康之、张桐：《论普雷维什的"中心—边缘"思想——关于世界经济体系中不平等关系的一个分析框架》，《政治经济学评论》2014 年第1 期。

④ 列宁、斯大林、毛泽东和邓小平等主要讨论的是在没有继承资本主义大工业体系的落后的社会主义国家如何完成工业化任务。

⑤ 王国刚：《"一带一路"：闯出全球经济资源配置的中国之路》，《金融论坛》2015 年第10 期。

⑥ 现有的有关大国文献研究也没有探讨大国的外溢影响。参见欧阳峣《大国经济研究的回顾与展望——1990—2010 年国内文献述评》，《经济评论》2011 年第6 期。

能够为世界提供更多的发展机会。马克思曾指出："大工业发达的国家也影响着或多或少非工业的国家。"①

一 世界工业化进程的大国主导：贡献与难题

从 1750 年到今天已经有 300 余年的工业化进程中，如果从大国角度来划分世界工业化进程的话，大致可划分为以下三个阶段。

第一阶段为英国主导的世界工业化进程，即从 1750 年英国启动工业化进程开始到 1913 年美国超过英国成为世界第一大经济体结束，既是英国完成工业化进程的时期，也是欧美日等传统工业国完成工业化任务的阶段。

第二阶段则由美国主导世界工业化进程，即 1945 年开始，到 2010 年中国制造业规模超过美国为止，是工业化向不发达国家推进的阶段。这一阶段主要以亚洲国家工业化实践为主，至今这一任务尚未完全完成。真正成为世界工业强国的仍是当年的传统工业国，多数国家仍为不发达国家。如何使工业文明遍及全球仍是一项长期的任务。

第三阶段是正在或将由中国主导的世界工业化进程时期。中国经济实力的崛起正在使中国取代美国引领不发达国家工业化道路成为可能，这也是本文主要讨论的内容。

在这三个不同阶段，工业化内涵和外延在不断地发生变化，呈现出不同的历史特征，构成了大国主导世界工业化进程的画面变迁过程。②

（一）英国主导时期

工业革命最先发端于英国，之后蔓延到欧洲主要国家和美国、日本，这一过程持续了将近 200 年。

英国主导工业革命时期具有如下几个特征。

第一，奠定了工业文明在世界范围内的主导地位。英国开历史先河，依靠工业力量，首先确立了工业文明在本国的主导地位。随后在英国工业化的示范下，其他工业国也开始启动工业化进程，通过逐步学习英国工业

---

① 《马克思恩格斯选集》第 2 版第 1 卷，第 110、115 页。

② 关于不同时代世界制造中心特征及形成条件比较，参见张为付《世界制造中心形成及变迁机理研究》，《世界经济与政治》2004 年第 12 期。

革命这一新生事物，包括对英国技术、制度的学习，试图突破传统农耕力量，以建设一个全新的社会体系。① 可以说没有英国的示范作用，也不可能有传统工业国的工业化进程或者这些国家的工业化进程还要往后推迟。当工业革命相继在主要资本主义国家完成之后，其所形成的合力使工业文明被牢牢地锁定为世界体系中的主导文明，这些工业国也成为世界体系中的主导国家，成为世界新秩序的创建者、维护者。作为工业革命的发源地，英国也因此成为世界第一个"日不落"的帝国，彰显出工业帝国对以农耕为基础的农业帝国的强力超越。

第二，创建基于一国工业体系的新型经济关系。随着现代工业体系的建立，以工业为基础的制度体系得以逐步确立，并形成相对于农耕社会的理念优势、制度优势。不过，由于大工业发展刚刚处于起步期，这一阶段也是传统势力与新兴势力之间展开较量的关键阶段。随着资本主义社会逐渐走向成熟，工业国社会制度逐渐完备起来，包括为减缓资本主义社会内部矛盾而建立的福利制度，并通过制度优势来吸引其他不发达国家进行工业革命。

第三，基于技术的质的飞跃，新型国际分工和新型国际经济秩序开始出现。"社会一旦有技术上的需要，这种需要就会比十所大学更能把科学推向前进。"② 技术进步导致一国生产可以突破疆域成为世界生产者、消费者。马克思曾指出："在英国，机器发明之后，分工才有了巨大的进步……由于有了机器，现在纺织工人可以住在英国，而织布工人可以住在东印度，在机器发明以前，一个国家的工业主要用本地原料来加工。……由于机器和蒸气的应用，分工的规模已使大工业脱离了本国基地，完全依赖于世界市场、国际交换和国际分工。"③ 正因此，作为技术创新的发源地，英国才能够以弹丸小国成为当时世界上最大的帝国。

这一时期，由于资本力量的存在，自由贸易成为工业国走向世界、建立新的世界秩序的主体内容。④ 为满足资本赚钱的欲望，英国迫切希望冲

---

① 美国工业革命实际上是英国工业革命的延伸。参见金碚《工业革命进化史》，《南京政治学院学报》2015 年第 1 期。

② 《马克思恩格斯选集》第 4 卷，人民出版社 1995 年版，第 732 页。

③ 《马克思恩格斯全集》第 4 卷，人民出版社 1958 年版，第 169 页。

④ 世界市场竞争的实质是规则制定权的竞争。换言之，世界市场的发展绝不仅仅是资金、技术、商品、生产与消费突破民族国家界限扩展到世界范围的过程，也是市场经济原则全球化的过程，是争夺世界市场规则制定权和定价权的过程。参见时家贤《马克思恩格斯的世界市场理论及其当代启示》，《当代世界与社会主义》（双月刊）2012 年第 6 期。

破当时世界上存在的以农耕为主的贸易壁垒，以便为自身的产品找到更多的市场和原材料生产地。这样，通过强大的军事手段，英国打开了一个又一个农耕国家的大门，建立起宗主国与殖民地的关系，使其成为原材料和市场的提供者。当时英国提出的自由贸易口号更多是针对传统的农耕势力，而非今天工业文明内部的贸易障碍的解除。正是由于英国高举"自由贸易"大旗，更多的工业国加入英国对传统文明进攻的行列中。"大工业便把世界各国人民互相联系起来，把所有地方性的小市场联合成为一个世界市场，到处为文明和进步准备好地盘，使各文明国家里发生的一切必然影响到其余各国。"① "各国人民日益被卷入世界市场网，从而资本主义制度日益具有国际的性质。"②

在工业化走向世界的过程中，限于当时的历史条件，英国这种原发性的工业革命也留下了多个难题待后人去解决。

第一，工业文明还不足以发展到成为改造全世界的力量。工业文明的发展程度只是在工业国内部得以确立，在世界范围内仍存在大量的非工业国家。马克思在《资本论》1867 年第一版序言中曾深刻描述了当时德国的社会发展状况："在其他一切方面，我们也同西欧大陆所有其他国家一样，不仅苦于资本主义生产的发展，而且苦于资本主义生产的不发展。除了现代的灾难而外，压迫着我们的还有许多遗留下来的灾难，这些灾难的产生，是由于古老的、陈旧的生产方式以及伴随着它们的过时的社会关系和政治关系还在苟延残喘。"③ 在这一阶段，资本主义社会也迅速从自由资本主义向垄断资本主义阶段转变，完成这一转变的国家是美国。

第二，工业国之间的关系有待在新的经济力量和新的制度框架下被重新塑造。在这一时期，世界体系仍是由众多的非工业国和少数经济联系不密切的工业国构成。也因此，为争夺世界原材料基地和产品销售市场，工业国内部、工业国之间曾爆发多次战争，④ 如英法战争、美国独立战争、美国内战、第一次世界大战、第二次世界大战等。这一状况的改变是在第

---

① 《马克思恩格斯全集》第 4 卷，人民出版社 1958 年版，第 361—362 页。

② 《马克思恩格斯全集》第 23 卷，人民出版社 1972 年版，第 831 页。

③ 《马克思恩格斯选集》第 2 卷，人民出版社 2012 年版，第 82—83 页。

④ 正如德国历史学家恩里希·马克斯在 1905 年《现代的帝国主义思想》中写道："这个世界变得更为严酷、更为好战和更具专一性；与往昔不同的是，世界已经成为一个巨大的整体，所有一切都在这一整体中互相作用、互相影响以及互相碰撞地冲突。"

二次世界大战之后，随着工业国之间的经济关系日益密切、民主制度走向成熟和美国霸主地位的确立，工业文明才进入稳定发展时期。

第三，工业国与非工业国始终处于不平等的关系。随着工业国的崛起，非工业国逐渐沦落为工业国原材料的供应地、产品推销市场和廉价劳动力的提供者。非工业国长期承受工业国的剥削。部分理论工作者在研究工业国经济关系转变的同时也开始转向对非工业国工业化的关注，由此产生了不发达国家如何实现工业化的问题。

可以说，这一时期的工业化进程往往仅限于各个工业国内部，属于原发性工业化进程，同时英国的工业革命对其他国家起到了强大的示范作用，[①] 更多的国家开始加入工业文明的创建过程，也因此，世界新秩序的建设才得以起步。

（二）美国主导时期

如果说英国主导的工业化进程具有原发性或革命性（工业文明的起步和初步发展）、初级性（无论是内部关系还是外部关系乃至整个世界，工业文明都处于初级阶段）、典型性（工业文明所具有的优势与不足）等特征，那么美国主导工业化时期则具有调整性（资本主义社会在两次世界大战之后开始完善内部的社会制度，以此缓解面临的内部压力）、传播性（将工业文明向不发达国家推进）以及稳定性（美国尽可能在世界范围内建立由自身主导的世界新秩序，即工业国之间从对立走向合作，进而出现一种霸权统治下的稳定；不同意识形态的工业化国家则出现对抗，典型表现为冷战）等特征。

美国在英国主导时期的主要作用是将资本主义从自由经济阶段推向垄断阶段，这与美国本身地域广博、技术快速提升、资本加速扩张不无关系。不过这一时期美国奉行的是孤立主义，美国的市场足够大，可以容纳美国资本主义的充分发展，因而美国与外部世界的关系在性质上与英国大体一致。这也是本文将美国前半期的行为划分到英国主导时期的主要缘由，也可以说这一时期美国对世界工业文明的推进并无创新性贡献，其主

---

① 美国上升为世界第一工业强国主要是靠在国内外的剥削和掠夺起家的，其次是大力引进国外资金、技术和人力资源。参见樊亢、贺力平《试析美国加速实现工业化时期的经济发展》，《美国研究》1988 年第 1 期。

要任务是解决自身工业化进程。

美国对世界的影响主要是在第二次世界大战之后,具体表现为创建世界经济发展的和平机制、对发达国家经济恢复以及启动不发达国家的工业化进程。特别是后一点,为世界工业化进程的推进提供了新的发展模式。

第一,建立稳定的国际秩序,进一步巩固工业文明在世界中的绝对地位。美国依靠资本霸权、市场霸权、美元霸权主导建立一系列具有国际性质的不平等但又稳定的机制,如联合国、世界贸易组织、国际货币基金组织、世界银行、七国集团等,对战后国际秩序的稳定发挥着持续性的作用,使世界没有因经济竞争而导致大规模的战争爆发。

第二,通过马歇尔计划实现欧洲经济的振兴。第二次世界大战后除美国之外的传统工业国均遭受战争的重创,如何复苏经济是当务之急。美国通过马歇尔计划扶助欧洲经济,通过对日本的占领重启日本经济,同时欧洲主要工业国从战争中汲取教训,以合作取代对抗,通过推进产业内分工,建立新型合作模式,即欧洲共同体,来消除欧洲内部启动战争的风险和隐患,也为世界国家间合作开创了前所未有的先河。

第三,与部分不发达国家建立新型经济关系。随着第二次世界大战后殖民地国家纷纷独立,世界新秩序逐渐形成,美国已经不可能像英国那样与不发达国家建立宗主国和殖民地的关系,而是需要一种新型的政治经济关系,即政治和经济上近似平等的国家间关系。首先美国在其与东亚之间创建了新的经济平衡等式。美国及其代理人——日本对东亚的投资促使东亚非工业国开启工业化进程,再通过进口将东亚制造的产品输往美国,东亚国家不再是单纯的原材料提供者,而是工业产品制造者,同时美国成为东亚产品的消费者,[①] 从而在美国消费与东亚生产之间建立一种新的供求

① 王峰以 1995—2006 年中国从东亚各国或地区的进口为考察对象,运用面板协整方法,验证了东亚区域内贸易的扩张来自垂直专业化分工的深化和外部需求的增加。田晖等以 1995—2008 年数据为基础,研究表明,美国消费需求变动与中国对美出口之间存在一个正相关的稳定的协整关系。资树荣认为发达国家居民消费需求上升是中国消费品出口增长的重要原因。章艳红通过实证研究表明中国的出口增长在很大程度上是由国外的需求拉动的。王峰:《垂直专业化分工、外部需求与东亚区域内贸易扩张——基于中国数据的面板协整分析》,《世界经济与政治论坛》2008 年第 3 期;田晖、李淼:《美国消费需求对中美出口的影响研究——基于中国对美出口的实证分析》,《消费经济》2012 年第 1 期;资树荣、文启湘:《国外居民消费结构变动对中国出口的影响》,《求索》2005 年第 9 期;资树荣:《发达国家居民消费需求变动对中国消费品出口影响的实证分析》,《消费经济》2006 年第 3 期;章艳红:《外部需求冲击对中国出口的影响》,《经济理论与经济管理》2009 年第 1 期。

平衡等式，这与传统的工业国和非工业国关系完全不同。也正是在美国等发达国家的扶助下，东亚不发达国家也能够成为国际分工中的一员，开始逐渐品尝到工业文明所带来的富裕和安宁的滋味。

美国与东亚国家之间所建立的政治经济关系实际上开创了世界工业化进程中的一种新模式，以此回应了第二次世界大战后对不发达国家工业化进程的探索。第二次世界大战后，由于大多数非工业国处于贫穷落后状态，如何发展工业始终是这些国家追求独立富强的主要手段。在如何与发达国家建立关系上，不发达国家分成两个派系，一派是依附论者，认为不发达国家的贫穷落后主要是发达国家长期剥削所致，因而主张割断与发达国家的关系；另一派则是主张借助发达国家的市场、技术，利用自身的劳动力优势与发达国家建立直接的经济联系，从而推动自身的发展。"依附论"学者们尽管道出了不发达国家在世界经济中存在的状态，却忽略了工业化本身运动变化规律在空间上表现为一个逐渐的拓展延伸过程，不发达国家经济发展的提升、工业化进程的推进以及和发达国家相互依存关系的发展是发达国家自身内部矛盾外推的结果，是发展起来的工业化必然向世界拓展的结果。① 不发达国家可能没有发达国家启动工业化进程的历史机会，包括殖民地的消失、"免费"的原材料和市场的消失等，但是不发达国家却可以在与发达国家交往中获得机会，赢得经济发展的机会。这一过程虽然看似是不发达国家对发达国家的"依附"，但是如果抓住机会，不发达国家仍可以借助发达国家的资本，发展外向型出口经济，实现"跨越式"发展。也正是在这种"机会"作用下，亚洲国家集中资源发展生产，在短短几十年甚至十几年内取得了发达国家上百年才完成的工业化任务，构成了战后最为显著的群体性崛起，也被世界银行称为东亚奇迹。②

简言之，美国对东亚国家工业化进程的推动构成了美国对世界工业化进程的主要贡献，使更多的不发达国家加入以工业文明为主导的世界经济体系中来，进一步拓展了工业文明在世界范围内的传播。

---

① 第三世界的工业化根本就不成其为奇迹。无论是过去、现在还是将来，都没有一种历史逻辑可以阻止不发达国家的发展。一些经济理论完全没有估计到第三世界国家会出现资本主义工业化。尽管如此，也不能否认不发达国家有自己的工业化道路可走。参见克里斯特·冈纳森《发展理论与第三世界的工业化——十九世纪欧洲与第三世界工业化模式的比较》，《南洋资料译丛》1986 年第 7 期，谧谷译自英国《现代亚洲杂志》1985 年第 2 期。

② Zhaoyong Zhang, Can the rest of East Asia Catch up with Japan: some empirical evidence, Japan and the World Economy, 15 (2003), pp. 91 – 110.

当然,美国自己也从其所构筑的世界经济体系中获益匪浅。一是为成本日益上升的产业寻找到新的替代者,使美国可以持续享有物美价廉的产品,不再从事低端产品生产,转而从事高端制造业和服务业,并将国内消费或国内市场转化为"统治世界"的路径;二是实现美国的世界金融霸权目标,加强美元在世界上货币霸主的地位;三是通过经济路径改变不发达国家与世界的关系,使它们成为资本主义世界体系中的一部分,加强美国意识形态的主导地位,以对抗苏联带来的安全和意识形态竞争压力。

不过,美国主导时期留下了一些核心工业化难题。

第一,"政治标准"的设定限制了美国对不发达国家工业化的整体性支持。如何推进不发达国家工业化,进而扩大以西方民主价值观为阵地的工业国实力成为美国对抗苏联的主要路径。也因此,第二次世界大战后美国对不发达国家工业化的推进是有选择的,认同美国意识形态的则作为优选对象,这也是为什么我们看到第二次世界大战后经济能够实现快速增长的经济体主要是与美国有军事同盟关系的国家,同时美国也在打着"民主"的旗号,随时要求这些国家进行民主化改革,以此扩张自身的势力范围。特别是冷战之后,民主旗号更是成为美国支持或制约不发达国家的主要评价标准。在这一过程中,日本也在帮助美国构建民主价值联盟。[①]

第二,随着亚洲国家经济实力的崛起,美国推进不发达国家工业化进程的模式却越来越遭遇现实困境,不断在"贬值"。[②] 一是美国制造业的衰减使得美国能够转移出去的产业规模越来越小。美国制造业已经从战后的30%以上下降到目前的10%多点,而同期东亚制造业总和已经超过美国规模。2008年全球金融危机之后,美国尽管积极推进再工业化政策,但是美国工业占世界总规模下降的趋势已经不可逆转。[③] 二是美国的市场规模越

---

① V. V. BhanojiRao, EastAsianEconomies: GrowthwithinanInternationalContext, EconomicandPoliticalWeekly, Vol. 33, No. 6 (Feb. 7 – 13, 1998), pp. 291 – 296.

② 史蒂芬·罗奇(2009)认为亚洲各国不仅不具备与世界其他各国的疲软趋势"脱钩"的能力,反而因其出口拉动型经济增长模式,与世界市场关系更加密切,且东亚依靠的出口拉动型经济增长模式和发达国家(尤其是美国)以资产升值为基础的消费型经济增长模式的不可持续性。参见[美]史蒂芬·罗奇《未来的亚洲:新全球化时代的机遇与挑战》,中信出版社2009年版。

③ 2005年,就制造业占GDP的比重而言,美国为15%,德国、日本、韩国和中国分别为21.7%、21.7%、28.9%和34.1%。金碚、刘戒骄:《美国"再工业化"的动向》,《中国经贸导刊》2009年第22期。

来越有限。更多的不发达国家加入世界工业化行列之后，美国市场已无力承担对那么多国家产品的吸纳。理论上所谓的"合成谬误"恰恰说明了这一点，当更多国家采取出口导向型模式之后，有限的市场需求往往导致出口导向型模式失效。① 当外部市场相对亚洲生产规模不再"无限"时，亚洲经济体增长也开始变得不稳定，② 1997 年金融危机和 2008 年全球金融危机发生时亚洲经济体普遍出现增长下降的局面。时至今日，美国引领不发达国家工业化的模式也被迫进入调整阶段，一方面，美国开始以东亚国家作为积极开拓的市场对象；③ 另一方面，通过 TPP，美国与东亚国家正在构筑统一的大市场，以此实现新的亚太再平衡。三是美国金融霸权地位的下降。美元自 1973 年与黄金脱钩之后，进入自由波动时期。美国对外投资规模的相对地位也在不断下降。2008 年金融危机进一步削弱了美国的金融霸权地位。正因此，美国结束以市场为主导的经济一体化时期，进入制度一体化建设时期，如签署 TPP、TTIP 等，以维护其最后的霸权地位。从图 1 可见，美国从东亚国家的进口占总进口的比重一直呈上升趋势。一直到 2008 年前后这一比重仍维持在 35% 左右。美国实力的下降使得出口导向型国家不得不为建立新的世界经济体系而另谋出路。④

第三，发展中国家的崛起凸显了世界经济政治秩序转型的必要性和迫切性。第二次世界大战之后，世界经济力量发生较大变化的是发展中国家实力的集体兴起，这为发展中国家主张新的世界经济秩序提供了充足的动力，发展中国家希望改变不合理的国际经济规则，特别是投票规则，以追

---

① 胡俊文：《论"雁型模式"的理论实质及其局限性》，《现代日本经济》2000 年第 2 期。

② 已有人指出依靠出口的不发达国家工业化是非独立的，也是一种极不平衡的加工工业结构，仍然解决不了国内存在的失业问题。参见［联邦德国］福·弗勒贝尔、于·海因里希、奥·克雷约《不发达国家面向出口的工业化》，王耀媛译，《国际经济评论》1979 年第 12 期。

③ 2008 年金融危机之后，"再工业化"被视为美国走出经济困境的重要路径，其先后出台了《重振美国制造业政策框架》、《先进制造伙伴计划》、《先进制造业国家战略计划》等纲领性文件。2013 年美国全国制造业协会在一份题为《美国制造业复兴》的报告中提出 4 个目标：使美国成为世界上制造业最佳国家，并不断吸引外国直接投资；扩大美国制造业海外市场，使全球 95% 的消费者能够购买美国制造业产品；使美国制造业具有 21 世纪经济发展所需的人力资源；使美国制造业成为世界领先的创新者。参见《起重运输机械》2013 年第 2 期。

④ ［日］西川润：《对新兴工业化国家发展条件的探索——如何形成国际经济新秩序》，《国际经济评论》1989 年第 11 期，王德迅译自 1989 年 1 月 17 日日本《经济学家》。

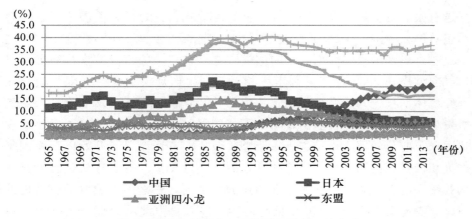

图1 美国从东亚进口占美国全部进口的比重

资料来源：根据联合国贸易数据库数据计算。

求平等的获利机会和获利结果。① 典型的例子是 1974 年联合国大会第六届特别会议发表的《关于建立国际经济新秩序宣言》和《行动纲领》，这两个文件反映了发展中国家对改变旧的国际经济秩序的迫切要求。然而，发达国家却始终未能在上述方面做出原则性的妥协。如何构建多边规则，使发展中国家平等地参与世界经济活动，② 仍是一项长期的、艰巨的任务。③

① 随着新兴国家与发达国家间经济实力差距趋于缩小，中国等新兴国家开始向发达国家主张"平等与无差别待遇"，学界应更加关注此等新路径的开辟对和平发展之中国的意义，从而完整、准确地把握中国参与重构更加公正之国际经济秩序斗争的基本态势。徐崇利：《新兴国家崛起与构建国际经济新秩序——以中国的路径选择为视角》，《中国社会科学》2012 年第 10 期。

② 以市场为导向的现行国际经济秩序首先遵循的是以实力决定竞争结果的逻辑，相应地，反映这种逻辑的用以构建现行国际经济秩序的规则可大致分为两类。一是直接规定以各国经济实力大小决定权责分配多寡的规则。例如，国际货币基金组织（以下简称"基金组织"）和世界银行实行的加权表决制就属此类。显然，这是一种法律上和事实上对发展中国家都不公平的规则。二是表面上规定对所有国家都实行相同待遇的规则，但因南北国家发展水平的差异，发展中国家实际上缺乏足够的能力和实力享受同等的权利（或权力）和承担同等的义务（或责任）。例如，世贸组织的争端解决机制为各国提供了同样的规则，但发达国家对该机制的实际利用率远高于贫穷的发展中国家。这是一种对发展中国家法律上平等、事实上不公平的规则。徐崇利：《新兴国家崛起与构建国际经济新秩序——以中国的路径选择为视角》，《中国社会科学》2012 年第 10 期。

③ 当前的全球制度安排对人类尊严带来大规模的、不可原谅的侵犯。这些制度源于贪婪的富裕国家的政府、公司和贫穷国家的政治精英的合谋，它们维持并加剧了社会和经济的巨大不平等。然而这种持续的灾难完全可以通过人类当今的技术经济能力与全球正义的制度安排而避免。［美］托马斯·博格：《阐明尊严：发展一种最低限度的全球正义观念》，李石译，《马克思主义与现实》（双月刊）2011 年第 2 期。

二 即将到来的中国主导时期

（一）发展中国家实力的崛起

历史上看，世界工业化进程主要是由发达国家来引领或主导的，尚未出现由发展中大国来完成这一历史任务。应该说由发展中大国引领世界工业化进程有一定的困难。其原因在于：一是缺乏技术。目前技术仍主要垄断在发达国家手中。① 根据全球创新指数（Global Innovation Index），2015年在141个国家中，美国排名第5位，中国排名第29位，特别是在创新效率方面，中国排名第61位，远低于美国的名次。二是缺乏市场。绝大多数发展中国家属于小国，自身缺乏实力完成工业化任务，仍需要外部市场来推进工业化进程。三是缺乏资金。不发达国家本身资本积累不足，特别是在基础设施建设上普遍缺乏资金。四是缺乏先进的制度。由于经济发展水平不一，发展中国家对内对外建立的制度水平均落后于发达国家。② 如发展中国家之间即使建立自由贸易区也不及发达国家之间达成的自贸区水平。五是缺乏先进的理念。由于发展中国家尚未经历发达国家所经历的工业化进程，发达国家早已成为人类技术、文明的领军者。这对于尚未完成工业化任务的中国而言是一个不小的挑战。

但是上述"要素"或"力量"的缺乏并不意味着发展中大国难以承担引领世界工业化进程这一历史重任。事实上，发展中国家正在以前所未有的力量出现在世界舞台上。

发展中国家的市场力量正处于稳步上升的阶段。目前，发展中国家所具有的潜在的和现实的市场力量堪比发达国家，且发展中国家力量日趋呈上升趋势。发展中国家人均收入水平已较过去有明显的提升（见图2），

---

① 研究表明危机爆发前亚洲国家技术进步速度的显著下降是危机的主要原因，而在危机爆发13年后，亚洲国家技术进步对经济增长的贡献仍然普遍较低，尤其是以创新为主的一般技术进步，这有可能蕴含了进一步的危机。王玺、王郅强、张勇：《危机后的亚洲：走向转型还是再次崩溃？——基于亚洲特殊技术进步性质的研究》，《经济社会体制比较》（双月刊）2010年第6期。

② 亚洲开发银行在其2014年9月发布的报告《创新亚洲：推动知识经济发展》中指出，为成为高收入国家，中国仍需要制定更加清晰的知识驱动发展战略，包括建设更具有包容性的知识型经济，改革现有不利于创新的体制、机制，如取消户籍制度、改革国有企业、激励私营部门、提高制造业的技术含量以及加快绿色、能源创新，等等。同时还建议加大对信息技术领域投资，提高高等教育水平，加强技能培训以及知识产权保护制度。

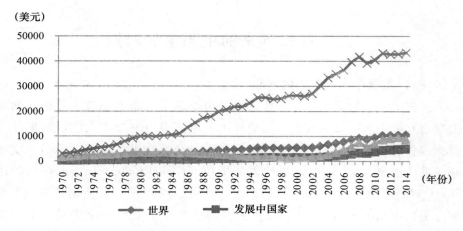

图 2 世界人均收入水平的变化

资料来源：联合国贸发会网站。

发展中国家占世界 GDP 的比重也在迅速提升（见图 3）。发展中国家进口规模日益扩大，特别是消费品进口在上升，占世界进口规模的比重大幅度提升（见图 4）。发展中国家本身正在形成一个巨大的市场，这为发展中国家通过合作方式推进工业化进程提供了可能。

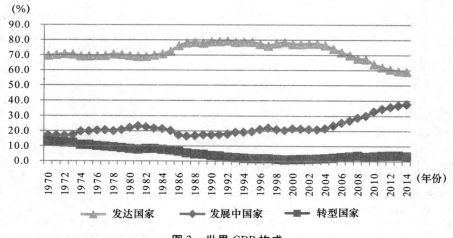

图 3 世界 GDP 构成

资料来源：联合国贸发会网站。

发展中国家的资本力量也在快速提升。发展中国家的资本流出流入占世

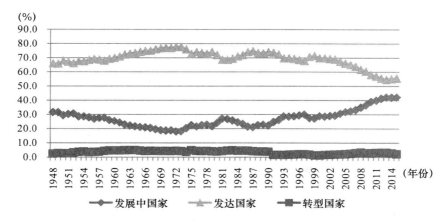

图 4　世界贸易进口构成

资料来源：联合国贸发会网站。

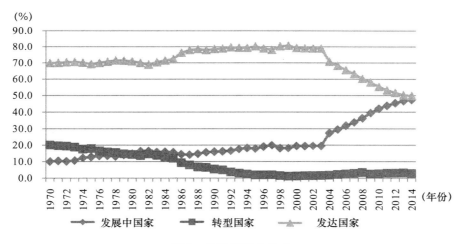

图 5　世界制造业构成

资料来源：联合国贸发会网站。

界的比重越来越高，表现出一定的充裕度。所谓的资本短缺主要是来自发展
中国家资本使用效率不高和所需资金规模快于其资本积累所产生的缺口。

　　发展中国家的技术力量已不可小觑。目前发展中国家，特别是有一定
收入水平的发展中国家技术研发实力上升较快。图 7 显示，包括中国在内
的中高收入水平的国家在世界全部专利生产中呈快速提升的态势。另外，
随着发达国家经济结构调整的完成，发达国家服务业完全取代工业成为实

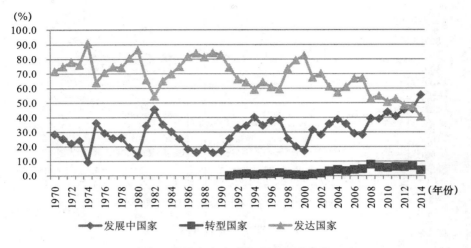

图 6 世界资本流动构成（吸引外资）

资料来源：联合国贸发会网站。

现经济增长的主体产业，其中技术贸易成为发达国家获益的主要来源。在这一大背景下，发达国家为各自的利益导致世界技术市场性质正在从垄断走向竞争，这意味着"钱"可以买来技术，为发展中国家完成工业化进程创造了技术条件。

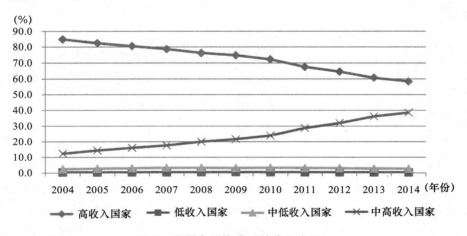

图 7 世界专利构成（按收入水平）

资料来源：世界知识产权组织。

随着发展中国家政府治理经验日趋走向成熟，以及应对世界挑战的能力提升，发展中国家逐渐能够依靠制度力量来保障自身的经济发展。最为明显的是发展中国家之间达成的自由贸易区协议的数量和质量的提升。根据世界贸易组织统计，发展中国家之间以及发展中国家和发达国家之间签署的自由贸易区协议约占世界全部自由贸易区的七成。

第二次世界大战之后，越来越多的发展中国家有着强烈的发展经济愿望，不仅有来自老百姓改善生活的内在要求以及维持政权稳定的客观需要，也有来自外部发展中国家之间的竞争压力。

（二） 中国推进不发达国家工业化进程的可能性

当前中国有实力、有自信、有意愿引领发展中国家完成世界工业化进程任务。

中国工业化模式的成功为发展中国家走向共同富裕增添了信心和动力。在中国推进工业化进程之前，未有证据表明工业化可以在世界范围内获得普及，或者说人人可以享有工业化成果。改革开放之后的中国用事实证明工业化是可以在世界范围内实现的。据统计，在当今世界 200 多个国家（地区）中，大致有 64 个国家（地区）实现了工业化，这些国家（地区）的总人口占全世界人口总数的不足 20%，而中国有 14 亿人口，占世界人口的 21% 以上，中国工业化一旦完成将在未来使全世界工业社会的人口翻一番。[①] 有学者指出："现阶段的中国工业化进程是一段让全球工业化的版图发生巨大变化的世界历史变迁时期。同世界其他大国的工业化进程相比，在许多方面，中国实行对外开放的速度和广度是罕见的。"[②] 中国的工业化不仅意味着人口大国可以从不发达走向发达阶段，也预示着工业化在世界范围内实现的可能性。[③]

中国已经成为世界第二大经济体。2010 年中国超过日本成为世界第二大经济体，同年中国的制造业产业超过美国成为世界第一大制造业国家，

---

① 中国工业化进程的突出特征是，十几亿人口的大国工业化、快速推进的工业化、区域发展极不平衡的工业化、低成本的出口导向工业化，这在人类历史上是前所未有的。黄群慧：《中国的工业化进程：阶段、特征与前景》，《经济与管理》2013 年第 7 期。

② 金碚：《世界分工体系中的中国制造业》，《中国工业经济》2003 年第 5 期。

③ 中国工业化道路具有深远的世界意义，主要表现在：将使世界工业化人口增加一倍，遏制南北差距拉大；推动发展中国家对已有工业化道路进行深刻反思；有助于世界经济的可持续发展以及公正合理的国际经济新秩序的建立，从而有助于世界的和平与发展。许旭红：《浅析中国走新型工业化道路的世界意义》，《哈尔滨学院学报》2006 年第 11 期。

中国的 220 多种工业制成品年产出世界第一。中国已经成为世界第二大进口国,消费品进口在日趋扩大,有能力引领发展中国家来完成工业化任务。从文献来看,由于中国开始走向世界,国内外学术界开始加紧对世界市场理论等方面的研究工作。①

中国已经成为世界技术大国。中国已成为第一科技人力资源国家,2014年中国科技人力资源总量达到 7512 万人;R&D 人员总量上升至 371.1 万人年,R&D 研究人员总量达到 152.4 万人年,居世界首位。2013 年美国科学家工程师总量为 2110 万人。中国本科及以上学历科技人力资源相当于美国的科学家工程师。中国已成为仅次于美国的世界第二大科技经费投入国家。中国研发投资占 GDP 比重已经超过同等发展中国家的投入比例,与发达国家的水平相当。根据统计,2014 年中国研发经费投入总量为 13015.6 亿元(折合美元为 2118.3 亿美元),研发经费为 GDP 的 2.05%,达到中等发达国家投入强度水平。中国研发经费投入总量的不断上升,已先后超过英国、法国、德国和日本。2015 年中国专利数量位居世界第二位。

中国金融实力在稳步提升。2015 年中国对外投资已经超过吸引外资的规模,成为世界对外投资规模第二大经济体,累计对外投资规模正在比肩日本。人民币正在走向世界,2015 年底人民币加入 SDR,成为国际货币基金组织一篮子货币的第五大币种,亚洲基础设施投资银行、金砖银行、丝路基金的建立正在努力为发展中国家提供以基础设施为主的资金,构筑全球互联互通体系,以解除基础设施瓶颈对经济增长的制约。

中国已经签署多个自由贸易区协议,特别是与韩国、澳大利亚签署的双边自由贸易区协议标志着中国在世界范围制度建设能力的全面提升。

近期,为适应国内外经济发展的客观需要,党的十八届五中全会提出了"创新、协调、绿色、开放、共享"五大发展理念,既贴近中国的实际,也符合世界的潮流。

(三) 中国与"一带一路"沿线国家的新型关系

目前,中国与"一带一路"沿线国家正处于转型的新阶段。当前推出

---

① 栾文莲:《马克思主义世界市场理论研究——世界市场的经典叙述与现代特征》,《马克思主义研究》2002 年第 1 期。时家贤:《马克思恩格斯的世界市场理论及其当代启示》,《当代世界与社会主义》(双月刊) 2012 年第 6 期。[韩] 丁声振:《马克思的危机理论:作为一种世界市场危机理论》,《马克思主义与现实》2013 年第 2 期。

的"一带一路"倡议正是中国与"一带一路"沿线国家经济关系调整的自然延伸，意味着中国正在努力将自身与"一带一路"沿线国家经济关系向相互支持的发展方向上做调整。这种转变来自以下几个方面的动力。

第一，中国经济本身正在步入新的发展阶段，为中国与"一带一路"沿线国家经济关系的转型创造了新的主导力量。目前中国已进入经济增长"新常态"，即增长速度将从过去的10%左右下降到7%左右。一方面中国仍需要外部市场需求的支持，但这种需求的态势呈减弱趋势，其原因在于中国工业化进程尚未完结，仍然需要外部的支持，但是对外部的需求已经不像过去那么强烈；另一方面，中国经济实力的上升也在提升中国对"一带一路"沿线国家经济增长的支持。例如，中国消费品进口占亚太地区全部消费品进口的比重从2000年的1.5%上升到2012年的5.3%，可以预计中国消费市场的扩张对地区经济增长将起着巨大的拉动作用。同样，中国对外投资的水平也在迅速提高，从2000年几亿美元上升到2013年的901.7亿美元，累计对外投资5257亿美元，中国正在成为外部，尤其是"一带一路"沿线国家经济增长的推动力。过去在多种外交场合，包括在一些国际合作组织中，尽管中国愿意对外部，尤其是对周边国家的经济增长予以支持，但是限于自身的经济实力，这种支持更多表现为一种意愿，而不是具体的行动。今天中国对"一带一路"沿线国家的经济增长支持已经发生了从意愿到行动的转变，如中国推出的500亿美元用于筹建亚洲基础设施投资银行。目前中国在尽力向周边国家和地区提供促进当地经济增长的政策计划，包括中国与多个国家签署的货币互换协议版升级，中国人民币清算中心的建立、提供对外援助计划，等等。

第二，现有的地区产业分工体系正在发生改变，为中国与"一带一路"沿线国家新型经济关系的确立奠定了基础。一直以来，亚洲地区生产网络是以日本为核心建立的，如今这一网络正在朝向扁平化发展。越来越多的亚洲国家如韩国和中国技术实力的提升正在打破以日本为核心的地区生产网络，[①] 使得地区产业分工等级正在朝向水平型分工的趋势发展。目前中国制造业规模已经超过美国，两者分别占世界制造业总规模的20%左

---

① 2001年5月日本经济产业省在该年度的《通商白皮书》中第一次明确声称，以日本为领头雁的东亚经济"雁型形态发展"时代业已结束。日本产业结构调整缓慢，产业结构优化升级长期乏力，是导致"雁型模式"衰落及走向终结的关键所在。参见胡俊文《"雁型模式"理论与日本产业结构优化升级——对"雁型模式"走向衰落的再思考》，《亚太经济》2003年第4期。

右。按目前的发展态势,随着中国不断向外投资和将部分产业向外转移,中国将取代日本,成为地区产业分工的核心角色,也将成为"一带一路"沿线国家产能合作的新伙伴。

第三,"一带一路"沿线国家同样正处于经济增长与结构转型的时期,为中国与"一带一路"沿线国家新型经济关系的确立创造了条件。目前"一带一路"沿线国家或地区正处于工业化进程的不同阶段,有的在从农业国向工业国迈进,有的从工业化的初级阶段向中高级阶段迈进,有的从工业化的中高级阶段向后工业化阶段过渡。这些国家的共同特点是经济处于快速增长与结构转换的巨变时期。在这一过程中,不同国家面临的问题有所不同,如资金短缺、基础设施短缺、技术短缺、部分制度或政策短缺等。为解决上述短缺问题,"一带一路"沿线国家正在通过合作,以获得更多的外部资源。中国可利用这一良好时机,促进"一带一路"沿线国家经济增长,反过来,"一带一路"沿线国家也将为中国经济增长提供新的机遇。

三 中国的历史使命与"一带一路"的全球未来发展意义

发展仍然是当今世界不发达国家的核心议题,在世界范围内实现工业化是解决人类面临的多重难题,如贫困、落后以及其他环境问题的主要路径。[①] 另外,工业化本身是不会止步不前的,且因资本追求利润的特性而只会以更快的速度突破一国政治疆域,并向不发达国家拓展。对于不发达国家而言,自力更生和"依附"发达国家实现工业化是启动工业化进程的两种选择。随着发达国家市场实力的消失,借助发达国家市场推进不发达国家工业化的目标已经变得越来越不可行。美国模式终结后是否还会出现新模式,以此引领更多的国家加入世界工业化进程中来,这是需要我们迫切回答的问题。"一带一路"实际上给予了这一问题的答案。

(一)"一带一路"方式

中国的"一带一路"建设正在改变人类工业化进程的传统模式。中国

---

① "一带一路"倡议不但是求解发展中国家"文明病"与"落后病"双重顽疾的有益探索,也是推动资本主义世界历史向未来世界历史转变的积极尝试。参见徐宏潇、赵硕刚《"一带一路"倡议的世界历史性依据》,《社会主义研究》2016 年第 1 期。

愿意通过自身努力，加强与发展中国家之间的合作，共同创建市场，共同享有技术，在世界范围内实现供求平衡，最终依靠自身力量完成工业化进程，① 实现非工业国的共同发展。这是中国主导的工业化进程有别于美国主导的不发达国家工业化进程的结构性差异所在（见表1）。

表1　　　　　英国、美国、中国推进不发达国家工业化的路径比较

国家	英国	美国	中国
主要贡献	奠定工业文明的世界主导地位；对他国起到示范作用	建立稳定的世界经济制度体系；工业国之间关系进入深度一体化发展时期；通过和平方式带动部分亚洲不发达国家的经济增长与工业化进程，实现一部分国家"先富起来"的目标	即将完成大国工业化目标，为世界众多国家实现"共同富裕"目标树立信心；积极创建国际经济新秩序；力求在世界范围内建立所有国家平等的政治、经济关系
留下的问题	工业国之间的纷争；与不发达国家之间在政治、经济等方面存在的不平等关系	与不发达国家之间建立的是政治上平等但经济上仍不平等的关系	中国尚需证明"中国模式"是一种可持续发展、绿色发展的模式。

尽管"一带一路"方式包含当今众多类似的概念如共享、可持续等，但是从历史角度看，将有别于曾经出现过的任何一种大国推进全球发展进程的新模式。

一是共同发展模式。"一带一路"本着"一个都不能少"的原则，力求将世界不发达国家带入世界工业体系中来。中国也将集发展中国家之力，共同完成这一历史使命。现阶段，中国还未能像美国那样拥有庞大的市场、先进的技术、充裕的资本等，但是，通过互助方式将是发展中国家参与世界工业化进程的最佳方式，这也是为什么"一带一路"选择的伙伴主要是发展中国家而不是发达国家。

二是公平发展模式。"一带一路"将突破发达国家主导世界工业化进

---

① 习近平指出，中国是"一带一路"的倡导者和推动者，但建设"一带一路"不是我们一家的事。"一带一路"建设不应仅仅着眼于中国自身发展，而是要以中国发展为契机，让更多国家搭上中国发展快车，帮助他们实现发展目标。我们要在发展自身利益的同时，更多考虑和照顾其他国家利益。要坚持正确义利观，以义为先、义利并举，不急功近利，不搞短期行为。要统筹中国同沿线国家的共同利益和具有差异性的利益关切，寻找更多利益交汇点，调动沿线国家积极性。中国企业"走出去"既要重视投资利益，更要赢得好名声、好口碑，遵守驻在国法律，承担更多社会责任。参见 2016 年 4 月 29 日下午习近平在中共中央政治局第三十一次集体学习时强调借鉴历史经验创新合作理念，让"一带一路"建设推动各国共同发展。

程的垄断局面,为营造新的国际经济新秩序,创建更加公平合理的经济规则,从而为人类最终走向大同世界创造了机会。一些研究表明国际公平、平等的新秩序不会从天而降。[①] 目前发达国家正在人为设置新的障碍,如制定下一代贸易投资规则以延缓后起国家的崛起。世界不公平、不平等的现象仍有待继续纠正。[②] 作为发展中国家的倡议,"一带一路"将在充分尊重政治制度差异、经济发展水平差异、社会文化差异的前提下,创建更加公平合理的经济规则,改变工业国和非工业国之间长期存在的不合理、不公平的交易,使各国第一次站在平等的地位上[③],构建人类命运共同体,最终实现所有国家的共同发展。

三是可持续发展模式。"一带一路"将继续走和平发展的道路。过去中国走的工业化道路是和平道路,今天的中国以"合作"、"共建"、"友好"为关键词,以"亲诚惠容"为理念,坚持走和平崛起道路,主动承担大国责任。[④] 未来中国仍将继续走和平道路,也是发展中大国对推进全球发展进程所做出的政治贡献。[⑤] 另外,"一带一路"也将引领发展中国家走绿色发展道路,解决工业化面临的环境问题,最终促进人类的可持续发展。[⑥] 到2030年中国将率先实现绿色工业化,成为世界绿色工业强国。

---

① 赵晋平认为,自2011年以来,"发展中国家从国际贸易和投资中的获益程度逐渐降低,发达国家则出现好转迹象。目前,美、欧、日三大发达经济体之间的贸易和投资自由化谈判已接近尾声。随着这些协定正式生效,绝大多数发展中国家将面临更为艰难的贸易和投资环境"。赵晋平:《为何构建世界经济新秩序的呼声日益高涨发达国家与发展中国家发展不平衡》,《人民日报》2015年7月12日。

② 相比以前,世界经济正在变得越来越不稳定、不平等以及缺少治理。WTO、IMF和世界银行应该分别在贸易、货币和发展援助领域发挥更大的作用,这些多边机构应从议题设定、决策和执行过程、领导人遴选以及总部所在地等几个方面开始治理改革。参见〔英〕奈瑞·伍茨《全球经济治理:强化多边制度》,《外交评论》2008年第12期。

③ 张康之等认为当今世界的国际秩序是依据中心—边缘结构建立起来的,"中心国"对"边缘国"的剥削可以持续地展开,也使边缘国的中心自愿充当将其边缘创造的剩余价值传送给中心国的"传送带"。要改变上述结构,首先要解决"去中心化"的问题,中国需要解构当今世界的中心—边缘结构。参见张康之、张桐《论世界的"中心—边缘"结构——读加尔通的帝国主义的结构化理论》,《吉林大学社会科学学报》2013年第5期。

④ 参见罗雨泽《"一带一路":全球新秩序的福音》,《中国外汇》2014年第10期。

⑤ "和平崛起"不仅是中国政府的一种"政治意愿",而且还是中国人民基于对经济发展规律的认识而进行自觉、长期、艰苦的和平建设的结果。黄范章:《中国新型工业化道路是一条实现和平崛起的发展道路》,《东南大学学报》(哲学社会科学版)2004年第5期。

⑥ 到2030年中国将实现绿色工业化,成为世界绿色工业强国。胡鞍钢:《2030:世界绿色工业强国——全球视野下的中国工业化道路》,《学术前沿》2013年第8期下。

（二）"一带一路"的全球意义

"一带一路"是中国引领其他不发达国家走向工业化的设想，是第一次由发展中国家提出的推进全球工业化进程的倡议。在英国主导时期，工业化进程往往局限在一国范围内，即使与他国交往，也是为了自身工业化服务的。在美国主导时期，美国引领不发达国家工业化客观上打破了一国工业化的地域范围，探索了一条不发达国家实现工业化的新路。美国模式维系的是其体系内部的平衡，但是却无力带动更多不发达国家实现经济增长。而今天的"一带一路"正在引领不发达国家走一条不同于发达国家主导的工业化道路，依靠发展中国家的自身力量来完成工业化使命。

"一带一路"的提出意味着世界工业化进程的模式将要被重新改写，通过充分挖掘不发达国家的潜力，在世界范围内建立新的供求平衡体系，以全面解决长期存在的供求失衡问题，减少市场有效需求不足的压力，实现共同发展。[①] 这是发展中国家第一次以不依托发达国家支持为主的方式，破解只有少数国家才能够实现工业化的难题，通过在世界范围内谋求共同发展，使一部分国家"先富起来"能够演进到"共同富裕"，使工业文明成果成为世界各国共享的文明成果。在这一过程中，中国也将实现从地区性大国向全球性大国的重要转变。[②]

当前，一方面，中国正在主动创造新的世界需求，以解决有效需求不足的问题，这是"一带一路"扶持众多发展中国家的主要路径。一些研究[③]表明需求对经济增长的贡献是决定性的。发展中国家工业化进程缓慢一是国内市场过于狭小难以支撑本国的工业化进程，二是缺乏外部市场支

---

① 中国的"一带一路"投资是和谐共赢的战略构想，而"马歇尔计划"是美国为了取得世界主导权所采取的行动。参见卢山冰、刘晓蕾、余淑秀《中国"一带一路"投资战略与"马歇尔计划"的比较研究》，《人文杂志》2015 年第 10 期。

② 张茉楠：《"一带一路"重构全球经济增长格局》，《发展研究》2015 年第 5 期。

③ 梁东黎认为传统的经济增长模型存在缺陷，在市场经济中，经济增长不是取决于供给，而是取决于需求，在包含需求约束的增长模型中，技术进步投入增加不一定导致经济增长。刘飞等认为消费驱动型现代化是一种更为持久的新型经济现代化战略，因而，大力推进消费制度的现代化建设已刻不容缓。梁东黎：《需求约束条件下的经济增长理论》，《南京社会科学》2007 年第1 期；刘飞、李谭君：《从生产驱动型现代化到消费驱动型现代化——有关中国经济现代化动力机制的新命题》，《经济问题探索》2011 年第 2 期。Kaldor、Kuznets 和 Hansen 等经济学家认为，消费需求是生产的最终目的，也是经济增长需求动力中最稳定的部分。纪明：《需求结构演进逻辑及中国经济持续均衡增长》，《社会科学》2013 年第 2 期；任碧云、王留之：《中国消费与投资关系的调整及其机制研究》，南开大学出版社 2010 年版。

持,对于小国而言,哪个国家获得了市场,哪个国家经济增长就有了稳定的保障,这也是美国长期支持东亚经济增长的根源所在。目前中国正在努力改进自身的经济结构,通过自身市场来拉动"一带一路"沿线国家的经济增长,当然,毕竟中国还是个发展中国家,本身的市场还处于成长阶段。可行的出路是整合地区乃至世界市场,① 从而为更多的发展中国家提供多层次的支持。中国—东盟自贸区签署之后,双边贸易扩张速度在迅速加快,不能不说是自贸区在整合市场中的作用。目前中国正在构建全球自贸区网络,参与双边或多边自贸区建设即为题中之义。② 依靠减让关税和非关税壁垒等政策手段拓展地区乃至世界市场规模,目的是尽可能使这一时期不因市场缺口的存在而延缓世界工业化进程。值得注意的是,由于市场整合涉及众多经济体的主权问题,因而市场整合不仅仅是一个经济问题,也是一个政治问题,也因此显得这一过程极为艰难。

另一方面,中国正在通过"供给侧"改革,积极开展与"一带一路"沿线国家的产能合作,推进"一带一路"沿线国家基础设施的建设,强化贸易投资便利化合作。"一带一路"的核心是寻求中国与发展中国家实现共同增长的经济体系,以此为中国与"一带一路"沿线国家的繁荣与稳定创造必备的物质基础。③ 2015 年,中国与"一带一路"相关国家双边贸易总额达 9955 亿美元,占全国贸易总额的 25.1%。中国企业对相关国家直接投资 148.2 亿美元,相关国家对华投资 84.6 亿美元,同比分别增长 18.2% 和 23.8%。目前,中国正在尽可能地集发展中国家之力,通过发展中国家之间的合作来破解工业化进程中的难题,这既是发达国家无力继续支持发展中国家工业化进程的客观反映,也是发展中国家依靠自身推进工业化进程的现实选择。

---

① "一带一路"有利于整合周边国家消费能力,形成以中国为中心的消费大市场,将是中国重要的战略选择。匡贤明:《"一带一路"在我国经济新格局中的战略地位》,《视角》2015 年第 1 期。

② 中国与"一带一路"沿线国家和地区建成自由贸易区后,将提高"一带一路"各国 GDP 增长、扩大进出口水平和投资水平。参见陈虹、杨成玉《"一带一路"国家战略的国际经济效应研究——基于 CGE 模型的分析》,《国际贸易问题》2015 年第 10 期。

③ 赵江林:《"一带一路":构建以中国为核心的区域经济增长新体系》,《中国社会科学报》2014 年 10 月 24 日。

（三）中国未来的作为

可以说，中国主导的世界工业化进程将彻底终结人类社会工业文明建设的进程，使多元化的世界变成真正的工业世界。未来，中国需要采取以下主要作为。

一是继续加大对发展中国家的支持力度。目前中国已经成立了亚洲基础设施投资银行、丝路基金，重点支持"一带一路"沿线国家的基础设施建设。中国与"一带一路"沿线国家签署合作框架，通过一国一策，实现对发展中国家工业化进程的扶持。

二是处理好与西方大国关系，共同解决人类社会的难题。由于不发达国家工业化是在现代世界经济条件下的工业化，是世界经济的内部化，这一特征决定了不发达国家需要与发达国家建立密切的合作关系，而不是采取"断交"式的做法。[①] 建设新型大国关系是中国与世界工业强国共同努力的目标，这不仅仅是中国崛起之后应承担的责任，也是世界其他工业强国应尽的义务。

三是中国正在推进全球自由贸易区战略，着力构建全球自由贸易网络，核心是突破国家之间的贸易障碍，促进全球经济一体化，同时也在加快多边自贸区建设，如 RCEP 来整合地区市场。中国不仅将继续推动以WTO 为核心的多边贸易体制，也将完成一系列双边和跨地区的超大型区域投资贸易协定谈判。中国还将提升在 IMF 的份额和投票权重，提升人民币的国际地位，为稳定全球金融体系做出重要贡献。未来中国仍需要加大对地区一体化的深度参与，[②] 积极主动构造地区环境。[③]

---

① ［日］平川均：《新兴工业化国家和地区的工业化与现代世界经济》，朱根译、荣项安校，《现代外国哲学社会科学文摘》1996 年第 3 期。以中国参与多边贸易体系为例来分析和研究这些问题，得出的基本结论是：（1）中国的崛起不是颠覆或者大幅度改革现有多边贸易体制的革命性力量，相反，它是一股强大的支持和维护该体制的力量；（2）贸易和经济实力的增强促使中国成为多边贸易治理机制中的核心成员，并发挥着领导作用；（3）中国的崛起也会带来多边贸易体制中大国角色的转换和调整，并可能引发相当长时期的动荡和磨合期，这需要各方积极应对；（4）中国应积极引导多边贸易体制的发展，做一个负责任的领导者。参见宋泓《中国崛起与国际秩序调整——以中国参与多边贸易体系为例》，《世界经济与政治》2011 年第 6 期。

② 中国在亚太经济一体化中的参与程度仍较低。参见文洋、王维薇《亚太地区深度一体化的评价与启示》，《亚太经济》2016 年第 1 期。

③ 沈铭辉：《亚太区域双轨竞争性合作：趋势、特征与战略应对》，《国际经济合作》2016 年第 3 期。

四是密切与联合国 2015 年后议程开展合作。① 伴随着 2015 年千年发展目标时间的终结，联合国又推出新的合作倡议——2030 年可持续发展议程。这一倡议较过去更加注重可持续发展，更关注发展中国家的共同发展，因而与中国"一带一路"倡议有更多的共识与共性。从务实的方面来看，中国也将通过各种路径支持 2030 年议程的推进。中国将通过走出去、对外投资和加大进口来全方位支持"一带一路"沿线国家的发展。

五是中国将以"公平发展"为理念，改变传统秩序中的不合理、不公平成分。② 马克思指出，世界市场的发展必然造成"以全人类相互依赖为基础的世界交往"③。中国践行新近提出的建设人类命运共同体的倡议，积极寻求对马克思提出的工业化进程存在的对抗性命运的破解方法，建立平等协商的原则创建新的国际秩序，并在世界范围内通过合作来解决人类面临的共同难题。④

未来，中国应对外大力宣传自身取得的工业化成果，向世界表明中国

①　2000 年 9 月的联合国千年首脑会议上，189 个国家共同签署了联合国《千年宣言》（Millennium Declaration），制定出一系列量化的、有时间约束的目标，以减轻极端贫困、疾病和环境恶化等问题，这是全球首次为改善人类生存状况而做出的一系列承诺，之后这些目标被统称为"千年发展目标"（Millennium Development Goals, MDGs）。2015 年 9 月 25 日，联合国 193 个成员国在日内瓦通过了一份雄心勃勃的十五年计划，被称为"可持续发展目标"（SDGs）。该计划致力于一些全球性的重大问题，比如减贫、消除不平等、保护地球等，是"一项为人类、地球和繁荣的行动计划"，以及在全球伙伴的支持下"争取加强较大自由中的全球和平"。正如潘基文秘书长所说的，这也将全球经济治理引入一个"新时代"。与 2015 年 MDGs 相比较，2030 年议程转向强调"不让一个人掉队"的可持续道路，是一个普适性的可持续发展纲领，2030 年议程强调可持续发展的三个层面，即经济、社会和环境的同步发展。参见黄梅波、吴仪君《2030 年可持续发展议程与国际发展治理中的中国角色》，《国际展望》2016 年第 1 期。

②　中国的崛起不是单纯 GDP 的崛起，也不是仅指实力的壮大，而是推动和倡导新理念、新思想，促进国际体系、国际秩序更为公正合理的发展进程。王帆：《中国崛起正改变世界历史进程》，《环球时报》2015 年 1 月 4 日。

"一带一路"倡议标志着中国逐步迈入了主动引领全球经济合作和推动全球经济治理变革的新时期，"一带一路"相关议程着眼于为全球经济治理输出公共产品，体现了中国作为负责任大国的作用与地位，"一带一路"倡议是对全球经济治理理论的重大贡献。参见毛艳华《"一带一路"对全球经济治理的价值与贡献》，《人民论坛》2015 年第 3 期下。正如世界银行发布的《2006 年世界发展报告：公平与发展》所说，以公平作为发展的中心，是对过去 10—20 年围绕市场、人类发展、治理和赋权的发展思想要点的提升和整合。

③　《马克思恩格斯全集》第 9 卷，第 252 页。

④　"我们应该共同推动国际关系民主化，世界上的事情由各国政府和人民共同商量办。我们应该共同推动国际关系法治化，推动各方遵守国际法和公认的国际关系基本原则。我们应该共同推动国际关系合理化，推进全球治理体系改革。"——习近平总书记 2014 年 6 月 28 日在和平共处五项原则发表六十周年纪念大会上的主旨讲话。

工业化道路的成功就是践行共享、公平和可持续理念的结果。中国应将"一带一路"作为推进全球发展进程的一种新方式,把共享、公平、可持续作为这一国际话语体系的突出的三个关键词,向世界表明中国主导世界发展进程的主体内容,使国际社会能够明白"一带一路"要做什么和怎么做,使发达国家和发展中国家都能够主动接受"一带一路"倡议,愿意配合中国这一大倡议的实现。